AMY CARMICHAEL

UM LEGADO DE RENÚNCIA E ENTREGA

ELISABETH ELLIOT

Dados Internacionais de Catalogação na Publicação (CIP)
(Câmara Brasileira do Livro, SP, Brasil)

Elliot, Elisabeth, 1926-2015
Amy Carmichael : um legado de renúncia e entrega / Elisabeth Elliot ; tradução Francisco Wellington Ferreira. -- 1. ed. -- São José dos Campos, SP : Editora Fiel, 2023.

Título original: A chance to die: the life and legacy of Amy Carmichael
ISBN 978-65-5723-292-7

1. Carmichael, Amy Beatrice, 1867-1951 2. Cristianismo - Evangelismo 3. Missionárias - Biografia 4. Mulheres - Aspectos religiosos - Cristianismo 5. Mulheres cristãs - Biografia 6. Vida cristã I. Título.

23-168291 CDD-266

Elaborado po Eliane de Freitas Leite - CRB 8/8415

Amy Carmichael: Um legado de renúncia e entrega

Traduzido do original em inglês
A Chance to Die: The Life and Legacy of Amy Carmichael

•

Originalmente publicado em inglês por Revell
Uma divisão da Baker Publishing Group
Grand Rapids, MI.

Para mais informações sobre o legado, trabalho e escritos de Elisabeth Elliot, por favor visite: www.elisabethelliot.org.com

Primeira edição em português: 2023

Os textos das referências bíblicas foram extraídos da versão Almeida Revista e Atualizada, 2ª ed. (Sociedade Bíblica do Brasil), salvo indicação específica.

•

Diretor: Tiago J. Santos Filho
Editor-chefe: Tiago J. Santos Filho
Editor: Renata do Espírito Santo T. Cavalcanti
Supervisor editorial: Vinícius Musselman
Coordenação Editorial: Gisele Lemes
Tradução: Francisco Wellington Ferreira
Revisão: Gabriel Lago
Diagramação: Caio Duarte
Capa: Caio Duarte

ISBN impresso: 978-65-5723-292-7
ISBN eBook: 978-65-5723-291-0

FIEL
Editora

Caixa Postal, 1601
CEP 12230-971
São José dos Campos-SP
PABX.: (12) 3919-9999
www.editorafiel.com.br

A todos os que amavam Amma

SUMÁRIO

AGRADECIMENTOS

Membros da enorme Família Dohnavur na Índia, Inglaterra, Irlanda, Austrália, Nova Zelândia e Canadá tornaram possível que eu escrevesse este livro. Eles "não gostam muito de créditos", disseram-me; por isso, não cito os seus nomes. Tentei, em cartas pessoais, dizer-lhes o quanto sou grata. Digo-o novamente aqui: obrigada, de todo o meu coração, por:

Antes de tudo, suas orações. Fui sustentada.

Sua hospitalidade.

Seu generoso compartilhar de todas as informações, incluindo a correspondência particular procedente de Amy Carmichael.

Seu tempo — por responderem pacientemente a algumas perguntas rudes, tanto em entrevistas quanto por carta; por sua disposição de ler o manuscrito, fazer correções, oferecer sugestões. Não segui algumas de suas sugestões. Vocês não têm nenhuma responsabilidade pela obra final.

Um agradecimento especial ao Dr. Eric Frykenberg, da Universidade de Wisconsin, pela informação sobre a história do início do cristianismo no sul da Índia para os capítulos 14 e 20.

Sê sério, sério, sério,
Bravo, se quiseres;
Faze o que fazes como se o
Risco fosse o Céu
E tua última obra antes
Do Dia do Juízo.

Charles Kingsley

"Nisto conhecemos o amor: que Cristo deu a sua vida por nós; e devemos dar nossa vida pelos irmãos." Quão frequentemente penso nesse devemos. Nenhum sentimentalismo aí. Apenas chamado solene, estridente e glorioso: DEVEMOS. Mas palavras podem expressar o gozo que sentimos no profundo de nosso ser? As minhas não podem. É indizível.
Amy Carmichael, carta escrita na Velha Casa da Floresta, 1922

Levando sempre no corpo o morrer de Jesus, para que também a sua vida se manifeste em nosso corpo.
2 Coríntios 4.10

PREFÁCIO

Devo a Amy Carmichael o que C. S. Lewis disse que devia a George MacDonald: uma dívida tão grande quanto alguém pode ter para com outrem. Não posso pagá-la. Mas é minha esperança que esta biografia introduza seu assunto a uma geração que não teve o privilégio que eu tive. Eu a "conheci" quando tinha meus 14 anos de idade. A Sra. P. W. DuBose, diretora de um internato na Flórida, costumava fazer citações dos livros de Carmichael nos cultos do entardecer. Fui cativada e compartilhei isso com a Sra. DuBose. Por isso, ela me emprestou os livros.

Dohnavur se tornou um lugar familiar. Eu conhecia seus bangalôs, seus caminhos, seu povo; respirava seu ar. Amy Carmichael se tornou para mim o que agora chamamos de modelo a ser seguido. Ela foi mais do que isso. Foi minha primeira mãe espiritual. Mostrou-me a forma da piedade. Por um tempo, eu suponho, pensei que ela devia ter sido perfeita, e isso foi bom o suficiente para mim. Ao crescer, descobri que ela não podia ter sido perfeita, e isso foi ainda melhor, pois significava que eu poderia talvez andar em suas pisadas. Se quisermos modelos perfeitos, não os teremos de modo algum, exceto o próprio Filho do Homem.

O primeiro de seus livros que li foi, eu acho, o que se tornou seu best-seller. Não foi escrito para adolescentes, mas para cristãos maduros que tinham o solene encargo de cuidar da alma de outros. Foi das páginas desse livro fino e azul que eu, uma adolescente, comecei a entender a grande mensagem da cruz, o que a autora chamava de "amor do Calvário". Entendi que a chance de morrer, de ser crucificada com Cristo, não era uma coisa mórbida, mas o próprio caminho para a vida. Fui atraída — lenta, gradual (minha resposta foi intermitente), mas inexoravelmente.

Em um tempo mais secular e mais egocêntrico, a visão de Amy Carmichael do invisível e o seu esforço ardente para viver em sua luz, fazendo qualquer sacrifício por sua causa, não parecem acreditáveis e, menos ainda, dignos de ser imitados. Seremos detidos por sua disciplina impressionante, sua persistência, ou talvez pela mudança de cultura ou pela diferença no vocabulário (saturado de linguagem bíblica de versões mais antigas e dos místicos séculos passados)? Ela falava frequentemente do "país cujas forças se movem invisíveis entre nós". Esse país é o nosso país. Somos seus cidadãos, como ela o foi, se chamamos a nós mesmos de cristãos. Se as forças se moveram em Dohnavur, também se movem invencivelmente aqui, onde vivemos. Se não percebemos, talvez não tenhamos ouvido, nem separado tempo para observar. Temos sido ensurdecidos pelos barulhos, dos quais alguns dos piores se passam por música? A nossa visão, tanto espiritual quanto física, tem sido talvez danificada pelas imagens deslumbrantes da tela onipresente?

Apesar de muitas coisas que militam contra a quietude, há pessoas que ainda leem livros. São pessoas que me animam a continuar escrevendo. Escrevo especialmente para aqueles que trazem à sua leitura uma mente não fechada pelas sensibilidades de nosso tempo, mas preparada para contemplar o eternamente relevante e buscar neste livro, em especial, a verdade e o significado oculto de uma vida de solteiro.

Lemos biografias para sairmos de nós mesmos e entrarmos na vida de outros, para entender o drama convulsivo que molda, motiva e emana dessa outra vida. Nosso vocabulário corrente inclui termos como identidade, modelo de conduta, autoimagem, autoatualização, emancipação, ascensão social e realização, preocupações que nunca passaram pela mente de Amy Carmichael. Como nós, acostumados a seminários populares sobre direitos e sobre como nos sentirmos bem, receberemos e transmitiremos uma fé que valorizava o que o mundo despreza (a Cruz) e desprezava o que o mundo valoriza (tudo que obscurece a Cruz)?

A vida cristã se resume a duas virtudes simples: confiança e obediência. O que isso significa exatamente? Poderíamos realizar um seminário e palestrar sobre o assunto. Recursos visuais são melhores. Olhe para uma vida. Amy Carmichael fixou sua face em direção àquele outro país. Sua educação, experiência e ambiente foram incidentais, uma mera estrutura na qual ela viveu por 83 anos, amou, temeu, confiou, sofreu, celebrou, falhou, triunfou e morreu. Por meio de todas as luzes, poses, humores e disfarces, discernimos os elementos humanos comuns que formam toda a nossa vida.

Ofereço o testemunho de uma mulher cuja resposta leal ao chamado de seu Senhor, "Vem e segue-me", fez uma diferença incalculável em minha vida. Que este testemunho também faça uma diferença na vida de meus leitores!

ELISABETH ELLIOT
Magnólia, Massachusetts

1

POÇAS DE MARÉ, PÓ ROSA E ORAÇÕES

Ela conseguiu passar com dificuldade seus dois irmãos pequenos através da claraboia e se espremer para chegar ao telhado de ardósia. Liberdade gloriosa. Eles se levantaram triunfantes no ar fresco que soprava do mar da Irlanda. A água era azul naquele dia, o que para a menina (com sete ou oito anos de idade) significava que o mar era feliz. Em alguns dias, o mar era verde e bravo. Outros dias, cinzento e pavoroso. Do topo dos telhados do vilarejo, eles podiam ver a praia rochosa e, mais ao longe, na água, a grande rocha chamada Ailsa Craig e os dois montes arredondados, os Paps de Jura. Agora vamos ao resto da aventura. As três crianças deslizaram alegremente pelas ardósias e desfilaram triunfais ao redor das calhas — até que viram, fitando-as, as faces admiradas de seus pais.

A menina era Amy Beatrice Carmichael, trineta de uma tal Jane Dalziel. Conta-se que o rei Kenneth II (971–995), da Escócia, havia oferecido uma recompensa a qualquer de seus súditos que ousasse remover o corpo do amigo e parente do rei que fora enforcado. Alguém deu um passo adiante e disse, em gaélico: "Dal ziel" — *Eu ouso*. Por isso, seu nome se tornou Dalziel. Esse espírito não foi muito diluído na criança que estava sobre o telhado.

Os pais, no solo, eram David Carmichael, descendente de *covenanters* escoceses, e Catherine Jane Filson, descendente de Dalziel. Anos mais tarde, Amy achou significado espiritual nessa união, como achava significado espiritual em quase tudo. Porque os ancestrais de sua mãe eram amigos de certos perseguidores dos *covenanters*, foi como se perseguidor e perseguido estivessem por fim unidos. "Assim, você percebe", ela escreveu, "que, afinal de contas, crueldade e erro não são as maiores forças no mundo. Não há nada eterno nelas. Somente o amor é eterno."

Amy Carmichael nasceu em 16 de dezembro de 1867, na casa de pedra cinzenta, uma das três maiores casas no vilarejo de Millisle, no litoral norte da Irlanda. Abaixo da casa da família Carmichael, perto da beira-mar, até ao dia de hoje, há uma fileira de velhas casas de pedra, com portas baixas, paredes grossas e pequenas janelas com vidraças. Na rua que corre ao longo dessas casas, há bombas de água e argolas de ferro fixas nas pedras em que os cavalos eram amarrados. Não é difícil um visitante no final do século XX imaginar uma menina, envolta num xale de lã, tentando andar rapidamente pela rua com seu irmão menor, enquanto carregava uma panela de sopa enviada por sua mãe para um dos pobres habitantes dos casebres.

A praia rochosa era o lugar favorito de Amy para brincar, o lugar em que ela se deitava de bruços ao lado das poças da maré e observava, observava. Havia coisas vivas nas poças, coisas que tinham encanto infindo para a criança. Seus poderes de observação eram excelentes; sua simpatia, ilimitada — até, como veremos depois, por criaturas que o resto do mundo considera dignas apenas de morte.

A casa era cercada por um jardim em que havia rosas, hera, macieiras, tojos amarelos e amor-perfeito. Havia um muro alto, com um portão enorme que se abria para a rua principal do vilarejo. Não muito distantes, permanecem hoje as ruínas de um velho moinho de farinha, suas janelas, lacradas de tijolos, e o teto, desintegrado. Na beira-mar, pode ser visto o que sobrou do cais onde o grão era descarregado. O bisavô de Amy havia arrendado o moinho cem anos antes de Amy nascer; e sua mãe e seu tio William, cuja casa estava um pouco abaixo na rua, o administravam juntos. Vinda das terras baixas da Escócia, a família se uniu à igreja presbiteriana edificada pelos separatistas antiburgueses, um grupo que, por causa de discordâncias doutrinárias, se separara da Igreja da Escócia. Convencidos de sua obrigação de viverem para o bem dos outros, os dois irmãos apoiavam a igreja com dízimos generosos, compraram uma carruagem movida a pônei para o ministro e eram benfeitores da Millisle National School, que era usada não somente para ensino, mas também para Escola Dominical e cultos evangelísticos.

O amor que formava a atmosfera do lar Carmichael era um amor robusto, sem o menor traço de sentimentalismo, sustentando não apenas a convicção do lado da família paterna e a coragem da família materna de Amy, mas também a firmeza dos presbiterianos irlandeses, a resiliência produzida pelo inverno naquele mar frio e princípios práticos para a criação de filhos.

Não havia dúvida na mente da família Carmichael quanto ao que se esperava deles. Preto era preto. Branco era branco. Eles podiam confiar plenamente na palavra de seus pais, e, quando não era obedecida, havia consequências. Cinco tipos de punição eram usados: ficar de pé num canto com o rosto voltado para a parede, proibição de sair para brincar, palmadas, "palmatoriar" e (o pior de tudo) receber o "remédio amargo". Uma palmatória era uma pancada com uma régua de ébano fina e plana. Exigia-se que o filho ficasse de pé e quieto, estendesse a mão imediatamente e não a puxasse para trás, não fizesse escândalo e, por fim, dissesse com educação: "Obrigado, mamãe." Ele sabia que o pior estava vindo quando via uma bandeja preparada na sala de jantar, com uma jarra de água quente, uma pequena jarra de leite frio, uma xícara de chá, uma colher de chá e um vidro de pó cor-de-rosa.

Era tarde demais para desculpas. A mãe misturava a porção, o filho a recebia, agradecia-lhe pela porção e a tomava.

Um dia, Amy e dois de seus irmãos estavam balançando no portão do jardim quando uma ideia lhe ocorreu. Alguém lhes dissera que as sementes da árvore de laburno ali próxima eram venenosas. "Vamos contar quantas podemos comer antes de morrermos!", disse Amy. Não demorou para começarem a sentir-se desconfortáveis, e se perguntavam o que aconteceria em seguida. O remédio amargo, é claro, foi o que aconteceu em seguida, e foram mandados para a cama para meditarem em seus pecados. Alguma noção da forte determinação da mãe pode ser obtida do relato de Amy sobre a ocasião, quando ela clamou: "Ó mamãe, tenho uma dor tão desagradável!" A resposta calma: "Tem, querida? Espero que lhe faça bem." "Mas, mamãe, não posso suportá-la! É uma dor *terrível.*" "É mesmo, querida? Receio que você terá de suportá-la."

Uma babá tentou amedrontar as crianças por causa de seu hábito de engolir sementes de ameixa, dizendo-lhes que uma ameixeira nasceria a partir de suas cabeças para cada semente que engolissem. Amy ficou encantada com a ideia de ter um pomar de si mesma, com acesso tão fácil. Resolvendo que 12 árvores lhe proveriam abundância de ameixas para comer e distribuir, ela engoliu em seco 12 sementes.

Quando lhe diziam quão excessivamente arteira ela era, Amy costumava pensar: "Se você ao menos soubesse o quanto eu poderia ser mais arteira, nem acharia que sou de fato arteira."

Os sete filhos — Amy, Norman, Ernest, Eva, Ethel, Walter e Alfred — eram chamados todos os dias às orações em família pelo som de um sino. Provavelmente, aos servos também era exigido que participassem. Amy se lembrava do som da voz de seu pai lendo a Escritura, um "som solene, como o levantar-se e o rebentar-se das ondas na praia". Seu ouvido foi treinado dessa maneira, desde os seus primeiros anos, quando os poderes de memorização de uma criança por ouvir eram quase miraculosos. Pelo resto de sua vida, a majestosa cadência da Authorized Version (King James) moldou seu pensamento e cada frase que ela escrevia. Uma criança, mesmo quando aparentemente distraída, aprende muito mais do que os adultos imaginam que ela pode aprender. Amy nem sempre participava perfeitamente da leitura. Uma vez ela viu um rato se afogando num balde de água no exato momento em que o sino de oração tocou. Ela o pescou do balde, o escondeu em seu avental, ocupou seu lugar no momento de oração e esperou que o rato não rechinasse. Ele o fez.

A casa da família Carmichael em Millisle

Sempre que havia uma reunião na pequena igreja pintada de branco em Balleycopeland, a família Carmichael estava lá. Amy tinha inveja dos filhos dos fazendeiros cuja situação na vida era diferente da deles. As esposas dos fazendeiros, por sua parte, talvez tivessem dó dos filhos do proprietário do moinho e, às vezes, lhes ofereciam pastilhas de hortelã quando iam à igreja. As crianças eram instruídas a rejeitar educadamente e dizer: "Muito obrigado, mas mamãe prefere que eu não as coma." Uma coisa era ir à igreja com as pessoas do vilarejo. Outra bem diferente era fazer o que elas faziam. Os seus filhos se acomodavam durante o longo culto (nunca menos do que duas horas) e chupavam pastilhas cor-de-rosa e brancas. O cheiro chegava até ao banco da família Carmichael — "mas aquela consolação nos era negada".

Aos domingos era permitido cantar apenas salmos, porém hinos podiam ser usados nas reuniões de oração às quartas-feiras à noite. Uma vez, quando o tema da reunião de oração era "Nossa partida deste mundo", Amy se entreteve contando todas as várias coisas que escritores de hinos disseram que se esperava alguém fizesse no momento da partida. Como uma pessoa às portas da morte conseguiria fazer tudo que ela nem mesmo sabia, mas estava satisfeita com a perspectiva de clamar: "Ao subir pelo ar, 'Adeus, adeus, bendita hora de oração!'"? O que mais isso poderia significar, senão aquela própria reunião de oração?

Amy tinha uma extrema sensibilidade ao sofrimento dos outros. Quando sua mãe lhe contou pela primeira vez a história do Calvário, ela se apressou a sair para o jardim, para tentar esquecer

> os pensamentos tão horríveis a serem suportados, pois como alguém poderia ferir tão gravemente outra pessoa, em especial aquele que era tão bom? E lá, no gramado, estava um primo, e ele havia prendido um sapo a uma araucária-chilena. Parecia uma coisa crucificada... Fiquei desvairada. Num ímpeto de piedade, tentei libertá-lo dos espetos horríveis, mas não podia alcançá-lo. Por isso, disparei rumo à casa para chamar alguém, e, enquanto corria, o pensamento veio de repente: "Ora, todos os sapos vão para o céu."

Uma lição sobre os mistérios da oração — uma lição árdua para qualquer adulto — ocorreu quando Amy estava com 13 anos. Instruída por sua mãe de que Deus era um ouvidor e respondedor de oração, alguém que podia transformar água em vinho, Amy determinou-se a testar os poderes de Deus. Ajoelhando-se ao lado de sua cama, ela pediu uma coisa pela qual anelava intensamente: olhos azuis. Por certo não haveria dificuldade para o Senhor fazer isso. A menininha foi para a cama com perfeita confiança. Pulou da cama ao amanhecer, puxou uma cadeira para a cômoda, subiu e olhou no espelho — os mesmos olhos castanhos. Ela nunca esqueceu a perplexidade que sentiu até que, de algum modo, uma explicação lhe foi dada (o Senhor mesmo lhe falou ou outra pessoa?): "O *não* não é uma resposta?" Portanto, a oração não era mágica. Como o seu pai terreno, que a amava, o seu Pai celestial também podia dizer *não*.

Tendo recebido uma casa de bonecas completa, com mobília formidável e bonecas vestidas apropriadamente, Amy desagradou sua velha babá, Bessie, ao esvaziar a casa e enchê-la de pedras, musgo, besouros e lacraias — coisas que ela achava muito mais interessantes do que os excelentes brinquedos que as crianças deveriam ter, como se pensava.

Seus pais os levavam para caminhadas aos domingos (caminhadas aos domingos eram malvistas pelos presbiterianos naqueles dias), atravessando os campos de trevo cor-de-rosa ou de linho-das-pradarias para verem cisnes, e, nos dias de semana, para observarem a grande roda preta gotejante do moinho espadelador em que as fibras de madeira eram batidas do linho-das-pradarias para fazer linho.

Eles tinham livros — todos os livros infantis que podiam ser adquiridos naquele tempo — e brinquedos, que incluíam um telefone de brinquedo, logo depois que o telefone foi inventado. Sempre havia animais de estimação — Daisy, a gata branca e amarela; Gildo, o *collie*; Fanny e Charlie, os pôneis. David e Catherine Carmichael amavam a beleza e tentavam cercar seus filhos com coisas bonitas, mantendo distante deles, sempre que possível, tudo que não era bonito. Deram-lhes um microscópio e lentes para encorajá-los a estudar e observar; ensinaram-lhes capilaridade, mostrando como a água subia de grão em grão num torrão de açúcar; demonstraram a eletricidade, esfregando um pedaço de âmbar na manga de um paletó até que finos pedaços de papel voassem para ela.

A avó de Amy morava numa pequena casa perto de Strangford Lough (palavra gaélica que significa *lago* ou *mar*), em um lugar chamado Portaferry. Dizia-se que a maré ali era a segunda mais forte do mundo. As crianças tinham permissão de ir remar dentro de certos limites. Uma tarde, Amy e seus irmãos passaram dos limites, foram pegos por uma corrente ligeira e varridos em direção ao banco de areia. "Eu estava pilotando, meus irmãos estavam remando arduamente, mas eram impotentes contra a correnteza. 'Cante!', eles gritaram para mim. E eu cantei, no máximo de minha voz, a primeira coisa que me veio à mente:

> 'Ele me guia — ó pensamento bendito!
> Ó palavras celestiais carregadas de conforto!
> O que quer que eu faça, onde quer que esteja,
> Ainda é a mão de Deus que me guia.'"
>
> *J. H. Gilmore*

Os filhos pequenos não frequentavam a escola nos primeiros anos, mas eram ensinados por uma sucessão de governantas. Uma delas, "uma mulher inglesa desafortunada", não aguentou por muito tempo, e, quando ela partiu, todos eles desceram em marcha para assistir — "Queríamos ter certeza de que ela foi embora!" Sua substituta, Eleanor Milne, era muito mais amada, como uma irmã mais velha para as crianças. Ela lhes ensinava poesia, contava-lhes histórias dos grandes mártires da Escócia e da Inglaterra. As últimas palavras de Ridley a Latimer ficaram gravadas na mente de Amy: "Tenha bom ânimo, irmão, porque Deus ou aplacará a fúria da chama, ou nos dará forças para permanecermos nela." Quando ele e Latimer foram acorrentados e o fogo, aceso, Latimer disse: "Pela graça de Deus, acenderemos neste dia uma luz tão grande na Inglaterra, que, conforme eu creio, nunca será apagada."

Assim como a severidade do inverno irlandês, com sua melancolia, umidade e ventos gélidos, cria bochechas vermelhas tanto em velhos quanto em jovens, assim também a severidade da disciplina cristã criou sangue vermelho — saúde espiritual — na menina que nem poderia ter imaginado na época os ataques que seria chamada a enfrentar. Mas foi uma infância pacífica, tendo sua disciplina equilibrada com torrada amanteigada e geleia de framboesa em frente à lareira da creche, o vento brando sussurrando na chaminé enquanto as crianças ouviam histórias, o doce, doce som de uma mãe cantando, os momentos de cavalgar pôneis, subir em árvores, nadar no mar frio. Era um lar pacífico num vilarejo pacífico. O testemunho de Amy, muito tempo depois, foi este: "Não acho que poderia ter havido uma criança mais feliz do que eu era."

Amy, cerca de cinco anos de idade, com a mãe, Eva, Norman e Ernest

2

A ESPERANÇA DE SANTIDADE

Quando Amy tinha 12 anos de idade, foi enviada para a Marlborough House, um internato metodista wesleyano, em Harrogate, Yorkshire. Naturalmente, ela tinha saudades de casa. Existe, para alguém que cresceu num lar seguro e amoroso, algo que se compare com a primeira experiência de separação completa desse lar? É pura miséria, da qual parece não haver nenhuma possibilidade de escape, porque foram os próprios pais que decidiram que isso é "melhor". Parece que a "terra é removida e os montes são levados para o meio do mar". A formação de Amy a proibia de considerar muito importante qualquer coisa pré-arranjada; ela precisava de algum tipo de consolação. E a achou — num lírio branco que estava num vaso na janela saliente, numa caixa de crisântemos enviada por sua mãe, colhidos da pequena estufa em sua casa, e num pires de musgo na mesa de jantar que a fez lembrar uma das histórias de seu pai: Mungo Park, um explorador, que foi consolado ao ver musgo e sentir que aquele que criara o musgo cuidaria dele.

Os tabus e as restrições do metodismo pareceriam intoleráveis no século XX, até para os extremosos. Para Amy, eles eram talvez não mais rigorosos do que o presbiterianismo com o qual estava acostumada. Ela não achava as tarefas na escola quase tão agradáveis quanto o foram no lar; e apenas um professor, o professor de botânica, sabia como tornar as lições "atraentes". Certamente, não havia caixas de reclamações na Marlborough House, nem se exigia dos alunos, naqueles dias, que avaliassem o desempenho de seus professores. Anos mais tarde, olhando para trás, Amy julgou que as faltas estavam principalmente nela mesma:

> Muitas coisas aconteceram que não deviam ter acontecido, porque eu ainda não aprendera a lidar e trabalhar com aquilo que me parecia maçante e inútil. Isso foi uma grande pena. Tenho frequentemente lamentado por isso.

Infelizmente para nós, ela se assegurou de que não fosse deixado nenhum relato da história que acreditava não ser edificante para as crianças na Índia, exceto um único incidente. A obstinada menina irlandesa foi "bem desafiadora" dessa vez, mas sentiu que os fins justificariam os meios. Era o ano do cometa, 1882. Em favor das meninas de seu dormitório, Amy foi até à diretora pedir-lhe permissão para ficarem acordadas a fim de verem o cometa. "De maneira nenhuma", foi o veredito.

Perder o show celestial era simplesmente intolerável. Por isso, Amy amarrou cordões nos pés de cada uma das meninas, prometendo ficar acordada e dar-lhes um puxão logo que o restante da casa estivesse dormindo. Ao sinal, elas se dirigiram cuidadosa e lentamente para o sótão, segurando a respiração, quando um passo rangeu, e elas se viram face a face com a diretora e professores.

> Tivemos tempo de ver o lindo cometa, antes que alguma de nós se recuperasse o suficiente do choque da chegada da diretora para nos ordenar

> que retornássemos à cama. Aquela foi uma noite horrível para mim. Eu tinha certeza de que seria expulsa e de que partiria o coração de meus pais. Felizmente isso não aconteceu. Houve, em vez disso, uma hora solene na manhã seguinte, pois o assunto de cordões amarrados nos pés mostrou audácia tão proposital, que não poderia ser ignorado. Era tido como certo que eu era a líder, mas, ao fim, fui perdoada.

Foi perto do final de seus três anos na Marlborough House que Amy experimentou "o único momento refrescante em áridos três anos". A Missão de Serviço Especial para Crianças realizou reuniões em Harrogate, numa das quais Edwin Arrowsmith falou. Ela não tinha nenhuma recordação da palestra, mas se lembrava de ter cantado o agradável hino para crianças "Sei que Jesus me ama, pois a Bíblia assim o diz", escrito por Anna B. Warner. Naqueles minutos tranquilos, ela entendeu o que não entendera antes — havia algo mais a ser feito. Em toda a sua vida, ela tinha conhecido o amor de Jesus. Sua mãe lhe falava e cantava frequentemente sobre esse amor. E Amy havia, por assim dizer, se aninhado nos braços de Jesus, como se aninhara nos braços de sua mãe. Agora, aos 15 anos de idade, ela compreendeu que não havia "aberto a porta" para ele. "Em sua grande misericórdia, o Bom Pastor respondeu às orações de mamãe, papai e muitos outros queridos e me atraiu, eu mesma, ao seu redil."

Parece que a competição com a farinha americana exigiu uma mudança para Belfast, onde os irmãos Carmichael construíram um novo moinho. A família de Amy achou uma casa em College Gardens, e, logo depois, por causa de dificuldades financeiras, ela e seus irmãos foram retirados dos internatos. As lições de Amy eram em matérias consideradas apropriadas para moças — música, canto e pintura. Ela era completamente desencorajada com a última, a qual ela queria especialmente desempenhar bem. Amy erguia, diante de um pôr do sol real, um esboço a óleo de um pôr do sol. "O contraste era tão tremendo, que resolvi gastar mais tempo nele." Seu pai a levou para Londres, onde ficou cheia de admiração ante as grandes atrações turísticas da Torre, Abadia de Westminster, Castelo de Windsor, Catedral de São Paulo, Museu Britânico e Museu de Kensington. Eles foram ouvir cantores famosos e, um dia, sentaram-se na galeria do Parlamento e, espiando para baixo, através da treliça, viram o grande William Gladstone.

Quando Amy tinha quase 18 anos, ela viu seu pai falar sério com sua mãe perto da janela da sala. O assunto era dinheiro, algo não discutido na frente dos filhos. Por isso, foi somente mais tarde que Amy soube a verdade. David Carmichael havia emprestado alguns milhares de libras para um amigo que precisava iniciar uma nova vida. Quando chegou o tempo do reembolso, o dinheiro não estava vindo. Não muito depois desse revés, Carmichael contraiu pneumonia dupla. Ele morreu em 12 de abril de 1885, aos 54 anos de idade. Amy se lembrava de que a última coisa que havia lido para ele fora da peça *Sansão Agonista*, de John Milton:

> Tudo é melhor, embora duvidemos com frequência
> Do que o inescrutável arranjo
> Da Sabedoria Celestial realiza,
> E é sempre achado melhor no final.

Se ir para o internato não pareceu uma grande crise para Amy — muitas moças iam para internatos —, decerto a morte de seu pai o foi. Em sua história, escrita para as crianças, há apenas uma afirmação lacônica, "em um domingo de manhã de abril, enquanto os sinos da igreja batiam, nosso querido pai morreu", seguida pelas linhas de poesia que ela afirmou estarem consigo desde então. Nem uma palavra sobre o que essa tristeza significou para qualquer um da família e para ela mesma. Nem uma sugestão de que ela ficou devastada, nem de que tenha sido tentada, por um momento, a duvidar de que tudo estava bem. Na verdade, é difícil achar em qualquer parte dos escritos de Amy Carmichael algo semelhante à admissão do poeta de que "duvidamos com frequência". Se dúvidas surgiram na mente de Amy

— naquele momento, talvez, de ver o caixão de seu pai descendo ao sepulcro —, ela não quis, de maneira alguma, registrar isso em papel.

Ela falou com sua mãe sobre o que aquela morte significou para ela ou buscou assegurar-se de que sua mãe não tinha nenhuma dúvida? Ela não nos contou. A Sra. Carmichael precisava de uma fortaleza. Sabemos muito bem disso. Foi a fé, não a dúvida, que a moveu para fora de si mesma, da autopiedade e do desespero. Ela achou o que precisava nas palavras de Naum 1.7: "O Senhor é bom, é fortaleza no dia da angústia e conhece os que nele se refugiam." Anos mais tarde, Amy descobriu na margem da Bíblia de sua mãe, ao lado da promessa, uma breve anotação: "Comprovada como verdadeira, em cada detalhe, desde então." A força de seu exemplo não se perdeu em Amy.

Sendo de uma natureza agudamente sensível, Amy deve ter sentido profundamente a perda de seu pai. A rotina feliz, pacífica e previsível de sua vida no lar foi sobremaneira abalada. Se ela tivesse nascido cem anos depois, teria sido muito provavelmente encorajada a irar-se e informada de que tinha direito de expressar sua ira, sua tristeza, sua perplexidade e sua fúria e, em geral, de se desintegrar. Essas não eram expectativas dela mesma. Amy se lançou a servir aos outros. E se tornou como uma segunda mãe para seus irmãos e irmãs.

"O tempo em que ela impactou minha vida foi durante os cinco anos depois que papai morreu", escreveu sua irmã Ethel:

> Ela viveu uma vida admiravelmente plena naqueles anos, tendo aulas de pintura e outros assuntos, ensinando Eva e a mim durante um período em que não íamos bem na escola, e começando várias "boas obras". [...] Se alguém me perguntasse qual foi a maior impressão que Amy causou em mim em sua juventude, eu diria que foi seu entusiasmo.

As preocupações de moças de 17 anos — aparência, vestes, vida social — não mudam muito de geração a geração. Mas em cada geração parece haver umas poucas que fazem outras escolhas. Amy foi uma destas.

O momento crucial que determinou a direção de sua vida ocorreu numa manhã enevoada de domingo, em Belfast, quando a família retornava da igreja. Viram o que nunca tinham visto antes na Belfast presbiteriana: uma mulher carregando um pacote pesado. Amy e seus irmãos voltaram, pegaram o pacote e ajudaram-na, amparando-a pelos braços.

> Isso significou encarar todas as pessoas respeitáveis que, como nós mesmos, voltavam para casa. Foi um momento desagradável. Éramos apenas dois rapazes e uma moça; e nem éramos, de maneira alguma, cristãos esplêndidos. Odiamos fazer aquilo. Com rubor por todo lado (pelo menos sentimos rubor, em nosso corpo e nossa alma), seguimos em frente vagarosamente, com um vento úmido soprando ao redor e soprando, também, os trapos daquela pobre mulher idosa, fazendo-a parecer um feixe de penas, e nós, infelizmente, nos confundimos com eles.

Havia uma fonte barroca vitoriana na rua, e, ao passarem por ela,

> esta frase poderosa lampejou repentinamente, como que através da névoa cinzenta: "Ouro, prata, pedras preciosas, madeira, feno, palha, manifesta se tornará a obra de cada um; pois o Dia a demonstrará, porque está sendo revelada pelo fogo; e qual seja a obra de cada um o próprio fogo o provará. Se permanecer..."[1]

Amy se voltou para ver quem havia falado. Não havia nada, senão a fonte, a rua enlameada, as pessoas com suas faces educadamente surpresas. Eles prosseguiram lentos com o feixe de penas, mas algo aconteceu à moça

1 1 Coríntios 3.12-14.

que mudou para sempre os seus valores. Naquela tarde, ela se fechou no quarto. Era tempo de definir algumas coisas tremendamente importantes, do tipo que Amy Carmichael definiu sozinha com Deus.

Nesse tempo, ela começou a juntar crianças da vizinhança em sua casa para reuniões. Henry Montgomery, da Missão Cidade de Belfast, costumava levá-la pelas ruas da cidade, nos sábados à noite. Ela viu algo da "outra metade" e começou a ensinar um grupo de meninos numa escola noturna, terminando sempre com o que chamou de "culto de boa-noite", talvez sua oportunidade de lhes dar algo da Bíblia, talvez um cântico evangélico e oração. Amy começou um programa chamado Vigília da Manhã, para encorajar meninos e meninas a gastarem um tempo regular, cada dia, em leitura da Bíblia e oração. Ela lhes deu cartões de compromisso, azuis com uma borda dourada, que poderiam assinar. Quando se reuniam aos domingos de manhã, cada um dizia o que lhe acontecera durante a semana ou confessava um fracasso de acordar a tempo. Não deve ter sido um tempo enfadonho, porque dois de seus irmãos começaram a participar. Outro membro relembrou que era sempre um momento feliz e todos amavam Amy.

Ela começou uma reunião de oração semanal para alunas em seus lares, mudando-a depois para o Victoria College, quando alguns dos funcionários e das alunas se juntaram a elas. Amy trabalhou na Associação Cristã de Mulheres Jovens e tinha uma classe na Rosemary Street Presbyterian Church, para "xalis", moças operárias que, sendo tão pobres para comprar chapéus, cobriam a cabeça com "xales". Isso foi algo que chocou os próprios membros da igreja. Eles não somente eram desacostumados com a presença de tais pessoas "comuns" na igreja, mas também a ideia de a Sra. Carmichael permitir que sua filha se aventurasse a ir às favelas para buscá-las era deplorável.

Não sendo alguém que rejeitava até mesmo o risco desnecessário, Amy era mais do que disposta a assumir os riscos pelo bem dos outros. Ela certamente tinha proteção e sabia disso. As "xalis" não tinham proteção. *Que tipo de vida elas levavam*? Amy se perguntava. Seu irmão Ernest, que trabalhava para as ferrovias, sabia de coisas que ela não sabia. Amy insistiu com ele por informações quanto a que tipo de conversa as xalis tinham de ouvir. Ernest não tinha certeza se Amy deveria saber, mas ela não seria demovida. Ele lhe contou algumas coisas. Amy intensificou suas orações para que as meninas crescessem puras e boas.

Esse trabalho zeloso com pessoas jovens prosseguiu por mais de um ano. Amy se dedicou a isso, mas sentiu que não estava edificando realmente como havia determinado: edificar em ouro, prata e pedras preciosas. Algo lhe disse que toda aquela atividade poderia equivaler a nada mais do que um monte de madeira, feno e palha, se ela não começasse a viver uma vida santa, uma vida que *ajudaria os outros*. Ela estava cheia de apreensões. A lista de atividades deve, por certo, ter parecido uma lista impressionante para aqueles que olhavam de fora, mas para ela mesma não eram nada. Eram vazias. Ninguém estava sendo verdadeiramente ajudado como ela acreditava que deveria ser. O que faltava? Como ela poderia viver a vida pela qual anelava? Como ser santa? Havia alguma esperança dessa vida para ela?

3

COSTELETAS DE CORDEIRO NÃO IMPORTAM

Em setembro de 1886, Amy foi convidada a visitar amigos na Escócia. E foi lá que lhe ocorreu uma segunda crise espiritual. Eles foram para Glasgow, onde uma convenção estava sendo realizada "nos moldes de Keswick", ou seja, ensino que era dado a cada ano, por uma semana, em uma enorme tenda em Keswick, no Lake District, na Inglaterra. As reuniões nas tendas tiveram sua origem em 1874, numa conferência de seis dias em "Broadlands", uma propriedade rural do digníssimo W. Cowper-Temple. O diretor era Robert Pearsall Smith. O propósito, articulado pela esposa de Smith, Hannah Whitall, era "a promoção da santidade ou da Vida Cristã Superior". Canon Wilberforce e George MacDonald estavam entre os que a frequentavam, bem como "banqueiros não conformistas, vigários ritualistas, nobres e párocos, novelistas e reformadores moderados".[1]

1 J. C. Pollock, *The Keswick Story* (Londres: Hodder and Stoughton, 1964), p. 20.

Houve um espírito de tão profunda unidade, um senso de ser elevado às alturas celestiais, um surgimento de tão grande esperança de andar contínuo com Deus, que decidiram repetir as reuniões numa escala maior. Cinco semanas depois, uma segunda conferência foi realizada em Oxford, frequentada pelo vigário da igreja de São João em Keswick, Canon Dundas Harford-Battersby, um ex-anglocatólico. Ambos os Smith foram palestrantes, bem como um engenheiro de mineração chamado Evan Hopkins. Por meio das mensagens deles, Harford-Battersby recebeu "uma visão da fé, uma percepção da glória do Senhor. [...] Nunca esquecerei o que vi então, até ao dia de minha morte."[2] Ele também conheceu Robert Wilson, proprietário de minas de carvão em Cumberland. E os dois se tornaram amigos íntimos. No ano seguinte, o vigário escreveu para Wilson, propondo "um ajuntamento numeroso para buscar e esperar por uma bênção das mãos de Deus". O maior salão em Keswick acomodava apenas 400 pessoas; por isso, uma tenda foi alugada, e as famosas Reuniões de Keswick começaram. Era uma "clínica espiritual", um lugar em que cristãos podiam vir "para que o grande Médico, o Senhor mesmo, diagnosticasse e curasse suas enfermidades espirituais".[3]

O ensino de Keswick se propagou para outros lugares, e foi assim que Amy Carmichael participou das reuniões em Glasgow.

> O salão estava cheio de um tipo de névoa cinzenta, tênue e fria. Cheguei àquela reunião meio esperançosa, meio receosa. Haveria ali alguma coisa para mim? *Poderia* haver? Não me lembro de sentir que houve algo (culpa minha) em qualquer das duas palestras. A névoa no salão parecia encharcar-me. Minha alma estava em uma névoa. Então, o diretor se levantou para a última oração. [...] "Ó Senhor, sabemos que tu és capaz de nos guardar de cair." Essas palavras me acharam. Era como se estivessem acesas. E brilharam para mim.

2 *Ibid.*, p. 28.
3 Steven Barabas, *So Great Salvation* (Londres: Marshall, Morgan, and Scott, 1952), p. 39.

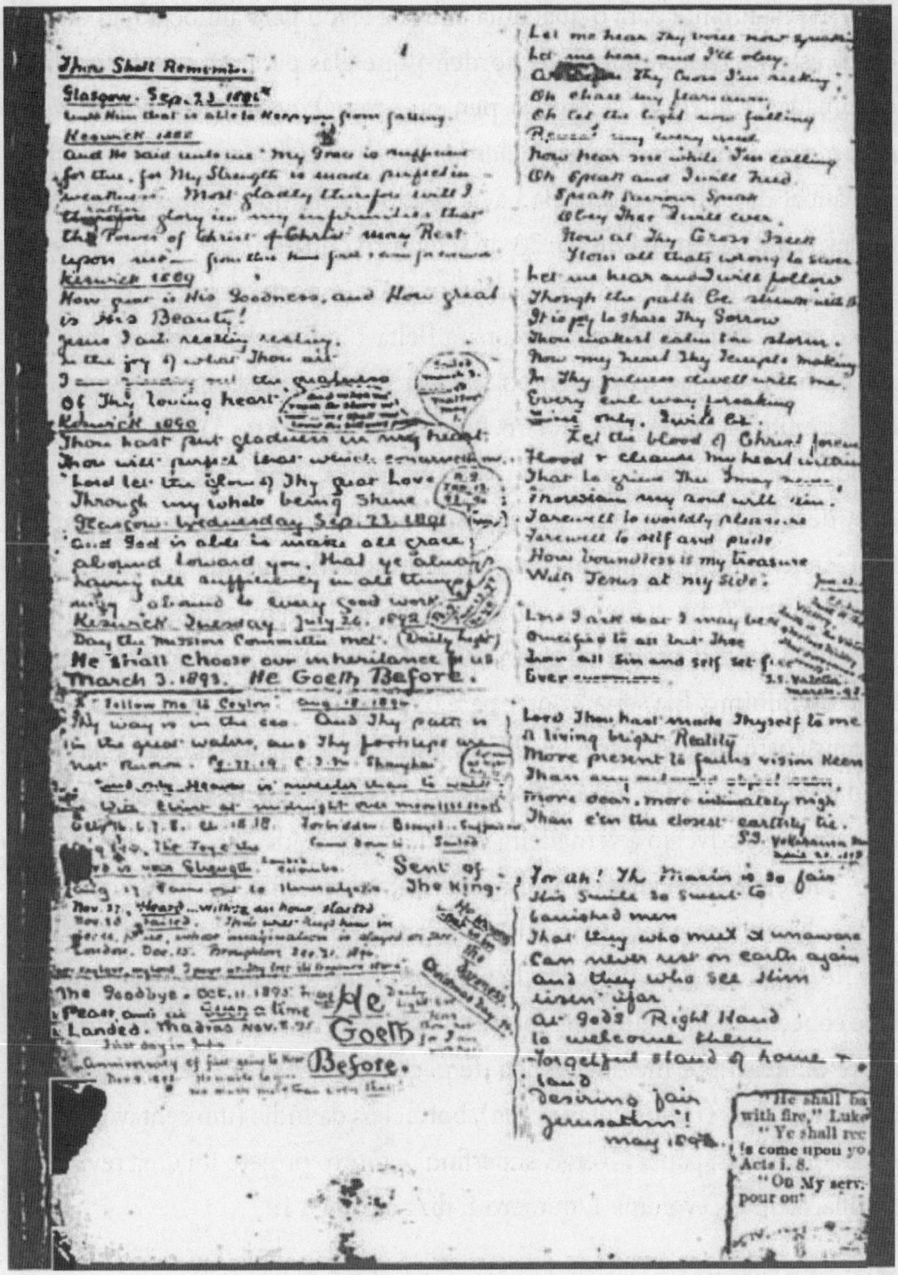

Contracapa da Bíblia de Amy

O restaurante para o qual uma amiga a levou para almoçar não era um cinco estrelas. As costeletas de cordeiro que elas pediram não foram bem cozinhadas. *Costeletas de cordeiro*, pensou Amy. *O que importam as costeletas de cordeiro? O Senhor é capaz de guardar-nos de cair! Guardar-nos de cair!* Isso era, afinal de contas, o que ela havia orado e pelo que tanto anelara. Amy escreveu a data em sua Bíblia: 23 de setembro de 1886.

Se costeletas de cordeiro não eram mais importantes, roupas também não o eram. Quando Amy voltou para Belfast, o longo período de luto por seu pai havia acabado, e era tempo, sua mãe lhe falou, de comprar alguns vestidos bonitos — entre eles, é claro, um vestido para festas à noite. Elas foram às compras. O vendedor lhes mostrou suas peças adoráveis. De repente, Amy decidiu que não poderia tê-las. Agora ela estava, na linguagem do apóstolo Paulo conforme interpretada pelas pessoas de Keswick, "morta para o mundo". Para Amy, o mundo significava moda, elegância, luxo de qualquer tipo. Ela seguiria aquele que não tivera nenhum lar, nem posses terrenas além do mínimo. Ela seria "morta para o mundo e seus aplausos, para todos os seus costumes, modas e leis". Para uma moça sensível à beleza, isso é a medida de seu compromisso de que não hesitaria em desistir de tudo que lhe parecesse adverso à verdadeira vida de discipulado.

Entreter seus irmãos e irmãs não era, certamente, no pensamento de Amy, adverso a essa vida. Cheia de vitalidade, ela ia patinar com eles nos lagos dos Reais Jardins Botânicos. Ela lhes ensinava a identificar orquídeas nas estufas e concebeu a ideia de ajudá-los a estabelecer uma loja em que aprenderiam sobre dinheiro por meio da venda de pequenos itens para outros membros da família: lápis (meio centavo cada), borrachas da Índia (um centavo), mata-borrão, canetas, papel ("vergê, superfino"). Outro projeto foi uma revista da família, *Scraps*. O volume 1, número 1, diz na página 1:

> Como é habitual na publicação do primeiro número de qualquer revista dar as razões para seu início, bem como suas políticas etc., tentaremos relatar as circunstâncias que levaram à existência da *Scraps*.

> Consideramos que boa quantidade de prazer poderia resultar de termos uma revista da família; consideramos também que, por gastarmos, de vez em quando, uma noite na leitura e, depois, na discussão de itens que poderiam aparecer nesta revista, muita diversão e talvez um pouco de instrução poderiam ser obtidos. Por isso, foi proposto por Amy e apoiado por Norman que esta revista fosse iniciada sem demora.

A caligrafia é de Norman, elegante e ampla. Uma lista de regras segue, incluindo a exigência de que cada membro tenha de pagar uma assinatura anual de seis centavos e escolher um pseudônimo. Norman se tornou "Namron"; Ernest, "Sujeito Estranho"; Eva, "Lulu"; Ethel, "Atom"; Walter, "Blanco"; Alfred, "T. T. I." ("Tolo, Tolo, Idiota"); e Amy, não surpreendentemente, "Ninguém". Mamãe foi eleita presidente, e Amy editora.

As páginas da *Scraps* eram decoradas com cartuns, títulos coloridos e desenhos delicados feitos à caneta e tinta. Nenhum deles tem assinatura, mas os desenhos posteriores de Amy, em suas cartas missionárias, me levam a presumir que o trabalho mais requintado na *Scraps* é dela — samambaias primorosamente detalhadas, tifas, gramas, flores. Há várias aquarelas (uma mostra um litoral com cabanas e árvores, mastros e veleiros na água) e uma linda pintura a óleo de folhas de outono. Alfred contribuiu com desenhos à tinta — um mostra a cozinheira, "Rainha da Cozinha", uma mulher séria com verrugas e pintas cabeludas, de pé numa banqueta, uma faixa ao redor de seus cachos firmes, um avental preso ao seu vestido, mangas arregaçadas, botas amarradas; outro, uma "Moça Operária" envolta num volumoso xale preto; um terceiro, um desenho da capa de um livro, *Moças operárias e tudo sobre elas*, escrito por Amy Carmichael.

A editora cuidou para que houvesse, além de fantasia e humor, o suficiente para edificar. Ela relatou sua conversa com um erudito bíblico sobre alma e espírito. Ela cita Shakespeare, Dryden, Kingsley e Coleridge, inclui um estudo de vocábulos com a etimologia de *atormentar, assaltante* e *pecuniário*. Alguns de seus primeiros esforços em poesia aparecem, indo desde versos ruins:

> Oh! Somos uma família alegre
> Nós somos, nós é, nós seremos —
> Muito sábios e cuidadosos
> E exemplares nós somos!

até:

> Pensa a verdade, e teus pensamentos serão
> Imaculados com a pureza do próprio Deus.
> Em cada broto de pensamento, levemos
> A marca da verdade, do amor e da oração.

Da *Scraps*, aprendemos que a hora de acordar habitual era 4h50 e que, para o café da manhã, os Carmichael comiam pão integral, pão branco, bacon, torradas, pão de aveia, marmelada e chá, com Hadoque defumado e pão irlandês acrescentados aos sábados. Esperava-se que todos se vestissem para o chá, respondessem quando a sineta tocasse e ficassem depois para as orações. "Chá", a refeição da noitinha, significava usualmente batatas, pão, talvez um pouco de linguiça ou peixe e, é claro, chaleiras e mais chaleiras. Não é de admirar que a cesta de Natal da Vovó fosse bem-recebida — ela mandava peru, ganso e vegetais. Ratos e baratas também viviam na casa, segundo lemos, apesar dos vários gatos e um cachorro chamado Maroto.

Era um lar presbiteriano piedoso, e a linguagem dos filhos era vigiada de forma estrita. A "Rainha Mamãe" censurava a mui deselegante exclamação "Cacetada!" de Eva. "Mas não há nada mais a dizer, por isso não posso deixar de dizê-la", era a defesa de Eva. Os outros, solidários ao impulso de xingar, ofereciam alternativas. Por que não "Cacilda!" ou "Nossa!"? Ernest escreveu quando o Primeiro de Abril caiu num domingo: "Sem dúvida, éramos todos muito piedosos, tão piedosos que não teríamos uma chance de sermos ainda mais piedosos em um domingo por outros sete anos."

A edição de Natal de 1887 contém um conjunto de resumos descritivos dos personagens da família, elaborados por "Ninguém". Namron é um menino dócil, bondoso, altruísta, "em resumo, muito querido em todos os sentidos". Quanto a falhas — uma dificuldade de acreditar que comete equívocos é tudo que posso dizer; e essa falha é tão invalidada pela afabilidade, que está sempre dormente. Quando sua amada irmã Ninguém ficou doente, ele quase a levou no colo para o andar superior. Sujeito Estranho era

> um daqueles jovens cuja ausência faz o coração se tornar mais afeiçoado. Quando você está longe dele, compreende que vale algo para ele. [...] Acho que não mencionarei suas falhas, porque, desde que comecei a escrever, tornei-me consciente de que as minhas próprias são tão numerosas e excedem tanto as dos outros, que, quanto menos eu falar sobre elas, tanto melhor será.

Eva: querida, alegre, divertida, amorosa, inocente,

> tem um grande estoque de amor pronto para distribuir em aniversários, natais etc. Quando alguém está realmente doente, não há ninguém mais bondoso. Ela gostaria de comprar toneladas de chocolate, se, por meio disso, pudesse tranquilizar o sofredor — se tivesse dinheiro.

Atom: "Uma criatura risonha, repleto de eletricidade condensada, que gosta muito de lições, doces, violência, lutas e tem uma grande quantidade de afeição natural." Quanto a T. T. I., "um querido, alegre, pequeno e velho colega. Ele é a nossa alegria." Blanco, "de todos os lacaios [bajuladores, "faz-tudos"] dispostos e de trato fácil, é o mais afável e espontâneo". Mamãe: "Nunca houve uma mãe semelhante: tão boa, tão amorosa, tão altruísta, tão perfeita em todos os sentidos. Podemos apenas agradecer a Deus por ela e tentar, com o nosso amor, tornar feliz a sua vida entristecida." A respeito da própria Amy, um deles escreveu:

> Nossa irmã mais velha é a luz de nossa vida,
> Ela diz que nunca será uma esposa.

Uma promessa desse tipo, de uma moça de 22 anos, poderia ter sido entendida como um desafio destinado apenas a ser vencido. Devemos duvidar que pelo menos Norman e Ernest tenham levado Amy a sério, e talvez ela não esperasse que fizessem isso. De qualquer maneira, Amy cumpriu sua palavra.

Essa promessa pode ter sido, em parte, fruto de uma visita de Hudson Taylor, da Missão para o Interior da China, a Belfast em 1887. Em reuniões patrocinadas por Keswick, ele disse que, toda hora, quatro mil pessoas "passam pelos portais da morte para as trevas onde não há Salvador, nem esperança".

"Isso não comove o nosso coração", Amy escreveu na *Scraps*, "a irmos lá e ajudá-los? Não nos faz anelar por deixar nosso luxo, nossa luz excessivamente abundante e irmos até aqueles que estão sentados nas trevas?" Ela citou estas linhas:

> Ouçam! Ouçam, irmãs inglesas,
> Ouçam o apelo de uma irmã indiana —
> Lamentos dolorosos, males de trevas expondo,
> Profundezas de infelicidade humana revelando,
> Trazidos do outro lado do imenso oceano azul.
> Estamos morrendo, dia após dia,
> Sem qualquer luz ou qualquer lampejo animador.

Foi uma estranha providência que colocou na vida de Amy, naquelas reuniões, alguém que ela aprenderia a amar em grau tão elevado, que tornaria sua obediência ao chamado entre os pagãos extremamente mais dolorosa do que se tivesse sido de outra maneira. Era o diretor da Conferência de Belfast e o homem que, com Canon Harford-Battersby, havia arranjado a primeira reunião em tenda em Keswick: o Sr. Robert Wilson. Ele era um homem "de estrutura enorme e grande força, barbudo e robusto", seu filho lembrava. "Seus movimentos eram lentos, seu humor profundo por trás de um exterior solene. Era parcimonioso no falar e, se pressionado a seguir um curso que ele considerava errado, refugiava-se no silêncio *quaker*."[4]

No final da reunião de Belfast, o Sr. Wilson perguntou se havia questões, e os tios de Amy, que estavam hospedados com os Carmichael, tinham várias questões de natureza doutrinária que Amy escreveu num cartão cor-de-rosa com borda dourada. O Sr. Wilson perguntou-lhes se poderia ir à casa deles.

> Ele ainda não tinha 70 anos,[5] mas tinha cabelos grisalhos ondulados. Seus olhos eram tão azuis e tão cândidos quanto os de uma criança, e sua face era também como a de uma criança em seu rubor vívido; sua estrutura enorme quase enchia a nossa maior cadeira. Ele fazia uma linda pintura quando se sentava à luz da lareira.

Amy não sabia na época, mas ela havia "dado uma guinada na estrada da vida".

4 Pollock, op. cit., p. 30.
5 Na verdade, ele não tinha ainda nem 60 anos.

4

O TABERNÁCULO DE ESTANHO

No início de 1888, a Sra. Carmichael chamou os filhos para a sala de jantar, certa noite, a fim de lhes dizer que haviam perdido quase todo o seu dinheiro. Eles se ajoelharam juntos ao redor da mesa, enquanto ela entregava o assunto a Deus. O que parecia desconcertante não os abalou, pois ela acreditava que nada havia que não pudesse ser realizado pela maravilhosa bondade do Senhor. "Ele tem sido tão bondoso quanto a outras coisas, que não podemos duvidar que cuidará disso também."

Não há nada na *Scraps* indicando que a vida deles tenha sido interrompida. A obra de Amy com as xalis cresceu até que começou a causar certo incômodo em algumas pessoas da igreja. Ter aquela multidão de pessoas rudes e não ortodoxas enchendo e transbordando o enorme salão, com as orações de duas ou três delas se elevando ao mesmo tempo, era no mínimo inquietante. Um oficial ficava na entrada vigiando-as com braços cruzados e sobrancelhas franzidas. Deve ter havido alguns suspiros de alívio quando a multidão cresceu tão fenomenalmente, que precisaram de um salão que acomodasse 500 pessoas. A igreja não tinha tal instalação. Amy descobriu, numa revista, um anúncio de um prédio feito de ferro que poderia ser construído por 500 libras. Era uma soma impressionante para ela, mas Amy sabia como orar e ensinou as moças operárias a orar. Uma experiência que ela teve aos dez anos de idade plantou em sua alma a semente sobre a questão de finanças para a obra de Deus. Enviada por sua avó, em Portaferry, para coletar alguns fundos de caridade, ela se aproximou de um homem que acabara de construir ele mesmo uma casa nova. Ele se recusou a dar qualquer centavo. Admirada, a menina ponderou a sabedoria de pedir dinheiro a pessoas que não amavam realmente a Deus. *Por que não*, ela pensou, *pedir a Deus que faça as pessoas que o amam dar dinheiro?* Amy e as xalis fizeram exatamente isso.

Não muito depois, Amy cumpriu um dos mais odiosos deveres de uma moça em seu tempo, "retornar chamados" com sua mãe. Isso significava ficarem sentadas em salas de estar com uma xícara de chá e um pedaço de bolo equilibrado precariamente no pires, tentando ser educadas enquanto não podiam deixar de pensar em maneiras melhores de empregar seu tempo. Mas o Deus que nos ensina a orar tem muitas maneiras de responder, e aquela tarde monótona resultou em sua anfitriã mencionar a obra de Amy para uma amiga. A amiga pediu a Amy que fosse almoçar com ela.

Uma casa antiga, um jardim encantador, um mordomo à porta. Uma mesa preparada numa sala ensolarada. Toalha branca, prataria brilhante. Uma senhora idosa "como uma violeta branca". Poucos dias depois, uma carta dizendo que ela desejava dar o salão. Amy não duvidou de que isso era resposta de Deus.

Uma coisa, porém, faltava. Onde o colocariam? Pediram a Deus. Não sendo alguém que cruzava os braços se Deus esperava que ela fizesse algo além de orar, Amy foi diretamente ao escritório do proprietário do maior moinho naquela parte da cidade e perguntou quanto ele cobraria por um lote de terra. Ele mencionou um valor ridiculamente pequeno. O salão foi colocado na Rua Cambria. Amy o chamou *O Bem-Vindo* e enviou convites impressos para a sua consagração, que aconteceria em 2 de janeiro de 1889.

> Venham, venham todos
> Ao Salão Bem-Vindo
> E venham em suas roupas de trabalho.

O convite descrevia a organização como "O Moinho e a Fábrica do Segmento de Moças da Associação Cristã de Mulheres Jovens". Ela convidou seu pastor para dedicá-lo. "As janelas e as cortinas foram erguidas e colocadas a tempo", ela escreveu, "apesar dos protestos dos corvos amigos do Tabernáculo de Estanho." Acima da plataforma, ela colocou uma faixa enorme com as palavras *Para que em todas as coisas ele tenha a primazia*. Ela queria realmente que fosse assim. Ela mesma ("Ninguém") sentou-se, naquela noite, não na plataforma, como se esperava do principal impulsionador do empreendimento, mas no meio do auditório. Dois alunos do evangelista americano D. L. Moody abriram o trabalho do Bem-Vindo com uma missão em que, pela primeira vez nas ilhas britânicas, foi cantada a canção evangélica "Eu sei em quem tenho crido". "Almas eram ganhas cada noite", Amy registrou, mas, depois, por um tempo, não havia nada, nenhum poder. Somente frieza. Era sua culpa, ela pensou — havia entristecido o Espírito Santo por frivolidade depois de uma reunião. "Não há nada de errado no divertimento, mas não era tempo para isso."

Seus irmãos e irmãs estavam interessados na grande obra de sua irmã no "Tabernáculo de Estanho" e, sem dúvida, ajudavam-na ocasionalmente. Numa edição da *Scraps*, Norman se refere ao "mais caridoso de todos os objetos caridosos, a Sociedade de Moças Operárias de Amy".

Deve ter sido um lugar cheio de vida, a julgar pelo programa semanal:

Domingo	4h30 Classe bíblica
	5h30 Reunião do grupo Amanhecer
Segunda-feira	7h30 Prática de canto
Terça-feira	7h30 Escola noturna
Quarta-feira	7h30 Reunião das moças
Quinta-feira	7h30 Clube de costura
Segunda e sexta	1h20 Reunião da hora de almoço
Quarta-feira	1h20 Reunião de oração da hora de almoço
Quinta-feira	4h Reunião das mães
1ª quarta-feira do mês	Reunião evangelística — todos bem-vindos

Era demais para Amy realizar sozinha. Precisava de ajuda. De que tipo? Ela procurou, como de costume, orientações na Bíblia e achou-as no livro de Esdras. Quando os exilados retornaram para Jerusalém, começaram a reedificar o templo do Senhor. Os inimigos de Judá e Benjamim pediram para se unirem a eles na obra, afirmando que adoravam ao mesmo Deus. Os líderes recusaram a oferta de seus inimigos, dizendo que a casa não era interesse deles, e sim uma tarefa que Ciro, rei da Pérsia, havia designado apenas aos judeus. Isso causou ofensa e atrasou a obra, mas os judeus permaneceram leais aos princípios. Amy não pensava em edificar qualquer outra coisa, senão substâncias que resistiriam ao fogo — ouro, prata, pedras preciosas. O Senhor a guiou a essa verdade bem no começo, ela disse a seus "filhos" mais tarde, "e ele a tem mantido como algo firme em meu coração desde então". Amy orou pelo tipo certo de ajudantes. Eles chegaram — um grupo de amigos e primos leais cujos dons ela mesma teve a capacidade de reconhecer e encorajar.

Métodos de levantar fundos que eram aceitos como normais pelas igrejas e outras organizações religiosas eram para Amy totalmente seculares, totalmente fora de harmonia com uma vida de fé e impensáveis para o Bem-Vindo. Ela escreveu extensamente sobre o assunto para a *Scraps*.

> Precisamos ter dinheiro. Não podemos construir pináculos de 28 metros sem dinheiro. Não podemos decorar nossas igrejas com janelas elegantes sem dinheiro. Não podemos lançar programas dispendiosos para nossas reuniões sociais sem dinheiro. Não podemos embelezar nossos santuários com mogno real polido sem dinheiro. [...] Como devemos consegui-lo? Você pode apelar comoventemente em favor dos 865 milhões de pagãos que vivem no exterior. Pode pintar um quadro terrível e verdadeiro do estado dos pagãos em nosso país, às nossas portas. Pode até ficar histérico por tudo isso e outras realidades intensamente genuínas, mas não conseguirá o dinheiro. Por isso, outro plano tem de ser elaborado. Então, realizaremos uma feira de caridade.

Um recorte de um jornal anunciando um *Grande Bazar para Quitar uma Dívida na Argyle Place Presbyterian Church* está colado, descrevendo tudo, desde um "palácio de fadas com milhares de luzes", um show de Punch e Judy, ventriloquismo, um estande de tiro ao alvo até à BANDA COMPLETA DO GORDON HIGHLANDERS. Amy, dando plena liberdade à sua imaginação, oferece outras possibilidades:

> Damas jovens ociosas que gostam de fazer o bem produzirão mantas de sofá, toucas de descanso e capas de chaleira. [...] Iludirão homens velhos e jovens a comprarem apenas uma entrada para o chimpanzé extraordinário que algum amigo deu de presente para nos ajudar na quitação da dívida de nossa igreja (ele estava enjoado da criatura e ficou contente em livrar-se dela). Ninguém escapará sem ser importunado regularmente por ciganas, rainhas Elizabeth, rainhas Maria da Escócia, Robinsons Crusoés, Robin Hoods, cavaleiros, escudeiros, macacos e jumentos, apenas para comprarem a alfineteira baratinha por 5,11 libras, e o lindo par de chinelos por 1,19 libra, e a pequena boneca de bebê com anáguas por 19,6 libras. E ninguém escapará de nossa influência sem ser muito bem depenado — posso assegurar-lhes

honestamente. Oh! Sim! Conseguiremos o dinheiro para nossa pobre, pequena e amada igreja; e todos terão a prazerosa consciência de haverem se dedicado à causa nobre de esbulhar, obter com bajulação e extorquir dinheiro de um público egoísta e imprudente — para a Causa de Deus! Ah! É aqui que uma pequena incoerência parece se introduzir. Vamos imaginar por um momento. Somos um grupo de israelitas que querem construir uma residência magnífica em que a Presença Poderosa habitará. Formamos uma comissão. [...] Moisés diz, segurando a barba meditativamente: "Ah! O gosto das pessoas tem de ser levado em conta; no presente estado da sociedade, não podemos fazer de maneira diferente, embora, é claro, esse não seja um curso desejável de seguir." "Mas, irmão", comenta Arão, "o tabernáculo deve realmente ter cortinas decentes, e, se devem ser de pelo de cabras, elas custarão uma soma de dinheiro muito grande e, depois, têm de ser bordadas. [...]" Em seguida, Bezalel se pronuncia: "Você fala, meu irmão, como se nada, exceto as cortinas, devesse ser considerado, mas há uma grande quantidade de entalhamento em madeira e de cortes em pedras a ser levada em conta, e várias coisas curiosas a serem criadas de ouro, prata e bronze. Essas também custarão dinheiro." Há um silêncio.

Moisés parece perplexo quando, em voz muito hesitante, Aoliabe diz: "Bezalel, não temos tanto o tempo quanto o talento para dedicar a esta obra? Não podemos nos gastar e ser gastos no serviço do santuário?" Mas ele é esmagado pelos acenos de cabeça da comissão. Isso nunca funcionaria. "O que seria de nossas famílias se trabalhássemos por nada? Realmente, Aoliabe deveria se envergonhar de si mesmo. Que ideia!" etc. etc. De repente, a face de Moisés brilha. "Apenas o que comentei no princípio", ele diz agradavelmente, "no presente estado da sociedade, temos de nos conformar um pouco com o mundo. Teremos um bazar!"

Não é um quadro excelente, muito superior a "vieram homens e mulheres, todos dispostos de coração; trouxeram fivelas, pendentes, anéis, braceletes, todos os objetos de ouro; todo homem fazia oferta de ouro ao SENHOR".[1] Podemos notar três coisas:

1ª: todos os que estavam dispostos de coração

2ª: trouxeram suas próprias posses

3ª: ao Senhor.

Ora, damos ao Sr. Fulano de Tal que nos escreveu a carta de solicitação ou à Sra. Fulana de Tal que nos chamou outro dia com um cartão de coleta e, infelizmente, estávamos em casa e não conseguimos escapar de dar-lhe algo. [...] Será que não há alguma orientação quanto ao mistério do dinheiro nesses pensamentos, tomando como ideia central três sentenças não muito cridas em nossos dias?

"Minha é a prata, meu é o ouro."

"Pedi, e dar-se-vos-á."

"Deus suprirá cada uma de vossas necessidades."

1. A obra para a qual queremos o dinheiro é a obra escolhida de Deus para nós ou a nossa obra escolhida para ele? Se é a primeira, ele cuidará do dinheiro necessário? Se é a segunda, como podemos esperar algo melhor do que o que temos?

2. Podemos esperar uma bênção em usar o dinheiro dado com má vontade?

3. Não devemos atentar a que a nossa Raiz seja correta, antes de esperar as flores e frutos?

Esses princípios, descobertos quando Amy estava sozinha com sua Bíblia e seu Deus, escritos apenas para o pequeno círculo de leitores da *Scraps*, nunca foram deixados de lado. Anos mais tarde, a sua influência foi sentida por milhares.

1 Êxodo 35.22.

5

O CHAMADO INESCAPÁVEL

"Exatamente o tipo de lugar que eu teria escolhido se me fosse pedido que escolhesse o lugar!" Foi assim que Amy descreveu o lugar em que ela viveu posteriormente no ano de 1889. Um velho amigo da família, Jacob Wakefield MacGill, lhe pedira que fosse para Manchester (Inglaterra), para começar uma obra semelhante à do Bem-Vindo. Sua mãe foi convidada a ser superintendente das mulheres de uma casa de recuperação. Por isso, a mudança foi realizada. Amy vivia numa favela, enxameada de pessoas — difíceis, trabalhadoras, beberronas. À noite, ela ouvia os gritos e berros de conflitos. De manhã, eram as sirenes das fábricas e o matraquear dos tamancos de madeira, quando as pessoas saíam para trabalhar na escuridão e frio. "Entretanto, o que lembro mais vividamente é que o tipo mais repugnante de 'criatura' costumava rastejar através das finas paredes."

Foi um bom treinamento missionário. Se alguém se prepara para assaltar os bastiões do paganismo, não recuará diante de bichos rastejantes. Outra lição que Amy aprendeu foi a de realizar no momento da solicitação o que lhe era requerido — o tio Jacob não tinha paciência com aqueles que não o fizessem. Ela aprendeu a viver sem as coisas mais preciosas — privacidade e quietude. A vizinhança não era o que sua família teria considerado "segura", e, certa vez, andando para a estação de trens, ela foi importunada por desordeiros. Amy seguiu em frente sem medo, animada pela história de um ancestral corajoso que marchou por entre uma multidão hostil. Em Amy Carmichael, a fé de seus pais ainda estava viva.

Amy estava feliz na obra com as moças das fábricas, mas a doença levou a obra a uma pausa. "Quão frágeis são os corpos!", ela disse.

O ano de 1888 era o 14º ano da convenção de Keswick. E o Sr. Wilson, amigo de Amy, cofundador de Keswick, que ela conhecera em Belfast, convidou-a para assistir. Tendo ouvido o ensino de Keswick em Belfast e Glasgow, ela ficou desejosa de ir à tenda em Keswick. Desde o seu começo, o movimento havia sofrido de vários "ventos de doutrina", mas por volta de 1888 fora corrigido e estava firme, em grande parte devido ao bispo Handley Moule, que escreveu em 1890 ou por volta disso:

> Keswick defende as grandes e eternas verdades, algumas das quais, por assim dizer, o movimento trata como usuais, mas nunca subestima a glória de nosso Senhor Jesus Cristo. [...] Sua morte por nós na cruz: Keswick é firme como uma rocha no que diz respeito ao sacrifício da morte de Cristo e ao benefício do perdão, totalmente imerecido por nós, que temos por causa da morte de Jesus.

Santidade era a grande ênfase de Keswick, que Moule definiu assim:

> Ser semelhante a Cristo. Remover o ego do trono interior e entronizar a Cristo. Não fazer o menor compromisso com o menor pecado.

> O nosso alvo é nada menos do que andar com Deus todo o dia, permanecer cada hora em Cristo, e ele e sua Palavra em nós, amar a Deus de todo o coração e ao nosso próximo como a nós mesmos. [...] É possível lançar toda preocupação sobre ele a cada dia e estar em paz em meio à pressão, ver a vontade de Deus em todas as coisas, despir-nos de *toda* amargura, reclamação e maledicência, diariamente e a cada hora. É possível, recorrendo nós irrestritamente ao poder divino, sob condições divinas, tornar-nos ainda mais fortes em nosso ponto mais fraco.[1]

O que Keswick defendia, isto Amy Carmichael defendia. Os grandes princípios enunciados na tenda descreviam precisamente aquilo pelo qual ela mais anelava e foi escoado em seus escritos pelo resto de sua vida. Antes da convenção, ela havia ponderado sobre a angustiante pergunta do destino daqueles que nunca ouviram falar de Jesus Cristo. Foi como se ela ouvisse "o clamor dos pagãos" e não pudesse descansar, porque não podia ficar alegremente em seu país e não fazer nada por eles. Durante a semana, ela orou especificamente por alívio desse "clamor", embora o pensamento de que Deus pudesse chamá-la de fato a ir até eles não tivesse passado por sua mente. A convenção foi "um tempo inesquecível" e resultou em "um novo comprometimento de toda a vida da pessoa".

O Sr. Wilson, um viúvo cuja filha única morrera quando era da idade de Amy, por esse tempo já havia se tornado amigo íntimo da família Carmichael. Os filhos, que o chamavam de "Querido Homem Velho", visitavam-no frequentemente em seu lar, em Broughton Grange. Ele era um homem solitário numa família desanimadora, com dois filhos solteirões no final dos seus 30 anos. As visitas de Amy se tornaram mais e mais indispensáveis para ele, até que ele pediu à mãe de Amy se poderia torná-la sua "filha". Ela consentiu, e aconteceu que aquela "guinada" que Amy dera na convenção de Belfast em 1887 — ao conhecer o Sr. Wilson, quando ele passou pela casa

1 Bishop Handley Moule, *Thoughts on christian sanctity (Bristol: Sequor Ltd, 2012).*

dos Carmichael — levou a uma nova e importante fase de seu treinamento missionário.

Em 1890, ela se mudou para Broughton Grange, a "escola designada" por Deus, um ambiente lindo em Lake District, na Inglaterra, acima do rio Derwent, com uma vista gloriosa da cordilheira Cumbrian, desde Skiddaw até Scafell.

Wilson era um Amigo (*quaker*), mas durante anos foi superintendente da Escola Dominical batista e posteriormente frequentou a Igreja Anglicana aos domingos à noite. Amy, uma presbiteriana irlandesa, aprendeu a valorizar o silêncio das reuniões dos *quakers* e a beleza do culto anglicano. As maneiras diferentes pelas quais a adoração cristã achava expressão esclareceram-lhe seu lema de Keswick, escolhido pelo Sr. Wilson, "Todos um em Cristo Jesus".

Um dia, quando os dois passeavam de charrete por uma estrada rural, depararam-se com um quebrador de pedras. Parando o velho cavalo, Charlie, o Sr. Wilson se voltou para Amy. "Que golpe quebra a pedra?", perguntou-lhe. Em seguida, apontando com seu chicote, disse: "Nunca deves dizer, nunca podes nem mesmo pensar: 'Ganhei aquela alma para Cristo.' É o primeiro e o último golpe, e todos os demais entre eles."

Foi ele quem lhe falou das três inscrições sobre as portas da Catedral de Milão. Uma, com um entalhe de rosas, diz: "Tudo que agrada é apenas por um momento"; a outra, com um entalhe de uma cruz, diz: "Tudo que entristece é apenas por um momento"; e, sobre a grande porta central, estão apenas as palavras "Nada é importante, senão o que é eterno".

Não é surpreendente que os filhos do Sr. Wilson tenham achado inquietante a presença de Amy na casa. O relacionamento dela com o pai deles era pelo menos incomum, talvez uma interferência em qualquer comunicação que tivessem com ele e, decerto, uma interrupção nas rotinas a que estavam acostumados. Não a aceitaram bem, e ela sabia disso, mas, anos depois, quando a obra missionária a colocou em relações diretas e próximas com outros cujos estilos eram diferentes e dos quais não ganhara aprovação, Amy entendeu que esse aspecto de Broughton Grange havia sido também uma parte de seu treinamento necessário.

Amy ajudava nas reuniões da União da Escritura às terças-feiras à noite, das quais os filhos do Sr. Wilson participavam. O fato de que ela era a pessoa que dava costumeiramente a palestra e era imensamente popular com as crianças que vinham à reunião pode não ter aprimorado a comunhão que ela tinha com os dois homens, bem como o fato de que ela convidava várias moças para a Grange aos sábados. Elas usavam a biblioteca, brincavam de jogos, tinham estudo bíblico, passeavam pelo jardim e devoravam leite e biscoito de gengibre.

O ano de 1890 marca a primeira publicação (a menos que contemos a *Scraps*) de algo escrito por Amy B. Carmichael. Ela fez um passeio pelos vilarejos de Clyde, com a Sra. Hannah Govan, da Faith Mission. *Palavras Brilhantes*, o periódico de comunicação da missão, publicou a história de Amy sobre uma xali, "Sall Lutadora", convertida no Bem-Vindo.

Amy sempre tomou nota de marcos espirituais, guardando registro das datas em que Deus a encontrara de maneira especial. Nenhuma delas marca uma crise maior do que 13 de janeiro de 1892. Foi naquela noite de quarta-feira nevada que o imperativo categórico veio, não somente uma vez, mas repetidas vezes: *Vai*. O "alívio do clamor dos pagãos", pelo qual tinha orado em Keswick quatro anos antes, fora "respondido apenas pela metade"; nessa ocasião, porém, ficou claro que ela deveria ir. Mas como poderia ir? O Sr. Wilson precisava dela. Amy tinha por certo o fato de que deveria permanecer com ele até à sua partida para o céu, mas, "irrompendo por entre esse pensamento, veio uma palavra da qual eu não pude escapar, nem ousar resistir". Como a palavra veio? Foi audível? Visível, como a escritura à mão na parede de Belsazar? Foi uma impressão profunda em sua mente impressionável? Ela tivera uma conversa com seu "Papai" naquela tarde. Retornou ao seu próprio quarto e, tão claramente quanto uma voz humana, ouviu Deus dizer: VAI. Foi inescapável, irresistível.

Amy em Broughton Grange, com cerca de 24 anos de idade

No dia seguinte, ela se sentou à mesa de escrever na linda casa antiga. Da casa ela poderia abdicar. Poderia ficar sem a visão deslumbrante do rio e das montanhas afáveis. Mas o amado Sr. Wilson? Sim, ela conseguiria avançar, pela graça de Deus, sem o seu amor paternal. Mas será que isso não partiria o coração dele? Simplesmente abandonar o homem idoso para quem ela era luz, consolo e alegria? E quanto à sua mãe?

"Minha mãe preciosa", ela escreveu, "você entregou sua filha irrestritamente ao Senhor para ele fazer o que quiser? [...] Oh! Que ele a fortaleça a dizer SIM para ele, se lhe pedir algo que tenha um preço."

Ela escreveu sobre "aqueles que morrem nas trevas, 50 mil deles cada dia", sobre seu próprio anseio de lhes falar de Jesus e sobre suas apreensões, por causa das reivindicações do lar, e sobre como, apenas alguns dias antes, havia escrito para si mesma as razões por que não deveria ir: a necessidade de sua mãe por ela, bem como a necessidade de seu "segundo pai", a possibilidade de que, por ficar, pudesse facilitar a ida de outros, sua saúde frágil. Examinando essas razões, ela se perguntava como Deus as via. Eram boas o suficiente?

Não conseguiu terminar a carta. Era muito excruciante. No dia seguinte, ela tentou de novo.

"Senti como se estivesse esfaqueando alguém que eu amava. [...] Em toda a dor aguda e forte que veio desde quarta-feira, a certeza de que era a voz de Deus que eu ouvi nunca vacilou, embora todo o meu coração tenha evitado o que ela significa e eu pareça rasgada em duas."

Ela citou as palavras de Jesus, que cortam profundamente: "Então, disse Jesus a seus discípulos: Se alguém quer vir após mim, a si mesmo se negue, tome a sua cruz e siga-me. Porquanto quem quiser salvar a sua vida perdê-la-á; e quem perder a vida por minha causa achá-la-á."[2] "Quem ama seu pai ou sua mãe mais do que a mim não é digno de mim; quem ama seu

2 Mateus 16.24-25.

filho ou sua filha mais do que a mim não é digno de mim."[3] "O obedecer é melhor do que o sacrificar."[4]

A fé não elimina perguntas. Mas a fé sabe a quem levá-las. Amy deve ter gastado muitas horas de joelhos naquele quarto, meditando em sua Bíblia, olhando para Deus com perguntas: quem de seus amigos entenderia? E se ela cometesse um erro e, assim, desonrasse a Deus? O chamado era mera imaginação? E o que dizer a respeito de deixar o Querido Homem Velho? Será que ele morreria? Porém, se ela ficasse, não o estaria privando da maior bênção? Seus irmãos e irmãs — ela ainda tinha alguma responsabilidade de ajudar sua mãe em cuidar deles? Saúde — não foi imprudente da parte dela imaginar que poderia "aguentar" no campo missionário? E dinheiro. Senhor, e quanto ao dinheiro? E sua "Mamãe" enviuvada. O que aconteceria com ela, Senhor?

Em 16 de janeiro, em caligrafia clara e firme, a Sra. Carmichael escreveu:

> Minha filha preciosa,
>
> Aquele que *guiou* continuará *guiando*
> Através de todo o deserto,
> Aquele que alimentou certamente alimentará. [...]
> Aquele que ouviu teu clamor
> Nunca fechará seus ouvidos,
> Aquele que marcou teu frágil suspiro
> Não se esquecerá de tuas lágrimas.
> Ele ama sempre, nunca falha;
> Então, descansa nele hoje e para sempre.
>
> Sim, minha querida Amy, ele emprestou você a mim por todos estes anos. Somente ele sabe que força, consolo e alegria você tem sido para

3 Mateus 10.37.
4 1 Samuel 15.22.

> mim. Em tristeza, ele fez de você meu amparo e consolo; em solidão, mais do que uma companhia filial; e, na alegria, minha simpatizante animada e de coração jubiloso. Portanto, querida, quando ele pede a você agora que vá para além de meu alcance, o que eu posso dizer? Não, não, Amy. Ele é seu — você é dele, para levá-la aonde quer que lhe agrade. Posso confiá-la a ele e assim faço. [...] Todos os dias ele tem-me ajudado, e meu coração diz infalivelmente: *Vai*.

Ela escreveu mais — sobre a graça suficiente com a qual poderia contar, o amor eterno, a pequenez da vida, sua disposição de entregar sua filha aos amorosos braços de Deus. Quanto ao Sr. Wilson, "Deus tem sua felicidade em cumprir *ele mesmo* o que diz".

O Sr. Wilson escreveu para consolar a Sra. Carmichael em renunciar a sua

> querida Filha para a obra do Senhor entre os pagãos. Sei o que isso deve custar-lhe. [...] Quando o Senhor fala dessa maneira a alguém tão querido, esse é um caso de apenas curvarmos a cabeça em anuência agradecida. [...] O futuro parece mudado para mim. [...] Ela é e tem sido para mim mais do que posso lhe dizer, mas não afável demais nem amorosa demais para se apresentar àquele que se deu por nós.

Às vezes, o Sr. Wilson se consolava com as palavras sobre o jumentinho que Jesus pediu a seus discípulos que buscassem: "Se alguém vos perguntar: Por que fazeis isso? Respondei: O Senhor precisa dele."[5] Ele precisava de Amy mais desesperadamente do que o homem precisava do jumentinho. Mas era o mesmo Senhor que a pedia. Quem poderia dizer *não*?

5 Marcos 11.3.

6

TODO SACRIFÍCIO PARECERÁ PEQUENO

Os dois filhos do Sr. Wilson ficaram chocados ao saber da decisão de Amy. Por esse tempo, eles já haviam aceitado a sua presença vívida em Broughton Grange. O que antes fora incômodo se tornara uma parte de suas vidas e, embora talvez não se tenham permitido admitir isso, eles, como Henry Higgins, "se acostumaram com a face de Amy". De repente, ela estava prestes a deixá-los todos e partir para algum lugar desolado, para sempre. Seus protestos foram ostensivamente em favor do pai. Era por causa dele que haviam tolerado a mudança de Amy para viver com eles, e certamente o homem idoso precisava dela. Quão insensível da parte dela seria deixá-los. Era, na verdade, uma quebra de contrato.

Os Wilson não eram os únicos contrários. Alguns cujos nomes eram bem conhecidos como líderes de Keswick disseram "palavras que cortam como facas". Alguém sugeriu que o Sr. Wilson ficaria surdo antes que Amy estivesse no Mediterrâneo. Até as irmãs da Sra. Carmichael se perguntaram se a moça não estava encantada pela noção de uma terra estrangeira. "Se eles soubessem como hoje me sinto partida em duas", escreveu Amy para sua mãe. Ela começava a entender um pouco do que pode significar "suportar vergonha" por causa de Cristo. E se envergonhava de pensar que, como seguidora de um Salvador que foi "desprezado e rejeitado", ela mesma se esquivava de ser mal compreendida e mal interpretada. Pois isso era o que aquelas passagens claras da Escritura significavam: morte para o ego, vida para Deus — "morte para todos os planos e esperanças terrenos e naturais de alguém, morte para todas as vozes, ainda que fossem muito queridas, que ensurdecem o nosso ouvido para a voz de Cristo".

O próprio homem idoso, embora com o coração partido, fez seu melhor para ficar alegre e confortar Amy. Ele deixou claro, bem no começo, que o compromisso dela não era um acordo irrevogável com ele, e se mostrou pronto a dizer isso para os que a acusavam de uma quebra de lealdade.

Uma velha amiga, a Sra. Bell, uma *quaker*, bateu palmas quando ouviu do chamado de Amy.

A parte de "Vai" do chamado era bastante clara. O outono de 1892 pareceu ser o tempo certo. Ela iria, então, de navio. Mas para onde? Essa era a parte vaga. África? China? Ela pensava frequentemente em ambas. Talvez tenha sido a firmeza de sua confiança no Grande Pastor que a impediu de se preocupar muito com a geografia. Ele a levaria para onde era o lugar dela, não levaria? Talvez, também, uma certa despreocupação fascinante fosse parte de sua natureza. Mas agora a ilha de Ceilão (Sri Lanka) vinha constantemente à sua atenção. Por que não ir para o Ceilão? Ela sabia quase nada a respeito do Ceilão — não era "todo plano"; havia muitos ratos e insetos que, às vezes, "se alimentavam de missionários vivos". No entanto, pouco depois o Ceilão saiu de vista, e Amy começou a pensar na China, de novo, e na lembrança de Hudson Taylor de que um milhão de pessoas morriam por mês sem Deus. Ela conheceu a Sra. Stewart, missionária de Fuquiém, na China, e isso parece ter sido tudo que era necessário para convencê-la de que deveria ir para Fuquiém, com os Stewart, no outono, talvez sob os auspícios da Sociedade Missionária Zenana (i.e. de mulheres) da Igreja da Inglaterra. Planos foram feitos, mas em 16 de julho veio a notícia de que a Sra. Stewart não poderia retornar naquele outono. Amy aceitou isso como parte do plano do Mestre, não imaginando que, se tivesse ido para lá, muito provavelmente teria sido assassinada três anos depois, como o foram os Stewart e algumas missionárias solteiras.

No final de julho, Amy e o Sr. Wilson foram, como era habitual, à Convenção de Keswick. Por esse tempo, as reuniões missionárias haviam se tornado uma parte regular da convenção. Em 1887, 30 jovens se voluntariaram para o serviço missionário, e no ano seguinte alguém enviou uma nota de dez libras para o diretor "como o embrião de um fundo para envio de um missionário de Keswick". Foi em 1892 que a primeira pessoa foi escolhida para ser enviada e sustentada por esse fundo: Amy Beatrice Carmichael. Em seu *Luz diária*[1], um livro de leituras diárias da Escritura organizadas para manhã e noite, ela escreveu na margem de 26 de julho: "Definitivamente rendida ao serviço no exterior." O versículo inicial para aquele dia era: "Pela fé, Abraão, quando chamado, obedeceu."[2] Anos depois, olhando para trás, Amy declarou que ela "não era mais apta para ser uma missionária de Keswick do que um cachorrinho *skye-terrier*". Essa estimativa nunca a fez questionar a validade do chamado — ou, podemos presumir, o julgamento daquele que a chamou.

Em algum momento de agosto, Amy decidiu que deveria se oferecer à Missão para o Interior da China, de Hudson Taylor. As engrenagens de diretorias de missões não giravam naqueles dias quase tão lentamente quanto giram em nossos dias. Não havia avaliação psicológica, nem escola de línguas, nem treinamento em floresta para sobrevivência. Em 10 de agosto, ela e o Sr. Wilson deixaram Broughton Grange para irem a Londres. Uma noite, quando os dois estavam sentados perto da lareira, na casa da Sra. Soltau, que era encarregada de candidatas mulheres, "Papai" (Sr. Wilson) disse a

1 Samuel Bagster, *Luz diária* (São José dos Campos: Editora Fiel, 2018).
2 Hebreus 11.8.

Amy: "Você tem de assinar seu nome Carmichael Wilson nos papéis da Missão para o Interior da China. Não quero que o mundo pense que você não é mais minha filha." Depois, ele mudou de opinião. "Seria melhor você escrever 'Wilson Carmichael.'" E foi assim que, por muitos anos, ela foi Amy Wilson Carmichael.

O Sr. Wilson voltou para casa. Naquela noite, Amy foi tomada de tristeza pelo Querido Homem Velho. Ela ficou de pé ao lado da janela de seu pequeno quarto, torturada com pensamentos sobre a desolação dele. A Sra. Soltau veio e se colocou ao seu lado:

> A janela estivera aberta, e a pequena toalha de mesa branca estava polvilhada de fuligem. Assim como um coração torturado sempre nota trivialidades, também notei aquela fuligem. As palavras irromperam de mim: "Dizem que, se eu o deixar, ele morrerá. Apesar disso, estou certa em ir?" "Sim", foi a reposta da Sra. Soltau, "penso que, apesar disso, você está certa em ir."
>
> Foi uma resposta tremenda. Ela deve ter acrescentado algo sobre confiar em nosso Pai para lidar de modo gentil com seu servo que me entregara verdadeiramente a ele, embora seu coração ainda estivesse preso a mim. Mas tudo que lembro dos poucos minutos seguintes é que, com os braços dela ao meu redor, enchi-me de paz. Com frequência, no decorrer dos anos que passei desde aquela noite, fui ajudada pela recordação da coragem dela nos caminhos de Deus para fortalecer uma alma mais nova que estava dilacerada como eu estava então.[3]

Geraldine Guinness, que posteriormente se casou com Howard, filho de Hudson Taylor, permanecia na missão naquela mesma época. Um dia, ela deu a Amy um pequeno pedaço de papel dobrado. No lado de fora, escrevera: "Amor e simpatia profunda, minha querida Amy, e *muita* gratidão por

3 Mildred Cable e Francesca French, *A woman who laughed: biographyy of Herrietta Soltau*, p. 154 e ss.

suas preciosas palavras de ontem. Geraldine. Uma perguntinha, querida — veja mais." No lado de dentro:

> *PODEIS VÓS? Marcos 10.38.*
>
> *Podeis vós beber o cálice que eu bebo ou receber o batismo com que eu sou batizado?*
>
> *PODE DEUS? Salmo 78.19. Podereis certamente... Porque para Deus tudo é possível.*
>
> *Agora, está angustiada a minha alma, e que direi eu? Pai, salva-me [...] precisamente com este propósito vim para esta hora. Pai, glorifica o teu nome. João 12.24-28.*

No verso do bilhete, Amy escreveu algum tempo depois:

> *Dai, e dar-se-vos-á; boa medida, recalcada, sacudida, transbordante.*
> *Lucas 6.38. A boa medida de Deus.*
> *Eterno peso de glória, acima de toda comparação. 2 Coríntios 4.17-18.*
> *Senhor, eu creio. Ajuda-me em minha incredulidade.*
> *O qual, em troca da alegria que lhe estava proposta, suportou.*
> *Como quem vê aquele que é invisível.*
> *Oh! Quão pequeno parecerá todo sacrifício*
> *E dor, e perda, quando Deus enxugar os olhos que choram.*
> *Porque o sofrimento dá o Prêmio do Vencedor,*
> *A Coroa em troca da Cruz.*
> *"Eu confiarei e NÃO temerei.*
> *Janeiro, 1892[4] Janeiro, 1893[5]*
> *Setembro, 1892[6] 3 de março, 1893,[7] de hoje até que ele venha."*

4 A data em que ela ouviu o chamado "VAI".
5 À Missão para o Interior da China, em Londres.
6 "Vai para o Japão" (ver capítulo 7).
7 Navegou para o Japão.

O papel está surrado, comido de inseto, manchado. Ela deve tê-lo carregado consigo em sua Bíblia pelo resto de sua vida. A Sra. Soltau a levou para comprar as coisas de que precisaria na China. Juntas, elas as acomodaram em dois baús de estanho herméticos. Tudo estava pronto.

Não, não estava. O médico da missão se recusou a dar aprovação para Amy ir à China. Por isso, ela retornou para Broughton Grange. O Sr. Wilson ficou extasiado. "O Senhor me deu de volta o meu Isaque!", ele disse. E assim ela retornou à antiga vida pacífica na fazenda. Amy brincava com seu cachorro, Maroto, cavalgava o pônei que o Sr. Wilson lhe dera, ajudava-o em seus escritos, falava nas reuniões de mulheres. Mas um pensamento nunca a deixava: "Este não é o seu descanso." Apesar do veredito do médico, ela sabia que tinha de ir.

7

A SEPARAÇÃO

Em 13 de janeiro de 1893, "veio a" Amy o pensamento de que o Japão era o lugar para o qual ela deveria ir. Ela estivera orando e esperando por meses (e certamente não deveria "aninhar-se") para que Deus, em seu tempo, esclarecesse as coisas. A luta com seus sentimentos pelo Querido Homem Velho não estava terminada. As palavras de Mateus 10.37 estavam sempre com ela: "Quem ama seu pai ou sua mãe mais do que a mim não é digno de mim."

Se isso era de fato a direção de Deus, tal direção não era por meio de um milagre, como uma coluna de fogo, uma voz audível, uma visita angelical, uma estrela ou uma inscrição na parede. Não era por meio de métodos comuns pelos quais, em combinação, Deus parece conduzir-nos na vereda da justiça: circunstâncias, senso comum, conselho piedoso, princípios bíblicos. Era um pensamento. Podemos crer que Deus pode imprimir esse tipo de pensamento numa mente rendida a ele e deixá-lo ali. As armadilhas são muitas, porém, e a história de Amy nos dois anos seguintes pode ilustrar isso.

Ela não conhecia ninguém no Japão, mas o Sr. Wilson conhecia. Barclay Buxton, um missionário da Sociedade Missionária da Igreja, era o líder do braço do Grupo Evangelístico do Japão, um grupo de pessoas jovens associadas com a SMI. Wilson escreveu para lhes falar do "estranho sentimento" de Amy (palavras dela) de que deveria ir para o Japão, e perguntou se tinham um lugar para ela. Em vez de esperarem que a resposta de Buxton, negativa ou afirmativa, fosse uma indicação da vontade de Deus, eles estavam tão confiantes da validade de seu primeiro sentimento, que seguiram outro. Ambos "sentiram" que ela deveria dirigir-se para o Japão o mais cedo possível. Um grupo de mulheres da Missão para o Interior da China ia navegar para Xangai em 3 de março. Por que não ir com elas? Buxton poderia enviar sua resposta para lá. Amy comprou confiantemente a sua passagem.

As poucas semanas que restavam antes de ela se separar de seu amado "Papai" foram cheias de angústia. O Sr. Wilson acreditava que Deus lhe dera Amy como se ela fosse sua própria filha perdida e trazida de volta dentre os mortos, e "sua carne e seu coração desfaleciam" ante a perspectiva de Broughton Grange sem Amy. Sem dúvida, ela mantinha sua disposição radiante com ele, e ambos confortavam um ao outro com as promessas da Escritura — quem abandona qualquer coisa por amor ao Senhor não ficará sem recompensa. Mas houve ocasiões em que, sozinha em seu quarto, todas as ondas e vagalhões se lançaram sobre ela.

"Nunca, eu pensei, nem mesmo no céu esquecerei aquela separação", escreveu Amy, 52 anos depois. "Foi uma separação tal, que eu nunca quis repeti-la. [...] Mesmo agora, meu coração se contrai ao pensar nela." Mais ou menos ao mesmo tempo, ela disse a uma amiga o que nunca dissera a ninguém: "Na noite em que naveguei para a China, 3 de março de 1893, minha vida, no aspecto humano, foi quebrada, e nunca se restaurou novamente. Mas *ele tem sido suficiente*."

O navio a vapor *Valetta*, da Peninsula and Orient Lines, deixou o cais em Tilbury, onde muitos amigos das quatro mulheres se reuniram para dizer adeus. Despedidas para aqueles que em nossos dias partem de avião não são nada comparadas com as demoradas agonias de partidas no cais. Agora, o viajante simplesmente desaparece na ponte de embarque. É um mero caminhar para outra sala. Naquele tempo, eram pranchas, horas de visita a bordo, o "Todos a bordo!", os assobios do fundo da garganta, o desprender das amarrações, o lento afastar-se do cais, o quase imperceptível alargamento daquele golfo entre o viajante e os seus entes queridos, o esforço para discernir até o último momento possível a face diminuída. Quando Amy partiu, amigos estavam de pé no cais e cantaram: "A Cristo coroai, Cordeiro vencedor" e "Como um rio calmo, vai correndo a paz", um dos hinos de Keswick. O navio ficou a pouca distância durante quase uma hora; por isso, o cantar foi contínuo, os mesmos hinos cantados repetidas vezes, as palavras assumindo um significado cada vez mais comovente:

> Coroai-o, ao Filho do Homem,
> Que toda tristeza conheceu,
> Que enternece o coração humano,
> E os toma e os leva sozinho,
> Para que todos nele descansem.
> *Matthew Bridges*

Amy estava perto do corrimão, observando intencionalmente a querida face enrugada do homem idoso. Cada um, "no aspecto humano", estava comovido. Quando, muitos anos depois, ela apresentou diante de candidatos a futuros missionários o padrão da cruz de Jesus, ninguém pôde dizer que ela não sabia do que falava. Se havia paz em seu coração naquele momento, era nada menos que o último dom de Jesus a seus discípulos: "Deixo-vos a paz, *a minha paz* vos dou; não vo-la dou como a dá o mundo. Não se turbe o vosso coração, nem se atemorize."[1] Era a paz sobre a qual seus amigos cantavam, "como um rio calmo". Mas ela não cancela totalmente a dor. Quando

1 João 14.27.

o navio contornou o último canto, lá estava o Querido Homem Velho de novo, havendo caminhado uns 800 metros pelo cais para um último vislumbre. Eles eram achegados demais, a ponto de citarem versículos bíblicos um para o outro, e uma frase que Amy lembrava da reunião de despedida era: "Jesus tem as duas mãos transpassadas pelos cravos. Ele coloca uma sobre cada um de nós e assim nos separa — *ele* faz a separação."

Quando o pontinho que era aquela face querida enfim desapareceu, ela correu para sua cabine e se lançou no beliche, lamentando? Provavelmente não. Talvez ela tenha esperado no corrimão até que a Inglaterra saísse de vista, ponderando toda a maneira como o Senhor tinha lidado com ela. À semelhança de Abraão, ela não sabia para onde ia, e achou consolo nas palavras de Gênesis 12.1, "para a terra que te mostrarei". À semelhança de Abraão, ela tinha obedecido pela fé ao que acreditava ser a voz de Deus.

Como ela passaria as semanas entre a Inglaterra e Colombo, onde ela trocaria de navio? Amy considerou as opções. Havia jogos. Ela amava jogos. Mas agora ela era uma missionária, e uma missionária não tem tempo para jogos. Amy orou por oportunidades para falar de Cristo aos marinheiros e passageiros do navio. O próprio capitão lhe pediu que colocasse versículos bíblicos em sua cabine, "como um testemunho para todos" de que ele já conhecia o Senhor Jesus Cristo.

Ela escreveu para os amigos de Keswick que estava "pacificamente miserável", ou seja, enjoada do mar. E parafraseou um hino:

> Perfeita, perfeita paz, embora enjoados possamos cantar,
> Pois, apesar disso, estamos debaixo das asas do Senhor.

No primeiro domingo, um culto foi realizado no salão. O clima severo roubou a energia da maioria dos passageiros — "cantamos hinos com pouco vigor" —, e a congregação diminuiu até que um senhor da primeira classe sugeriu que as "moças do Exército de Salvação" (ele as ouvira cantar hinos quando embarcaram — *tinham de ser* do Exército de Salvação) cantassem para o que Amy chamou de "sobreviventes". Ela e um missionário alemão colaboraram alegremente. Ela também realizava um estudo bíblico bem embaixo do alçapão principal cada manhã,

> um pequeno quadro de "Todos um em Cristo": um cavalheiro indiano nativo que está procurando os registros das religiões do mundo para encontrar a verdadeira; um pobre e simples marinheiro das Índias Orientais, que certa vez conheceu um missionário que lhe falou de Jesus e que se apega a ele muito nostalgicamente como seu "único bem"; um homem chinês, engraçado e entusiasta, que ama a Jesus "muitíssimo", e uma velha e ótima criada asiática [...] se reuniam conosco para lermos juntos o livro dele.

Na baía de Biscaia, eles cantaram outro dos hinos de Keswick; uma das estrofes do hino diz: "Oh! Quão grande a tua amabilidade, mais vasta e mais extensa do que o oceano."[2]

> Atrás de nós ficavam as águas calmas e escuras, estendendo-se para longe e longe. Diante de nós, as águas tremeluziam em glória de cor e ouro. Acima, estava o brilho do anoitecer. Por baixo, os braços eternos de um Amor ilimitado abrangendo o oceano. [...] Quando entramos no Mediterrâneo, ele ordenou que seu vento tempestuoso açoitasse as águas tranquilas, tornando-as uma fúria gloriosa. [...] Durante a investida e o rugir poderosos, o velho salmo cantava-se a si mesmo repetidas vezes, em estilo de coro: "Levantam os rios, ó SENHOR, levantam os rios o seu bramido. [...] O SENHOR nas alturas é mais poderoso do que o bramido das grandes águas."[3]

2 J. Mountain, "Jesus, I am Resting, Resting".
3 Salmos 93.3-4.

Quando navegavam além da costa da "África Sombria", Amy viu uma luz minúscula que, para ela, tipificava quão poucos portadores da luz espiritual existiam, e rogou a seus correspondentes que não continuassem deixando "o silêncio mudo do desespero" sem resposta.

Enquanto atravessavam o Canal de Suez, passaram por caravanas de camelos, marchando através da areia, seguidas por árabes vestidos de túnicas azuis e turbantes brancos. Quando passaram pelos campos, meninos pequenos saíram correndo e pediram uma esmola em dinheiro. Vendo o "solene espinhaço do Sinai", com seus picos vermelhos e desnudos e seu deserto ondulante, Amy pensou no povo de Israel permanecendo à distância, enquanto Moisés subia a montanha e penetrava a densa escuridão onde Deus estava.

Em Áden, ela viu, pela primeira vez, "a grande Necessidade, face a face" — enxames de vendedores de bugigangas e meninos mergulhadores, vestidos em marrom-escuro e algo mais, "sem Cristo, sem esperança, sem Deus no mundo". O Ceilão, uma terra maravilhosa de descanso para olhos fatigados do mar, parecia "uma grande estufa habitada de pessoas, mas sem o vidro". Em Colombo, os missionários foram "sequestrados por irmãos e irmãs em Cristo", levados pelas estradas de areia vermelha a um bangalô onde um café da manhã os esperava. Amy sentou-se ao pequeno órgão — grata por haverem permanecido firmes depois da passagem tempestuosa — e tocou o hino "As areias do tempo estão afundando", de Samuel Rutherford, um dos favoritos de Keswick, bem como "No Senhor firmado", de Ridley Havergal. Em Colombo, como em Penang, Singapura e Hong Kong, Amy pediu para ver a obra da missão e pareceu ter desfrutado uma velha semana familiar, com muitos que haviam estado em Keswick, conheciam seus hinos e liam a revista de Keswick, *A vida de fé*.

Quando embarcaram no *SS Sutlej*, acharam sua cabine já ocupada por ratos e baratas. Isso foi, primeiramente, um assunto de oração ("Fomos e contamos a Jesus"), seguido por ação ("em seguida, falamos com o comissário"). Amy imprimiu um cartão com as palavras *Em tudo dai graças*, decorando os cantos com as iniciais de suas principais dificuldades, e o pendurou na cabine.

No verso da sua última carta a bordo do navio, datada de 13 de abril, há uma anotação: "Sexta-feira, 14 de abril — Chegamos em segurança a Xangai. 'E, assim, os leva ao porto desejado.' Achei quatro cartas para mim vindas do Japão. 'Ele vai adiante.'"

Depois de uma estadia breve, ela foi colocada a bordo do *SS Yokohama Maru*, cujo destino era Shimonoseki, onde ela deveria ser recebida, e "parti sem qualquer temor". O navio foi envolvido na parte final de um tufão, tornando a atracagem impossível; por isso, o capitão a colocou em um rebocador que era sacudido violentamente, cheio de pessoas japonesas enjoadas do mar. O frágil rebocador foi esbofeteado e jogado de um lado para outro, até que, por fim, todos "foram lançados juntos desajeitadamente para a praia".

Amy se viu cercada por uma multidão de pessoas que gritavam e gesticulavam, nenhuma face branca, em lugar algum. Ela fez o melhor que pôde para explicar seu dilema. A multidão era amigável e estava, certamente, interessada — estava, de fato, maravilhada ante a visão —, mas isso foi inútil. Quando Amy contou a história posteriormente, ela disse que sorriu até ficar nitidamente dolorida ante o absurdo da ocasião. Um porto estrangeiro. Ninguém para recebê-la. Ela não podia entender nenhuma palavra de qualquer língua.

A moça do vilarejo irlandês no mar do Norte, de pé sob a chuva torrencial, ao lado de sua pilha de bagagem na praia do Japão, rindo. "Tudo isso era parte de ir para uma terra que eu não conhecia, e tudo estava bem. E, se as coisas dessem errado, isso seria ainda mais divertido. Eu sabia que daria certo no fim das contas. E tudo sempre acabava bem." Assim, com a fascinante despreocupação da fé, ela podia apenas se perguntar: *Quais os próximos passos?*

Houve uma correria repentina de japoneses vindos de todos os lados. "Levaram minhas caixas e eu mesma para um hotel (feito de papel, como me pareceu), sentei-me tranquilamente nos tapetes e esperei para ver o que os anjos fariam." Estavam envolvidos no trabalho. Alguém a chamou, e ela seguiu. Um riquixá a esperava, ela subiu e lá se foi para o desconhecido novamente. "Parece inacreditável, mas tudo era muito natural para mim." O riquixá solavancou por muitas ruas e parou diante de uma casa onde apareceu um homem branco. Ele era um comerciante americano, totalmente perplexo de ver aquela alegre e pequena estrangeira à sua porta. Ele foi capaz de conduzi-la até à casa das missionárias, uma moça americana e uma senhora idosa que esperavam não por Amy, mas pela missionária que deveria ter se encontrado com ela e fora atrasada pela tempestade. "Eram santas perfeitas, e naquela noite fiquei segura com elas."

Durante a espera de vários dias pela moça que deveria ter se encontrado com ela, Amy caminhou pela praia certo dia, falando com as missionárias de Shimonoseki. Foi lançado um comentário casual que suscitou uma pergunta atônita da parte de Amy. "Você não quer dizer", a missionária respondeu, "que acha que todos os missionários amam uns aos outros?" Precisamente o que ela havia pensado. Como poderia ser o contrário? "Não tive a menor previsão dos propósitos de Deus naquela manhã", ela escreveu, "mas lembro os pensamentos que me ocorreram então. E quanto a 'amai-vos, de coração, uns aos outros ardentemente'?[4] Esse tipo de vida de amor era vivenciado *em algum lugar*?" Aquele foi um dia cinzento, com um mar cinzento, uma garoa cinzenta e cogitações cinzentas. Mas isso a impeliu à oração, a um suplicar fervoroso para que o Senhor a capacitasse a amar como nos ordenou amar.

4 1 Pedro 1.22.

8

O ROMANCE DE MISSÕES

"Um *bem-vinda* com aleluia me esperava aqui", escreveu Amy sobre a sua chegada a Matsue, em 1º de maio de 1893. "Louvai aquele que vai adiante para achar um lugar de descanso. Que este seja também um lugar de vitória, para a glória do Senhor."

Amy, pressupondo sempre que seus correspondentes e, depois, os leitores de seus livros fossem tão saturados quanto ela com a linguagem da Escritura e o cenário da Escritura, raramente se importava de citar referências. Aqui ela pensou na arca da aliança do Senhor, que precedeu por três dias o povo de Israel na peregrinação, "para lhes deparar lugar de descanso". Sempre que a arca começava a se mover, Moisés orava por vitória sobre os seus inimigos. Amy se movia, dia após dia, na companhia espiritual daqueles israelitas, guiada, tão certamente como eles o foram, pelo Senhor e protegida pela arca de sua presença, que chegou para descansar em Matsue.

Essa era uma antiga cidade feudal com um castelo em forma de pagode, numa colina. A cidade ficava entre dois lagos, um dos quais se abria para o mar. Amy fez um rascunho de um canto do castelo em uma de suas cartas, mas rascunhos não podiam captar a beleza de todo o cenário — "azul e verde, marrom e púrpura, luzes de opala e sombras variáveis, glórias do pôr do sol nas águas". As casas eram construídas de modo que alguém podia olhar diretamente do jardim até aos fundos, onde havia pinheiros anões, obras de rocha, pequenos lagos, pontes e lanternas. Parecia, para Amy, que tudo nas casas era feito de papel — paredes, janelas, bandejas, pás de lixo, cestas, vassouras, cordas e guardanapos. As paredes tinham uma maneira conveniente de deslizar para trás, entrando em si mesmas, quando não eram necessárias. Se alguém quisesse ver lá fora, tinha apenas de tocar o papel com a língua, e o translúcido se tornava transparente. "Com um buraco através do qual olhar, feito assim tão rápido, quem é que precisa de vidro?"

O reverendo Barclay Buxton era um homem jovem na época, alguém cujo nome, para Amy e muitos outros, sempre portava "uma pequena coroa de luz". Ela se refere a uma "sombra que estava sempre com ele", mas não explica. Era algo que poderia ter obscurecido toda a sua vida e testemunho, mas, porque não obscureceu, ela aprendeu que é possível aos que amam o Senhor escolher se regozijarem. Ele era um homem de grande encanto e dons de liderança. Eram pessoas de recursos e tinham levado consigo muitos costumes e conveniências inglesas, incluindo uma governanta para seus três filhos pequenos. Moravam numa casa enorme e empregavam servos, como os ingleses de sua condição social sempre o fizeram, na Inglaterra ou no exterior. Amy passou ali os primeiros meses de sua estadia no Japão, em um quarto adorável que, para seu grande deleite, impunha uma vista das montanhas.

Buxton não era o estereotípico missionário inglês colonial, nem o missionário retratado por Hollywood que rejeitava a sociedade "dos nativos". Não havia "nenhuma suspeita do elemento de estrangeirização" na igreja de Matsue, que era um templo xintoísta convertido — "mais um espinho na carne para o Diabo, eu devia imaginar", escreveu Amy. Os cristãos realizaram uma reunião de boas-vindas para ela em seu primeiro sábado à noite, depois de sua chegada. Ela foi à igreja, provavelmente pela primeira vez em sua vida, sem chapéu ou sapatos. O que isso significava para uma moça vitoriana de seu lar refinado, com sua grande reserva pessoal, nenhum americano ou europeu do século XX pode imaginar. Ela se sentou no chão, como todos o faziam, e Buxton ao seu lado interpretava consecutivamente, em voz baixa, a linguagem de saudação.

Numa carta que começava dizendo: "Esta deve ser uma carta familiar, no sentido estrito da palavra, e não deve circular", Amy respondeu a algumas das perguntas que as pessoas em casa lhe faziam. Por que "circular" as respostas para perguntas tão triviais? O que ela vestia? No verão, vestidos de algodão, com tão poucas camadas quanto possível, porque a temperatura permanecia frequentemente na casa dos 30 graus. No inverno, "meu vestido de sarja azul e chapéu (aquela última coisinha querida de casa). Quanto a casacos, uso aquele de mirto, com a capa curta — tão quente e leve — e, para dar uma volta, meu bom e velho piloto." Quando o clima ficava dolorosamente frio, ela quase vivia em seu "enorme *tweed*".

Não demorou muito para Amy perceber que as vestes europeias eram uma distração. Por que acrescentar uma distração evitável às muitas inevitáveis de ser uma estrangeira? Se Hudson Taylor usou a trança e a beca de um chinês, por que ela não poderia usar um quimono? Ela se afastou da prática missionária padrão e pediu compreensão a seus colegas se ela usasse vestes japonesas, pelo menos aos domingos. Uma ideia sensível, eles compreenderam, e logo todos adotaram a prática. Ela tinha um quimono azul-escuro, com remates verde-claros, alegre e gracioso, com as palavras "Deus é amor" bordadas nele. "Logo esquece-se da vestimenta ao provar seu poder de atrair pessoas. [...] Mas ainda estou usando meus sapatos e meias — nisso, ainda não consigo acompanhar os nativos." O texto ofereceu uma oportunidade para explicar aos interessados a razão de Amy para estar no Japão. Seu cabelo era uma questão de perplexidade para as pessoas — "Nenhum óleo sequer!", disse uma mulher idosa que se curvou respeitosa, se colocou gentilmente de lado, contemplou o cabelo estrangeiro e o acariciou. "É sempre crespo assim?"

Um dia, ela compartilhava as Boas-Novas com uma senhora idosa, com intérprete. Quando a mulher parecia pronta a voltar-se para Cristo, com fé, observou as mãos de Amy. Aquele dia estava muito frio, e Amy usava luvas.

> Não posso recordar se fomos capazes de fazê-la pensar no que era mais importante do que luvas, mas recordo isto: fui para casa, tirei minhas roupas inglesas, vesti meu quimono japonês, e nunca de novo, eu acredito, arrisquei tanto por causa de tão pouco.

O que ela comia? As pessoas na terra natal queriam saber. Quando esteve na casa dos Buxton, ela comia mais ou menos o que sempre comera, incluindo um apropriado chá inglês da tarde. Isso era a "hora das horas" para ela; pois, "saiba-se, embora levemente japoneses em outras ocasiões e lugares, somos totalmente ingleses e nos deleitamos nos mais indispensáveis luxos ingleses". Estes incluíam leite condensado, carne enlatada, pão e chá "genuíno", que era três vezes mais forte do que o chá japonês. Quando viajavam, porém, a história era diferente:

> Pasta de peixe nativo, marrom-clara e desagradável; carne de animal semicozida, de natureza desconhecida; ovos novos ou velhos; peixe totalmente cru, algas pardas, feijão preto em um líquido semelhante a chá de sene; frango (geralmente, uma ave de muita experiência) em suco adocicado; pedaços de torresmo flutuando em algum líquido com forte sabor de peixe; bambu fatiado, raízes de lírio, rabanete odorífero, algas, orelhas-do-mar, lesma-do-mar, mais picles, mais arroz.

Antes de deixar a Inglaterra, Amy havia imposto sobre si a disciplina de beber chá sem creme e comer torradas sem manteiga, em preparação para as dificuldades que suportaria. Não funcionou. Era chato e monótono e deixava todos nervosos; por isso, ela o abandonou. O Senhor sabia onde estava o coração dela — aonde ele a guiasse, ela o seguiria; o que ele servisse, ela comeria.

Quando o momento chegou, ela descobriu que nada daquilo a incomodava tanto quanto achou que incomodaria. A graça prometida sempre foi suprida. A grande lição a ser aprendida era ser grata, pois "no Japão não sabemos quais são as dificuldades". Ela pensava nos rigores da vida missionária no interior da China ou na África. Sem dúvida, porém, houve, durante suas viagens missionárias, ocasiões em que, por causa de enjoo do mar ou pura exaustão, ela não pôde forçar-se a engolir os líquidos escuros ou as lesmas-do-mar. Depois, tão discretamente quanto possível (o que, às vezes, significava debaixo das mantas), retirava de sua sacola pão e chá da variedade familiar.

Amy se debruçou no estudo da língua imediatamente. Havia um abismo permanente entre ela e o povo com "olhos pretos, as janelas escuras de almas ainda mais escuras". E ela sentiu o desamparo do estrangeiro. Ficou surpresa e se deleitou em descobrir que era possível começar a compartilhar o evangelho por meio de um intérprete. Uma moça cristã japonesa, Misaki San, se tornou sua "boca", sua companheira de viagem, sua professora.

"As expressões de respeito são peculiares", Amy escreveu.

> Para o nosso "vá devagar", eles têm um apelo muito comovente, "vá respeitável e vagarosamente, sendo condescendente"; se você está com fome, explica com franqueza e educação que seu "honorável interior está vazio"; e, se quer dizer que alguém morreu, você diz que ele "se dignou honrosamente em deixar de existir".

Ao chegar a um dos pequenos hotéis do interior, ela foi saudada com o anúncio de que uma galinha tinha "'se dignado a cessar de existir" e que um banho estava "em desenvolvimento".

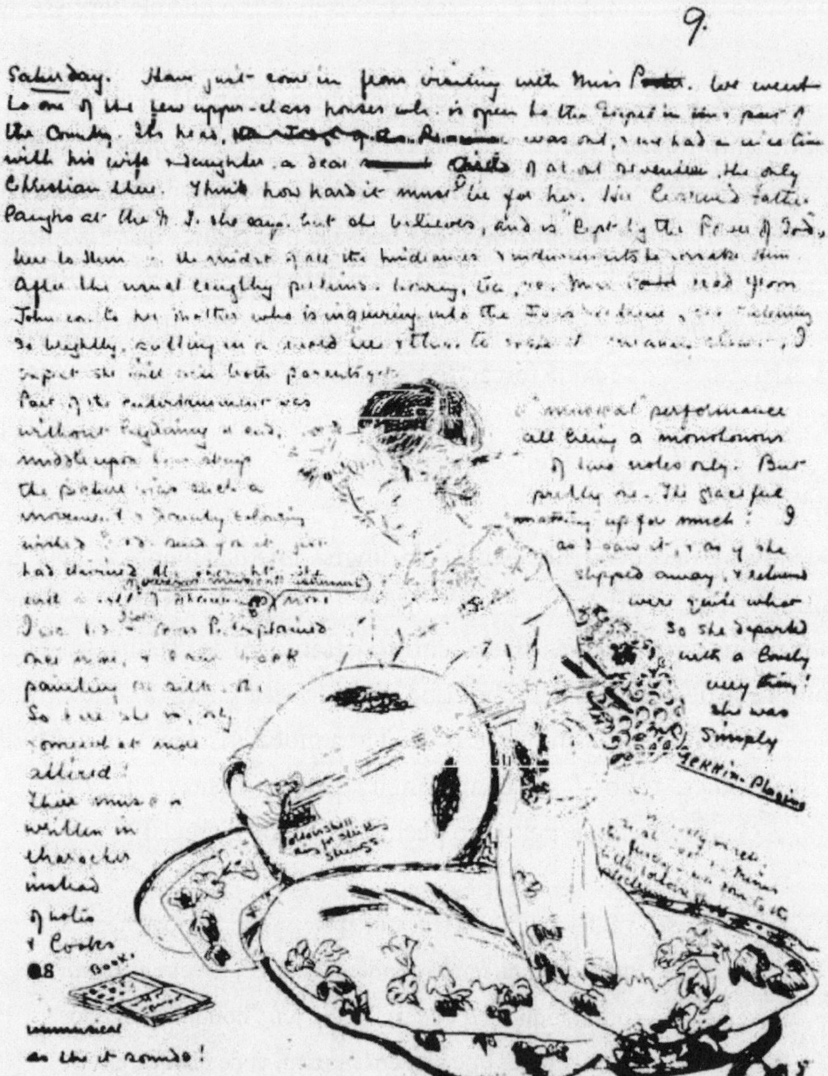

9.

Saturday. Have just come in from visiting with Miss [illegible]. We went to one of the few upper-class houses wh. is open to the Gospel in this part of the Country. The head, [illegible] was out, & we had a nice time with his wife & daughter, a dear [illegible] girl of about seventeen, the only Christian there. Think how hard it must be for her. Her heathen father laughs at the [illegible] she says, but she believes, and is kept by the Power of God, true to Him in the midst of all the hindrances & inducements to forsake Him. After the usual lengthy politeness, bowing, tea, etc. Miss [illegible] read from John [illegible] to her mother who is inquiring into the [illegible] [illegible]

[illegible] musical performance [illegible] all being a monotonous [illegible] of two notes only. But pretty [illegible]. The graceful [illegible] making up for much! [illegible] slipped away, [illegible] So she departed with a lovely [illegible] she was simply [illegible]

[illegible] These must be written in character instead of notes & [illegible] as [illegible] book [illegible] unmusical as the it sounds!

Porção de uma carta do Japão, escrita em papel de arroz

Quando Amy já estava no Japão havia um mês, ela sentiu que era o tempo certo para fazer uma viagem missionária. Escreveu cartas longas em cada etapa, enchendo 20 ou mais das mais finas páginas imagináveis, com sua caligrafia arredondada e clara e desenhos delicados (cegonhas, centopeias, pessoas, peixes, esgrima, incensórios, pagodes). Havia uma audiência, é claro. Pessoas que pairavam sobre os seus ombros, estudando o escrito. "Oh!", disse uma senhora idosa quando Amy explicou que estava descrevendo para sua família o negócio de bicho-da-seda naquele vilarejo. "Nossos honrosos bichinhos e nós mesmos estamos indo para a Inglaterra numa carta!"

Na primeira etapa dessa primeira viagem, ela e Misaki San viajaram de *kuruma*, o riquixá japonês. "Às vezes, depois de uma imersão de severidade incomum, meu condutor de kuruma se voltava com um jubiloso 'Oh!' e uma olhada para ter certeza de que eu ainda estava segura no interior do veículo." As estradas não eram nada além de buracos, a viagem tão trepidante que não podia ser feita por muitas horas de cada vez. Por isso, as duas mulheres desciam e caminhavam. Viajaram em trens lotados e calor de derreter; em sampanas e outros barcos de várias descrições, nos quais elas e todos mais ficaram enjoados, e num *kango*, um tipo de liteira. Os solavancos e pancadas dessa viagem, os desconfortos dos hotéis minúsculos, os horrores dos cardápios foram lições árduas em discipulado, para uma moça que vivera num vilarejo pacífico no litoral, na casa agradável em College Gardens e na linda propriedade de Broughton Grange. Mas a moça era uma discípula. Isso foi uma decisão clara e final. E ela viu todas as lições subsequentes não como um "choque cultural" — a expressão ainda não havia sido inventada, por isso ela não tinha de se importar com isso —, e sim como os termos esperados de seu discipulado escolhido, cuja primeira condição é, de acordo com as palavras do Senhor: "A si mesmo se negue."[1]

1 Mateus 16.24.

Amy descreveu, nos mínimos detalhes, tudo com que se deparou, "ideias confusas e hilárias e costumes estranhos", raramente perdendo sua perspectiva espiritual ou, o que é igualmente importante para uma estrangeira numa terra estranha, seu humor. Ela era realista, mas nunca pessimista ou sentimentalista.

> Ontem à noite, enquanto patinávamos em poças e esbarrávamos em postes (o vento e a chuva tornavam impossível carregarmos lanternas), eu sorria e pensava no romance de missões. Coloquem um halo de amor ao nosso redor, tão brilhante quanto desejarem, mas, se quiserem ser verdadeiros, não nos adornem com um halo ainda mais romântico.

A vida "privada" das pessoas era, aos olhos dos estrangeiros, um tanto inusitadamente pública. Pessoas sentavam-se nas janelas da frente abertas para conversar, fumar, amamentar bebês. Havia também o costume do banho. A banheira de madeira da família era frequentemente colocada na frente da casa. "O fogo embaixo, a fumaça em cima, com uma cabeça ferventando no meio, relembravam um tanto dolorosamente um dos antigos mártires cristãos, mas ninguém parecia se importar." Amy se importou. "Porém eu me refreei!", foi tudo que ela disse sobre isso.

As noções de privacidade de Amy não significavam nada para os japoneses. À noite, nos pequenos hotéis, quando ela se deitava no chão sobre mantas, era cercada por olhos solenes. Um homem contemplava, ela "lamentava dizer, a minha veste de dormir que, posso apenas lembrar com gratidão, parecia um vestido completo para ele. Oh! foi horrível, mas muito engraçado para eu me importar demais." Em uma viagem posterior, quando ela viajava na terceira classe (não havia outra opção) com os Buxton e outros membros do Grupo Evangelístico do Japão, o capitão, um europeu, insistiu em que a Sra. Buxton ocupasse a sua cabine e os outros fizessem do salão o seu dormitório. Isso significou que Amy e duas mulheres solteiras compartilhassem o salão com o Sr. Buxton e um solteirão chamado Consterdine.

Amy disse a si mesma que isso era, na verdade, não mais inapropriado do que viagem de trem à noite, sendo a semelhança quase tão forte o suficiente para provocar um ataque de "S. L." — saudade do lar. Contudo, de repente, o capitão reapareceu com um carpinteiro, três jovens cujo dever parecia consistir em andar para lá e para cá, uma cortina, uma bandeira, um martelo e alguns pregos. Amy caiu no sono sob o pleno fulgor do Sol Nascente na bandeira japonesa. Quando ela acordou e viu a grande bola vermelha, percebeu quão distante estava de casa. "Não seja um bebê, Amy", ela disse para si mesma, "cante um coro e olhe para a frente":

> O Senhor da colheita logo aparecerá;
> Seu sorriso e sua voz serão vistos e ouvidos.

As demoras já esperadas no Japão foram difíceis para os europeus. Amy e os Buxton tinham preparado bagagem para uma viagem longa, mas o navio zarpou seis dias após o programado. Por que isso deveria ser importante? Afinal de contas, que diferença faziam três, quatro ou seis dias? Podia-se olhar para as 144 horas como um "bem-vindo e pequeno tempo de confinamento", mas uma pessoa do grupo (Amy não diz quem) as considerou como muito "restringentes". Sem dúvida, eles se atrasariam para tudo que motivara a viagem, se prosseguissem naquele estilo despreocupado. O Sr. Buxton, que nunca se exasperava, apontou para o óbvio: "Deus sabe tudo sobre os navios." A lição, aplicável a tudo que a perturbava, ficou gravada em Amy, bem como outras das afirmações do Sr. Buxton: "Bom para a carne!" (dito quando alguém protestou contra cantarem enquanto caminhavam por uma estrada).

Talvez nenhuma parte do custo de ser um missionário estrangeiro seja maior do que a solidão. O estrangeiro experimenta um senso de isolamento completo, sendo tentado a apegar-se com maior tenacidade a outros de sua própria língua e cultura. Amy tinha uma colega de trabalho na missão chamada Florence, a quem ela se referia, em suas cartas, como "Twin" [gêmea].

Numa conferência sobre missões, descobriu-se, pelas listas de jantar publicadas, que Twin e uma amiga chamada Mina estiveram sentadas lado a lado.

> Bem, fiquei muito alegre com o fato de que a querida Mina teve Twin, e não acho que me ressenti dela nem um pouco; porém, ainda assim, no profundo de meu coração, houve um toque de desapontamento, pois quase imaginei que tinha de novo alguém de minha própria casa, e houve um pouco de dor em alguma parte do coração. Não pude me *regozijar* com isso. [...] Anelei, sim, anelei por ser satisfeita, ser cheia de tal riqueza de amor altruísta, que ficaria muito mais alegre em ver aquelas duas juntas do que se tivesse tido Twin para mim mesma. E, ao pedir por esse amor, ele veio. Pois, já na primeira vez, senti um acesso de gozo real na situação, o gozo do Senhor, algo que ninguém pode incitar, nem imitar, nem forçar de maneira alguma. [...] Meio inconscientemente, talvez, eu estivera dizendo: "Tu e Twin são suficientes para mim" — é fácil alguém se apegar ao dom, em vez de ao Doador.
>
> Toma, ó Senhor, o amor meu,
> A ti totalmente o entregarei.
> Toma a mim mesmo e serei,
> Sempre, somente e todo teu.
> *Frances Ridley Havergal*

Depois de escrever isso, Amy se sentiu inclinada a removê-lo da carta. Era algo muito pessoal, muito humilhante, mas decidiu que o Senhor queria que ela não o retirasse, para contar sua história de fraqueza e do poder de Deus.

Amy estava descobrindo pessoalmente que missionários não são distintos do resto da raça humana, nem mais puros, nem mais nobres, nem mais elevados. "Asas são uma falácia ilusória", ela escreveu.

> Alguns podem possuí-las, mas elas não são muito visíveis. E, quanto a mim, não há o menor sinal de uma única pena. Não imagine que, por atravessar o oceano, desembarcar numa praia estrangeira e aprender uma língua estrangeira, você "rompe as amarras de pecado exterior e se torna um querubim".

Quarenta anos depois, Amy descreveu, para um de seus "filhos", a transação que ocorrera quando estava sozinha numa caverna em Arima. Tendo ido lá para passar um dia em solidão, ela se deparou com sentimentos de temor divino quanto ao futuro. A solidão pairou como um espectro no horizonte. No momento, tudo estava bem, mas ela poderia suportar anos sendo sozinha? O diabo pintou quadros de solidão que foram vívidos para ela muitos anos depois; e ela se voltou ao Senhor em desespero. "O que eu posso fazer, Senhor? Como posso continuar até ao fim?" A resposta do Senhor: "Dos que nele confiam nenhum será condenado."[2]

Sua mãe arriscou perguntar, em uma carta, se Amy "amava muito a alguém". Sua resposta foi evasiva. Havia ela conhecido alguém que tornava atraente a possibilidade de casamento, apesar de sua decisão de permanecer solteira? O nome do Sr. Consterdine ocorreu uma ou duas vezes em suas cartas — aparentemente, um missionário solteiro, bondoso, protetor e prudente nas pequenas coisas. Uma mulher jovem com a beleza, dons e exuberância de espírito de Amy não poderia ter escapado à atenção de algum solteirão europeu que poderia estar por perto.

Se o Sr. Consterdine ou alguém mais propusera casamento a Amy, ela o encobriu com silêncio total. Ela era uma vitoriana, com modéstia vitoriana escrupulosa, e entregara todas as questões do coração ao único para quem ela se abria.

2 Salmos 34.22.

9

A COMISSÃO NÃO REVOGADA

O café da manhã na casa dos Buxton era às sete horas e meia, seguido pela leitura de *Luz diária*. Depois, vinham as orações em japonês e em inglês. E, das nove horas até às doze e meia, as lições de idioma. A refeição da metade do dia era o almoço. Todos os demais na casa tinham tempo depois do almoço para descansar e se divertir. Não Amy. Descansar e se divertir? Talvez para alguém isso fosse necessário, mas certamente não para ela. Tal dispêndio de tempo para uma nova missionária! Ela usava a hora para ensinar inglês a um menino que era ávido por lhe ensinar japonês — "um intercâmbio cômico de informação!" Em seguida, o chá; depois, visitação, quando Amy e Misaki San iam para o vilarejo de Yokobama para tentarem achar ouvintes para o evangelho. Lá, elas tinham geralmente outro chá, seguido de uma hora de leitura bíblica com um homem jovem.

O programa de atividades era irrealista. Os colegas de Amy lhe disseram que o programa não poderia ser cumprido; por isso, ela o encarou com alegria. Depois de alguns poucos meses, Amy foi forçada a parar as aulas de inglês e ter um pouco de quietude depois do jantar — não para descansar, é claro, nem para se divertir, mas para escrever cartas. Ela contou para as pessoas de sua casa que sua pobre cabeça estava cansada e estúpida, que não tinha estudado por algumas semanas e que o gozo sentido inicialmente em suas lições havia criado asas. "Quietude", porém, era uma palavra relativa. Ela conseguia evadir-se para escrever, mas

> embaixo ringe um acordeão (que deve ser tolerado por amor à causa), lá fora berra um bebê (eu gostaria de ter algum xarope consolador); de um canto lamenta um pregoeiro de rua, para o qual ninguém parece dar atenção, de outro canto martela um tanoeiro. Mas o pior é o irritante grito agudo de um terrível chifre de latão realizado por um jovem que ainda não aprendeu compaixão.

As noites eram frequentemente perturbadas por barulho — uma gangue de rapazes, por exemplo, vociferando com todas as suas forças na porta da frente.

> Agora temos um cozinheiro japonês altamente respeitável, que é um feliz possuidor de um coração bondoso e uma cabeça dura, roupas exóticas (sempre muito apertadas, exceto um botão ou dois). Ele é estranhamente obtuso em relação a sobremesas, mas, em questões desse tipo, ele se destaca. A vociferação cessou, e ele teve uma negociação. Terminou numa derrota turbulenta da parte dos insurgentes e uma vitória regular, mas satisfatória, para ele: os insurgentes se retiraram do campo, e o cozinheiro aquietou-se em seus edredons, e nós fomos para a terra dos sonhos.

Depois de quase um ano em Matsue, Amy escreveu na carta que chamou de sua "Reclamação", lida por muitas pessoas em sua terra natal:

> Eu nunca, nunca, nunca aprenderei japonês. Coloque isso em minha lápide: expirou em desespero. Estou no meio de minhas lições e parei apenas para dizer-lhes isso. Respondo a todas as queixas de Misaki San assegurando-lhe que é muito mais importante para mim adverti-los a não mandarem mais missionários para uma terra com um idioma como esse do que eu continuar tentando aprendê-lo.

O comprimento de certas palavras únicas (por exemplo, *tokiakashiteoagemoshimashoka*) era assustador.

> Aqui está a última gota d'água que destruiu a firmeza de minha resolução. [...] Eu queria dizer: "Eu gosto de clima bom e não de clima chuvoso" — uma expressão simples, poderia se imaginar. É a distorção da construção que me faz tropeçar: "Chuva de cair respeitável clima ruim ainda melhor do que clima de dias normais bom é."
>
> Você pode aprender páginas disso, no estilo papagaio, mas como formar outras sentenças num mundo desses? [...] Pobre Misaki San, está levando isso muito a sério, e estou rabiscando sob um perfeito dilúvio de "Ah! Wisong [sua pronúncia do segundo nome de Amy — Wilson] San, pare e aprenda mais. Por favor, não fale assim. Ah! Wisong San."

Mas nem tudo estava completamente perdido. No aniversário de sua chegada a Matsue, ela escreveu que tinha sido a palestrante em uma pequena reunião, destinada a ser apenas para crianças, mas homens e mulheres, "que, do contrário, não se interessariam muito em vir", foram atraídos pelos cânticos e encheram a sala. As crianças, "pequenos coelhos-bravos semanas atrás, tão mansas agora quanto animais de estimação, se aglomeraram ao meu redor". Quando a sala estava lotada além do tolerável, eles mudaram para o pátio, e Amy falou de maneira simples, ajudada por alguns homens que traduziram para a linguagem das crianças, "esmigalhando o pão, por assim dizer".

> Tínhamos quase acabado a reunião, quando uma mulher idosa, que ouvira com grande deleite o desempenho de seus netos no entoar dos cânticos, se aproximou de mim e puxou minha manga, dizendo: "Você veio e falou sozinha, e nós entendemos *muito bem*." Não foi bondade do Senhor? Eu tinha receio de que não tivessem entendido muito. Pensei no último 1º de maio, agradeci a Deus e me encorajei.

As cartas de Amy descrevem muitas reuniões, começando sempre com cânticos, sempre com múltiplas distrações — os fumantes fumavam e batiam seus pequenos cachimbos de metal fortemente nos braseiros de carvão; as mães amamentavam seus bebês, despiam crianças mais velhas e as secavam; gongos tocavam para oração em templos nas proximidades, ídolos de aparência horrível olhavam das prateleiras nas casas onde as reuniões eram realizadas. Às vezes, no meio de um hino, "um borrifo a uma distância próxima nos diz que alguém está no meio de alguma outra coisa — mas eu me refreio. Oh! Quão estranho tudo isso!"

Uma coisa é falar numa reunião pública, mas o pensamento de aproximar-se de uma família sentada na frente de sua própria casa a encheu de temor. "Vá e lhes fale a respeito de mim", ela ouviu o seu Senhor dizer. Amy já estava alguns metros além da casa deles, e retornar parecia tolice.

> Surgiram os habituais "mas" — eu não os conheço, posso cometer erros e causar mais dano do que bem. Ainda a voz solene que eu aprendia a reconhecer tão lentamente falou: "Vá e lhes fale a respeito de mim." Isso *tem de* ser a voz dele. Por isso, eu fui. [...] Na linguagem coloquial mais simples possível, eu repeti "Deus amou o mundo de tal maneira", lhes falei o muito pouco que consegui e os deixei, com bastante tristeza. Foi

> tão *pouco*. [...] Até agora as minhas palavras são tão poucas e tão fracas, mas orei que, de algum modo, o Senhor as usasse para trazer glória ao seu querido nome.

Como em Belfast e em Manchester, Amy procurava moças operárias. Em sua parte da cidade, ela pareceria um pessoa ainda mais estranha do que parecera nas favelas das cidades em seu país. Ela era bombardeada com pedras e seguida por rapazes debochadores, mas não se importava. Quando Amy convidou moças para uma reunião, quase 80 compareceram, fazendo-a chorar ao lembrar suas moças nos dois Bem-Vindos e como elas haviam cantado "Pelo seu poder e no seu amor, estaremos juntos com Jesus".

O grande anseio de Amy era ter "olhos bons" para a glória de Deus. O que quer que ofuscasse a visão que Deus lhe dera quanto ao seu trabalho, o que quer que pudesse distrair, enganar ou tentar os outros a buscarem qualquer outra coisa, senão ao próprio Senhor Jesus, ela tentava eliminar isso. Por que desperdiçar tempo precioso, esforço doloroso em coisas menos importantes? Alguém sugeriu que mais moças seriam atraídas às reuniões se Amy oferecesse lições de costura ou de bordado e administrasse apenas uma dose suave do evangelho. Mas aquelas moças trabalhavam desde as cinco da manhã até às seis e meia da noite. Tinham um dia de folga em dez. Não tinham tempo para insensatez. Além disso, pelo que Amy podia entender, não havia nenhuma base bíblica para "bordado e tagarelice consagrados", para "coisas carnais acima das espirituais". "Eu preferiria que duas viessem com sinceridade a cem que viessem para brincar", ela disse. "Não temos tempo para brincar com almas dessa maneira. Não é por meio de preparação de chá e disposição de flores cerimoniais, nem por meio de fazer crisântemo de lã e de aprender costura estrangeira, e sim '*pelo meu Espírito*, diz o SENHOR.'"[1]

1 Zacarias 4.6.

Os rapazes do Japão estavam começando a aprender inglês, o que Amy considerou como o "abre-te-Sésamo das grandes cavernas de tesouro do mundo, bem como de cavernas de veneno". Ela tinha de fazer algo a respeito disso: dar-lhes um antídoto para os livros ocidentais cheios de mentira e ceticismo que eram vertidos para o idioma japonês. De algum modo, ela encaixou classes bíblicas para eles à tarde em sua agenda, começando com o livro de Daniel.

Reuniões em salas minúsculas pouco iluminadas, reuniões nos pátios, reuniões nas ruas, reuniões para mulheres, para crianças, para homens, para rapazes, para moças operárias, para agricultores; reuniões à tarde, reuniões à noite, começando frequentemente às dez horas, quando as pessoas vinham dos campos, e se estendendo até meia-noite — não é de surpreender que Amy tenha ficado exausta. De vez em quando, esperando para começar uma reunião tarde da noite, ela se deitava atrás de algumas mulheres cristãs bondosas, em um tapete sujo, no chão, congelada pelas correntes de ar, cercada de odores, e caía no sono. Ela acordava para ouvir seu nome anunciado como a palestrante seguinte, "e, antes que alguém tivesse tempo de perguntar qualquer coisa, eu estava bem desperta em meu lugar, texto achado e tudo. Uma preparação curiosa para falar, talvez você pense, mas acho que o Senhor a deu para mim; então, tudo estava bem."

Amy achava que sua capacidade de dormir em tais condições deveria provar para seus colegas missionários que ela era robusta o suficiente para "viver como nativa". Por que tanto alvoroço quanto a ela querer fazer isso? As tentativas deles de ensinar-lhe a sabedoria aprendida por meio de experiência mais antiga do que a dela causavam pouca impressão, e Amy continuava a tentar persuadi-los de permitir-lhe descartar todos os modos ocidentais.

> Se houvesse menos daquilo que parece ser conforto em nossa vida, eles falariam mais por Cristo e pelas pessoas. [...] Afirmamos ser peregrinos e estrangeiros, em busca de nossa pátria, mas adotamos um estilo completamente não estrangeiro, exatamente como se estivéssemos à

> vontade em casa e destinados a permanecer tanto quanto pudermos. Eu não admiro que milagres apostólicos tenham acabado. O viver apostólico certamente acabou.

Ela prometeu de fato a seus amigos que não agiria contra a sabedoria conjunta deles todos e que não adotaria uma vida de austeridade extrema, mas se sentia profundamente incomodada pelas objeções deles. "Satanás é muito mais zeloso do que nós — ele compra todas as oportunidades, enquanto nós ficamos a nos perguntar quanto custará."

Ela sentia intensamente sua própria incapacidade, inaptidão e ignorância e rogava aos amigos em seu país que orassem. Todos os outros poderes, exceto a oração, pareciam, em comparação, ínfimos e inúteis. Quando ela pensava nos gigantes da fé, como Elias e Hudson Taylor, reconhecia que não era nada, senão um bebê, "vergonhosamente, sim, vergonhosamente pequeno. 'Aquilo que não sei, ensina-me, tu, ó Senhor; ensina-nos a orar.'" Ela deplorava a tendência que via em si mesma de fazer mais no falar e no escrever sobre a oração do que no orar realmente. Faltava-lhe a prática, ela escreveu. Por isso, era pouco admirável que ela fosse uma infante em falar sobre oração. Os seus amigos na terra natal a ajudariam? Quando acordassem à noite ou quando estivessem ocupados em seu trabalho e o nome dela lampejasse em sua mente, reconheceriam que isso era um telegrama de Deus que visava lembrá-los de orar? Telegrafariam de volta? "Não deixe o momento escapar. De sua rendição instantânea pode depender mais do que você sabe ou saberá, até que o grande Então venha."

As tentativas de Amy de dar a seus leitores a verossimilidade de uma experiência real, retratando quadros verbais, nunca foram mais ardentes do que quando ela tentava despertar interesse espiritual em favor daqueles que nunca tinham ouvido falar de Cristo. Ela descreveu um pequeno hotel frio onde se sentou para secar suas roupas em cima de um *hibachi*, enquanto escrevia. Por trás dela, estava o "honrável lugar", uma tábua de madeira em que estavam dispostos caquis dourados, um ramo de flores, velas queimando e uma tigela de incenso: ofertas para um parente cujo aniversário de "dignar-se de deixar de existir" eles celebravam. Acima das ofertas, estava pendurada a foto de um dignitário budista. No cômodo ao lado, havia um santuário com tabuletas de ancestrais e uma imagem cheia de braços da deusa da misericórdia. Lâmpadas balançavam diante dela, orações eram entoadas. Amy ficava de coração entristecido ao pensar na futilidade de tudo aquilo, na tristeza e no clamor do silêncio da morte.

> Você pode resistir ao mal-articulado apelo de muitos, muitos corações hoje? Pode resistir a isso? De milhões de almas sem voz, esse apelo se ergue agora — isso não o comove de modo algum? As revistas missionárias tentam ecoar o soluço silencioso. Você as lê? Sim, lê por cima boas histórias, vê ótimas fotos e pitadas de emoção — quanto mais, melhor. Em seguida, você a joga na cesta de papel inútil, ou avoluma alguma pilha empoeirada no canto. Pois talvez "não haja muito nelas". Muito provavelmente, não. Não há muito no silêncio, bem como nas trevas, pelo menos não muito redutível à forma impressa. *Mas para Deus há realmente algo no silêncio*. Ah! Você — você, eu quero dizer, que está cansado de ouvir a reiteração da grande comissão não revogada e acha que se importa, mas decerto não se importa em pagar o preço: não há *nada* que possa comovê-lo?

10

A ESCOLA DE ORAÇÃO

O novo missionário que tem certeza de seu chamado dificilmente pode deixar de esperar ver milagres quando chega ao lugar de serviço. Amy Carmichael tivera um vislumbre, por meio de seu trabalho com as xalis, de como a "outra metade" vivia, havia experimentado o que é ser uma pessoa diferente que apresentava uma mensagem pouco crível, e sabia que de maneira alguma todos que a ouviam achavam-na interessante, tampouco convincente. Entretanto, Amy vira algum fruto. Deus honrara a sua fé e seu trabalho de amor; e houve muitos "troféus" da graça para mostrar. Certamente, no Japão, onde a necessidade era muito mais acentuada, ela poderia esperar milagres e troféus ainda maiores; e orava por eles. Trabalhava por eles tão arduamente quanto podia. Ela acreditava nas promessas de Deus. Porém, repetidas vezes, suas cartas expressam sua conscientização da fraqueza de sua própria fé e do tremendo poder dos obstáculos a serem removidos. O paganismo era uma presença sentida, não mais irresistível do que um carnaval do Ocidente ou um *matsuri*. Amy desejou poder descrever essa cena com uma caneta-tinteiro de fogo — ou mesmo com uma caneta-tinteiro do sangue de seu próprio coração, se isso fosse o necessário para despertar da letargia as pessoas em sua terra.

> Estamos viajando juntas em uma *kuruma*, uma moça japonesa e eu, girando ao longo de ruas desertas, escuras e quietas. Ouvimos o soar da bateria, o tinido de címbalo, o murmúrio de milhares de vozes. De repente, o murmúrio irrompe num berro, e nós estamos no meio de tudo isso, presas no turbilhão, arrastadas pelas ruas que brilhavam, todas, com luzes carmesins, por sobre pontes refletidas em águas iluminadas de cor carmesim e sob arcos que gotejavam fogo carmesim. Foi como se as estrelas tivessem caído sobre a terra, mudando de cor à medida que caíam. Um prorromper da "orquestra de Nabucodonosor", com intensidade plena, abafa as nossas vozes; deveríamos tentar falar? [...] Para adiante se apressa a poderosa turba — homens e mulheres em vestimentas trocadas e cores bregas rodopiam e, misturando-se com formas de monstros assombrosos, dançam a descontrolada dança do matsuri, com abandono inconcebível; cada passo, uma paródia; cada gesto, uma caricatura. Há dragões, grifos, répteis, peixes e pássaros, todos dançando, fãs acenando, gritando, uivando, cantando, *fazendo barulho* de uma forma ou de outra, em coro perfeitamente desconcertante. Velhas mostrando as rugas através da pintura, bebês envolvidos em tons do arco-íris, fitando com olhos admirados, crianças alegres como borboletas e como por encanto, homens de boa posição em máscaras grotescas, mulheres de ordem nobre esquecendo todo requinte no estranho glamour do momento — continuamente e sempre adiante, eles seguem em multidão. [...] Um carro enorme está vindo, puxado por muitos festejadores, enfeitado com flores e ouropel, envolvido com correntes de luz. Em pé dentro dele, e andando antes e

> depois, estão moças vestidas de seda e crepe, em tons pálidos de azul e rosa, brilhando com bordados de ouro e prata. Faces pálidas, sem expressão, elas têm, mortas, vazias, sem alegria; seus olhos pesados e meio fechados quase não vislumbram a festança ao seu redor. Os pés fatigados avançam lentos. Vamos embora desoladas, porque isso é realmente o paganismo. O homem de nosso *kuruma* fala: já vimos o bastante? Sim, e muito mais. Ele nos leva para casa, e deixamos ao longe o caos de som, cor e júbilo — tudo vazio e pecado, tudo trevas; e, no silêncio de uma dor que não podemos vencer, nos achamos de espírito abatido, sem qualquer linguagem, exceto choro.

A paixão dos apelos de Amy por oração e entendimento, a vivacidade com que ela procurava retratar aquilo contra o que ela se opunha foram inspiradas por uma convicção genuína de que a obra para a qual fora chamada era de Deus, sem dúvida alguma, e não poderia ser feita sem a ajuda do povo de Deus — "guerreiros de oração" que compartilhariam a amargura da batalha com ela. Havia outra amargura que provavelmente aumentava a urgência. Chegaram-lhe, da Inglaterra, rumores de críticas contínuas sobre ela ter ido para o Japão. Isso corromperia as orações de que ela precisava tão urgentemente. Por isso, Amy lembrou a seus amigos seu chamado em 1892: "Vai", e em 1893: "Vai para o Japão." Ela confessou que cometera alguns erros durante o ano entre esses chamados, erros cometidos em parte devido ao temor de que, se não soubesse imediatamente para onde deveria ir, a força para obedecer malograria, e a luz do sorriso do Senhor desapareceria. "Por isso, tentei e tentei — e falhei. O Senhor teve de nos ensinar a aquietar-nos e saber. Depois, quando o seu tempo chegou, a sua vontade se tornou clara." Ela pediu a seus patrocinadores que acreditassem ser a mão constrangedora de Deus que a havia convocado para longe, que era a voz de Deus que não a deixaria ficar. "Por favor, por favor, aquilo que vocês não podem aprovar, não o perdoarão? Não deixem que se perca a ajuda da oração, que Deus tenciona nos deem, pois necessitamos tanto dela."

Uma experiência, em específico, mostrou quão grandemente ela necessitava de oração. Bem cedo em determinada manhã, disseram-lhe que um homem da vizinhança estava possuído por um "espírito de raposa". Esse espírito era adorado no Japão, santuários eram dedicados a ele, e raposas de pedras eram frequentemente colocadas ao lado de Budas. O que esse demônio fazia ao pobre homem se parecia muito com as histórias do Novo Testamento — "e este, onde quer que o apanha, lança-o por terra, e ele espuma, rilha os dentes".[1] Amy foi diretamente para o seu quarto e perguntou ao Senhor por que não podia expulsar o espírito maligno. "Por causa de sua incredulidade", foi a resposta. Ela passou horas de joelhos antes de perguntar a Misaki San se ela acreditava que o Senhor Jesus estava disposto a expelir o demônio do homem. Misaki San ficou assustada, mas, depois de pensar um pouco e orar, declarou que acreditava. O impulso de Amy foi o de ir imediatamente, mas lembrou que os discípulos foram instruídos de que expelir um demônio como aquele exigia jejum e oração. Por isso, ela e sua amiga fizeram ambos, enviando, enquanto isso, uma mensagem perguntando se lhes seria permitido ver o homem. Sim, foi a resposta, mas ele estava frenético. Tinha seis raposas e estava amarrado.

Depois de algumas horas, sobre as quais Amy disse apenas que foram solenes, as duas foram até à casa. Estirado no chão, amarrado transversalmente em duas traves, atado e preso com correias nas mãos e nos pés, seu corpo coberto de queimaduras e feridas, ali estava o homem. Pequenos cones de medicamento em pó haviam sido colocados em sua pele e acesos. Queimavam lentamente com um brilho vermelho. Nada havia até então atemorizado os espíritos de raposa, mas Amy recordou que o poder de Deus vencera um demônio cujo nome era Legião. Ela disse à multidão na sala que o seu poderoso Senhor, Jesus Cristo, poderia expulsar os seis espíritos. Ante o nome de Cristo, um terrível paroxismo se apoderou do homem, poder infernal foi liberado, e blasfêmias que até

1 Marcos 9.18.

ela pôde reconhecer como blasfêmias jorraram da boca do homem. Ele lutou, foi controlado forçosamente, as mulheres se ajoelharam e oraram, a luta aumentou. Satanás parecia estar zombando delas. "Você pode pensar como eu me senti na ocasião?", escreveu Amy. "O nome do Senhor desonrado entre os pagãos, *e eu fiz isso!* Teria sido muito, muito melhor nunca ter ido!" Mas ela ouviu a resposta do Pastor: *As minhas ovelhas ouvem a minha voz; eu as conheço, e elas me seguem. Toda a autoridade me foi dada no céu e na terra. Estes sinais hão de acompanhar aqueles que creem: em meu nome, expelirão demônios. Não temas, porque eu sou contigo.*[2]

Amy assegurou à esposa que Deus responderia; e as duas foram para casa. Uma hora depois, uma mensagem chegou — as raposas tinham ido embora, os laços foram removidos, o homem era ele mesmo novamente. Na manhã seguinte, ele pediu para ver Amy e Misaki San. Irreconhecível, exceto pelas queimaduras, ele lhes ofereceu um ramo de flor de romã escarlate e água gelada adocicada. Ele e sua esposa se ajoelharam alegremente com as mulheres, quando elas oraram, unindo-se com "Hai! Hai!" (sim, sim).

As cartas de Amy para a revista de Keswick, *A vida de fé*, são cheias de histórias de oração respondida. Uma carta fala sobre um homem e um rapaz que discutiam frequentemente a afirmação dos cristãos de que Deus responde à oração. Não, não podia ser. Mas um dia o rapaz estava encarregado de entregar os bolos para um casamento. Ele os levava com muito cuidado, mas, ao descer de uma sampana, um temor penetrou sua mente — algo aconteceria aos delicados bolinhos. Alguns minutos depois, ele tropeçou e os derribou. Não havia tempo para retornar e buscar mais, nem mesmo tempo para abrir as frágeis caixas. O que ele deveria fazer? Pensou no Deus dos cristãos e, lá, na estrada, fez sua primeira oração: "Por favor, não deixe que nenhum destes bolos se quebrem." Foi somente quando a cerimônia de casamento acabou que os convidados receberam caixas de bolos rosa e brancos em forma de leque. Nenhum deles estava quebrado.

2 João 10.27; Mateus 28.18; Marcos 16.17; Isaías 41.10.

Depois o rapaz voltou para seu amigo. "Agora, eu sei que Deus ouve a oração, porque ele *me* ouviu."

Certo dia, Amy deu um Novo Testamento a um estudante que o pegou e disse: "Será uma semente." Sementes precisam ser regadas. A oração é a água, e Amy orou. No outro lado do mundo, outro estudante, lendo uma carta de Amy que pedia oração em favor do estudante japonês, "colocou-se em oração por cinco minutos consistentes". Era Paget Wilkes, um universitário em Oxford na época, que foi para o Japão, trabalhou em Matsue e levou a Cristo o estudante em favor do qual havia orado.

Uma percepção do entendimento de Amy quanto à oração é dada em sua história do que aconteceu em Hirosi. Esse era um grande vilarejo budista onde oito ou nove cristãos brilhavam "como estrelas à noite". Amy planejou visitar o vilarejo, mas queria se preparar orando de acordo com o que Deus tencionava fazer lá. Se pudesse ter certeza disso, poderia orar com fé. Anos mais tarde, ela descobriu que Juliana de Norwich tivera um ponto de vista semelhante quanto à oração: "Eu sou o fundamento do teu suplicar; primeiramente, é a minha vontade que precisas ter; e, depois, eu te faço querê-la; e, depois, eu te faço suplicá-la, e tu a suplicas! Como, então, pode acontecer que não tenhas o teu suplicar?"

Enquanto orava, Amy se sentiu "pressionada em espírito" a pedir uma alma, uma única alma. No dia seguinte, ela foi para Hirosi com Misaki San, e um jovem tecelão de seda "cruzou a linha" — tornou-se um cristão — naquela noite. Um mês depois, elas foram de novo. Dessa vez foram duas almas pelas quais elas oraram. O tecelão de seda levou um amigo que "achou paz", e uma senhora idosa se voltou para o Senhor. Duas semanas se passaram. Elas foram de novo. E de novo perguntaram a Deus o que ele queria fazer. E a resposta foi que quatro almas deveriam cruzar a linha. Por esse tempo, os outros missionários em Matsue tinham se unido em oração. Um dos homens sentiu que era um pouco demais pedir quatro almas, mas concordou em pedir duas. A situação não parecia encorajadora quando as mulheres chegaram lá. Ninguém na cidade parecia interessado no mínimo.

O diabo atirara seus habituais dardos de dúvida: "Você não pode esperar conversões toda vez. Isso é muito presunçoso. Considere voltar para Matsue de mãos vazias etc."

A situação foi enormemente complicada por Amy ter apresentado o que ela pensou ser uma sugestão incontestável: que os novos convertidos deveriam queimar seus ídolos. *Queimar* seus ídolos? Impossível tornar conhecido que os cristãos têm de fazer isso — isso repeliria todos os interessados. Amy foi inflexível, encarando o que ela designou "o lado Calvário da obra, uma coisa a ser vivida sozinha com o Cristo do Calvário". Eles "fizeram uma reunião de oração em favor dela", pedindo que o Senhor abrisse seus olhos e lhe mostrasse a tolice de transgredir um costume japonês. Então, lhe imploraram que não mencionasse os ídolos novamente. Mas a verdade era mais estimada do que o sucesso.

> Eu não podia aceitar uma alma ao custo de sacrificar a verdade. O fato de que muitos poderiam recuar e provavelmente recuariam não podia ser uma prova de que esse procedimento fosse errado, porque em João 6.66 lemos: "À vista disso [o proferir do discurso 'duro'], muitos dos seus discípulos o abandonaram e já não andavam com ele." O servo não é maior do que seu Senhor.

Na reunião daquela noite, as pessoas observaram, sorriram e não sentiram nada. Parecia uma prisão de espíritos escarnecedores. Amy estava prestes a acabar, quando uma mulher disse: "Eu quero crer." Depois, seu filho se aproximou e se ajoelhou. No caminho de volta da reunião, Amy parou na casa de cristãos que tinham um amigo esperando para perguntar a Amy sobre o caminho da salvação. Aquele amigo era o número três. Onde estava o número quatro? "Ora", disse um homem, "tem de ser a minha esposa. Ela quer ser uma pessoa de Jesus, mas está fora, em seu próprio vilarejo." Ela retornou cedo na manhã seguinte e confessou, diante de seus parentes, seu desejo de ser cristã.

Por semanas seguidas, Amy sentiu uma irresistível pressão divina de pedir e receber de acordo com 1 João 5.14-15: "E esta é a confiança que temos para com ele: que, se pedirmos alguma coisa segundo a sua vontade, ele nos ouve. E, se sabemos que ele nos ouve quanto ao que lhe pedimos, estamos certos de que obtemos os pedidos que lhe temos feito." Qual seria a petição desta vez? Oito almas de Hirosi. De novo, houve resistência da parte dos cristãos lá. Pedir algo que eles não recebiam seria "um acontecimento muito ruim". Amy não tinha dúvida de que Deus queria dar as oito almas, e se ofereceu a permanecer um pouco mais para dar tempo ao Senhor. Não, eles não poderiam talvez arranjar mais reuniões. Por isso, Amy, não disposta a render-se, leu promessas de oração. O querido e velho subpastor, um homem de "ambiguidade e circunlocução perfeitamente gladstoniana", argumentara com Amy sobre toda questão que surgira, e toda a sua alma protestara contra os imperativos categóricos dela. Desta vez, ele viu que os protestos seriam fúteis. Ele se levantou devagar e falou devagar: "Você é alguém que anda com Jesus; se a voz dele lhe falou, embora não nos tenha falado, nós creremos." A confiança deles em Deus, maior talvez do que em Amy, foi recompensada. Pela misericórdia de Deus (ele sabe a medida de fé que deu a cada um), mais oito "estrelas" brilham agora em Hirosi. Posteriormente, na Índia, carregando responsabilidades muito grandes que exigiam tomada de decisão, Amy se lembrou das palavras do subpastor e foi fortalecida em sua resolução quando seus colegas de trabalho questionaram seu julgamento.

E na visita seguinte, quantos seriam? Dezesseis? Não. Nenhum número foi "fixado no" coração de Amy. Foram para Hirosi, tiveram as reuniões habituais, oraram juntos com todos os cristãos de lá, algumas pessoas chegaram a Jesus, mas Amy não sabia quantas. "Partimos em um tipo de silêncio cantante."

Quando escreveu sobre a história de Hirosi para seus "filhos", Amy reconheceu, de maneira velada, que sofrera dores por causa daqueles cristãos. Ela não explicou. "Não acho que seja um assunto sobre o qual devo falar."

Quatorze anos depois, o sobrinho de Barclay Buxton se juntou a ele em Matsue. Ele visitava Hirosi com frequência e descobriu que os convertidos do tempo de Amy ainda estavam arraigados firmemente na fé.

Santidade completa, pura e cristalina, era o desejo de Amy Carmichael. Ela não entendia como qualquer cristão verdadeiro pode ter um desejo menor. "Se não somos puros enquanto carregamos os vasos do Senhor", ela escreveu em maio de 1894, "podemos profanar seu nome santo nas coisas que consagramos. Nosso próprio serviço se torna algo profanador! [...] A necessidade do Japão: profetas nativos que possam ousar e ousarão, à semelhança de Elias, permanecer sozinhos por Deus, anunciando sua Palavra fielmente, para que essa Palavra seja como um fogo, como um martelo, distinguindo, para a solidão vitalícia, o homem que é 'a Voz'."

Ela mesma deu o exemplo e pagou o preço, às vezes em conflito com seus colegas crentes, tanto europeus quanto japoneses. A questão de usar retratos de Cristo, uma prática comum entre missionários, era impensável para Amy. Ninguém, ela pensava, tinha o direito de presumir imaginar Deus Filho. Quem poderia separar a humanidade da Divindade? Ela evitava, em temor, esse solo sagrado e lembrava aos que discordavam que os apóstolos tinham evitado tudo que apelava aos sensos, crendo apenas no poder da Palavra. A igreja, ela disse, recorria a retratos apenas quando o seu poder tinha desaparecido.

Amy ficava horrorizada ante a mera sugestão de alguém escolher a obra missionária porque era nobre e magnífica ou um campo missionário porque era agradável. Como pessoas em sua terra podiam escrever sobre uma reunião missionária "prazerosa"? Não tinham absorvido nada das necessidades não satisfeitas, dos clamores não ouvidos, das tristezas não consoladas? Não participavam de nada, senão do chá e bolo, da conversa e da oportunidade de examinar raridades exóticas e, depois, dizerem, eles mesmos, que faziam tudo que se podia esperar deles?

> A obra missionária é um grão de areia, a obra ainda não atingida é uma pirâmide. [...] Encare isso. Olhe e ouça, sozinho com Deus. Então, vá, deixe ir, ajude a ir. Mas nunca, nunca, nunca pense que algo aquém disso é ser "interessado em missões". Nunca, até que este ponto seja alcançado e ultrapassado, se iluda, de maneira alguma, crendo que você se importa.

A própria experiência de Amy em Keswick foi tudo, menos "prazerosa". A tenda, lotada e tranquila. Onda após onda de oração silenciosa, erguendo-se solenemente a Deus. "Palavras de soldados" breves e fervorosas, proferidas por almas de soldados. Batalhas silenciosas sendo travadas no interior da alma. Uma longa quietude. Um clamor como de dor, inevitável, exigindo uma resposta. Amy tinha dado sua resposta e, em inúmeras ocasiões, no campo, precisou reconsiderar seus motivos. Um jovem missionário lhe disse certa vez: "Eu iria para casa amanhã se eu pudesse. Tudo é um desapontamento miserável, e eu pensava que tudo seria tão excelente." Ela rogou a seus amigos, a suas amigas e a seus sobrinhos na terra natal que considerassem o clamor e o chamado, aceitassem todos os testes de qualquer tipo, antes de cruzarem os oceanos, e aprendessem a morrer para o ego em qualquer aparência ou forma. A experiência lhe havia ensinado que poderia não sobreviver às tempestades sem a âncora do amor constrangedor de Cristo e o que ela chamava "Consciência Inabalável" da promessa que lhe fora dada: "Ele vai adiante de ti."

11

CABEÇA JAPONESA

O primeiro missionário, um homem firme chamado Paulo, descobriu que seus deveres apostólicos envolviam alguns bofetes turbulentos. Ele foi atribulado, embaraçado, perseguido, desprezado; passou fome, foi aprisionado, espancado e sofreu naufrágio. Era afligido por algo que aguilhoava sua carne. Durante os primeiros 14 meses de Amy Carmichael como missionária, ela foi "esbofeteada" de outras maneiras. Ela foi atribulada; às vezes, perplexa e, por fim, desprezada. Suas experiências faziam-na meditar na grande vulnerabilidade do corpo físico, o mesmo corpo em que a vida de Cristo é misteriosamente revelada.

Escrevendo de Imaichi, uma cidade para qual ela fora porque o único missionário tivera de tirar uma licença de saúde, e Amy não podia pensar em deixá-la sozinha, ela citou o apóstolo atribulado: "De boa vontade, pois, mais me gloriarei nas *fraquezas*, para que sobre mim repouse o poder de Cristo."[1] O texto era seguido por reticências, depois:

1 2 Coríntios 12.9.

> De volta, novamente, e agora, ao ler as últimas poucas linhas, elas parecem perfeitamente proféticas! No sábado, eu sucumbi. [...] Um acesso de febre; depois, um desmaio. [...] um declínio terrível, pois eu sempre declarei que nada poderia *me* fazer desmaiar. Eu zombava de todo esse tipo de bobagem ingênua. A única vez que perdi a consciência por um momento foi durante a agonia de compaixão que experimentei por Alfred [o irmão], quando ele se cortou profundamente e teve de ser suturado. [...] Mas dessa vez eu desmaiei, e, antes que eu retornasse, todos os cuidados humilhantes que acompanham esses desmaios se derramaram sobre mim e fiquei encharcada.

Amy tinha uma explicação, ainda que muito frágil. Ela perdera sua sombrinha quando viajava pelo mar. Embora capacetes coloniais não fossem usados por missionários no Japão, era tido como certo que a cabeça dos europeus não suportava a luz solar. Sombrinhas eram algo indispensável.

Era um dia quente. Quando ela chegou ao hotel, um banho quente a esperava, como sempre. Isso foi a gota d'água. Em cartas para sua mãe, houvera menções de males de mergulhadores. Em janeiro, quando oito convertidos lhe foram dados em Hirosi, Amy escreveu que mal conseguia pensar por causa de nevralgia aguda. Em maio, ela disse à sua mãe que talvez iria para a China por uma "mudança de pensamento", visto que o clima do Japão era "horrível para o cérebro e os olhos". Uma carta de Keswick, escrita no início de junho, assegurava a todos que ela estava se sentindo bem de novo, havendo permitido a si mesma os luxos de manteiga em seu pão e leite em seu chá. Essas iguarias deveriam fazer o que líquidos escuros não identificados e lesmas-do-mar pareciam não estar fazendo — dar-lhe vigor. Portanto, seus problemas resultavam não meramente da perda de uma sombrinha.

Quando voltou do desmaio, Amy se viu "cercada de toalhas molhadas, faces tristes e um senso geral de embaçamento". Depois, ela se lembrou de que era esperada em uma reunião. Nenhuma "bobagem ingênua" devia interferir nisso. O poder de Cristo, embora não a tenha isentado de um lapso momentâneo, a capacitaria a continuar. Em tudo, ela contou com a promessa de Isaías 40.31: "Os que esperam no SENHOR renovam as suas forças [...] caminham e não se fatigam"; retomou o controle de si mesma, marchou para a reunião e falou. Foi uma reunião tardia, seguida por uma longa conversa com uma mulher que chegou a Cristo. Não havia dúvida de que na mente de Amy valeu a pena. Posteriormente, ela reconheceu que dera às palavras de Isaías o significado que ela quis que o versículo tivesse, o que não é algo bom para fazermos.

"Cabeça japonesa" foi o diagnóstico do médico. Ninguém parecia ter muita clareza sobre que tipo de cabeça exatamente era essa, mas era extremamente dolorosa, e os estrangeiros eram suscetíveis a ela. Amy havia sucumbido e foi ordenada a desfrutar um grande repouso. Isso foi uma interrupção horrível de seus planos, mas a ameaça de cartas denunciadoras enviadas a seus parentes a convenceu a submeter-se. "Estou ficando mansa em minha idade mais velha, como você percebe."

Antes de ir embora, ela teve a emoção de assistir ao batismo dos primeiros crentes de Hirosi. Depois do batismo, um grupo da igreja foi fotografado, com Amy e seus cooperadores. "Desejaria que fosse possível ser dispensada desse modo de embalsamento", ela escreveu, "mas isso não é possível sem ferir sentimentos bondosos e causar um rebuliço." Pelo resto de sua vida, ela resistiu a ser fotografada, cedendo apenas raramente, sob pressão de pessoas que ela amava. Amy não podia entender por que alguém gostaria de ser preservado como ele é, se os cristãos têm a esperança sublime de que um dia serão semelhantes a Cristo.

Dizer adeus foi uma agonia. Os japoneses eram a bondade personificada e, sem dúvida, esperavam que Amy retornasse cerca de seis semanas depois; mas o que a partida significava para eles? Sabiam que ela não pôde evitar ter de partir, ou a tomariam como mais um dos muitos desistentes? "Você vai para a China por causa de sua fraqueza", um deles escreveu. "Por favor, retorne." Algo lhe dizia que ela poderia não retornar tão brevemente quanto eles esperavam.

Misaki San e Amy

A bordo do navio para Xangai, ela achou um bilhete de sua amada Misaki San: "Sei que você sentirá falta de mim, mas Cristo está sentado ao seu lado agora; por favor, fale com ele para me esquecer." Era difícil ter sono naquele porão cheio de pessoas e de fumaça; por isso, ela se acomodou no convés, em meio ao barulho e ao pó da chaminé. Na segunda etapa da viagem, ela sucumbiu àquilo contra que, em princípio, se posicionara firmemente — viajar na primeira classe. "Não creio que o Senhor Jesus ou seus discípulos gostariam disso. Não me parece honrar o nosso Senhor este hábito missionário de ir pelo caminho mais fácil e não pelo mais difícil, quando *ele* escolheu o mais difícil. É como se nos colocássemos um pouco acima dele." A primeira classe nesse tipo de navio a vapor pode ser comparada à terceira classe em um navio britânico, embora um pouco menos confortável; e Amy não pôde deixar de ser agradecida pela limpeza, privacidade, quietude e, em lugar dos grumetes de navios a vapor litorâneos, uma mulher "que vestia *roupas!*" Ela sofreu os infortúnios habituais de tempestades e enjoo do mar, calor e dor de cabeça. Apesar disso, achou alguns marinheiros para os quais falou de Cristo. "Bem, senhorita", disse um deles, "pensávamos que o mar derrotaria você desta vez." Ela tinha pedido forças, e forças vieram, em meio a queixas e conflito, protestos e ataques, mas desapareceram no final de sua conversa, e ela teve de ser ajudada a voltar para sua cabine. Ela soube no dia seguinte que vários deles haviam crido naquele que é "poderoso para salvar" e assinado um compromisso de se absterem do álcool.

Por volta de 10 de julho, ela foi abrigada confortavelmente num quarto da Missão para o Interior da China, em Xangai. Tornou-o seu próprio quarto, pendurando fotos da família e os lemas que tanto apreciava: FÉ É VITÓRIA; CRISTO É VENCEDOR; NÃO EU, MAS CRISTO; APENAS PARA HOJE; e uma palavra feita em bordado, RABONI, a palavra que Maria disse quando viu o Cristo ressurreto: *Meu Mestre!* Sobre a mesa, estava um calendário com as palavras "O SENHOR cuida de mim". Amy lembrou seus correspondentes do milhão de pessoas que morriam por mês sem Cristo na China e dos 80 mil mortos da praga em Hong Kong, poucas semanas antes.

"Para qualquer um que a mão divina esteja chamando: calcule o custo, porque ele nos ordena isso, *mas leve a sua lousa aos pés da cruz e faça os cálculos ali.*"

A temperatura estava nos 32º, mas a casa da missão estava fresca, com *punkas* (abanos enormes suspensos do teto e operados por cules, com uma corda) que sopravam continuamente; e xícaras de chá quente, o resfriador do homem inglês, estavam sempre disponíveis. A "opressão cerebral" de Amy abrandara, e, quando via outros que estavam muito mais necessitados de uma mudança, ela se sentia envergonhada de que cedera à "fadiga". Mas se apressou a explicar que fizera isso apenas por causa do temor de causar mais problemas para outros. Ela assegurou seus amigos de que não estava magra — ela era, de fato, o "oposto de uma premonição" —, e essa "promoção" (para o céu) não era iminente.

Amy estava em Xangai havia uma semana quando, sentindo-se revigorada e sem desculpa para continuar se deleitando naquele conforto, perguntou a Deus qual era o passo seguinte. A resposta lhe foi dada da mesma maneira que fora dada quando ela foi para o Japão.

"No dia 18 de julho, a palavra do Senhor veio a mim, dizendo: 'Vai para o Ceilão.'" O pessoal da Missão para o Interior da China ficou horrorizado. Ela estava bem para ir? Sabia o que estava fazendo? Por que o Ceilão? Como ela poderia ir sozinha? Somente a última pergunta foi resolvida. Outro missionário faria a viagem para lá e a procurou. Imediatamente, Amy reservou sua passagem para Colombo. Ela zarpou em 28 de julho, certa disto: *Ele vai adiante.* "Somente aqueles que sentem o Espírito do Altíssimo desta maneira mui solene entenderão isso", ela escreveu — páginas e páginas de explicações para sua família e irmãos em Cristo na terra natal, que se preocupariam com sua "Criança de Keswick". Nunca lhe ocorreu que precisava de conselhos, muito menos de permissão, daqueles que a enviaram. Ela se sentia uma, em espírito, com Abraão, "sem saber aonde ia", e com Lutero: "Esta é a minha posição, não posso fazer o contrário."

"Estou preparada para muita acusação ou, na melhor das hipóteses, muita incompreensão, mas não posso evitá-lo. Ninguém *ousa* fazer outra coisa senão obedecer quando a Voz fala." Como ela falou? Em três maneiras: por meio da Palavra, como força incontestável; por meio do guiar interior do Espírito; e (muitas vezes, mas não sempre) por meio das circunstâncias. Ela se sentiu confirmada por todas essas maneiras, embora seus amigos não houvessem achado nenhuma confirmação para a última, nem a própria Amy estivesse certa de que havia qualquer garantia infalível para tal maneira na Bíblia. É evidente que os santos do passado seguiam com frequência o que parecia ser a direção contrária aos fatos existentes. Amy podia entender, porém, que as circunstâncias, que são todas ordenadas por Deus, podem ser testemunhas confirmatórias.

Ela recapitulou as circunstâncias da mudança: não desperdiçara muitas forças em aprender japonês, não tinha uma casa ou posição fixa e poucas responsabilidades em Matsue; portanto, não sentiriam falta dela. Colegas de trabalho haviam ajudado por meio de oração, além de consertarem e embalarem os pertences dela. A passagem para o Ceilão custou apenas dez libras. Quando ela parou em Colombo, em rota para o Japão, amigos de lá comentaram que o Senhor poderia enviá-la de volta para eles. Deus havia providenciado pessoas ajudadoras ao longo do caminho. Poderia haver qualquer dúvida de que ele estava no controle? Ela alegou todas essas provas para as pessoas queridas preocupadas com ela.

"Todo o treinamento na vida é exatamente o que é necessário para a verdadeira obra da vida, ainda que fora da percepção, mas não longe de todos nós. *Não me invejem pelo aprendizado de uma nova lição*."

Em Hong Kong, ela contraiu um resfriado. Em 2 de agosto, Amy escreveu na margem de seu *Luz diária*: "Bem doente — febre — sozinha — guardada — confortada." Ela foi levada (e admitiu isso) ao próprio fim de si mesma, de seu vigor pessoal, de sua energia pessoal e de tudo. "E se eu nunca chegar ao Ceilão?", ela se perguntou durante uma turbulenta noite de febre. "E se a obra de Deus para mim é desistir de tudo e voltar para casa no próximo navio?" Certamente, parecia como se o chamado dela fosse falso, sua fé estivesse no objeto errado, e a voz do seu Senhor entendida de modo errado.

Quando ela relatou a viagem anos depois, a memória seletiva havia apagado tudo, exceto a fidelidade de Deus. Todas as objeções imaginadas (e, como ela descobriu, reais) que as pessoas levantaram tinham ido embora. Ela disse a seus "filhos" que nunca lhe ocorrera que alguém pudesse entender errado. A necessidade de explicações evanescera da memória, bem como as lutas travadas ao longo da viagem para o Ceilão. Ela não relera as cartas escritas a bordo que descreviam os conflitos de sua mente e sua alma — "Oh! Quão terrivelmente o diabo veio com dúvidas e temores!"

12

NENHUM ESPLENDOR NO CEILÃO

No amanhecer do dia, o navio deveria levar para o cais em Colombo uma mulher pequena e cansada, que estava de pé no convés, torturada com temor, "totalmente inadequada para a grande escuridão desconhecida, ficando agora tão perto de mim". Uma traça, disse Amy, poderia tê-la esmagado então. Ela pegou seu *Luz diária* e leu: "A alegria do SENHOR é a vossa força."[1] Uma inundação de luz solar irrompeu entre as névoas, e ela decidiu que confiaria e não temeria. Bem-recebida e convidada a ficar numa casa da missão em Colombo, ela foi feita imediatamente parte do círculo, mas se sentiu sem ajuda e sem confiança, perguntava-se por que tinha ido e anelou por solidão e quietude.

O Querido Homem Velho teve notícia do paradeiro de Amy. O que a sua querida menina poderia estar planejando agora? Ir para o Ceilão! Estava

1 Neemias 8.10.

prestes a largar tudo no Japão e se unir a outra missão? Ele telegrafou para ela imediatamente, aconselhando-a contra unir-se a qualquer missão no Ceilão. Então, ele escreveu, expressando sua grande preocupação sobre a mudança que fizera sem informar antecipadamente à Comissão de Missões de Keswick. Ela ficou devastada. Havia deixado tudo nas mãos de Deus, crendo que ele esclareceria as coisas para seu círculo de apoiadores, como as esclarecera para ela. "Contudo, não aconteceu assim, e percebo o meu erro, e não posso senão ficar muito triste."

Ela descobriu que "um pequenino grupo de moças e testemunhas de Cristo" (três missionárias solteiras cujos dois líderes haviam morrido, ambos, de febre) estivera orando por um novo líder que fosse enviado ao vilarejo de Heneratgoda. Para elas, era perfeitamente óbvio que Amy era a resposta. Para Amy, não era óbvio. *Ela*, sua líder? O pensamento a encheu de novos temores. Porém, ao se reunirem e orarem juntas, Amy acreditou que, embora não fosse destinada a liderá-las, poderia ser "o elemento de coesão do grupo".

Deixando claro que não deveria ser considerada um membro da Missão do Vilarejo de Heneratgoda, Amy se mudou para a cabana de teto de palha delas. O assoalho era composto do que as sensibilidades vitorianas de Amy podiam descrever apenas como "argila e *horror*". Durante cada minuto, de cada hora, elas estavam sob o escrutínio meticuloso de muitos olhos ("essas boas pessoas parecem gostar muito de estudo do caráter"), algo perturbador, é claro, mas "uma maneira fácil de entreter os amigos — *viva e deixe olharem!*" Ela achou beleza nos arredores, sempre observando, em especial, os pássaros.

> Ontem, tive cinco minutos prazerosos observando um beija-flor. Lá, na brilhante luz do sol, como uma pequena chama azul entre flores brancas, a pequenina criatura trinadora rodopiava para lá e para cá. Agora, intoxicando-se num borrifo de flor brilhante, mergulhando seu bico curvo no fundo de cada flor fragrante, nunca estragando uma única

> pétala; ora volteando para dentro e para fora da vegetação em que crescem, exibindo bem sua clara e elétrica coloração contra o verde; ora, por um momento, imóvel, meio oculto na brancura, uma pequena joia viva num amontoado de flores brancas e doces.

Com sua determinação e sinceridade habituais — nunca se importando com o fato de que se esperava que ela convalescesse —, Amy mergulhou imediatamente nas reuniões. "Lâmpada intensa que brilhava no meio de flores brilhantes, olhos escuros e brilhantes que resplandeciam sobre nós, canções de louvor entusiastas que emergiam de lábios agora fechados, luar suave que cintilava sobre nós." Ali estava ela, em um novo campo de serviço, um novo idioma para aprender, a velha, velha história para contar. Crianças eram mais abertas a ouvir essa história, e ela começou a reuni-las, "pequenos brownies amados, com colares e braceletes, um grande contraste com as criancinhas singulares do Japão e com os esquisitos e irrequietos pequeninos da China". Quando uma criança de três anos de idade se recusou a unir-se no canto, ela perdeu o privilégio de sentar-se no colo de Amy. Colocou um dedo na boca e ficou amuada; foi colocada numa cadeira no canto e lhe foi dito que era uma criança pecaminosa. Três vezes em uma hora, a criança caiu da cadeira. Quando lhe disseram que não poderia ir para casa até que fosse boazinha,

> um sorriso de grande deleite exibiu a agradável satisfação de sua face, e ela disse triunfantemente que não queria ir para casa. A tática oposta foi tentada de imediato, e, dentro de cinco minutos, a luta foi vencida, e, com mais engano do que arrependimento, eu creio, a danadinha se declarou "boazinha".

Amy achou chocante o paganismo, em todas as suas formas. Ela descreveu uma celebração que aconteceu do outro lado da rua em frente de sua pequena casa:

> Na escuridão da noite sem lua, podemos ver o clarão de tochas, o tremeluzir de lanternas, as centelhas de velas. Lá a mulher esteve doente; eles haviam feito uma dança diabólica sobre ela; agora, estava recuperada, e eles pagavam o voto ao demônio que saíra como solicitado. Um homem está tocando um tipo de gongo alongado, pendurado em seu pescoço; outros dois dançam erguendo-se e abaixando-se em torno de um círculo marcado, sagrado para o espírito presidente. Dois ou três meninos estão dispostos em cantos para gritar em determinados períodos. No chão, está deitada a mulher. Por trás dos executantes, há três altares enfeitados com lírios-d'água macios, iluminados com velas que flutuam em cocos partidos; e em cada altar há arroz em pequenos montes, algumas moedas e sprays da sofisticada flor de areca. Ao redor de tudo isso, há pessoas: homens, mulheres e meninos. Eles continuarão por toda a noite. De manhã bem cedo, a dança mudará, e cantarão algo diferente também. No momento, é um contínuo bater do tambor, um tinir de pulseiras, um clamor esquisito, um canto monótono. Estão propiciando o demônio e, ao mesmo tempo, expulsando-o para longe. [...] "Doutrinas de demônios" não são mitos aqui. [...] Abri a minha Bíblia: "Sede fortes e corajosos, não temais, nem vos assusteis por causa do rei da Assíria, nem por causa de toda a multidão que está com ele; PORQUE um há conosco maior do que o que está com ele. Com ele está o braço de carne, mas conosco, o SENHOR, nosso Deus, para nos ajudar e para guerrear nossas guerras. O povo cobrou ânimo com as palavras de Ezequias, rei de Judá."[2] Penso que podemos fazer o mesmo.

Quando essa mulher do litoral da Irlanda, varrido pelo vento, se achava "distante, no coração do paganismo, com minhas seis moças-irmãs, nesta floresta tão, tão escura", ela falava a verdade pura como a via. Ela voltou com uma aversão instintiva e austera de qualquer embelezamento dos fatos, de qualquer leve desvio da verdade a fim de se criar um retrato mais interessante.

2 2 Crônicas 32.7-8.

Amy estava à frente de seu tempo como missionária-repórter. Os apoiadores estavam acostumados com certo triunfalismo em histórias missionárias. Havia outros como Amy que relatavam a verdade com franqueza, mas havia muitos que popularizaram a obra missionária dramatizando o sucesso e evitando sem hesitar o que era mais banal do que o sucesso. "Não há muito esplendor na vida cotidiana", ela escreveu, "economizamos tudo para as reuniões missionárias."

As cartas originais (cujas reimpressões Amy havia proibido expressamente) mostram evidência de outra tentativa de embelezar os fatos ou pelo menos de adocicá-los um pouco. Alguém havia riscado partes não consideradas apropriadas para reimpressão, como a menção de pulgas, piolhos ou "criaturas rastejantes e nojentas", o lodo imundo pelo qual ela teve de passar e, numa referência à incapacidade dos cingaleses de focalizar sua mente, o editor apagara o aparte de Amy "se eles têm mente".

O árduo trabalho de visitação — "Você atribui algum esplendor a isso?", ela escreveu.

> Você vai a uma choupana e não acha ninguém lá. Vai à choupana vizinha, e ninguém quer você. Vai à seguinte e encontra uma senhora idosa que diz *sim*; você pode falar, se quiser, e ela ouve de uma maneira um tanto fútil, e talvez uma ou duas pessoas mais entrem por acaso. E você continua; uma oração atrás de cada sentença, se você fala por meio de intérprete (mas espero não ter de fazer isso sempre), uma subcorrente que flui o tempo todo, se você está sentado e ouvindo silenciosamente outra pessoa falar. Talvez eles sejam pensativos demais para objetar — "Nós mesmos somos budistas, por que deveríamos mudar? Vocês matam animais? Não queremos uma religião como essa."
>
> Se você lhes pergunta se não comem ovos e peixe, eles dizem "Ah, sim!", mas não esmagariam um ovo (ou seja, não quebrariam a casca!); fervê-lo é diferente. Eles não matariam um peixe: o tirariam da água, e o peixe morreria por conta própria. [...] Às vezes, é tão desapontador quando você

pensa que conseguiu introduzir um pouco da verdade gloriosa, quando o coração parece tocado, talvez pela maravilhosa história do Calvário, e alguma pequena trivialidade aparece, e alguma pergunta sobre porcos ou ovos manda você de volta ao próprio começo. Mas há momentos brilhantes também, ocasiões em que um lampejo do próprio céu ilumina as trevas da choupana mais obscura e lodosa; e esse momento vale a labuta de uma vida inteira.

Embora Amy houvesse sido informada de que no Ceilão era arriscado para mulheres solteiras visitarem sacerdotes budistas, ela o fez. Receber perguntas de uma multidão também era perigoso. Ela fez isso também. Certo dia, um sacerdote apareceu em uma reunião ao ar livre e apresentou estas perguntas: "Vocês, cristãos, acreditam que Deus guia pessoas sinceras à verdade, não acreditam?" Sim. "Vocês negam que Gautama Buda viveu em verdadeira sinceridade?" Não. "Então, por que ele não achou a verdade?" A resposta de Amy, registrada numa carta: "Podemos deixar com nosso Pai e Pai dele o caso do gentil Buda. Para o príncipe indiano Sidarta (o mestre de quem Buda era a encarnação deificada), bem como para o rei Ciro, da Pérsia, ele pode ter dito: 'Eu te chamei pelo teu nome e te pus o sobrenome, ainda que não me conheças.' Porém, e quanto àqueles", ela incluiu os amigos de sua terra natal, "que hoje o buscam e, no que diz respeito a nós, o buscam tão inutilmente quanto ele? Existem pessoas assim. No interior da China, o Sr. Hudson Taylor achou uma. Todos os missionários velhos podem falar de umas poucas almas raras que tateavam cegamente, como se pudessem senti-lo e porventura achá-lo. Oh! Que nossas vestes sejam limpas da mancha do sangue de nossos irmãos!"

Por causa do veredito de um médico no sentido de que Amy nunca deveria retornar ao Japão — ela tinha "exaustão mental" —, ela resolveu finalmente, como escreveu em novembro de 1894, estudar o idioma cingalês. Seus pertences deveriam ser enviados do Japão em aproximadamente um ano. E o Querido Homem Velho enviou uma caixa com roupas do

Ceilão para ela. Amy encontrara certa medida de paz. O campo do Senhor para o trabalho dela seria o Ceilão. "Tudo está definido", ela escreveu em 14 de novembro.

Em 27 de novembro, ela soube que o Querido Homem Velho tivera um derrame. Dentro de uma hora, ela partiu para Colombo, pegou emprestadas roupas quentes de uma missionária e navegou para Londres no dia seguinte.

A viagem foi um pesadelo do começo ao fim. Ela ficou tão doente, que conseguia se lembrar apenas de dor, febre, calor e, depois, em Nápoles, vento gélido. O Senhor enviou adiante os seus anjos; um deles, em Roma, para despertá-la do sono em um trem e colocá-la noutro trem para Paris; outro, um francês que a conduziu através de Paris até ao trem para Calais. Uma travessia difícil do Canal. Sua mãe a recebeu em Londres, em 15 de dezembro. Em 16 de dezembro foi seu aniversário de 27 anos. É improvável que tenha havido celebração. Depois, longos dias de reclusão. Por fim, os rostos de amigos queridos de Keswick, o rosto de um médico. Em todo o tempo, o pensamento urgente: "Eu preciso ficar bem. Tenho de ir para Broughton Grange." Chegou lá a tempo para o Natal.

13

PARA A ÍNDIA BRITÂNICA

"A Inglaterra foi muito boa para mim." Assim Amy resumiu, sem sua autobiografia, os dez meses que passou lá. Ela não mencionou que se tornou uma autora publicada. Marshall Brothers, de Londres, publicou naquele ano (1895) o primeiro livro de Amy, *From the sunrise land*[1] [Da terra do sol nascente], uma coleção de cartas do Japão, com ilustrações pela autora e William Wilson, o filho do Querido Homem Velho.

A ideia foi de Amy. Ela teve de ser convencida a permitir que o material fosse impresso. Finalmente persuadida, ela explicou sua razão primária na introdução:

> Estas pequenas cartas foram escritas apenas para o "lar". Lembrando isso, sua bondade perdoará erros e informalidades. E o mesmo apelo se aplica

1 Amy Carmichael, *From the sunrise land: letters from Japan* (Legare Street Press, 2022).

> aos pequenos desenhos espalhados pelo livro. [...] Outros poderiam lhe falar muito mais, e muito mais dignamente, sobre a manifestação da mão de Deus na parte deles na grande Instituição Missionária. Será que eles crerão que esse pensamento pressiona e que, quanto mais conscientes dele nós formos, tanto mais gratos seremos pela oração deles? *Por favor, ore!* Por favor, peça ao Senhor que se incline para usar algo tão simples e tão pequeno e elevar alguém ao Amor com o qual ele nos ama.

Relendo o livro posteriormente, ela, como a maioria dos autores, não ficou satisfeita com ele. Tolstói, quando leu *Guerra e paz*[2], anos depois de sua primeira aparição, disse: "Isto tem de ser totalmente refeito." Na cópia de Amy de *From the Sunrise land*, ela escreveu: "Rimas ruins em partes, redação ruim no todo."

O Querido Homem Velho ficou transbordante de alegria por tê-la em casa de novo, crendo, a princípio, que ela lhe fora "dada de volta". Ele se recuperou do derrame, mas logo soube que teria de renunciá-la mais uma vez, pois ela não tinha a intenção de ficar. O veredito do médico de que os trópicos não deviam ser considerados de novo não a deteve nem um pouco. Se qualquer missão, em qualquer lugar, a chamasse, ela iria.

Na primavera, ela recebeu uma carta de um amigo em Bangalore, na Índia. O clima de lá, ela escreveu, era saudável e deleitoso. Boas notícias para os amigos de Amy. Más notícias para Amy — "parecia muito fácil". Pensando bem, a sua ida para lá "iluminaria as coisas para aqueles que achavam difícil ver que eu deveria ir para qualquer lugar". Por isso, ela se candidatou na Sociedade Missionária Zenana da Igreja da Inglaterra e foi para Londres, em maio, para uma entrevista. Ela não era uma anglicana, mas foi calorosamente recomendada pelos líderes de Keswick que eram clérigos anglicanos. Numa reunião informal em 26 de julho, em Keswick, ela foi aceita. No dia seguinte, falou numa reunião missionária na tenda. "Quem pode esquecer", escreveu

2 Liev Tolstói, *Guerra e paz* (São Paulo: Companhia das Letras, 2017).

um clérigo, "o discurso de despedida da Srta. Amy Wilson-Carmichael, antes de ela partir para sua vida de sacrifício na Índia, quando desatou um 'cordão azul' com as palavras de ouro: 'Nada é precioso demais para Jesus'?"

Amy esteve com seu querido "Papai" no 70º aniversário dele, mas ambos tiveram de encarar a iminente e dolorosa segunda separação. "Sobre os dias desoladores antes de eu partir e sobre a despedida, nada direi. Estaremos juntos em breve no país de nosso Pai."

Ela zarpou em 11 de outubro, "com muitos olhares retroativos para o Japão" e alguns olhares melancólicos para a China, o país para o qual ela se sentira atraída desde que ouvira Hudson Taylor falar sobre a necessidade espiritual de milhões.

O país a cujas praias ela chegou em novembro de 1895 estivera sob o domínio britânico desde 1600. Comerciantes londrinos fixaram seus olhos nas riquezas do comércio de especiarias da Índia, que, à época, estava sob o controle dos corsários holandeses. Indignados quando o preço de uma libra de pimenta subiu cinco xelins, em 1599, um grupo de 24 comerciantes se reuniu para estabelecer uma pequena firma de comércio. A Companhia das Índias Orientais foi estabelecida por carta régia em dezembro daquele ano pela rainha Elizabeth I, dando-lhes o monopólio do comércio inglês com as "Índias", que incluía China, Índia e Indonésia. Não era apenas a pimenta que eles almejavam. Histórias maravilhosas eram contadas sobre as gemas do tamanho de ovos de pombos, florestas intermináveis de pimenta, índigo, canela, gengibre e porções que garantiam a juventude e a virilidade. Em agosto de 1600, o capitão William Hawkins ancorou seu galeão ao norte de Bombaim e adentrou o interior para achar o monarca mais poderoso do mundo, o grande Mogul. O imperador lhe concedeu não somente os direitos comerciais, mas também lhe ofereceu uma moça linda (uma cristã armênia, dizia-se) de seu harém.

Ganhos começaram a chegar em torrentes; os comerciantes afluíram para outros portos da Índia. E, com a garantia britânica de que o objetivo deles era "comércio, não território", foram bem-recebidos. Previsivelmente, conflitos surgiram com as autoridades locais em cujo território a Companhia operava; e logo passaram a existir fortes britânicos em Bombaim, Madras, Cuddalore e Calcutá, para proteger interesses mercenários. A Inglaterra estava "além de sua competência", comprometida quase inconscientemente com uma política de intervenção em cada aspecto da vida indiana. Em 1757, o general Robert Clive, com um exército de 200 soldados ingleses e 300 soldados indianos, venceu 10 mil soldados indianos em Plassey, perdendo apenas 23 homens.

Durante um século, conquistas se seguiram, ainda que houvesse ordens de Londres para evitarem "esquemas de conquista e expansão territorial", sendo tais esquemas "repugnantes ao desejo, à honra e à política desta nação". Nem todos os governadores viam as coisas sob a mesma luz. Males sociais, como gangues de roubo, escravidão, infanticídio, latrocínio (a prática de roubo e assassinato por bandidos) e sati (a imolação da viúva na pira funerária de seu marido) eram tidos por alguns deles como típicos da vida do país como um todo. Richard Wellesley, governador geral de 1797 a 1805, sendo ele mesmo um ativista contra o sati, considerava os nativos "vulgares, ignorantes, rudes, familiares e estúpidos" e, portanto, indignos de quaisquer direitos. Ele afirmava: "Não se pode dar aos habitantes nativos da Índia nenhuma bênção maior do que a extensão da autoridade, influência e poder britânicos." A modesta companhia de comércio se tornara soberana.

Enquanto a Companhia considerava a não interferência nos costumes indianos como bastante vantajosa a seus próprios interesses, a Coroa via como "uma atribuição divina" sua responsabilidade de reformar e civilizar aqueles "maliciosos conspiradores asiáticos", homens de "superstições degradantes". Conflitos entre a Companhia e a Coroa foram inevitáveis. Se os britânicos fossem "desbastar a densa floresta de hinduísmo", os negócios poderiam sofrer, como o negócio de prata sofreu em Éfeso nos tempos do Novo Testamento. A obra missionária inibia a obtenção de lucros, por isso a Companhia proibiu os missionários de evangelizar. Mas as práticas bárbaras citadas anteriormente, bem como a idolatria quase universal, ofendiam as sensibilidades dos homens ingleses (entre os quais os radicais e evangélicos eram os mais influentes) que não tinham nenhum interesse pessoal imediato. Esses começaram a insistir em reformas.

Certos benefícios do domínio britânico não podem ser negados — suas instituições jurídicas, administrativas e educacionais, suas estradas de ferro e, acima de tudo, seu idioma, que se tornou um idioma comum da Índia. No entanto, como a maioria das bênçãos da civilização, elas se mesclaram. O inglês se tornou o veículo de aspirações revolucionárias que atingiram um clímax na selvagem Revolta dos Cipaios, em 1857. O estopim que a acendeu foi pequeno mas significativo. Cartuchos para o novo rifle Enfield tinham de ser abertos com os dentes. Escrúpulos religiosos do influente elemento brâmane no exército ficaram profundamente ofendidos, visto que os cartuchos, afirmava-se, haviam sido lubrificados com gordura de boi, sagrado para os hindus vegetarianos, e (como boa medida) gordura de porco, sagrada para os muçulmanos. Eles se recusaram. Mas a perspectiva da história indicaria que a questão era infinitamente maior. Era Oriente contra Ocidente, um povo antigo que procurava manter uma cultura antiga contra uma mistura altamente confusa de materialismo, cultura europeia e algo que se identificava como cristianismo.

Os britânicos foram bem-sucedidos em esmagar essa revolta, mas a existência da Honrável Companhia da Índias Orientais foi encerrada em 12 de agosto de 1858, pela rainha Vitória, que na época (providencialmente, acreditava-se) se tornou a imperatriz para 300 milhões de indianos, sendo a sua autoridade representada por um tipo de rei chamado vice-rei. Sob o seu controle, havia 2 mil membros do serviço civil indiano e 10 mil oficiais do exército indiano cuja autoridade era sustentada por 60 mil soldados britânicos regulares e 200 mil soldados nativos.

> Deles era a Índia de oficiais nobres que usavam barretinas emplumadas e cavalgavam à frente de seus cipaios vestidos de turbante; de magistrados distritais perdidos no tórrido ermo do Decão; de suntuosos bailes

> imperiais em Simla, a capital de verão, no Himalaia; de partidas de críquete nos gramados bem-cuidados do Clube Bengal de Calcutá; dos jogos de polo nas planícies do Rajastão, queimadas do sol; de caças ao tigre em Assão; de homens jovens sentados para jantar com gravatas pretas em uma tenda no meio da floresta, propondo solenemente um brinde com vinho ao rei-imperador, enquanto chacais uivavam nas trevas ao redor deles; de oficiais em túnicas vermelhas subindo os desfiladeiros rochosos do Passo Khyber ou perseguindo homens rebeldes das tribos pastós no granizo ou no calor insuportável da fronteira noroeste; de um casta incontestavelmente certa de sua superioridade, bebendo uísque e refrigerante na varanda de seus clubes apenas para europeus. Esses homens eram geralmente os filhos de famílias de educação impecável, porém de menos riqueza; a prole de bons clérigos anglicanos da zona rural; segundos filhos talentosos da aristocracia possuidora de terras destinados a serem privados de uma herança por primogenitura; os filhos de professores, educadores clássicos e aristocratas menos importantes que conseguiram desperdiçar a fortuna da família. Eram peritos nos campos de jogos e nas salas de aula de Eton, Harrow, Rugby, Winchester, Charterhouse, Haileybury, as disciplinas que os adequaria para governar um império: excelência nos jogos, um deleite em "buscas varonis", a habilidade de absorver a vergastada da bengala do diretor ou declamar as Odes de Horácio e os versos de Homero. "A Índia", comentou James S. Mill, "era um vasto sistema de alívio fora de casa para os ingleses de classes superiores."[3]

Aqueles que viajavam de navio para a Índia observaram uma transformação estranha nos passageiros. Os ingleses de classe média normal ou de classe média inferior começaram a assumir um ar de superioridade e autoafirmação. As senhoras afetaram os ambientes das grandes damas. O vocabulário mudou — em vez de "breakfast", elas tinham agora o "tiffin"; o chamado do mordomo

3 Larry Collins e Dominique Lapierre, *Freedom at midnight* (Nova York: Simon & Schuster, 1975), p. 15.

se tornou "Boy!" (derivado do hindi *bhoi,* no telugo *boi,* um termo que chegara a ser aplicado a um carregador ou servo doméstico). O garçom servia não uísque e refrigerante, e sim "pequenos drinques". Quando o navio chegava ao Porto Said, lá havia os "topees", os absurdos capacetes de sol que acreditavam ser indispensáveis para os europeus. Quando o navio se aproximava do porto, era recebido por oficiais britânicos a bordo de uma lancha que tremulava a Red Ensign, uma bandeira com o símbolo da União no canto. Os passageiros que chegavam, sem qualquer credencial, exceto a passagem que haviam comprado para a Índia, se tornavam os senhores da criação e obtinham imediatamente o status de Sahib [senhor] ou Memsahib [senhora]. Por virtude de serem ingleses e brancos, recebiam preferência nas ferrovias e nas lojas. Não demorou muito para esse tratamento ser admitido como algo normal, de modo que, se ocasionalmente não era dado, eles ficavam primeiramente mal-humorados e, depois, colericamente insistentes. O poder corrompe. Corrompeu soldados, oficiais, plantadores e suas esposas e filhos. Corrompeu missionários.

Para esse império britânico — em sua fase mais tardia da Índia romântica e pitoresca de Rudyard Kipling — "legítimo", de quase 300 anos, que Amy Carmichael foi. Talvez não foi somente o clima que a fez achar que era "fácil demais". Não temos nenhuma razão para pensar que ela tenha alimentado qualquer dúvida sobre a base ética do "raj" (domínio), mas podemos estar certos de que sua alma de combatente evitou pensar em seus confortos britânicos e em sua sociedade britânica aristocrática.

O Hospital da Missão Zenana da Igreja da Inglaterra, que toma seu nome da palavra hindi que denota a parte de uma casa onde mulheres eram mantidas em isolamento, estava em Bangalore, uma cidade ao sul da Índia, a uma altitude de quase mil metros. Amy chegou lá não em gozo da esperançosa boa saúde que seu tempo na Inglaterra se destinava a ter proporcionado, mas com dengue, uma doença caracterizada por dor nos membros e na cabeça, tão extrema que seu apelido é "febre quebra-ossos".

Ela ficou doente demais para escrever ou mesmo pensar e se viu sentindo-se "desanimada e rouca", nem um pouco como um soldado. Com o excelente cuidado da médica e das enfermeiras inglesas da missão, ela se recuperou. O hospital tinha a semelhança de uma barraca, construído alto e arejado num complexo arenoso. "Devo ser a sua 'profeta'" — querendo dizer a evangelista do hospital — "Sou tremendamente feliz aqui!" Ela amava o trabalho, amava o clima, amava seus colegas de trabalho, a médica — "uma moça esplêndida" — e Clare, "que é, bem, apenas Clare". Essas três moravam juntas nos alojamentos de funcionários. A 20 minutos de distância, havia cinco missionárias solteiras, duas das quais dirigiam conjuntamente a obra. O panorama era plano, "nada parecido com o Japão", e o clima "excelente — exceto no longo meio-dia, quando quase se esquece que é tropical. Pode-se trabalhar *duro* pela manhã, trabalhar normalmente no meio do dia e trabalhar de novo (se permitido) à noite. Mas isso não é considerado sábio, porque, afinal de contas, é um clima tropical; e isso significa uma substituição gradual de sangue por água nas veias."

Com uma atitude de iniciante quanto a generalizações precipitadas, ela escreveu que achava o povo indiano

> uma série de contradições. Eles são amorosos e amáveis, cruéis e necessitados de toda graça para amarem, inteligentes e tolos, zelosos e desleixados em um grau perfeitamente incompreensível para minha terra natal. São confiáveis e totalmente o oposto, corteses e relativamente bárbaros. São tudo que se pode imaginar, exceto, talvez, diretos. *Isso* o homem natural nas terras do Oriente nunca, nunca é. Em todos os tipos de trivialidades, a pessoa é tentada quase além do que pode suportar. Compromissos são feitos para serem quebrados, pontualidade e rapidez são desconhecidas — eles não entendem nossa tola afeição por progredir — "Não há um amanhã?"

Os comentários são vívidos e cândidos, intencionados apenas para um círculo pequeno que conhece o caráter da mulher que os escreveu. Ela reconheceu suas próprias limitações quando acrescentou: "Isso é o caráter nativo típico, à primeira vista. Por trás dele, há muito, muito mais, mas não se pode chegar lá até que se possa falar, e estou muito distante disso ainda."

Ela louvou a Deus por Jeya, uma cristã indiana cujo nome significava *vitória*, "tão querida e amorosa comigo, chama-me Irmã, ajuda-me com o tâmil e interpreta para mim nas enfermarias". Como de costume, Amy não desperdiçava um dia na realização de seu ministério, falando com os pacientes no dispensário.

> Eu gostaria que você pudesse ver as estranhas faces escuras e os lindos olhos aparentemente ávidos, bem como as ricas e brilhantes cores e as formas graciosas — tudo é prazer em si mesmo, mas também há a tristeza de saber que muito pouco está *penetrando* de fato. Essas reuniões são um "semear junto a todas as águas", mas anseio ser levada a almas verdadeiramente interessadas.

Ela tinha o luxo de um pequeno quarto com seu próprio "banheiro", o que significava um lugar em que poderia tirar água de um barril e derramar sobre si mesma. Amy conseguiu encaixar também um guarda-roupa e uma cômoda. Agradeceu a Deus pela privacidade e aceitou a falta de quietude, o que "empurrava qualquer um para fora de contato" com Deus — era um bater de portas, choro de bebês, latidos de cães, grasnidos de corvos, barulhos perpétuos "de todos os tipos e condições, o dia inteiro e toda a noite, até os fortes e terríveis ataques do diabo, o príncipe do paganismo".

Outro luxo, considerado normal na Índia do domínio, eram os servos. Eles trabalhavam, sem dúvida, de acordo com a casta — o criado tirava o pó e varria, o cozinheiro cozinhava, o jardineiro levava a água para o banheiro, o lavandeiro vinha para coletar a roupa suja, o "lixeiro" esvaziava as latrinas.

A agenda diária de Amy era algo assim:

> 6h levantar
> 6h45 chá, torrada e banana-da-terra

7h rever lições do idioma

7h15 vinda do professor de idioma

8h15 orações na enfermaria do hospital

8h30 lições de idioma

10h30 café da manhã

11h30 descanso

13h estudo

15h45 chá

16h30 exercício, cavalgar pônei, escrever cartas

19h30 jantar

20h30 serviço doméstico e fazer contas

Annie, tia de Amy, tinha pouca noção do caráter de sua sobrinha missionária. E escreveu-lhe para perguntar se lia romances. "Se eu leio romances?! Quase não tenho tempo para ler minha Bíblia apropriadamente, quanto menos algo desnecessário."

No administrar as contas da casa, ela ficava embaraçada em tentar organizar rupias, paisas e anás, mas isso não era nada comparado com a batalha para aprender tâmil, "o chinês da Índia", como Amy o chamava. Em março, ela esteve "no auge de desespero severo", sentindo que nunca, nunca o aprenderia. Alguém escreveu da Inglaterra, citando a história de Jericó, cujas muralhas ruíram após sete dias de "rodear". "O medo se foi", escreveu Amy. "Senti-me como se nunca pudesse ter medo novamente. Alguém fizera a oração que se eleva diretamente ao céu. E Deus enviara a resposta imediata na forma dessa história." Por volta de julho, o som incomum do idioma estava diminuindo, mas Amy se irritou, perguntando por que ainda não entendia *tudo*. Ela ficou emocionada ao ter sucesso na leitura do evangelho em tâmil. As muralhas de Jericó estavam ruindo. Em novembro, "é uma bênção ser capaz de falar um pouco e descobrir que eles entendem. O passo seguinte é entender *a eles*." Ela terminou a "metade mais fatigante" do estudo da língua, mas, um mês depois, admitiu que o tâmil parecia um oceano em que ela estava apenas à profundidade de um tornozelo.

14

CRISTIANISMO POPULAR

François Coillard, missionário do Zambeze, escreveu:

> A evangelização do mundo é uma luta desesperada com o príncipe das trevas e com tudo que sua fúria pode incitar na forma de obstáculos, vexações, oposições e ódio, quer pelas circunstâncias, quer pelas mãos do homem. É um dever sério. Ah! Isso deveria significar uma vida de consagração.

Essas eram palavras citadas frequentemente por Amy Carmichael. Seria impossível enfatizar demais o sentido da seriedade de seu chamado e, por contraste, da aparente superficialidade de muito na Índia que se chamava cristianismo. "O fato mais triste com o qual deparamos é o cristão nominal. Não o vi no Japão, onde os missionários são mais novos. [...] A igreja aqui é um 'campo de trigo e joio.'"

Desde muito antes da chegada de Amy à Índia, conflito e competição haviam dividido as igrejas cristãs. Casta foi o fator primário. As missões que desde 1947 formaram, juntas, a Igreja do Sul da Índia conseguiram seus membros principalmente de três grupos quase incompatíveis: os proprietários rurais *vellala* da casta alta; os trabalhadores rurais párias (Gandhi os chamou "o povo de Deus"; a expressão atual é "classes oprimidas") da casta inferior, e, nos distritos do Sul, os *nadars* ou escaladores de palmeiras da classe intermediária. A obra de certas missões, como o Exército de Salvação, se limitava a classes inferiores. Não surpreende que, devido à posição dos Intocáveis, eles fossem tentados pelo que o cristianismo parecia oferecer: uma identidade que lhes era negada até então, uma dignidade e uma igualdade não somente com outros indianos, mas também, em termos espirituais, com aqueles cristãos que representavam o poder — os britânicos do império. Esses eram os "pães e peixes" que atraíam as multidões. Entre eles, quem, de fato, tinha "ouvidos para ouvir" as palavras do Senhor? Essa era a questão crucial.

Atividades sociais missionárias não eram a praia de Amy. Como justificar o tempo que ela gastou nisso? Era como fazer correntes de margaridas, enquanto pessoas se lançavam cegamente num precipício. Certa vez, quando as mulheres faziam seu bordado sofisticado e os homens liam artigos missionários para discussão, alguém perguntou se conheciam um indiano que trabalharia sem pagamento.

> Houve um silêncio mortal. A mulher perto de mim ficou ocupada em combinar suas sedas. Todos os outros continuaram no que faziam. Ninguém, até onde pude ver, ficou admirado ou chocado com a pergunta. Por fim, um dos homens disse: "Tenho de confessar que não conheço." Mas eu senti como se um raio tivesse caído no meio daquela companhia agradável. Não pensei que a pergunta se referia àqueles que não poderiam trabalhar a menos que suas despesas fossem pagas. Pagar

> as despesas de uma pessoa, se ela não tem dinheiro, é ensino apostólico. Mas não era bem isso: o fato é que ninguém naquela sala conhecia alguém que (pago ou não) trabalharia puramente por amor a seu Senhor, que o amasse tanto que era capaz de trabalhar apenas por amor a ele. [...] Tive um pouco de esperança de que, no momento de silêncio que se seguiu, nos ajoelharíamos de vergonha e contrição diante de Deus. Pois, se tais coisas eram verdadeiras, de quem era o erro? Mas não, a discussão prosseguiu para outro assunto e houve um zumbido de conversação. E isso foi tudo. Fui para cama naquela noite com muita perplexidade de espírito.

Amy anelava tornar-se uma com o povo. "'Ele [...], antes, a si mesmo se esvaziou, assumindo a forma de servo.'[1] Orem para que assimilemos a realidade desse versículo", ela escreveu para os seus. "*Então* estaremos numa posição de pedir aos nossos irmãos indianos que venham e se unam a nós por amor a Jesus. Orem para que nós, seus soldados juramentados no exterior, lancemos fora nossas luvas de pelica e LUTEMOS!"

Comparado com o sári, o lindo vestido de uma mulher indiana, o guarda-roupa da própria Amy parecia ridiculamente sofisticado, não prático e, o pior de tudo, uma distração horrível para os indianos, como o fora para os japoneses. Poderia até ser perigoso para ela. Se ela usasse um sári, teria uma medida de proteção por ser menos notório em uma multidão. Ela tentou não ser preconceituosa favorecendo um tipo de vestido em detrimento de outro; "afinal de contas, é apenas uma questão de superfície". Mas ela ainda não estava livre para adotar o vestido indiano, exceto em raras ocasiões. O vestido simplesmente "não estava feito".

Como o clima de Bangalore, um dos mais saudáveis da Índia, era considerado muito severo para os europeus suportarem o ano inteiro, era costumeiro os residentes britânicos se retirarem para as montanhas em abril e maio.

1 Filipenses 2.7.

Geralmente, os missionários seguiam o exemplo. Para Amy, isso era um desperdício inescusável de tempo e dinheiro. Ela não tinha nenhuma intenção de ir, mas foi obrigada a unir-se ao grupo de três mulheres e ir para Nilgiris. Se elas fossem conduzidas em liteiras, como era esperado, 36 cules seriam necessários: oito para cada liteira, 12 para levarem a bagagem. Amy e a médica escolheram viajar de pôneis. Foram para Kotagiri ("montanhas da tribo Kota"), onde havia florestas de abeto, ar fresco e água pura de montanha.

Tendo cavalgado seu pônei Maroto na praia de Millisle, Amy se regozijou em galopar Laddie nas estradas quietas de Kotagiri.

> Ah! se você pudesse nos ver enquanto corríamos, nossos chapéus de sol deixados de lado, se fosse noitinha, nosso cabelo ou, pelo menos, o meu, voando livremente! Somos chamadas as amazonas loucas de Kotagiri; e acho que não nos importamos muito. Esta noite, deparamos com a elite do pequeno lugar, residentes e visitantes, congregados na estrada. Lá estavam o bom e velho bispo e sua irmã, o futuro bispo, sua esposa, várias senhoras idosas e de meia-idade, carrinhos de bebês contendo nenéns e um cachorro ou dois. A pequena multidão se desfez com presteza quando passamos correndo, e tivemos um relance dos olhares fixos de admiração e horror. Há dois homens bem idosos e plácidos que gostam de fazer suas caminhadas ao redor da colina em que consideramos fazer a nossa volta a galope. Ficamos alegres em passar por eles devagar e calmamente e, depois, uma ou duas jardas adiante, irromper em nosso galope selvagem; e eles ficaram para trás num estado de derrota apoplética. [...] Certa vez, atropelei um homem. Não intencionava fazer isso — ele não quis sair do caminho, e não se pode parar um cavalo em meio-galope. Lilian relatou que ele não se machucou; ficou apenas um tanto surpreso. Tudo isso acabará em breve. Quando alguém está pronto para trabalhar, um carro de boi será a ordem do dia. Somente agora adoto o cavalgar como um benefício extra que me ajuda a me manter forte para os meses de atividade intensa adiante.

Amy, mais interessada em vocação do que em férias, havia levado consigo a sua ajudante, a velha e querida Saral (sua ajudante anterior se revelara indigna de confiança). Essa foi uma nova separação. Uma estância turística britânica, afastada das planícies escaldantes mil metros abaixo, foi planejada para prover refúgio não somente das moscas, dos odores e do calor das planícies, mas também de suas hordas dos pobres e dos ignorantes. Era, acima de tudo, livre do contato com qualquer indiano de qualquer posição que a maioria dos britânicos valorizava. Para Amy, era um tipo de liberdade a ser evitado sinceramente. "Minha Missie é como minha filha para o meu coração", disse Saral, e Amy se recusou a separar-se dela. Isso causou consternação. Essa jovem irlandesa pretensiosa deixaria aquela mulher idosa compartilhar realmente do seu quarto? Ela deixou. "E, se Saral dorme no chão, por que eu deveria ter uma cama?", esse era o argumento de Amy. Não, não, eles não podiam ouvir sobre isso. Amy cedeu, pois "nossos quartos são tão próximos, que quaisquer caprichos seriam logo detectados".

Ela prosseguiu em suas lições de tâmil e levou Saral para visitar as tribos do povo Kota, aborígenes que viviam de modo tão simples como os aborígenes em outros lugares, em casas que pareciam choupanas para a nova missionária, comendo alimentos estranhos, seguindo modos estranhos. "Ouvimos que nem um deles até agora foi trazido a Cristo, mas ele os ama e morreu por eles." Saral lhes falou em seu tâmil simples. Quando uma mulher da tribo morreu, Amy e Saral foram à cremação.

> Lá eles tinham o Carro da Morte. [...] Empilharam os feixes de lenha ao redor dele. Acenderam-nos, e um lamento forte e irrestrito se ergueu ao Deus que olhou para baixo e viu tudo aquilo. Em seguida, a trombeta ressoou alto e demorado, e, enquanto o fogo chamejava, uma parte e depois outra queimavam, e, à medida que o som terrível que chamavam de fende-cabeça explodia pelo crepitar da madeira, eles pareciam colocar todo o medo e horror dele em um grito intenso.

> Por que conto isso desta maneira? Por que interromper as cenas agradáveis do lar com este trecho da barbaridade violenta? Por quê? Porque é verdade! É verdade! Tem acontecido dessa maneira por milhares de anos. E acontece hoje. Não há nada nela que fale? Não tem uma voz para vocês? Uma voz, sim, um clamor. O clamor que Deus ouviu quando disse muito tempo atrás: "A voz do sangue de teu irmão clama da terra a mim." Alguns de vocês não estão dando muito, nem se importando muito.

De Kotagiri ela foi para "Ooty", abreviação de Ootacamund, outro pequeno paraíso de ordem e asseio ingleses nas montanhas, com ruas sombreadas, bangalôs confortáveis atendidos por servos que usavam turbantes, jardins perfumados de jasmim, heliotrópio e rosas. Aqui, ela ficou com a Sra. Hopwood, mãe da Srta. Hopwood descrita por Malcolm Muggeridge quando ele a visitou uns 20 anos depois:

> Uma dama evangélica zelosa, um tanto rica, que mantinha uma casa chamada "Farley" para acomodar missionários em licença. [...] Sabemos pouco sobre suas próprias circunstâncias familiares, mas ela falava, às vezes, de viajar para a Europa com sua mãe e assistir a festivais de música. Música era seu único interesse mundano; por outro lado, ela considerava todas as outras formas de entretenimento como pertencentes ao domínio do Diabo. Cantar hinos era uma satisfação admissível do seu gosto por música. E, sempre que possível, ela se dava a essa satisfação com zelo tremendo, frequentemente em sua própria casa, providenciando o acompanhamento em um pequeno harmônio que possuía. Ela devia ter sido um tanto bonita quando jovem e, até na meia-idade tardia, quando a conheci, ainda tinha uma graça, um encanto e uma alegria em seu ser. [...] Posso vê-la agora com seu passo vigoroso, passeando pelo jardim, entrando e saindo da casa; as correntes e as pulseiras que ela ganhou para usar

> retinindo e tilintando com seus movimentos. Sempre ocupada, sempre ofegante, sempre sorrindo.[2]

A jovem Srta. Hopwood, sendo ela mesma uma missionária para muçulmanos, levou Amy para visitar os *toda*, outra tribo aborígene que vivia em "uma coleção de colmeias". As duas mulheres escalaram a árvore que tinha vista para o vilarejo e conversaram sobre a extrema necessidade de obreiros.

A Srta. Hopwood, zelosa e evangélica, era nesses aspectos muito semelhante à sua nova amiga Amy Carmichael. Certa manhã, Amy tocou a campainha a fim de reunir os servos para a oração. O filho pequeno do cozinheiro apontou para a campainha e disse: "É um deus."

> Olhei para a campainha. Havia uma face riscada no cabo; e a face, disse o menino, era a de Ram. Pensei que o jovem malandrinho queria dizer nada mais do que um engano, mas tirei o cabo da campainha e o lancei num fogo que ardia ali perto. O menino nunca poderia dizer *isso* de novo! Todos olharam, servos e cules, e ninguém disse uma palavra sequer. Um *deus* me permitiria fazer aquilo? Assim lhes perguntei e me retirei, levando a campainha danificada.

Andando com Saral, ela descobriu três pedras debaixo de uma árvore, e disse que eram ídolos pagãos.

> Ver aqueles ídolos estúpidos ali para honra de deuses falsos, em meio à beleza do Deus verdadeiro, foi demais para nós. Nós as golpeamos, elas se partiram e rolaram imediatamente. Ah! que vergonha! Pensar na glória de Deus sendo dada a outrem nos faz arder de ira!

2 Malcolm Muggeridge, *The green stick,* Chronicles of wasted time, Vol. 1 (Nova York: William Morrow, 1973), p. 122.

Naturalmente, havia uma igreja anglicana em Ooty, "deprimentemente inglesa", disse Amy, com os usuais arcos góticos e bancos duros. O governador de Madras, de sobrecasaca cinza e cartola, frequentava-a em feriados, ocupando o banco da frente, que era reservado para ele e suas damas. Os indianos que, por uma razão ou outra, não podiam ser impedidos de entrar ficavam restritos aos bancos no fundo.

Locomover-se com dificuldade num carro de bois até à convenção realizada especialmente para missionários era mais ao gosto de Amy do que ser conduzida até a igreja inglesa em uma carruagem própria. Lá ela se sentia em casa novamente, distante dos cenários do "cristianismo popular", que lhe era tão estranho e entristecedor. Cantavam os velhos hinos de Keswick. "Havia quase um sentimento de Keswick no ar. Mas o melhor de tudo era ver os missionários, especialmente os de Tinnevelly. Missionários-soldados reais." Entre eles, havia um homem sobre o qual Amy ouvira falar: Thomas Walker. "Oh! Ele é um homem diferente, muito rígido, você sabe, um pouco intolerante, mas um erudito e um homem muito educado", foi o que ela ouviu. E formou uma imagem mental: cabelos brancos, muito intratável, com sabedoria e aprendizado gravados em todo o seu ser. Amy levava consigo sua gramática de tâmil, caso as palestras fossem difíceis. Quando Walker falou, a gramática de Amy permaneceu fechada. Ele tinha 36 anos de idade, cabelos muito pretos, olhos escuros e sérios, uma gesticulação vigorosa, sabedoria e erudição evidentes, mas nenhum traço da intolerância insignificante que ela imaginara. Após a reunião, ela foi apresentada a ele nos Jardins do Governo. Eles conversaram sobre como ela poderia aprender melhor o tâmil.

"Eu prefiro muito mais viver numa choupana úmida com pessoas ao meu redor a viver entre pessoas inglesas num bangalô", ela lhe disse.

"Você poderia não suportar isso por muito tempo."

"Prefiro me esgotar a viver enferrujada."

"Isso deveria ser como Deus quer."

Não houve um vislumbre de sorriso em seus olhos. "Eu não gosto de você", Amy decidiu e se retraiu para as profundezas de seu ser. "Ainda não cheguei a ver uma Sra. Buxton aqui", ela escreveu para sua família, "e não espero ver. Não há muitas neste lado do oceano."

Ela não tinha a menor ideia de como sua vida ficaria ligada aos Walker.

15

COMPANHIA, IGREJA, COROA E HINDU

Durante seu tempo no Japão, no Ceilão e na Índia, Amy escrevera mensalmente sua carta *Scrap*, sempre que possível; às vezes, com menos frequência. Sua regra era que nunca escreveria quando pudesse fazer qualquer outra coisa. A *Scrap* número 7 foi iniciada em 23 de setembro de 1896, o décimo aniversário da convenção de Glasgow, onde

> uma porta para uma nova vida se abriu para mim e dei o primeiro passo em sua direção. [...] Hoje, ao pensar em tudo que se passou desde então, no pouco, *pouco* que tenho aprendido, feito ou sido, sinto como se não tivesse dado nem mesmo um passo na nova terra que se abriu diante de mim em todos estes dez anos. Nesta noite, em minha leitura,

> apareceu este versículo: "Na sombra da sua mão me escondeu." Eu nunca o notei antes. Não é lindo? E não se harmoniza com o versículo sempre relacionado a mim no que diz respeito a 23 de setembro de 1886, "poderoso para vos guardar de tropeços"? Queridos amigos, não escrevo frequentemente sobre estas coisas interiores, do coração, em minhas cartas *Scrap*, mas, para a glória do nome do Senhor, permitam-me dar testemunho disso em terras distantes: em solidão (profunda às vezes, quando menos parece assim), em tempos de desânimo, fadiga e tristeza, ele sempre, sempre está perto. Ele conforta realmente, se o permitirmos. Talvez alguém tão fraco e inútil como eu mesma leia isto. Não tenha medo! Em todas as circunstâncias, exteriores e interiores, o Senhor pode esconder-me em sua mão.

Entre as circunstâncias que exigiam confiança no poder de Deus para guardar, estavam a enfermidade de sua colega de trabalho, Clare, a presença constante de costumes idólatras — tambores que a mantinham acordada à noite, sacrifícios de sangue sendo feitos bem perto dela, festivais, procissões —, a labuta diária com o tâmil (ela ainda desejava sinceramente que seus colegas de trabalho consentissem que ela vivesse sozinha em algum lugar com os indianos), oportunidades de testemunhar de Cristo para indivíduos, alguns no hospital, alguns em outros lugares.

Houve encorajamentos: duas moças anglo-indianas que foram instruídas e se entregaram ao Senhor, uma criança que ouviu avidamente a história de Jesus, um paciente de alta casta que retornou ao seu vilarejo cheio da história do evangelho. Quando perdia uma única oportunidade, Amy repreendia a si mesma. Não lhe ocorrera perguntar se determinado servo do hospital sabia ler. Ele trabalhou por vários dias antes que alguém pensasse em lhe comunicar o ovangelho. Quando alguém o fez, foi Lilian, a médica, não Amy. Ela confessou seu terrível fracasso a amigos da terra natal, rogando-lhes que orassem mais arduamente.

Um dia, Saral apareceu com uma ideia que atrairia as mulheres para ouvir o evangelho. Ela lhes ensinaria a tricotar com a lã cor-de-rosa que lhes havia dado, "e elas me amarão ainda mais e gostarão de ouvir quando eu falar sobre Jesus".

Amy não podia dizer *sim* para isso. Ela explicou que o evangelho não precisava de nenhuma dessas superfluidades. O evangelho é o poder de Deus para a salvação. Saral protestou que não havia nada na Bíblia que se referisse a lã cor-de-rosa e a agulhas de tricô. Na verdade, havia — Zacarias 4.6: "Não por força nem por poder, mas pelo meu Espírito, diz o SENHOR dos Exércitos." Não havia nenhuma necessidade de truques que poderiam abrir casas — casas estavam abertas. Nem de métodos de ajuda para humanizar e encher vidas estéreis e vazias. "Essas mulheres têm um dia inteiro de trabalho." Tentar ajudar a Deus com bordado cor-de-rosa era, Amy pensava, incredulidade pura.

Em Ooty, os Walker convidaram Amy para ir a Tinnevelly, a fim de aprender tâmil. Embora ainda não houvesse terminado os exames exigidos em Bangalore, ela fez uma visita em dezembro de 1896, viajando de trem de Madras até à planície quente. Da janela do trem, Amy viu os templos em cada vilarejo, ídolos debaixo de quase toda árvore, pessoas trabalhando nos campos com as cinzas de Shiva em sua testa.

> Isso faz você sentir como se não pudesse ficar de braços cruzados. Você tem de fazer alguma coisa, tentar fazer algo, *qualquer coisa!* [...] Oh! que possamos entrar naquela corrente mais poderosa e mais tranquila, fora da efervescência da agitação humana! Por favor, queridos amigos, peçam a Deus que possamos trocar o fervor da carne pelo zelo do Espírito e, assim, avançar na força daquele Vento Santo, para que sejamos conduzidos ao longo da jornada por sua grande calma.

Tinnevelly é a pronúncia inglesa deformada da palavra tâmil *Tirunelveli*, que significa "Margem do Arrozal Sagrado". É uma cidade e distrito na ponta sul da Índia, dividida do estado de Travancore (moderno Kerala) por uma cordilheira de montanhas chamada os Gates Ocidentais. A planície, terrivelmente quente na estação seca, era muito linda depois da monção, "um grande jardim, verde com o maravilhoso verde de arroz novo e harmonizado com o prateado brilhante da água". Outras partes que contavam com menos água eram infrutíferas, com solo preto, árvores atrofiadas e poucas palmeiras. Seu povo formava um antigo e ortodoxo grupo de comunidades, com cerca de três mil templos hindus, sendo 42 deles considerados especialmente santos.

Os Walker da Sociedade Missionária da Igreja chegaram lá em 1885. Eles não foram, de modo algum, os primeiros naquele distrito a mencionar o nome de Cristo. Os cristãos sírios da costa do Malabar, cujos registros datam do século IV, acreditavam que o apóstolo Tomé levou o cristianismo para a Índia. Missionários católicos romanos desembarcaram lá no século XV; São Francisco Xavier, no século XVI. Não querendo transpor a cultura europeia para seus convertidos, eles fizeram um grande esforço para se tornarem como indianos, ou seja, hindus, tanto quanto possível. Um missionário católico chamado Roberto de Nobili trabalhou por 45 anos para converter "pagãos", proclamando-se um mestre, adotando o cordão sagrado do homem santo, abstendo-se de carne e cumprindo o ritual de pureza.

Sem dúvida, o caráter mais vívido, cujas noções de identificação com o povo diferiam, em grau acentuado, das noções dos missionários do século XIX, como os Walker, foi um renomado católico romano chamado C. J. Beschi. Chamando-se a si mesmo Veeramamuni ("heroico e grandioso sábio"), ele vestia uma túnica rosa, um turbante branco e púrpura, brincos de pérola e rubi, anéis de ouro e braceletes. Viajava no grande estilo de um guru, sendo conduzido num palanquim (um transporte carregado nos ombros de homens por meio de varas salientes), sentado numa pele de tigre, com dois servos a abaná-lo, dois servos que marchavam à frente levando grandes feixes de pena de pavão, e ainda outro servo que segurava um guarda-chuva de seda. Um séquito enorme o acompanhava — homens com tambores, pífaros, tendas e cavalos ajaezados. Porém, com tudo isso, ele não somente pregou o evangelho, mas também produziu um enorme corpus de literatura tâmil, pela qual intencionava tanto converter os pagãos como instruir novos convertidos. Ele era tão respeitado, que foi designado um oficial do pequeno domínio em que ministrou.

No século XVIII, grandes ondas de conversão ao cristianismo, católico e não católico, inundaram Tinnevelly. Em 1706, do norte da Europa chegaram ali bandos de homens que eram renegados das igrejas ortodoxas de seus países, levando consigo um pietismo de cristianismo que exigia de seus convertidos uma mudança radical. Eles ensinavam a responsabilidade individual diante de Deus, o que exigia um conhecimento da Palavra de Deus e, portanto, uma tradução da Bíblia e alfabetização. Imediatamente, eles traduziram o Novo Testamento para o tâmil, estabeleceram prensas móveis, começaram a produzir grandes quantidades de literatura cristã e estabeleceram "casas-escolas de oração", prédios simples de palha em que pessoas podiam congregar-se para aprender a ler, orar e adorar juntas. Uma viúva de um mestre rico, convertida, teve uma dessas escolas em sua casa até que o espaço ficou pequeno para o número de participantes, pelo que ela financiou a construção de uma casa-escola de oração feita de pedras.

Essa religião que transforma a vida impactou o próprio âmago da cultura tâmil muito antes de alguém ter sonhado em acusar os missionários de serem colonialistas ou imperialistas. O movimento viera da Alemanha e da Dinamarca, enquanto a Companhia das Índias Orientais era inglesa e desde o começo se mantivera "discreta", acomodando-se de todas as maneiras à cultura indiana, admitindo que seu poder político (um punhado de ingleses governando milhões de indianos) e seu sucesso material dependiam de que a Índia fosse realmente uma colônia hindu. Isso significou que seus oficiais propiciaram as deidades locais, reinstituíram culto demoníaco em lugares nos quais já havia desaparecido, participaram de festivais e cerimônias e os subsidiaram, custearam a edificação e restauração de templos e apoiaram práticas que a clientela da Companhia teria considerado ultrajantes, se tivessem tido qualquer ideia a respeito delas.

O crescimento de igrejas cristãs foi surpreendentemente rápido, dobrando repetidas vezes por mais de um século. O diário de Joseph Daniel Jaenicke, por exemplo, registra em 1791 "manifestações da graça divina" em conversões. Frequentemente, vilarejos inteiros eram convertidos de uma vez, e novos vilarejos eram fundados, constituídos apenas de novos convertidos. Assim, os cristãos se tornaram um poder a ser levado em conta, e, à medida que os efeitos de sua crença, especialmente sobre a casta, se tornaram evidentes, oposição intensa emergiu — intimidação, insulto, violência, destruição das casas de oração. Isso deu origem ao estabelecimento de "Vilarejos de Refúgio", modelados conforme as cidades de refúgio instituídas por Josué na Terra Prometida.

Por meio século, houve conflitos e guerras no sul da Índia entre autoridades locais, e lutas crescentes entre os poderes superiores e a Companhia em defesa do controle imperial. Isso necessitou da edificação de fortes e causou devastação, fome e pestilência. Trouxeram homens violentos para perseguir os cristãos, que eram despidos, espancados, roubados e enviados para as selvas, para morrerem de fome. Como ocorre com frequência, a perseguição atiçou as chamas, e uma nova conversão em massa se deu em Tinnevelly em 1802. Em novembro e dezembro, mais de três mil pessoas foram acrescentadas à igreja. Queixas em relação ao tratamento dos cristãos começaram a chegar às autoridades da Companhia — eles não representavam uma nação cristã?

Os "cristãos hindus", como eram chamados, não tinham o direito de esperar proteção? A Companhia, embora fosse "oficialmente" cristã em sua imagem na Inglaterra, era, na Índia, não oficialmente hindu no pleno significado da palavra — apoiando totalmente um sistema de ideologia, mito, cerimônia, ritual e instituições. Compreensivelmente, sua oposição à entrada de cristãos missionários foi vigorosa. Não demorou muito para que essas próprias autoridades fossem acusadas de expulsar os cristãos de seus lares, colocá-los em estacas e expô-los, por duas semanas, a sol escaldante e sereno enregelante. Tornar-se um cristão, eles diziam, era um ato de deslealdade ao domínio da Companhia.

A posição da Companhia era impossível. Desde o Ato da Companhia das Índias Orientais de 1784, ela havia se tornado crescentemente uma instituição pública e cada vez mais sob o controle do governo britânico. Isso significou, é claro, que ela não poderia escapar do escrutínio dos "Lordes Espirituais" do *establishment* anglicano. O próprio rei era oficialmente o cabeça da Igreja da Inglaterra. Os bispos eram membros da Casa dos Lordes. A Sociedade para Promoção do Conhecimento Cristão, uma organização cristã, tentou obter tolerância religiosa para os cristãos, tolerância idêntica à que já era desfrutada por hindus e muçulmanos; mas, independentemente da resposta oficial, o resultado prático era zero. Entre 1806 e 1812, o Grande Avivamento Evangélico incitou um elemento vocal da Igreja Anglicana. Um país inteiro, sem dúvida o mais importante do império, entregue ao que os anglicanos poderiam chamar de paganismo, com todas as suas práticas deploráveis de casamento infantil, adoração de demônios, cremação de viúvas (*sati*, que significa *esposa verdadeira*) e prostituição sagrada. Algo tinha de ser feito a respeito. A Companhia não estava sem oficiais superiores que eram cristãos. Estes combinaram sua influência com homens como William Wilberforce, o abolicionista. Capelães evangélicos começaram a ir para a Índia, e novas sociedades missionárias exigiam entrada e liberdade para propagarem o evangelho, não somente como um privilégio especial, mas também como o direito de qualquer cidadão inglês sob a autoridade da Coroa.

Em 1813, a Igreja da Inglaterra se recusou a apoiar no Parlamento a renovação da licença da Companhia se o *establishment* eclesiástico não fosse admitido na Índia britânica. Isso foi uma alavanca poderosa. Funcionou. Em 1816, um homem de Cambridge obteve uma capelania militar na Companhia em Tinnevelly. Era James Hough, um discípulo zeloso de um líder do avivamento evangélico na Igreja da Inglaterra chamado Charles Simeon.

Sob o ministério de Hough, uma nova fase de cristianismo de mentalidade missionária iniciou-se, resultando no estabelecimento de 53 novas congregações. Dois anos depois de sua chegada, veio a Igreja da Inglaterra, com toda a sua panóplia, terrível como um exército com bandeiras. Grupos de fora do âmbito do *establishment* se tornaram conscientes de um tipo de hierarquia, com as Igrejas da Inglaterra e da Escócia no topo, e os movimentos mais anteriores na ordem descendente, de acordo com as classes sociais das quais tinham vindo.

Indianos apresentaram repetidas vezes suas queixas aos oficiais da Companhia quando viram seu próprio estilo de vida interrompido e obstruído por esses estrangeiros intervencionistas. Em Calcutá, milhares assinaram "A Petição Sagrada" de 1828, dirigida à Sua Majestade em Londres, sobre a questão da cremação de viúvas. Eles achavam que o "ato voluntário e devoto" de uma viúva era um assunto "completamente de natureza muito elevada e sagrada para admitir interferência ou questionamento até de governantes de outra fé". Os britânicos ficaram entre duas alternativas igualmente perigosas. Apenas nove meses depois, 500 cristãos de 47 vilarejos no distrito de Tinnevelly dirigiram uma petição ao Parlamento expressando, antes de tudo, sua gratidão pela "remoção das trevas do paganismo destas partes, pela providência de nosso Senhor e pela generosa assistência do povo da Europa", solicitando que apresentassem diante do público britânico uma lista de obras "que estavam sendo feitas em apoio do paganismo e como injustiça aos pobres pela honrável Companhia". A lista incluía o subsidiar templos hindus e o isentá-los de impostos. A companhia não havia contribuído "nem mesmo com a menor quantia" para a construção das igrejas e, além disso, cobrara impostos delas, dando origem à sensata conclusão de que, para a Companhia, os ídolos hindus eram os verdadeiros deuses. A petição mencionava também que, se apenas aqueles que eram de casta superior podiam ser oficiais e entrar nas cortes para fazer queixas ou obter assistência, os cristãos estavam quase todos excluídos de entrar. Eles tinham de ficar de longe, como outros que eram "impuros", e clamar em voz alta, "como homens que invocam a Deus, dizendo: 'Swami, Swami!' (Senhor, Senhor!)".

De Tinnevelly, um dos mais importantes dos antigos e ricos centros de poder e orgulho brâmane, saíram muitos dos mais ortodoxos e acadêmicos eruditos da Índia. Suscitaram-se hostilidades, e paixões irromperam. Direitos indianos estavam sendo violados por alguns oficiais europeus que pareciam estar do lado indiano e por missionários que os indianos viam como seus "inimigos declarados e implacáveis". Indianos ficaram dominados de temor, visto que Tinnevelly se tornara "o empório do missionarismo e proselitismo". Formou-se uma sociedade dedicada a aplicar cinzas sagradas, o sinal de Shiva, em cada testa. Os cristãos se recusavam a isso. Turbas atacaram vilarejos, destruíram casas de oração, estupraram mulheres, despiram e espancaram homens. Um missionário fortificou sua propriedade e colocou guardas. Forças do governo foram enviadas. Em 1847, o uso do termo "pagão" para se referir a hindus e muçulmanos foi banido oficialmente de todos os documentos do governo.

Dez anos depois, aconteceu no norte da Índia a Grande Rebelião, reconhecida pela rainha Vitória e pelo resto da Grã-Bretanha como muito mais do que um levante fanático contra a limpeza de cartuchos com gordura animal. Argumentos quanto ao significado da rebelião surgiram e têm continuado a surgir desde então. Alguns viram-no como rejeição total ao governo britânico conforme representado pela Companhia das Índias Orientais. Em qualquer dos casos, o motim simbolizou o fim da Companhia e o assumir formal do governo pela coroa britânica. A rainha escreveu em seu diário, em novembro de 1857, o seu sentimento a respeito do assunto, sentimento que ela acreditava ser compartilhado por seus compatriotas, "de que a Índia deveria pertencer a mim".

A transição da Companhia para o governo da Coroa, embora promulgada pelo Parlamento, formalizou-se oficialmente pela Proclamação da Rainha de 1858. Ela rejeitou o primeiro documento como frio e insensível demais. Apesar de seu distanciamento da Índia e da cultura da Índia, ela tinha grande simpatia pelo povo da Índia.

> Toda a paixão que desde a infância ela havia sentido por pele morena, todo o conselho que havia recebido de viajantes indianos inundaram sua mente — a iniquidade de um sistema de governo de "fogo e espada", o "imenso campo para melhorias entre os nativos", as mentiras sobre a mutilação de mulheres e exageros de todos os tipos, os modos superiores dos indianos de "ordens inferiores" comparados com os nossos, o maltrato e as referências insultantes aos nativos como "crioulos" — tudo isso exposto e traduzido pela academia real nas comoventes palavras de uma Proclamação reescrita:
>
> "Confiando nós mesmos firmemente na verdade do cristianismo [...] negamos também o direito e o desejo de impor as nossas convicções sobre qualquer dos nossos súditos [...] mas todos desfrutarão equivalentemente da proteção igual e imparcial da lei."
>
> Como ela escreveu para o Lorde Derby, era [...] uma "soberana feminina" falando do coração para 100 milhões de pessoas do Oriente.[1]

Em 1858, a existência da Companhia que havia operado na Índia por 250 anos e governado por um século foi terminada por decreto real. O destino da Índia estava agora nas mãos de uma rainha de 39 anos de idade. Ela se tornou a Imperatriz da Índia, sua representante, o vice-rei.

1 Elizabeth Longford, *Queen Victoria* (Nova York: Harper & Row, 1964), p. 281.

16

DIRETAMENTE CONTRA A PAREDE MORTA

Amy passou seu 29º aniversário e o Natal com os Walker, na cidade de Palamcottah (outra corrupção em inglês de um nome tâmil: Palaiyam-kottai), que fora o centro do trabalho cristão no distrito de Tinnevelly por muitos anos. Amy achou a igreja anglicana em Palamcottah, à semelhança da igreja em Ooty,

> extremamente inglesa — edificada nos dias em que a Inglaterra fazia a obra da Índia, mas a vida no país era nativa; eu a apreciei de verdade. Hoje, antes de o culto começar, os cantores do lugar marcharam em estilo requintado e se colocaram diante do pórtico, fazendo um barulho alegre, com vozes e címbalo, violino e tamborim.

Walker, conhecido como o Iyer (uma palavra indiana de respeito e afeição), fora o diretor do conselho da Sociedade Missionária da Igreja, uma posição que exigia muito trabalho de escritório e, em 1895 e 1896, a árdua tarefa de expurgar as listas de membros da igreja. Era uma questão delicada, a eliminação de nomes que estavam nos registros, mas que viviam como hindus. O cristianismo nominal era um dos aspectos mais preocupantes no campo missionário em Tinnevelly, e Walker era o alvo de calúnia e zombaria da parte daqueles que não podiam entender por que as diferenças entre cristãos e hindus precisavam ser tão óbvias. Outras dificuldades surgiram, e, por fim, ele achou que "não poderia continuar a obra por causa da maneira como as coisas estavam indo" e desistiu. Seu pedido de demissão foi aceito bem no tempo em que Amy chegou a Palamcottah.

O Iyer, um professor de tâmil naquele tempo, entendeu muito bem a tentação de Amy para desesperar-se. Durante suas próprias lutas iniciais, ele escrevera para sua irmã:

> Leva muito tempo para entender os detalhes de como funcionam essas línguas indianas, e, depois, embora você saiba falar e qual palavra usar, há a enorme dificuldade da pronúncia correta. Apesar disso, prosseguimos, tentando e lutando. [...] Na pronúncia correta, ainda sou apenas um gago.

Ele lia em voz alta para Amy seus próprios registros de diário, que mostravam a lentidão no aprendizado e o murmúrio, para que ela recebesse consolo em ver que não era a primeira a ficar desanimada.

"Mas *você* ficou desanimado porque estabeleceu um padrão muito elevado para si mesmo", ela replicou.

Walker aniquilou aquela bobagem com um categórico "Você não faz ideia do que foi isso!"

Sendo um instrutor exigente, ele insistia em que Amy se submetesse aos exercícios como um soldado antes de lutar. Isso incluía o estudo dos clássicos, poesia e provérbios em tâmil, essenciais se alguém pretendia aprender a "pensar em tâmil". Lembrando-se do trabalho de interpretação de Misaki San para ela no Japão, Amy se irritou com o que parecia um terrível desperdício de tempo, quando poderia estar apresentando o evangelho por meio de interpretação, "mas Walker diz que vale a pena, e creio nele apesar de meus sentimentos". Poucos meses depois, ela escreveu: "Nunca um aluno teve um professor como este! Mas isso é um tanto parecido com um grande Beethoven desperdiçando seu tempo com um ignorante e péssimo tocador de piano." Ela se perguntava como tivera a coragem de envolver-se no compromisso. "Era a coragem de ignorância — pura ignorância!"

Seu segundo exame deveria acontecer no início de fevereiro. Ela o temeu grandemente. E marcou o ano, 1897, ao lado da porção de *Luz diária* para 23 de janeiro, no qual achou grande encorajamento: "A esperança não envergonha. Eu sou o Senhor [...] os que esperam em mim não serão envergonhados. Bem-aventurado é o homem que confia no Senhor." Especialmente confortador foi o pensamento de que, certa vez, o Senhor deu palavras a uma jumenta.[1] Talvez não fosse demais ela esperar que Deus, que abrira a boca de uma jumenta, abrisse sua boca e a capacitasse a jorrar o tâmil.

Walker, livre de responsabilidades administrativas, queria começar uma obra itinerante nos vilarejos. Ele via na nova missionária não somente dons incomuns e variados, mas também um espírito de discipulado profundo e intransigente. Ele pediu que Amy orasse sobre a possibilidade de unir-se a eles na obra do vilarejo e, talvez, de começar um trabalho para alcançar homens. O convite foi entendido como selo de Deus sobre o que ela anelava estar fazendo. Ela orou. A resposta foi *sim*. E, em fevereiro, eles viajaram em carroça de bois, uma carroça de duas rodas sem molas: os Walker numa, e Amy e Saral noutra, para Pannaivilai, a um dia de viagem de Palamcottah. A respeito desse método de viagem, Amy escreveu: "Exceto o carrinho de

1 Ver Números 22.28.

mão chinês, esse é o meio de locomoção mais extenuante com o qual já me deparei. O *kuruma* japonês é uma bênção, em comparação." As rodas sofreram colisões, pancadas e estrondos nas estradas esburacadas, solavancando, balançando, fazendo pular e chacoalhando os desafortunados passageiros.

> Era uma noite de luar claro (viajamos à noite para escapar do calor e economizar tempo). A princípio, não pude pensar em ir dormir e caminhei adiante das carroças, perturbando vários bandos de papagaios que, por consequência, proferiram comentários indelicados. Quando, por fim, me acomodei para um descanso agradável, Saral tombou sobre a minha cabeça, deixando-me com um inchaço preto e azul. A carroça a lançou sobre mim, ela disse. Depois, nós atolamos na lama, e o Sr. Walker teve de ajudar a tirar-nos dali. Gostaria que você pudesse nos ter visto.

Amy se deleitou com o grande e arejado bangalô em Pannaivilai.

> Não havia móveis, cortinas ou antimacassares[2] — apenas três cômodos enormes, semelhantes a três grandes celeiros com um palheiro suspenso! No quarto dos "celeiros", cama, cadeira e mesa. No celeiro central, mesa, cadeiras e pratos. Um verdadeiro quartel, de fato! É bastante fresco, e isso aumenta o seu encanto, sendo tão grande e vazio; e um amplo alpendre sombreado circunda toda a casa. Trouxemos meu harmônio de brinquedo, textos em japonês velhos e queridos e o que eles chamam irreverentemente de "meus comentários" (Fé é Vitória, Cristo é Vencedor). Nós os arrumamos e nos sentimos mobiliados. É simplesmente delicioso estar aqui, cercada apenas de faces morenas.

2 Coberturas de crochê para proteger de manchas as costas e os braços de cadeiras estofadas, especificamente, do "Macassar", um óleo para cabelo.

Amy reunia essas faces morenas ao redor dela sempre que podia. Um grupo de "meninos pagãos" que frequentavam a escola da missão ouviram a história de Salomão, ilustrada por um rolo de figuras. Amy estava sozinha, sem Saral para interpretá-la, e se sentiu "como um pássaro numa gaiola muito pequena para ele. Mas, ah! tudo valia a pena ser capaz de fazer, ou tentar fazer, ainda que seja tão pouco assim. É simplesmente uma alegria ver que eles entendem." Ela lhes contou como o rei Salomão havia orado não somente em público (isso não parecia estranho para eles, a escola sempre começava com oração), mas também sozinho. Algum deles fazia isso? Não. Eles talvez não o pudessem fazer em casa, um deles disse. "Por isso, eu lhes disse que poderiam fazer na floresta. Poderiam facilmente sair para lá e ficar quietos e sozinhos com Deus." Um deles afirmou prontamente: "Eu farei isso!"

Um dia, três meninos foram até lá e pediram Bíblias. Amy ficou admirada, porque eles eram de lares cristãos. Não tinham Bíblias? Não, não tinham. Nem seus pais? Não. Não havia nenhuma na casa. Já houve alguma sequer em sua casa? Eles não tinham certeza. Amy, pensando que tivesse entendido mal o tâmil deles, foi até ao Sr. Walker, que confirmou tudo. E lá foram eles visitar a casa que não tinha Bíblias. Um pedaço de uma antiga porção dos Salmos foi achado. Depois de orarem e conversarem, o pai concordou em comprar uma Bíblia.

"Você percebe o que isso significa?", escreveu Amy.

> Como podem os pagãos chegar a saber que ele é o Senhor, quando Deus não é santificado nas pessoas chamadas por seu nome? Eles não podem ser santificados quando a Palavra é mantida em tão baixa estima. [...] Você orará por estes cristãos da Índia? Tudo ao redor deles são as trevas horríveis do paganismo, e as trevas vencem a luz, a menos que essa luz seja verdadeiramente divina.

Amy soube de uma congregação em que quase nem uma alma era convertida e de vilarejos inteiros de cristãos professos onde dificilmente alguém entendia o que esse nome significava. Havia um grande debate a respeito do que "abandonar o pecado" poderia significar — mas, decerto, não a anulação da casta ou a queima de ídolos, não é? Matar um inseto ou roubar um pouco de arroz enquanto o descascavam — essas coisas poderiam ser pecaminosas, sem dúvida. Para com esses "cristãos pagãos" e aqueles que não tinham nenhuma pretensão de ser cristãos, Amy sentia "amor compassivo e intencional".

Não admira que, ao chegar o clima mais quente em abril, o qual exigia a viagem costumeira até Ooty ("assim o cérebro da pessoa não derreteria"), Amy desejou que lhe fosse permitido ficar. Os Walker acharam que ficar não era a melhor escolha; e assim para as montanhas eles foram. Havia as habituais e agradáveis sociabilidades, algumas "de um caráter mais cristão", como "piqueniques que terminavam com oração", mas "parecia crueldade e impiedade desperdiçar um momento em que os nativos estão esperando nas trevas".

Amy deu aos leitores de sua carta *Scrap* "uma olhada profunda" nessas trevas, na forma da história de uma moça chamada Pappamal. Ela era de alta casta e queria se tornar uma cristã.

> Isso é muito raro e não significa o fim de dificuldades para a Missão, visto que é seguido invariavelmente pelo fechamento de casas, esvaziamento de escolas e incessantes problemas com a lei, pois os hindus fazem todo esforço possível para destruir a obra, prejudicar os obreiros e, se puderem chegar até ela, envenenar secretamente a convertida.

Visto contra o pano de fundo dos conflitos de Tinnevelly no passado, essa reação não é surpreendente. Contanto que os cristãos se limitassem a certas castas e não representassem nenhuma ameaça à antiga e poderosa estrutura cultural que é o hinduísmo, eles poderiam ser tolerados. Mas uma moça declarar independência da casta e da família dessa maneira era uma afronta. Pappamal tinha mais de 16 anos e, portanto, era legalmente livre para escolher sua própria religião. Ela rogou a uma missionária que a ajudasse a escapar da casa de seus pais à noite. Ajuda lhe foi dada. Os pais a acharam, suplicaram que retornasse, mas ela permaneceu firme. A Missão se sentiu obrigada a protegê-la da "morte certa" e decidiu mandá-la para Ooty. Isso foi bem no tempo em que Amy saía para as montanhas. Assim, ela viu Pappamal em segurança nas mãos de uma mulher bíblica por lá.

Dificuldades emergiram imediatamente em Palamcottah. Pessoas antes amigáveis olhavam feio para os missionários. Portas de casas antes abertas eram batidas com força e se fechavam. Em Ooty, um homem foi visto rondando a propriedade da missão, e logo a verdade transpareceu. Toda a coisa era um plano. Ele e Pappamal queriam se casar. Como hindus, eles eram proibidos de casar-se porque eram de castas diferentes. Ela professaria a fé, escaparia de casa, acharia acolhimento; ele seguiria, também professaria a fé, e, depois, eles se casariam como cristãos. Isso não é o fim da história. Pouco a pouco, tornou-se evidente que os pais da moça eram parte da trama e haviam conspirado para trazer vergonha sobre a Missão, acusando-a do crime de sedução de menor (ela ainda não tinha 16 anos, eles disseram). A mulher bíblica telegrafou imediatamente para o pai de Pappamal vir e levá-la. Ele se recusou. Por isso, a mulher bíblica a acompanhou pessoalmente até Palamcottah e, em público, a entregou de volta à sua família. Ela foi mantida em confinamento solitário. Divulgou-se o rumor (e foi confirmado pelos advogados) de que ela seria morta, mas de uma maneira que não deixasse prova. "Oh! que obras horríveis, horríveis desta terra de trevas!", escreveu Amy. "Foi como jogar o cordeiro para os lobos, mas, infelizmente, com a diferença de que o cordeiro era, ela mesma, um lobo disfarçado." Pappamal disse que os missionários a haviam subornado a sair de casa.

Apenas alguns dias depois, surgiu a notícia de que os pais não tinham, de fato, nada a ver com a trama. Pappamal havia dado veneno à sua mãe para que ela ficasse inconsciente quando Pappamal escapasse, e o pai havia sido degradado por sua casta, que lhe recusava fogo e lenha. Tudo era obra do pretendente. O horóscopo da moça havia desaparecido, e não se podia provar sua idade. Então, o advogado da missão pediu que a missão subornasse o advogado do pai no caso, porque temia que tudo viesse contra eles.

A Índia era uma terra em que até "mesmo uma criança pode confundir os mais espertos. A mente e a alma orientais me parecem semelhantes a um armário de gavetas secretas — você nunca sabe quando chegará à última delas."

Amy ficou chocada com a "terrível normalidade" do fato de que Pappamal seria morta.

> Não sei a respeito do norte da Índia, mas em todos os lugares do sul da Índia há apenas uma resposta quando você pergunta por que convertidas da alta casta têm de ser protegidas longe de seus lares e por que é impossível para uma mulher muçulmana ou para uma mulher hindu confessar a Cristo no batismo enquanto vivem no lar. E a resposta é: isso significaria a morte — ou pior... Como um dos advogados disse: "Ela será achada no fundo de um poço, e dirão que ela achou seu sofrimento pesado demais para suportar e, por isso, colocou um fim nele. É quase sempre assim."

Dois meninos da casta *vellala*, uma das mais altas, disseram a Amy que, se cressem no que ela lhes dizia com base na Bíblia, seriam "espancados até à morte". A resposta de Amy: "Seria a maior honra em todo o mundo ser espancado até à morte por causa de Cristo!"

Felizmente, o cérebro de Amy não derreteu em Ooty, mas infelizmente ela foi acometida de uma febre que a deixou fora do encargo por dois meses. Sempre capaz de achar algo por que agradecer a Deus, ela aprendeu durante esse tempo que verdadeiros amigos os Walker eram: ela, como uma querida irmã mais velha; ele, um forte e sábio irmão mais velho. Para eles, Amy era *tungachie*, irmã pequena. No que Amy chamou "este mais feliz dos lares de missionários", ela se recuperou, mas o estudo da língua foi prejudicado. Ela falou a seus amigos da terra natal sobre a maravilha de ser finalmente capaz de entender o sermão de Walker. E acrescentou uma anotação na margem: "mas suponho que foi apenas por ser um sermão fácil."

De vez em quando, o pensamento de que preferia estar na China retornava, mas ela trabalhava fielmente onde Deus a havia colocado, ensinando seus meninos hindus sempre que eles apareciam, gastando meia hora toda noite com Joia Real, "o mais divertido rapazinho, muito sincero (eu espero)". O diretor indiano da escola da missão ofereceu dar-lhe duas horas por dia de ensino do tâmil se ela ensinasse os alunos meninos da escola a cantar hinos. As mulheres vinham à noite e aprendiam do Livro Sem Palavras, com suas páginas preta, vermelha, branca e dourada, que representam o pecado, o sangue de Jesus, a pureza que ele dá e a glória por vir. Essas mulheres poderiam argumentar: "Deus está em todos os lugares, vocês dizem. Então, ele está nas pedras, nas árvores. Portanto, nós podemos adorar as pedras e as árvores. Por que não, se Deus está lá?" Amy era encorajada pela leitura das cartas de Henry Martin, um missionário anterior na Índia, que escrevera: "Não tenho legitimamente nenhum outro negócio cada dia, senão fazer a obra de Deus como um servo, considerando constantemente o prazer dele. Que eu tenha graça para viver acima de cada motivo humano, simplesmente com Deus e para Deus."

Houve pequenas agitações, como quando os meninos lhe trouxeram uma naja recém-morta e um escorpião que media 22 centímetros das garras até o ferrão. Ela fora picada por uma criatura não identificada. Visto que a dor não era forte o suficiente para ser de um escorpião mais velho, nem intensa demais para ser de um vespão, Amy a entendeu como se tivesse sido de um escorpião "jovem e inocente". "Tudo isso é uma boa diversão para mim — não estou conseguindo me tornar uma missionária de verdade."

Houve diálogos de uma natureza totalmente séria, com um novo professor de idioma de uma alta casta, com quem Amy sentiu que estava "diretamente contra a parede morta do hinduísmo". Ele lhe pediu que traduzisse para o tâmil um folheto em inglês que levara consigo.

> Vamos meditar sobre o Espírito onipresente, a fonte de bem-aventurança, o incomparável, eterno, imaculado, incorpóreo, onisciente, imutável, santo, distante e, ainda assim, perto, luz que habita em tranquilidade, todo-abrangente, possuidor de felicidade perfeita, inteligência pura, inexpressível e inconcebível...

O progresso de Amy no tâmil era, obviamente, muito maior do que ela ousava admitir, porque traduziu essa descrição de Deus e, depois, perguntou como, se ele acreditava em tudo isso, podia adorar pedras.

> Em seguida, veio uma perfeita torrente de exclamações, asseverações e repúdios, como a enxurrada de um rio confinado e liberado de repente. "Eu me curvarei diante de uma pedra hoje à noite! Eu me curvarei! Sim! Leio para você este livro agora e à noite adorarei uma pedra! Não! Não é uma vergonha eu adorar! É a Divindade que condescendeu em encontrar-se conosco, mortais, por meio dessa pedra. Ele, o Grande Deus, é onipresente. Ele entrou nessa pedra, eu não sei como e não pretendo saber." Nisso, ele estava além de mim, e eu podia apenas ouvir, tentar entender e captar a ideia novamente. Lá estava ele, sincero e zeloso, muito além de mim em poder mental, mas, apesar disso, cego e preso em cadeias horríveis que nenhum humano podia romper.

Amy, intensamente cônscia de ser, em si mesma, nada mais do que um vaso de barro — comum, simples, frágil —, sabia que o vaso continha um tesouro precioso que o velho erudito hindu jamais vira: "a luz [...] do conhecimento da glória de Deus, na face de Cristo."[3] O Senhor daria a essas pessoas olhos para verem tal luz?

3 2 Coríntios 4.6.

17

OBRA BEM-AVENTURADA

O ano de 1898 começou com duas semanas de nevralgia que, combinada com o coração, tornou o estudo do idioma um prazer menos agradável do que era usualmente, mas a carta *Scrap* de 17 de fevereiro diz: "Aleluia! Oba! O exame acabou! Agora estou, por fim, livre para as almas!" Embora o estudo do tâmil tivesse sido realmente uma batalha, e continuaria sendo, os 14 meses que pareciam ter sido longos haviam acabado; e ela poderia se unir à batalha *real*, a luta por almas.

A obra missionária num lugar em que Cristo nunca foi mencionado é, às vezes, menos árdua do que em lugares onde, embora mencionado, não tem sido honrado por vidas de obediência santa. Como os pagãos veriam o cristianismo em ação? Como sentiriam a sua força, quando tantos que passavam pelo nome de cristãos eram nada mais do que descendentes de pessoas que "tomaram uma decisão" durante "um daqueles apavorantes movimentos de massa" do início do século XIX? Eram, em sua maior parte, das castas inferiores, iludidos pela esperança de ganho mundano. Viviam num tipo de crepúsculo, bem distantes da verdadeira luz do evangelho. Quanto às castas superiores — os brâmanes, os *vellala* e as associações de comércio —, suas fileiras eram quase inquebráveis; seus lares, verdadeiras fortalezas nas quais nenhum indiano impuro e, menos ainda, missionários estrangeiros podiam entrar.

"Eles zombam de nossa crença em um Poder que não podem ver em operação, enquanto o poder que eles veem é tudo, exceto onipotente." Em suas cartas, Amy apelava por homens. Onde estavam os homens de capacidade mental idêntica à dos homens educados da Índia, homens que ousavam considerar como refugo o sucesso e a aclamação que poderiam ter tido e "perder-se" a si mesmos em algum canto remoto da terra? Não havia nenhum homem semelhante a Ragland, o "pioneiro espiritual" de Tinnevelly,[1] cuja vida foi vivida ao estilo de João 12.24: "Se o grão de trigo, caindo na terra, não morrer, fica ele só; mas, se morrer, produz muito fruto"?

Para aqueles que perguntavam o que poderiam enviar, Amy respondia: *livros*. Biografias missionárias. Ela foi encorajada e incentivada a ler as biografias de Gilmore, da Mongólia, Henry Martin, da Índia, Adoniram Judson, da Birmânia, e Coillard, do Zambeze. As suas histórias eram "um tipo de dose regular de quinina[2] mental e espiritual".

> Oh! Que sejamos livrados de missionários indiferentes! Não venha se você pretende afastar-se por causa de qualquer coisa — por causa das "reivindicações da sociedade" nos portos e nas estações comerciais. Não venha se não está decidido a viver para *um único objetivo* — "ganhar almas".

1 "O primeiro homem inglês a viver entre as pessoas da Índia como um missionário de Cristo." Amy Carmichael, *Ragland, Spiritual pioneer* (Londres: Society for the Promotion of Christian Knowledge, 1951), p. vi.

2 N.E.:Substância extraída da casca da planta Cinchona, com funções antitérmicas, analgésicas e antimaláricas. Fonte: www.museudavida.fiocruz.br.

Repetidas vezes, as esperanças de Amy eram fortalecidas quando uma pessoa após outra respondia momentaneamente ao evangelho. Uma moça de casta declarou que desejava ser batizada. Ela teria a coragem de fugir de casa? Se o fizesse, o que aconteceria? O bangalô dos missionários seria atacado? "Espero que sim! Gostaria de ver alguma luta real. Essa estagnação letal é o pior de tudo", Amy escreveu. Uma esposa jovem sentou-se quietamente e ouviu a história de Jesus, tremendo de dor quando ouviu sobre a cruz. Mas foram interrompidas naquele momento, e, quando Amy tentou visitá-la novamente, o marido a proibiu. Como aquela mulher poderia seguir a Cristo? As palavras de Jesus vieram com poder terrível: "Se alguém vem a mim e não aborrece a seu pai, e mãe, e mulher, e filhos, e irmãos, e irmãs e ainda a sua própria vida, *não pode ser meu discípulo.*"[3]

Um dia, Amy foi para os vilarejos onde a idosa Saral havia ensinado a Bíblia. Ela ficou desapontada em descobrir que pouco fora aprendido. Uma mulher que ouvira a Palavra por cinco meses não sabia quem Jesus era. Várias que manifestaram interesse haviam morrido, algumas delas misteriosamente. Uma viúva disse: "Meu coração está fatigado, meus amigos não podem ajudar-me, nem os deuses que eu adoro me fazem qualquer bem. Seu Deus é Deus, o Deus verdadeiro. Sei que ele pode me ajudar. O caminho dele é o caminho correto. Eu creio em tudo isso." Mas ela não pôde ser convencida a agir. Isso significava quebrar a casta, e, para ela, isso era suicídio. Certa vez, falando demorada e fervorosamente com uma mulher que parecia aberta, Amy estendeu a mão e a tocou. As pessoas ficaram enfurecidas. Amy a contaminara, a degradara, estava tentando levá-la à força para o Caminho.

Alguém enviou uma revista inglesa que afirmava que as mulheres indianas consideravam as mulheres inglesas mais bonitas e mais divinas do que qualquer coisa imaginada antes. Era "muito bom de se ler", mas sua própria experiência provou que isso era ridículo. Ela foi tomada como um "grande homem branco" por causa de seu capacete colonial. Havia uma

3 Lucas 14.26.

argumentação a respeito de ela ser homem ou mulher. Todos concordavam que ela era um "espetáculo atraente". Perguntas eram feitas: Qual é a sua casta? Casada ou viúva? Por que nenhuma joia? Com que pessoas você se relaciona? Onde estão todos eles? Por que você os deixou e veio para cá? O que o governo lhe paga para vir? Amy respondia a todas elas; depois, explicava por que estavam lá — para levar as Boas-Novas. E o que as pessoas faziam quando ouviam as novas? Apenas olhavam diretamente para ela. Sentavam-se no chão, mastigavam folha de bétele e fitavam Amy.

Em certa casa, uma senhora idosa se inclinou e contemplou com um olhar lindo e sincero.

> Depois, ela levantou uma garra de um esqueleto, prendeu seu cabelo e apontou para o meu. "Você também é uma viúva", ela perguntou, "que não tem óleo em seus cabelos?" Depois de algumas dessas experiências, tal contemplação perde seu encanto. "Óleo! Nenhum óleo! Você não pode nem gastar alguns centavos por mês para comprar um bom óleo? Não é seu costume? Por que não? As mulheres brancas nunca usam óleo? Você *nunca* usa óleo em seu cabelo?"

Pacientemente, as Boas-Novas eram repetidas, com interrupções constantes — dois touros perambulavam, uma vaca os seguia, alguém saía para amarrá-los, crianças queriam atenção, bebês choravam. Raramente, havia cinco minutos consecutivos de quietude. "Como o Pai me enviou", disse Jesus, "eu também vos envio." Quanta atenção sincera houve quando ele pregou para a multidão no monte? Quantos minutos consecutivos de quietude ele teve para dar sua mensagem? Amy se perguntava e prosseguia com a obra, "obra bem-aventurada", ela a chamava, lembrando as respostas à oração em "meu querido Hirosi".

Saral, que estivera com Amy por mais de um ano, saiu para visitar sua família e não retornou quando esperada. Em resposta a uma inquirição, houve desculpas. Por fim, tornou-se evidente que ela não planejava retornar.

Amy perdera mais uma companheira de luta e sofreu, talvez, uma dor mais profunda do que aquela causada pela indiferença dos não crentes. Ela começou a orar por companheiras que perseverassem.

Amigos na Inglaterra ofereceram providenciar uma tenda para os Walker e Amy, uma tenda que os capacitasse a fazer visitas mais demoradas nos vilarejos. Diferentemente do Japão, onde a acomodação tinha de ser em algo que parecia um hotel, não havia nenhum lugar nos vilarejos do sul da Índia onde um estrangeiro impuro pudesse deitar a cabeça ou, pelo menos, comer uma refeição. A cesta de chá que Amy levava em suas incursões era sempre um objeto de curiosidade, cujas belezas repetidamente exigiam que mostrasse, e, quando ela queria "perpetrar a barbaridade de consumir um quadradinho de chocolate", tinha de tentar achar um canto escondido ao qual ela poderia se retirar. Com a tenda, eles estariam prontos para "um ataque regular ao Reino das Trevas, com a Luz gloriosa". Mas estavam realmente prontos para tal invasão? A tenda era uma mera provisão física. E quanto à prontidão de ser um *vaso humilde para o Senhor*, "sempre entregues à morte por causa de Jesus", como o apóstolo Paulo escreveu em 2 Coríntios 4.11, "para que também a vida de Jesus se manifeste em nossa carne mortal"? Isso era a necessidade crucial: a vida — a evidência visível, tangível da verdade que eles pregavam. Muito ensino fora ouvido, muitas profissões tinham sido feitas, sem essa revelação indiscutível. Acamparem-se nos vilarejos daria aos embaixadores de Cristo a oportunidade de mostrarem a vida sobre a qual falavam.

A luta se tornou intensa em setembro, quando uma moça, a primeira de sua casta a fazer isso, decidiu seguir a Cristo independentemente do custo. Houve um grande tumulto. A moça fugiu para achar refúgio no bangalô da missão em Pannaivilai, onde Amy vivia com os Walker. Os parentes perseguiram-na, acamparam-se na varanda, colocando toda a casa em um estado de sítio. A pobre e idosa mãe lançou-se ao chão, batendo a cabeça, socando o peito e resmungando. Eles fizeram todas as promessas para a moça voltar atrás — não a forçariam a casar-se, permitiriam que ela fosse à igreja, adorasse a Deus em casa, qualquer coisa, se tão somente não quebrasse a casta. "Somente venha! Venha! Somos o seu próprio povo! Volte para nós!" Houve uma pausa cheia de ansiedade. Amy não podia fazer nada, senão observar a moça sofrer, esperar por sua resposta. "Não posso retornar", ela disse, e os parentes começaram de novo. Por fim, Walker entrou na questão. "Vocês fizeram um apelo justo. Fizeram o seu melhor. Ela é livre para ir, se quiser." Depois, ele se voltou para a moça. "Você escolhe ir?" "NÃO!", ela disse, com a força que ainda lhe restava. Isso pôs fim à entrevista, mas não à luta. Por muitos dias, houve um rebuliço, ameaças de processos judiciais, adulações, uma deposição. A escola da missão foi totalmente queimada. Alguém proferiu o boato de que sopraria veneno no rosto da moça se ela fosse à igreja. Quando a moça decidiu que não tinha nada mais a dizer-lhes e que não mais os ouviria, Amy a levou rápida e secretamente para a casa da missão em Palamcottah, onde foi mantida em segurança. Ela foi batizada em outubro e recebeu um nome que significava Joia da Vitória.

No mesmo mês, a oração por uma companheira que perseverasse foi respondida. Ponnammal, cujo nome significava Ouro, era uma viúva de 23 anos, uma cristã de quarta geração que fora ensinada na Escola Dominical e frequentava as reuniões de oração da Sra. Walker. Ela fora uma amiga leal por alguns meses,[4] "e achamos que ela estava sendo treinada pelo próprio Deus para algum serviço especial". Contudo, por causa do controle da família, ela não era livre para servir ao Senhor como desejava. Ela orava por essa liberdade, que veio estranha e repentinamente. Houve problema, e a família se posicionou contra ela, que foi expulsa.

"Acho que Deus quer me tornar ouro *puro*", ela disse, "por isso está removendo a escória, ensinando-me o significado do fogo, da oferta queimada, a morte da parte do ego em mim."

---

4 Em *Ponnammal, her story (CreateSpace Independent Publishing Platform, 2014)*, a data de sua união com o grupo itinerante é dada como junho de 1897.

Ponnammal era do "Aglomerado Cintilante", o nome tâmil dado pelas pessoas ao grupo itinerante. Pérola era outra, uma "Lídia"[5] indiana cujo coração Deus abrira. Ela havia perdido um braço quando era criança, foi tratada como uma desgraça para a família e vivia em um "buraco", o tipo de lugar que os ingleses raramente viam, ou, se viam, nunca entendiam — "Índia indiana, a velha, velha Índia de lenda e canção". Havia uma viúva chamada Bênção e uma mulher casada, Marial. Amy hesitou em admitir Marial, porque os "maridos são um grande impedimento [...] um obstáculo e um incômodo. Mulheres precisam escapar deles."[6] Mas o espírito de soldado de Marial foi irresistível. Seu marido "dificilmente era um homem no sentido exato". "Eu tenho necessidades espirituais — e estas espero que meu Deus supra. Também tenho necessidades físicas — e estas espero que minha esposa supra", ele disse. Por isso, eles o levaram como um cozinheiro, sendo ele "incapaz de coisas mais elevadas", e Marial ficou assim "livre para lutar as batalhas do Senhor". Às vezes, as mulheres viajavam com os Walker; outras vezes, sozinhas. Tinham uma bandeira feita de camadas de cetineta preta, vermelha, branca e amarela, "um texto muito útil para um sermão de improviso", como o Livro Sem Palavras.

O grupo e a carroça

5 Atos 16.14.

6 N.E.: O pensamento de Amy traz sua reflexão sobre a fala do apóstolo Paulo sobre a "angústia na carne" do casamento e a possibilidade dos solteiros cuidarem "das coisas do Senhor, de como agradar ao Senhor" (1Co 7).

> E lá íamos nós, de manhã bem cedo, caminhando ou no carro de bois, tantos de nós quantos podiam entrar nele, apertados sob o seu teto curvo de palha. Abafamento, fadiga, aquela sensação assustadora de quase enjoo do mar [...] mas você se lembra do encanto das primeiras luzes sobre a palmeira e a água, bem como do verde-esmeralda dos campos de arroz; lembra-se também das canções com as quais nos revigorávamos à medida que tombávamos ao longo do caminho no calor; a parada fora do vilarejo no qual deveríamos entrar; a suave oração em favor de portas abertas; a entrada de todos nós observando atentamente por sinais de uma boa aceitação em qualquer lugar — porque essa era uma obra pioneira, não uma obra em terreno preparado; e, em muitos dos lugares aonde fomos, nenhuma mulher branca tinha sido vista antes.
>
> Às vezes, descíamos na entrada do vilarejo e caminhávamos até ver um rosto amigável — e quase sempre achávamos um. Habitualmente, nos separávamos, íamos de dois em dois e seguíamos até além dos homens que passeavam no pátio da frente; assim, penetrávamos até aos cômodos das mulheres; ou, se isso fosse impossível, realizávamos uma reunião ao ar livre em algum lugar; ou nos sentávamos onde fosse possível e esperávamos até que alguém viesse para conversar, porque descobrimos — nos festivais, por exemplo — que, se esperássemos em alguma rua quieta, sentados aparentemente despreocupados, no estilo de guru indiano, em uma varanda abandonada, ou sob uma árvore, as pessoas, uma por uma, nos descobriam, vinham, se acocoravam perto de nós e faziam perguntas.

Às vezes, os ouvintes eram homens altos vestidos de tangas brancas com facas no cinto, “corajosos, inteligentes, sem aquele inglesismo indigno adotado pelos homens da cidade”.

Mais tarde, pela manhã, o grupo ia para casa ou voltava para a tenda, para seu café da manhã e para estudarem a Bíblia juntos, examinando "atentamente suas páginas em busca daquilo sem o qual o nosso trabalho teria sido inútil". As tardes e as noites eram gastas quase como as manhãs, exceto quando havia pregação na rua e música no órgão.

Cena do acampamento com os Walker

Uma área de acampamento típica incluía um pouco de floresta arenosa, desobstruída de arbustos e espinhos, tão perto de um rio quanto possível. Sob as mimosas palmeiras, três tendas brancas — uma pequena para Walker, não grande o suficiente para conter a ele e o irredutível mínimo de coisas necessárias; uma para os três servos (um servo para montar e desmontar as tendas e cuidar que formigas-brancas não os devorassem; outro para cozinhar e outro para levar recados). As mulheres tinham uma tenda de 3,65 por 3,65 metros, com duas asas para vestir roupas e guardar as camas durante o dia. Havia cadeiras e mesas dobráveis, "um número chocante de pertences", incluindo toda a comida, exceto leite, que era obtido nos vilarejos. O mais indispensável de tudo eram os livros e os quadros com os quais elas contavam a velha, velha história.

De vez em quando, o grupo acreditava que Deus queria que eles falassem especificamente para um convertido em determinado dia. Em um desses dias, eles voltavam para a tenda sem terem visto um convertido. Algo que o homem da carroça dissera fez Amy lhe perguntar quando ele se voltaria para Jesus. "Hoje à noite", foi sua resposta. Ele entrou na tenda, "todos nós oramos, e ele orou também, e acreditamos que o Bom Pastor o achou". Uma carta procedente da Inglaterra lhes disse que pessoas tinham pedido especificamente por um convertido naquela data. O que um cínico chamava de coincidência, Amy o chamava de uma resposta clara e mais do que uma resposta — um sinal do amor do Senhor.

Amy experimentou um senso de maldade pior do que no Japão. Certa vez, um devoto do templo, "muito, muito idoso e muito, muito mau", sem qualquer "boa linha" em sua face envelhecida e enrugada, foi ouvi-los. "Depois da pregação, fui ao encontro dele, o infeliz homem idoso, tão velho e tão mau. Ele simplesmente fez cara feia, resmungou algo horrível e retirou-se cambaleando."

Nunca foi pedido aos membros do grupo que voltassem e ensinassem novamente. "Vão embora!", disse uma mulher, "não queremos vocês, nem seu livro, nem seu caminho." Um leproso velho gritou: "Quem quer o Senhor Jesus de vocês aqui?" Uma dançarina diabólica, com seu cabelo emaranhado e torcido e seu rosto manchado e pintado com marcas do ídolo, grunhiu para elas: "Seu Deus não é Deus. Se eu me voltar para ele, o meu deus demoníaco me matará. *Ele* é deus. Seu Deus morreu, vocês dizem — morreu e foi sepultado. Seu Deus não é Deus. Vão embora e contem suas mentiras em algum outro lugar. Quem lhes pediu que as contassem aqui?"

Nem todos rejeitavam a verdade. De vez em quando, havia ocasiões de alegria tremenda, quando, ao pôr do sol, todos os cristãos afluíam para o lago mais próximo e o novo crente era sepultado "com Cristo pelo batismo". "Um pouco à direita, os lugares sagrados do diabo; um pouco à esquerda, o templo do diabo, e seguíamos para a praia vigiando, orando, cantando."

Um menino ficou de pé, ereto e corajoso, enquanto contava sua história. Seu pai era um sábio. Um dia, o menino disse: "Pai, tenho um fardo, o fardo do pecado é pesado. O que posso fazer para me livrar de meu pecado?" "Aprenda as Mil Estrofes, e seu pecado desaparecerá." Ele as aprendeu, mas o fardo continuava pesado. "Não há nenhuma outra maneira?", ele perguntou.

"Você é jovem. Espere um ano ou dois, então pode achar a maneira." Mas e se ele morresse? Por fim, "uma sede como a sede de água veio, e fiquei sedento, sedento". Ele ouviu os cristãos cantarem uma canção sobre o evangelho: "Manso e suave, Jesus está chamando." Na manhã seguinte, ele foi até Jesus e bebeu. "Onde estava meu fardo? Onde, a minha sede? Eles se foram — como o orvalho quando vê o sol!"

Um dia, Amy teve um encontro com uma mulher muito incomum. Ela parecia inteligente, podia ler, conhecia os clássicos, citava poemas "num estilo que, para uma mulher, era muito surpreendente". Ela desdenhava de Bênção, a viúva que crera apenas um mês antes. "O que aquela ignorante poderia *me* ensinar?", a mulher queria saber. "Vocês dizem que não devemos contar mentiras, e eis aí grande e frequente mentirosa. Aprender, realmente! Sua própria gramática é defeituosa! Ela é um mero bloco de madeira!"

"Tenho apenas um mês de idade", disse Bênção. "Não tenho sabedoria para lhe responder, mas posso ler este Livro de Deus, e meu nome está no Livro dele, e em meu coração habitam sua paz e sua alegria. Não é uma alegria melhor do que muito aprendizado?"

Somente depois Amy soube que a mulher era uma servidora do templo, uma prostituta, "casada com os deuses", cuja vida era gasta no serviço dos sacerdotes e adoradores. Nem uma dentre elas já havia se convertido. Ninguém tivera permissão de trabalhar entre elas. A descoberta desse sistema foi como uma espada na alma missionária de Amy. Algo tinha de ser feito. Alguém tinha de achar, de alguma maneira, um meio de alcançar essas mulheres para Deus.

18

O CUSTO DA OBEDIÊNCIA

A grande paixão da vida de Amy Carmichael era o amor absoluto, o que significava obediência absoluta. A oração de Jeremy Taylor era sempre a oração dela: "Senhor, torna-me todo amor; e todo o meu amor, obediência; e faze que minha obediência seja ininterrupta."

Esse foi o espírito que ela procurou instilar nos membros do Aglomerado Cintilante. A questão das joias ilustra a seriedade deles. *Joias*, uma palavra que incluía todos os colares, pulseiras e anéis (para o nariz, orelhas, tornozelos, bem como para os dedos) de ouro ou prata eram, em Tinnevelly, os elementos mais importantes na aparência de uma mulher. "É um costume lindo", Amy escreveu, "e o achávamos normal. Os membros de nosso grupo usavam a quantidade habitual. É considerado parte do vestir delas." Sua importância, porém, ia muito além de beleza. Mulheres eram mais ou menos vendidas a seus maridos por tantas rúpias de joias — um homem com um B.A. poderia exigir tantas rúpias; um homem com um M.A., outras tantas; esta casta, tantas, e aquela casta, tantas. Dessa maneira, a quantidade de joias que uma mulher usava declarava a honra de seu marido, bem como a riqueza de sua família.

A própria Amy não usava joias de nenhum tipo. Sendo uma presbiteriana irlandesa restrita, a criação talvez proibisse essa vaidade. Por isso, seu desejo de se identificar com o estilo indiano não podia permitir que ela fosse tão longe. Amy também não usava óleo no cabelo, um fato que a tornou surpreendentemente notável. Ela cedeu uma vez e ungiu sua cabeça, a fim de esquivar-se de comentários inevitáveis, mas o "aroma" ela achou "proibitivo". As pouquíssimas fotos que temos dela mostram um cabelo lindo, macio, ondulado e preto, em contraste nítido com o cabelo brilhante, partido bem definidamente e com maciez de cetim das indianas. O coque de Amy não era usado baixo, no pescoço, como o era o coque delas. É improvável que sua criação incluísse quaisquer sanções especiais relacionadas a óleo de coco ou à elevação exata de um coque de cabelo. É mais provável que o visual de roupas justas e atraentes não tenha impactado Amy como especialmente apropriado a ela. A vaidade (talvez não reconhecida) a fez desejar ser diferente aqui, como a noção de proteção física a fez ser diferente na questão de sapatos estrangeiros, capacete colonial e sombrinha, coisas que a identificavam como os colonos.

> Gradualmente, à medida que procurávamos conhecer mais o nosso Senhor, o poder de sua ressurreição e a comunhão de seus sofrimentos, crescia em nós a convicção de que essas coisas (ou seja, joias) eram descabidas em seus obreiros escolhidos — seus separados — e que isso, conformando-se à lei da moda deste mundo, era da carne e não do Espírito.

Óleo no cabelo, estilos de cabelo e sapatos não eram, na opinião de Amy, uma indicação de conformação com a moda do mundo, como não o eram os capacetes coloniais e sombrinhas, os quais acreditavam ser indispensáveis para que o cérebro dos estrangeiros não derretesse.

Joias, por outro lado, estavam numa categoria separada.

> Eu amo os costumes nativos. Não posso suportar o elemento de estrangeirização tão comum em muita obra missionária na Índia; por isso, eu o encarava totalmente na contramão. Mas neste assunto a Palavra de Deus segue numa direção, e o costume em outra. Não há nenhuma outra escolha nessa situação. Oramos no sentido de que, se Deus pretendesse que a questão fosse levantada, que ela fosse levantada entre nossos obreiros, afastada de nós mesmos, e ele o fez.

Um homem havia pedido que fosse permitido à sua esposa viajar com o grupo por um tempo a fim de aprender a servir aos outros. Eles consentiram, e um dia ele veio pedir à esposa que lhe desse suas joias. Ele não as achava apropriadas ao tipo de vida que desejava para ela. Ponnammal ouviu por acaso as palavras dele com grande interesse. Na noite anterior, ela tinha ouvido uma criança (referindo-se a Ponnammal) dizer: "Quando crescer, eu me unirei ao grupo para poder usar joias como aquela irmã." Ponnammal falou com o Senhor sobre isso, e a resposta veio: "Serás uma coroa de glória na mão do SENHOR, um diadema real na mão do teu Deus" (Is 62.3). A mensagem foi inconfundível. Ela se viu como o mundo indiano a veria — sem joias, uma mulher marcada, uma desgraça, uma ofensa. Retirar as joias era antinatural, ofensivo e até hipócrita. Mas, aos olhos do Senhor? Ele veria o amor que estava por trás da ação. Ela foi para casa, retirou as joias e as deixou aos pés do Senhor.

"Senhor, tu te esvaziaste por mim. Eu me esvazio por ti." Uma após outra, as mulheres do grupo a seguiram. O "mundo cristão superficial" sorriu delas com zombaria, mas um pregador inglês, F. B. Meyer, veio oportunamente para fortalecer o grupo em sua convicção. Ele foi o primeiro que elas ouviram mencionar a questão das joias. Outra mulher, que o ouvira, entendeu-o como totalmente impossível. "Onde estaria a minha glória, se eu retirasse as joias?", disse uma mulher. "Como ficaria o meu marido? As mulheres de Tinnevelly nunca farão isso!" Assim, o grupo se tornou um "povo peculiar", unido em seu desejo de serem "de outro mundo, separados para Jesus". Quando uma moça adolescente escapou de seu lar hindu e se uniu a eles, Amy teve uma conversa com ela sobre joias. A garota arrancou relutantemente duas joias dos pés. Não, disse Amy, Jesus era agora sua joia — ela não lhe daria tudo? A moça retirou todas as joias, exceto um anel. Ela olhou para os membros do grupo, sem joias, cantando "Jesus é minha joia". Lá se foi o anel.

Anos mais tarde, a esquisitice se revelou como algo eminente prático quando um observador da casta dos ladrões disse: "Se essas moças, essas centenas de moças, usassem joias de acordo com o costume, nem todo o dinheiro do mundo poderia contratar um homem para proteger o lugar."

Provisão financeira para o grupo vinha como tinha vindo quando Amy precisou de dinheiro para o Instituto Bem-Vindo em Belfast. Era pedida em oração. As próprias necessidades pessoais de Amy desde que saíra para o Japão tinham sido garantidas plenamente pelo Sr. Wilson, mas dinheiro para as necessidades do grupo e para as despesas de viagens (centenas de rúpias por mês) vinha de outras fontes. A Igreja da Inglaterra Zenana dava 25 rúpias para alugarem dois bois, e os leitores da carta *Scrap* enviavam dinheiro, que Amy chamou "os tendões da guerra". Mas ela era escrupulosa em adotar os princípios aprendidos na Irlanda. Não mencionava uma necessidade para ninguém, mas somente a Deus, até que fosse atendida. Até isso tinha seus riscos. "O mero falar a respeito de como uma necessidade foi atendida é frequentemente como falar da própria necessidade, o que é pedir de maneira tortuosa, em vez de pedir de maneira direta", ela escreveu na *Scraps*. "Mas eu também direi isto: para toda nova necessidade, vinha um novo suprimento." As mulheres do grupo aprenderam a lição, e, às vezes, uma pequena pilha de moedas aparecia na mesa de Amy com um bilhete dizendo que não fora necessário.

Eles procuravam oportunidades para falar às crianças pequenas, aos cules, aos homens educados, às mulheres cuja casta determinava que tinham de ajudar no assentamento de tijolos, a qualquer um que parecia minimamente inclinado a ouvir e, muitas vezes, aos que não eram minimamente inclinados. O "encarregado do ventilador" era um homem velho e magricela que se sentava numa banqueta de vime e pacientemente puxava a corda que ativava o enorme ventilador de teto. Na calma mortal do meio-dia, não é surpreendente que ele, às vezes, caísse no sono (Amy costurou em uma das suas *Scraps* uma foto dele com os olhos fechados e sua cabeça com turbante inclinada num tapete). Esperando fazer algum bem à pobre alma, Amy perguntou:

"Como você ora?"

"Pai nosso, que estás no céu."

"O que isso significa?"

"Como eu deveria saber? Eu lá sou um pároco para entender?"

Um dia, Amy parou uma procissão de casamento cristão, a fim de perguntar por que eles tinham ídolos nos cantos do carro de casamento. Não eram ídolos, disseram-lhe; eram apenas bonecas. Na verdade, eram ídolos pagãos, ela protestou, e não tinham lugar em qualquer coisa que se designava cristã. Houve uma grande argumentação, mas, no final, ela granjeou trocar alguns folhetos e bonecas feitas na Inglaterra pelos ídolos, os quais levou para casa, para servirem de lenha.

Acima de tudo, o grupo anelava por contato com mulheres brâmanes, que eram quase inalcançáveis e não mostravam nenhum interesse. Um dia, algumas delas estavam sentadas em uma varanda, olhando entediadas e cansadas. Amy perguntou se ela e seus auxiliares podiam cantar-lhes. Sim, disseram. Um grupo se reuniu. Elas ouviram talvez 20 minutos de "pregação clara", ilustrada com figuras. Amy ficou no primeiro degrau da varanda e rogou que as mulheres lhe permitissem chegar mais perto. Elas ficaram horrorizadas e recusaram. Homens começaram a se reunir, centenas deles; por isso, ela se virou e lhes pediu por favor que fossem embora, porque poderiam ouvir em qualquer outro momento. Era para alcançar aquelas mulheres que os missionários tinham vindo. Mas os homens se aproximaram ainda mais, e as mulheres se afastaram. Por fim, Amy falou para os homens "tão francamente quanto pude", tentando apresentar a realidade de modo tão simples que as mulheres entendessem, ao mesmo tempo que mantinha os homens quietos.

> Vocês não têm a menor ideia de como é difícil conseguir uma oportunidade real com as mulheres brâmanes. Elas *nunca* nos deixam entrar em suas casas nestas cidades indianas. É quase impossível conseguirmos alguma quietude na rua, ainda que elas nos deixem falar, o que raramente acontecerá. Mulheres brâmanes estão tão fora de alcance como se vivessem na África Central, e até mais, às vezes.

O grupo visitou o vilarejo de Céu de Vishnu, onde havia um forte do qual nenhuma mulher jamais tivera permissão para sair. Homens entravam e saíam, como o faziam algumas mulheres-servas intocáveis, porém as mulheres do forte eram prisioneiras. Dizia-se que, certa vez, uma menina de quatro anos teve a audácia de olhar para fora através da porta na elevada muralha de barro. Ela foi morta imediatamente. Amy e suas irmãs indianas foram "ver a muralha" e orar para que, de algum modo, ela fosse rompida. E então veio um homem que se ofereceu a acompanhá-las para dentro. Obtiveram poucos minutos para falar às mulheres de uma das casas. Que esperança tinham aquelas mulheres?

> As minhas palavras não lhes podem dar uma ideia da horrível dificuldade que cerca qualquer moça hindu ou muçulmana que ousa tomar uma posição firme. É terrível para os homens e os rapazes, porém infinitamente mais para as mulheres. Coisas que nenhuma caneta poderia escrever — pelo menos, a minha não poderia — acontecem por trás das muralhas daquela prisão. Elas estão completamente sob o poder de parentes cruéis. Nada, exceto um milagre, pode tirá-las de lá.

Uma moça que mostrou interesse no cristianismo foi assassinada; um rapaz foi drogado, e seu intelecto, arruinado pelo resto da vida. Por causa de suborno, a polícia está frequentemente no lado da família, em qualquer medida que escolham tomar. Quem desejou seguir a Cristo teve de deixar tudo para fazer isso.

> Por que a horrível tristeza de sair e deixar tudo por Cristo? Porque é absolutamente impossível para um hindu ou muçulmano ser um cristão no lar. Em um lar bem tolerante, eles podem ler a Bíblia e orar. Em casos muito raros, a ausência em cerimônias idólatras lhes tem sido permitida, mas a confissão aberta e o batismo — NUNCA.

"Ela será, primeiro, queimada até virar cinzas", disse um dos homens. "Ela pode sair morta, se quiser. Ela sairá viva — NUNCA!" Não havia outra escolha, senão obediência a todo custo e a todo risco.

Para Amy, bem como para qualquer soldado leal, havia o elemento de emoção na batalha. A realidade do perigo energiza e aguça as faculdades.

> Ouro [uma mulher de alta casta que mostrara interesse] sairá? Se isso acontecer, estaremos no próprio âmago da luta novamente — Aleluia! Deus moverá o coração de Linda para que encare sem medo a fúria de seu marido e a faca que ele já exibiu diante de seus olhos? Se isso acontecer, o nosso bangalô estará na parte violenta da tempestade, homens irados ao seu redor, e nós, em seu interior, guardados pelo poder de Deus!

Miraculosamente outra moça, além de Joia da Vitória, escapou. Houve o mesmo furor e a consequente necessidade de proteção em Palamcottah. Quando chegou o tempo para a viagem anual até às montanhas, Amy recebeu permissão da Sra. Hopwood para levar as moças. Isso foi sua oportunidade de gastar tempo ininterrupto com elas, ensinando-lhes o que o discipulado significava. Amy Carmichael nunca adocicou as palavras. Elas deviam aprender a amar o Senhor e a abandonar tudo — até sua querida Ammal (Amy) — para segui-lo. Ela via o perigo de elas se tornarem dependentes dela, apegando-se ao amor humano e não ao amor divino. Elas estavam desoladas. Uma delas disse que seria "como um toco murcho no campo", se Amy a mandasse de volta para Palamcottah. O sentimento era mútuo. Ela sentia pelas moças o que Paulo sentira por Onésimo: "Eu queria conservá-lo comigo mesmo." Todavia, para elas, Amy foi resoluta. Elas tinham de aprender a permanecer firmes. Uma delas, cujo nome significava Criança-Dama, quando tinha apenas quatro meses fora do "horrível abismo" de paganismo, confessou: "Quando me mandam fazer o que não gosto, algo brota em meu coração e diz: Não faça isso! Não, não! Eu ouço e penso: Não, eu não o farei." Amy viu que algo do "tremedal de lama" ainda estava grudado nela. Um novo coração era aquilo de que a criança precisava, ela explicou.

Vitória ficou transbordante de alegria ao receber uma carta de seu irmão, mas o conteúdo causou lágrimas.

> Muito querida e muito amada, preciosíssima e lindíssima, como a menina dos olhos, como a joia entre joias, como o rubi, como a pérola, como a nossa alegria e deleite, a nossa imaculada, instruída e avançada em toda a sabedoria, mas, apesar disso, a nossa irmã mais nova que despreza toda a sabedoria...

Depois, seguia uma série de histórias patéticas — um membro da família, doente; outro, fraco de esperar que Vitória retornasse ao lar; outro que tentara vê-la, mas não pôde nem mesmo conseguir um vislumbre "com o canto extremo dos olhos".

"Na religião hindu", a carta prosseguia, "à medida que você procura entender, casta e piedade são uma só coisa. Piedade é casta. Casta é piedade. Por que, então, você profana a sua casta? Você a profanou inteiramente?

Se o fez, profanou inteiramente a sua família. Se você resolver escrever, escreva, mas não sobre um assunto com o qual a minha mente não tem nenhuma afinidade."

Uma cena gravou na mente de Amy, como nunca antes, os horrores da casta. Ela tinha visto um menino de três ou quatro anos que parecia sofrer dos olhos. Ele jazia num tipo de rede pendurada no teto e clamava penosamente durante todo o tempo em que eles estiveram na casa. Dois meses depois, ela visitou a mesma casa. Lá jazia ele, e continuava clamando, embora seus clamores fossem exaustos e muito mais fracos.

> Eles o levantaram e o tiraram da rede. Eu não devia ter conhecido a criança — o lindo rosto curvado, cheio de dor, as mãozinhas pressionadas sobre os olhos ardentes. Somente aquele que a teve conhece as agonias da oftalmia. Disseram-me que ele não havia dormido "sequer o mínimo" por três meses. Noite e dia, chorava e chorava — "mas não faz muito barulho agora". Não podia, pobre garotinho. Implorei que me deixassem levá-lo para o hospital em Palamcottah, mas eles disseram que ir para um hospital era contra a casta deles. A criança jazia gemendo tão lastimavelmente, que retorceu meu coração. Apelei e apelei com eles para que me deixassem levá-lo, se não o queriam levar. Ainda que sua vista não pudesse ser salva, algo poderia ser feito para aliviar a dor, eu sabia, mas não — ele poderia morrer longe de casa, e isso traria desgraça para a casta deles.
>
> "Então, ele deve sofrer até que fique cego ou morra?", e eu me senti meio furiosa com a crueldade fria da atitude deles. "O que podemos fazer?", eles perguntaram. "Podemos destruir a nossa casta?" Oh! Eu me irritei por um momento. Não pude evitar — e, depois, ajoelhei-me entre todos eles, condoída com a miséria da situação, e orei com todo o coração e alma para que o Bom Pastor viesse e tomasse o cordeiro em seus braços. Quase não suporto escrever isto — mas vocês não viram as mãozinhas enfraquecidas e pressionadas sobre os

> olhos e, depois, caindo desamparadamente, tão fatigadas para continuarem erguidas, e vocês não viram nem ouviram os breves e frágeis lamentos. E pensar: *não precisava ter sido assim!* A última coisa que os ouvi dizer enquanto saíamos da casa foi: "Chore suavemente, ou colocaremos mais remédio!" As mãozinhas apertaram os pobres olhos enquanto ele tentava conter os soluços e "chorar suavemente". [...] Ó amigos, isso não é algo cruel, essa casta horrenda de cabeça de hidra? Aquelas mulheres não eram selvagens, mas preferiam ver seu filhinho morrer em tortura, aos poucos, a ofuscar com um sopro o brilho do brasão de bronze de sua casta!

Por sete anos, quase sem uma pausa, Amy trabalhou nas cidades e vilarejos do interior. Suas cartas contam, história após história, da batalha — casas hindus praticamente inexpugnáveis; um curioso ocasional que dá esperança, mas desaparece depois por trás das grossas muralhas; o drama de achar um rosto ávido e interessado em meio à multidão e de ter a admirável alegria de ensiná-lo por um tempo, e, depois, a tristeza de vê-lo voltar as costas.

Tesouro foi uma moça que parecia preparada por Deus para a semente da Palavra. A Palavra caiu em seu coração como em "boa terra", brotou, foi cuidada, regada e produziu fruto. Então, de uma hora para outra, ela se recusou até a olhar para Amy ou para os outros. Uma mudança horrível lhe ocorrera em uma noite, e ela ficou além do alcance deles. Orações, abraços, leitura da Bíblia, todo o amor que ela recebera como uma alma faminta agora rejeitava de modo frio e definitivo. Amy acreditava que havia apenas duas explicações possíveis: Tesouro fora envenenada (drogas que destroem a mente eram bem-conhecidas lá) ou havia pecado de tal modo que se fechara totalmente para Deus.

Amy era como o semeador mencionado no Livro dos Salmos: ela saía chorando, levando semente preciosa. Orava e implorava a seus amigos na

Irlanda que orassem, orassem, orassem. "Oh! você *orará*? Pare agora e ore, para que o desejo não se torne em sentimento, e o sentimento não evapore."

Muitas vezes, ela ministrava a cristãos professos. Porém, eles diziam, o tipo de cristianismo que ela apresentava tinha um custo muito alto. Para ser coerente, você não deve brigar, e eles amavam uma boa luta. "Sabemos o que significa agora, e é muito inconveniente", disse alguém; e outro disse: "Se tenho de ser convertido, terei de perdoar a ela, e não posso fazer isso no momento presente — portanto..."

Além da pressão intensa dessa obra, Amy enfrentou dor e agonia que ela imaginava já estarem em repouso: o Querido Homem Velho lhe pediu que retornasse para ele. Ele citou as comoventes palavras de Paulo dirigidas a Timóteo: "Apressa-te a vir antes do inverno."[1] No coração do Querido Homem Velho, não havia dúvida de que sua criança viria. "Era *agonia* (eu uso a palavra com cuidado) não voar para vê-lo. Mas eu não podia. Algo me detinha." Por fim, o Sr. Wilson escreveu para Amy:

> A Palavra do Senhor chegou a mim nesta manhã bem cedo. "Quem ama seu filho ou sua filha mais do que a mim não é digno de mim." "Atai a vítima da festa com cordas, até às pontas do altar." Jamais retroceder. Que seja assim, na força que ele supre. É bom ter algum presente de valor para apresentar ao Senhor que deu tudo de si em favor de nossa redenção. Louvado seja.

Amy escreveu para suas crianças:

> Daquele dia até o fim, não houve nenhum retroceder. A data da carta era julho de 1899. Conforta-me até agora saber que, depois daquele tempo com seu Senhor e Mestre, de manhã bem cedo, aquele amado homem idoso deve ter lido muitas palavras amorosas, porque um

1 2 Timóteo 4.21.

pequeno exemplar de *Luz diária* vivia sempre ao lado de sua pequena e velha Bíblia, que agora é minha. "Como alguém a quem consola sua mãe", e sua mente correria para o final desta promessa: "*Eu vos consolarei.*" Durante seis longos anos, ele esperou com paciência, e, então, as últimas palavras na página daquele livro se cumpriram, e seu Deus enxugou de seus olhos toda lágrima.

19

A VERDADE NUA E CRUA

Amy era inflexível em seu esforço para descrever com precisão como as coisas eram, sem mitigações ou embelezamentos artificiais — "Parece-nos que o Deus da Verdade não pede por embelezamento quando a palavra vem a seu servo. 'Escreve as coisas que viste.'" De que outra maneira as pessoas poderiam saber como orar em favor da obra? Como poderiam começar a imaginar o que o paganismo significava?

Perto do final do século XIX, uma sociedade missionária pediu a Amy que escrevesse sobre suas experiências. Ela escreveu como sempre escrevera em sua carta *Scrap* — a verdade franca. Não serviria. A comissão devolveu o manuscrito alegando-o muito desencorajador. Ela não poderia torná-lo um pouco mais palatável? Não. O manuscrito foi parar numa gaveta. Em 1900, dois amigos da Inglaterra visitaram-na por vários meses, fazendo viagens itinerantes com o grupo, vendo o que Amy via. Foram bem-sucedidos, e

Things as they are [As coisas como elas são] apareceu, aprimorado com fotografias tiradas por um dos amigos. Embora o escritor do prefácio o tenha elogiado falando dos "capítulos emocionantes", muitos leitores na Inglaterra o acharam tudo, menos emocionante. As coisas eram assim tão terríveis? Onde estavam as histórias de conversões dramáticas necessárias para atrair multidões às reuniões missionárias? Anos depois, Amy soube que uma comissão de cristãos tinha se reunido na Índia e pedira que ela voltasse para a Inglaterra, por causa do distúrbio que seu livro criara.

Visto que os relatos missionários incluíam geralmente mais sucessos do que fracassos, Amy tentou mudar o peso para o outro lado.

> É mais importante que você saiba sobre os reveses do que sobre os sucessos da guerra. Teremos toda a eternidade para celebrar as vitórias, mas temos apenas algumas horas antes do pôr do sol para conquistá-los. Não os estamos ganhando como deveríamos, porque a realidade dos reveses é tão pouco compreendida, e os reforços necessários não vêm, como deveriam vir, se a situação fosse completamente entendida. [...] Por isso, tentamos dizer-lhe a verdade — a verdade nua e crua.[1]

Com o propósito de fortalecer a credibilidade do livro, os publicadores acharam necessário incluir as cartas de segunda edição de missionários que certificavam os fatos.

"Não me surpreende o fato de que qualquer pessoa não familiarizada com a obra missionária na Índia fique chocada com os fatos narrados em *Things as they are*", escreveu um. "Mas, como alguém que trabalhou por quase 30 anos no âmago do paganismo, distante dos assédios da civilização, posso dar testemunho de que a realidade dos fatos excede em muito qualquer coisa que seria possível colocar em forma impressa."

1 Amy Carmichael, *Things as they are (Guerrards Cross, UK: Wentworth Press, 2016), p. 158.*

Indianos também deram testemunho da autenticidade do que Amy escrevera. "Imaginei estar vivendo novamente a minha velha vida entre os hindus. Posso corroborar honestamente tudo que disse em relação à vida religiosa e social dos hindus", escreveu Pandita Ramabai. Um editor de Madras, Krishna Ram, acrescentou: "Pergunta-se frequentemente se um hindu convertido de alta casta pode viver com seu próprio povo depois do batismo. Só aqueles que nada sabem das condições e do poder da casta que existe neste país é que fazem tal pergunta."

A incredulidade do público de mente inclinada a missões não mudou a resolução de Amy para apresentar a verdade amarga. Depois que o livro foi para a impressão, apareceu a seguinte história na *Scraps*:

> No vilarejo de Flower, há uma idosa viúva brâmane que está morrendo de tuberculose. Levei-lhe uma mistura para tosse e uma substância para esfregar em sua cabeça, a fim de aliviar a dor. Eu a visitei repetidas vezes, tentando novos remédios (sugeridos por um médico missionário que estava conosco) e fazendo tudo em que podia pensar, até onde ela me permitia, para ajudá-la.
>
> Como regra, um brâmane é muito receoso de tudo que recebe; e essa viúva idosa teve muitas lutas entre seu desejo de conseguir de nós tudo que pudesse e seu medo de receber de nós algo que, como ela mesma disse, "a levasse ao abismo de poluição", a nossa religião. Eu sabia que não podíamos lhe dar nada que a curaria, e lhe dissemos isso. A princípio, ela não acreditou em mim e pegava tudo muito avidamente, pechinchando sobre os frascos e as cortiças (como regra, não damos frascos, damos remédio; as pessoas trazem seus próprios frascos) e tentando, de toda maneira possível, me "persuadir", guardando-se sempre do perigo e recusando qualquer coisa que tivesse a aparência de pó, porque supunham que iludíamos os ingênuos fazendo-os comer, beber ou inalar algum tipo de pó. Nós o colocávamos na banana-da-terra para as crianças (por isso, nunca podemos dar bananas-da-terra ou, na

verdade, quaisquer alimentos comestíveis para crianças — frequentemente, quero dar doces para os queridos pequeninos, mas nunca o faço). Nós o colocávamos no leite, ou no remédio, ou simplesmente o polvilhávamos nas páginas de nossa Bíblia — eles acreditavam em tudo isso, exceto aqueles que nos conheciam bem. Por isso, a idosa brâmane era cuidadosa. Pegava uma pílula e a esmigalhava nos dedos: "Isso é apenas pó sólido, eu quero um líquido!" Levantava a mistura para tosse contra a luz — "Há pó flutuando nela. Eu quero uma mistura clara" — ou dizia: "Não quero nada que tenha de ser ingerido. Quero remédios externos. Deem-me algo que eu possa friccionar."

Ela tinha plena certeza de que, se apenas continuasse mudando os remédios com frequência suficiente, eu me cansaria de dar os errados e produziria um artigo genuíno que, ela tinha certeza, haveria de curá-la. "Por que você não o traz?", ela dizia, depois de cada nova tentativa. "Você não sabe que, por ajudar um brâmane, obterá grande mérito?" Ela nunca sonhou em ser grata no mínimo pelo que tentávamos fazer. E foi bastante condescendente em permitir que fizéssemos algo por ela. Por fim, parece que despertou nela o fato de que, se pudéssemos, nós a teríamos curado e de que, como não o fizemos, era evidente que não podíamos. Portanto, ela não viu mais utilidade em nós. Contudo, embora já tivesse se decidido a respeito disso antes de eu ir visitá-la ontem, ela não o mostrou a princípio. Tive permissão de me sentar humildemente a seus pés na varanda exterior, enquanto ela permaneceu sentada na soleira. "Seja muito cuidadosa para não me tocar", lembrou-me como de costume e, depois, me deixou ler para ela. "Por dez rúpias, alguém poderia comprar uma história como essa?" Isso era sobre a parábola do Bom Samaritano. Depois, "Como você não tem nenhum remédio para meu corpo, tem um remédio para a minha alma?" E alegremente eu lhe disse *sim*. "Por meio deste remédio para a alma, a minha alma recuperará a sua saúde?" Oh! quão alegremente eu disse *sim!* "E como alguém pode beber deste remédio para a alma?"

Eu lhe falei. "Então, por ouvir as Palavras de Deus e crer nelas, a pessoa recebe este remédio da alma? Logo, o remédio é recebido pelo ouvido e não pela boca e absorvido pelo coração, em vez de pelos órgãos digestivos?" Ela pareceu ter entendido muito claramente. "Não há mais nada a fazer? A pessoa tem apenas de ouvir e deixar as palavras 'penetrarem'? Em seguida, a pessoa as entende, e o seu coração crê nas palavras, e, assim, a saúde vem para a alma. Não é difícil", ela disse.

Então, ela se voltou com um giro repentino e jogou os dois frascos de remédio no meu colo. "É assim que você nos ilude!", ela disse, mas as palavras vieram com um tipo de sibilação. "Primeiramente, você tentou me fazer comer seu pó remodelado numa pílula; em seguida, tentou me fazer ouvir as palavras de seu Livro que, segundo parece, ao entrarem no ouvido, afetam a mente e o coração!" Depois, levantando-se e fitando-me como um gato velho faz cara feia para um rato, ela apontou para a rua, com sua mão idosa e magricela. "Vá embora! Você acha que eu permitirei que seu remédio entre em meu coração? Vá! Você não tem nenhum remédio que cure meu corpo. Não quero nenhum remédio para curar a minha alma. Você já conheceu algum *brâmane* que tenha bebido seu remédio? Vá embora!"

Ela empregou a palavra usada quando se fala com um servo e, em seguida, dirigindo-se aos curiosos, continuou, apontando para mim de maneira desdenhosa: "Ela pensa que peguei a contaminação de sua presença — ela, que come carne e socializa com pessoas de casta inferior — por causa do remédio de seu Livro que ilude as almas? Que ela vá embora. Não tenho nenhuma necessidade dela. Não tenho nenhuma necessidade de seu Senhor Jesus. Que ambos vão embora!"

As *Scraps* estavam produzindo algum resultado? Amy se perguntava.

Não digam: "Oh! elas nos interessam." Não estou preocupada em causar-lhes "interesse". Uma pessoa na Índia tem muito valor para que eu

> gaste um dia em um mês e dez meses em um ano apenas para causar-lhes interesse. [...] Nada é digno de ser feito, nada é digno de escrever, se não causa algo que permanecerá.

Algumas poucas linhas de *On the threshold of Central Africa*[2] [No limite da África Central], escrito por M. Coillard, falaram para Amy:

> Se aqueles amigos que culpam [...] pudessem ver o que vemos e sentir o que sentimos, seriam os primeiros a se admirarem de que os redimidos por Cristo sejam tão lentos em devoção e conheçam muito pouco do espírito de sacrifício pessoal. Eles se envergonhariam das hesitações que os obstruem. Mas temos de lembrar que não foi intercedendo pelo mundo na glória que Jesus o salvou. Ele se entregou. Nossas orações em favor da evangelização do mundo são mais do que uma ironia amarga se damos apenas a nossa superfluidade e retemos o sacrifício de nós mesmos.

2 M. Coillard, *On the threshold of Central Africa* (Legare Street Press, 2022).

20

UMA CRIATURINHA DESOLADA

Em 7 de março de 1901, algo aconteceu que "desencadeou o início de uma nova obra, à qual fiquei arraigada pelo resto da vida".

Amy e o Aglomerado Cintilante estiveram em ministério itinerante no distrito de Tinnevelly por quase um ano. Um dos vilarejos em que eles acamparam era Dohnavur. Esse vilarejo fora estabelecido em 1827 por Charles Theophilus Ewart Rhenius, um homem de influência poderosa na história missionária de Tinnevelly. Embora fosse um luterano da Prússia com inclinações pietistas, Rhenius fora enviado à Índia pela Sociedade Missionária da Igreja (Anglicana) em 1811, quando voluntários ingleses eram poucos e esparsos. Ele tem sido identificado como um dos mais hábeis, perspicazes, práticos e zelosos missionários que a Índia já teve. Foi o primeiro a promover a educação de mulheres, estabelecer sociedades cristãs com propósitos de caridade e reunir pessoas de cada vilarejo cristão para oração de manhã e à noite.

Desconfiado de encorajar um cristianismo meramente nominal, Rhenius cuidava para que cada indivíduo fosse treinado em doutrina, memorizasse a Escritura e fosse examinado antes de ser batizado. Ele ajudou a fundar organizações como a Sociedade Nativa de Folhetos e Bíblias e a Sociedade Missionária Nativa, que enviavam pessoas locais a vilarejos em que não havia cristãos. Congregações desenvolveram independência e um idioma cultural completamente tâmil, distinto do colonial ou europeu. Talvez o mais importante de tudo, Rhenius via o sistema de castas, em que toda a cultura e economia da Índia repousavam, como incompatível com o cristianismo, e tentou influenciar os crentes a quebrá-lo. Onde o evangelho de Cristo é pregado, crido e seguido escrupulosamente, aí há problema. A posição de Rhenius causou problema. Os cristãos foram (muito justamente) acusados de intolerância e se tornaram, eles mesmos, intoleráveis. A oposição atingiu um nível tal, que vilarejos de refúgio foram necessários. Alguns dos amigos de Rhenius, na Europa, enviaram recursos para sustentar esses vilarejos.

Repentinamente, 12 anos depois de sua chegada, a Sociedade Missionária da Igreja demitiu Rhenius e assumiu a sua obra. As razões para esse passo drástico estão em que ele era um luterano que ordenava indianos em violação da sucessão apostólica conforme definida pelos anglicanos. Não querendo obstruir, de modo algum, a obra de Deus, ele se retirou. Mais tarde, ao pedido urgente de seu povo, Rhenius voltou e continuou em seus esforços, tentando completar sua gramática de tâmil e sua tradução da Bíblia; morreu, porém, seis anos depois, antes de completar 50 anos de idade.

Dohnavur era um dos vilarejos de refúgio. Rhenius lhe dera esse nome em honra a um Conde Dohna, que enviara dinheiro para cristãos perseguidos.

Quando Amy e seu grupo itinerante apareceram lá, Dohnavur era

> um lugar ermo e queimado pelo sol, nas planícies abaixo das montanhas para o Ocidente, um amontoado de choupanas e casas pequenas ao redor de uma igreja relativamente grande com, além de paredes baixas e de barro, um bangalô velho e em ruínas, construído de tijolos de barro e caindo visivelmente aos pedaços.

Muitos dos cristãos que viviam lá eram nominais, descendentes dos que tinham "mudado de vida" durante os impetuosos movimentos cristãos iniciais nos séculos anteriores. Esse não era o tipo de cristão que Amy e seu grupo, bem como Rhenius, queriam multiplicar. Eles estavam dando sua vida para verem a fé verdadeira nascer — tanto em meros frequentadores de igreja como em hindus, alguns dos quais pareciam ser curiosos sinceros.

Em 4 de março, o grupo deixara Dohnavur, viajando à noite, como de costume, para retornar a seu velho "campo de batalha" no Oriente, o vilarejo de Pannaivilai. Não distante dali, no Grande Lago, havia um templo hindu. Eles haviam tentado muitas vezes falar com as *devadasis*, mulheres que serviam nos templos. Swami Harshananda, em *All About Hindu Temples* [Tudo sobre os templos hindus],[1] descreve a função delas:

> Este sistema era contestado pelos brâmanes. No entanto, devido à pressão dos reis e dos nobres, o sistema permaneceu. As moças escolhidas para se tornarem *devadasis* se casavam com a deidade no templo, de uma maneira cerimonial. Seus principais deveres consistiam em limpar o templo, abanar a imagem, carregar luzes, cantar e dançar em frente da imagem e dos devotos, e assim por diante.
>
> O sistema pode ter começado em algum tempo durante o século III d.C. Logo se degenerou em prostituição devido às notórias fraquezas humanas.

1 Swami Harshananda, *All about hindu temples* (Mysore, Índia: Ramakrishna Institute of Moral and Spiritual Education, 1979).

O grupo tinha visto algumas vezes mocinhas, compradas de suas mães ainda crianças e criadas na casa de mulheres do templo, onde, por ensino e exemplo, aprendiam a "profissão". Essas crianças eram "meninas graciosas, encantadoras em suas atitudes, quase sempre mais refinadas em maneiras do que as crianças comuns, e bonitas".[2] Amy e seus companheiros anelavam alcançar além das muralhas, mas a obtenção dessas crianças era sempre uma operação furtiva e secreta, fortemente guardada, e eles podiam apenas orar para que aquele para quem nenhuma muralha é um obstáculo lhes mostrasse uma maneira de consegui-lo.

As carroças de bois que levavam Amy e suas amigas indianas chegaram até ao velho bangalô em Pannaivilai na noite de 6 de março. Naquela mesma noite, aconteceu algo estranho no vilarejo adjacente.

Preena era uma criança de sete anos que vivia na casa do templo. Seu pai já era morto. Sua mãe fora convencida a dedicar Preena aos deuses. Uma vez ela conseguiu escapulir e retornar para sua mãe, uma caminhada de 32 quilômetros até Tuticorin, "uma das Sodomas da província". As mulheres do templo a rastrearam, e a mãe, ameaçada com a ira dos deuses, lacerou os braços da criança na altura do ombro e a entregou de volta. Marcaram as mãos dela com ferros quentes, gravando com eficácia em sua mente jovem a abominação de sua ofensa. Ela fugira de uma vocação sagrada.

Um dia, Preena ouviu por acaso uma conversa sobre "amarrá-la ao deus". Ela imaginou ser atada com cordas ao ídolo nos recessos escuros do templo. Qualquer coisa era preferível a isso. Então, ela resolveu escapar, não importando o custo. Como as outras mocinhas, ela estava sob vigilância constante. Só conseguiu pensar numa maneira de sair. Em desespero, foi até ao ídolo, lançou-se ao chão diante dele e orou para que pudesse morrer.

Na mesma noite em que o grupo de Amy chegou ao bangalô em Pannaivilai, Deus enviou um anjo à casa do templo. Amy o interpretou assim. Se ele pôde enviar um anjo à prisão em Jerusalém para livrar o apóstolo Pedro,

2 *Things as they are*, p. 160 e ss.

por que não a uma casa de templo num vilarejo da Índia para libertar uma mocinha? Amy escreveu que o anjo simplesmente a pegou pela mão, conduziu-a para fora, levou-a através do riacho e dos bosques. Parecia não haver outra explicação para ela ter enganado os olhos que observavam tudo e achar uma saída para ficar em segurança. A versão de Preena foi que ela ouvira as mulheres do templo chamarem Amy de "a *ammal* que roubava crianças", na expectativa de assustá-la. Em vez de acreditar nisso, a criança decidiu que aquela era a própria mulher que ela desejava achar. O final daquela tarde de 6 de março foi o tempo que ela escolheu. (Foi um anjo de Deus que escolheu? Ou talvez ambos? Porque frequentemente Deus opera por meio de escolhas humanas.) Uma mulher cristã chamada Serva de Jesus se deparou com aquela "criaturinha desolada, de cabelos despenteados e olhos atribulados", em pé, de frente para a igreja em Pannaivilai. Já era tarde; por isso, em vez de levar a criança de volta ao seu lugar, a mulher a manteve consigo durante a noite, intencionando devolvê-la na manhã seguinte. Mas Preena, em vez disso, queria ir para a mulher que roubava crianças.

Bem cedo, na manhã seguinte, Amy tomava seu chá matutino na varanda, quando Serva de Jesus, parecendo atônita, surgiu repentinamente com Preena. "Ela não sabia sobre o anjo, eu penso, e não podia entender isso." A criança correu diretamente para a dama branca, subiu em seu colo e começou a falar sem cessar. "Meu nome é Olhos de Pérola, e quero ficar aqui sempre. Vim para ficar."

Anos depois, a recordação de Preena de sua preciosa "Amma" (mamãe) era a de pegá-la em seu colo e beijá-la. "Eu pensei: 'Minha mãe costumava me colocar em seu colo e me beijar — quem é esta pessoa que me beija como a minha mãe?' Desde aquele dia, ela se tornou a minha mãe, de corpo e alma."

Se já não fosse tarde naquele dia em que Serva de Jesus achou Preena, ela a teria levado de volta imediatamente à casa do templo. Se o grupo de Amy não tivesse chegado ao bangalô naquela noite, não teria havido ninguém para abrigá-la. E, se Preena tivesse sido bem-sucedida em escapar mais cedo, Amy estaria a 80 quilômetros dali. Certamente, tudo isso foi uma maravilha de disposição de tempo providencial. Quando contou a história pela primeira vez em *Things as they are*, Amy começou o capítulo com as palavras de David Livingstone:

> Parece ter sido um erro imaginar que a Majestade Divina, nas alturas, fosse elevada demais para tomar qualquer conhecimento de nossos meros afazeres. As grandes mentes entre nós são notáveis pela atenção que dedicam a minúcias [...] nenhum pardal "cairá em terra sem o consentimento de vosso Pai".

Pouco a pouco, elas chegaram a conhecer a criança e se deleitar nela.

> Nós a observávamos com fascínio. Ela estava perfeitamente em casa entre nós. Corria, ajuntava folhas e flores e voltava com elas. Essas eram arranjadas em fileiras no chão. Depois, outra expedição, e voltava de novo com três pedrinhas que serviam como fogareiro; uma casca, como panela; pedaços de palha, como fogo; um graveto, como fósforo; e areia, como arroz. Ela seguia todas as minúcias da culinária tâmil com a maior seriedade. Depois, nós, com sua boneca, éramos convidados a participar. A criaturinha adentrava o nosso coração, e sentíamos que arriscaríamos tudo para mantê-la conosco.

Preena foi seguida, é claro. As mulheres do templo ("Somos servas dos deuses!") foram ao bangalô, multidões se reuniram, houve um rebuliço enorme. Preena não queria ir com elas, e Amy não a forçaria. Amy não ousou ficar perto da criança, para que não pensassem que ela tinha poder para enfeitiçá-la. Arulai, uma do grupo de Amy, levou-a para fora de vista, e a menina se agarrou a ela e soluçou, implorando-lhe que não deixasse que a pegassem. As punições eram cruéis — Preena tinha cicatrizes que provavam isso. Arulai conseguiu acalmá-la e levá-la de volta à multidão furiosa.

A mocinha ficou de pé bravamente diante de todos. Preena iria com elas? "Não irei!" foi sua resposta. Então, foram embora, declarando que escreveriam para a mãe de Preena, que a havia dado para elas.

Por um tempo, o grupo continuou sua obra como antes, mas, quando retornavam ao bangalô às noitinhas, havia uma criança para saudá-los. "Lembro-me de acordar para o conhecimento de que houvera um canto muito vazio em algum lugar em mim que a obra nunca preenchera. Lembro-me também de agradecer a Deus pelo fato de que não era errado ser confortada pelo amor de uma criança", Amy disse. A criança logo foi apelidada de Elfo. Uma manhã, Elfo perguntou a Amy:

"Você poderia ser boa sem a graça de Deus?"

Amy respondeu que certamente não poderia.

"Bem, eu posso!", disse Elfo. "Quero orar agora!"

"Agora? São oito horas agora. Você já não orou há algum tempo?" Seis horas era o momento de se levantarem.

"Não. Isso é exatamente o que eu quero dizer. Não fiz a minha oração nesta manhã; e, por isso, é claro, não recebi graça nenhuma; mas estive ajudando as irmãs mais velhas. Isso não foi certo?"

"Sim! Muito certo!"

"Mas, apesar disso, não recebi graça nenhuma! E suponho", ela acrescentou depois de uma breve reflexão, "que foi a graça de ontem que fez isso."

Amy Carmichael aprendeu verdades dessa criança que "escureceram a luz do sol". Amy ouviu de primeira mão do tráfico secreto de almas e corpos de criancinhas, coisas impensáveis, impossíveis naquele tempo para se escrever a respeito. Rumores que, de vez em quando, haviam chegado a Amy, durante suas viagens, ela tentara descartá-los como totalmente absurdos. Quando tentou (sem dúvida, nos termos mais delicados e indiretos possíveis) abordar o assunto com os missionários que podiam saber a verdade, ela foi silenciada com comentários sobre sua imaginação vívida, "mais ardente do que informada". Os rumores não podiam ser verdadeiros. Não era possível que fossem verdadeiros.

Existe certa dúvida quanto a se os fatos mais elementares da vida algum dia já foram explicados a Amy Carmichael. A palavra *sexo* não era tão mencionada inicialmente naquele século. Um missionário que trabalhou com ela muitos anos posteriormente insistiu que Amy não somente não conhecia na época a verdade sobre sexo, mas também que ela nunca a aprendera. Talvez não possamos dizer que a ignorância de Amy era tão abismal, mas é bastante claro que sua mente vitoriana se recusava a admitir pensamentos tão desagradáveis e certamente desnecessários. Ela entendia de fato do que estava salvando meninas? "Ela não sabia", disse o missionário recém-mencionado. "Sabia apenas que era horrível."

Ela fez o seu melhor para colocar em palavras o quanto era horrível. *Things as they are* tem um retrato de um homem santo meio nu. "Esta foto é de morte em vida", ela escreve:

> Uma carcaça, que anda e respira, pecadora. [...] Eu sabia algo sobre o homem. Sua vida é simplesmente impensável. E há quem fale de bestas em forma humana! Comparar homens maus com bestas é difamar os animais bons. É mais seguro estar no covil de um tigre do que no monastério desse homem. Mas é um santo do templo — carnal, sensual, demoníaco. Agora, coloque ao lado dele uma menininha — a sua própria — e deixe-a lá; *sim, deixe-a lá nas mãos dele.*

A evidência de crueldade emocional e física no sexo na Índia, quer no casamento, quer fora dele, sempre foi forte. A taxa elevada de suicídio entre mulheres jovens hoje apoia isso. Amy precisava apenas imaginar os detalhes. O profundo desejo de salvar as crianças se tornou um fogo em seus ossos. "Às vezes, os níveis amplos e tranquilos da vida são cortados por uma fenda chanfrada, de bordas escuras, aberta, como parece, por uma erupção da força impetuosa debaixo. E nos vemos repentinamente bem perto dela, que se abre ante os nossos próprios pés",[3] escreveu Amy. E Walker o confirmou: "Estamos bordejando o abismo, um abismo que é profundo e sórdido, além de qualquer descrição, o qual, apesar disso, é glorificado, aos olhos hindus, pelas sanções da religião."[4]

Mas como rastreariam essas crianças?

> Os desamparados pequeninos pareciam deslizar por entre os nossos dedos à medida que estendíamos as mãos para pegá-los, ou era como se uma grande onda rebentasse e os levasse para o mar. Em um tipo de desespero, procuramos um caminho. Mas descobrimos que tínhamos de saber mais antes que pudéssemos achá-lo. Pastar as pontas (da relva) é o sinônimo tâmil de conhecimento superficial. Se tínhamos de fazer algo por aquelas crianças, era em vão pastarmos as pontas dos fatos. Vários anos foram necessários para fazermos mais do que isso.[5]

3 *Things as they are*, p. 188.
4 Amy Carmichael, *Overweights of joy*, p. 35.
5 Amy Carmichael, *Gold cord*, p. 22.

21

FILHOS AMARRAM OS PÉS DA MÃE

Pacientemente, eles prosseguiram em seu ministério itinerante, acampando, buscando uma entrada nos lares, realizando "reuniões ao ar livre", com as interrupções comuns:

> Um carro de bois se locomove com estrondo ao redor [...] um rebanho de vacas, talvez 50 delas, fortes, com seus bezerros, e muitos búfalos, cada um deles resolvido a ir diretamente para sua habitação apesar dos obstáculos, tropeiam através da multidão. Uma noite, eu estava sentada na soleira de uma casa, com umas 12 mulheres ao meu redor, quando de repente um animal apareceu e, sem hesitar, passou diretamente por cima de mim e entrou.[1]

1 Amy Carmichael, *From the fight (Legare Street Press, 2022)*, p. 24 e ss.

A carta *Scrap* de junho de 1901 lista os membros do grupo como Ponnammal, uma viúva delicada, sensível, altamente encorajadora, "uma harpa — Deus dedilha suas cordas, e ela responde ao seu toque"; Marial, "uma querida, boa e resoluta alma pequena, com mais independência do que qualquer dos outros"; Pérola, a mulher de um só braço, a única mulher não casada entre elas, alta, angular, totalmente boa e digna de confiança; e Bênção, "uma idosa e grande trapalhona com uma valente singularidade de alma". Bênção tinha um hábito peculiar de balançar para baixo seu cabelo e girá-lo para cima de novo à medida que falava. Quarenta anos depois, Amy sorriu quando a idosa Bênção descreveu o hábito peculiar de Amy, sua maneira de mover-se — não caminhando, nem mesmo correndo, mas "voando", sempre olhando para seu relógio "para não desperdiçar momentos". Quando ela contava a história, lá vinha o cabelo para baixo e, com um giro rápido da velha mão magricela, ia para cima de novo. "E, frequentemente", disse Bênção, "sim, frequentemente, você me dizia: 'Você é um elefante para andar tão devagar?'"

Trabalhando com o grupo e aprendendo delas, havia cinco moças convertidas: Joia da Vitória, com 20 anos de idade, que chegara em 1898, a primeira de uma alta casta, corajosa e resoluta; Joia da Vida, de 19 anos, que chegou um ano depois; Arulai (Estrela), de 14 anos, uma moça de natureza intensa — "Ela foi ganha para um propósito, ainda por se manifestar"; Liberdade, de 16 anos, gorda, lenta, com pouca energia para envolver-se em travessuras, mas suportou grandes coisas por Cristo, foi espancada, teve seu braço rasgado com unhas; e Joia, que se apegou à fé em meio a problemas e dificuldades.

Por volta de junho de 1901, apenas três meses após a chegada de Preena, Amy se tornou Amma (do tâmil *ammal*, que significa "mamãe") para mais quatro crianças pequenas. Não eram crianças do templo, mas, por uma razão ou outra, precisaram de cuidado e foram recebidas por amor a Cristo. As moças convertidas ajudaram a cuidar dessas crianças, que foram apelidadas de Travesso, Bagunça, Duende e Encrenca. (A pobre e pequena Bagunça se revelou "uma fraude", embora não tenhamos uma indicação quanto aos motivos, e foi mandada para casa.)

"Filhos amarram os pés da mãe." Levou muito tempo para Amy entender a verdade desse provérbio tâmil. Esforçando-se, como sempre o fizera, para obter oportunidades para evangelizar, ela agora investigava por crianças do templo, à medida que viajavam e acampavam, procurando ser uma mãe de meio período para o grupo, para as moças convertidas e para os bebês. Esse não era um arranjo muito satisfatório, mas a vida missionária é cheia de arranjos insatisfatórios, e Amy não podia forçar-se a acreditar que deveria abandonar a obra de evangelizar. Quem a realizaria?

Deus tem muitas maneiras de ganhar a atenção de seus servos. Em julho, Arulai ficou gravemente doente com febre tifoide. Essa moça, "ganha para um propósito ainda por se manifestar", parecia estar morrendo. Todas as viagens foram suspensas, enquanto Amy e suas ajudantes, por três meses extenuantes e ansiosos, se dedicavam a tratar dela. Arulai se recuperou, mas Amy ainda não se dera conta da verdade de que a maternidade é um trabalho de tempo integral e de que sua família precisava de um lar. Ela era uma missionária. A maternidade não era o que Amy tivera em mente quando respondeu ao chamado de Deus. E quanto a um lar — ela não renunciara a todos esses confortos terrenos? Amy havia abandonado todo pensamento, talvez na caverna em Arima, no Japão, de ter um marido ou um lar. Ela escreveu:

> Se tua querida casa ficasse mais cheia, Senhor,
> Pelo fato de que mais vazia
> Minha casa na terra, que prêmio glorioso
> Seria essa recompensa.

A disposição ao sacrifício que flui de um coração repleto de amor e não do desejo por distinção espiritual é certamente aceitável a Deus. Porém, no caso de Abraão oferecer seu próprio filho Isaque, o próprio sacrifício nem sempre é finalmente exigido. O que é exigido é obediência.

O Pai celestial sabia do que a família precisava e estivera preparando uma resposta quando a questão de um lar ainda não fora suscitada. "Antes que clamem, eu responderei; estando eles ainda falando, eu os ouvirei."[2]

A combinação de eventos que colocaram Preena e Amy juntas mostrou os "caminhos misteriosos" do agir de Deus. Outro evento, não menos notável por seu mistério, visto que foi em si mesmo um mal, cumpriu sua parte no assentamento permanente do grupo. Quase no mesmo tempo em que Preena escapou, um homem foi assassinado na Austrália. "Aconteceu" que um missionário chamado Storrs, que deveria dar aulas para alunos de teologia em Dohnavur, estava na Austrália naquele momento, visitou o assassino que fora sentenciado à morte e o levou a Cristo.

Do relato de Amy, não é exatamente claro o que aconteceu com o Sr. Storrs depois. Ele foi "exaurido por isso" (talvez pelo fato de que o homem foi enforcado) e "perdeu sua capacidade de dormir". Não pôde retornar à Índia. Outra pessoa teria de dar aulas para os alunos de teologia. Por volta do final do ano, ficou claro que havia apenas uma possibilidade: Thomas Walker. Walker devia ir aonde os alunos estavam: Dohnavur. A "Família", é claro, tinha de ir com ele.

Foi assim que eles se mudaram do lado oriental do distrito para o lado ocidental,

> intentando mover-se adiante quando a nuvem se erguesse, de acordo com Números 9: "por dois dias, ou um mês, ou por mais tempo, enquanto pairava sobre ele, os filhos de Israel permaneciam acampados e não se punham em marcha; mas, erguendo-se ela, partiam."

Dohnavur, visto a princípio apenas como um centro para a obra de evangelização (havia 50 ou 60 vilarejos dentro de um raio de oito ou nove quilômetros), se tornou o lar para a Família, e, embora Amy não o soubesse ainda, ela estava

2 Isaías 65.24.

enraizada para o resto da vida. Da Irlanda para a Inglaterra, ela havia seguido o Pastor; depois, para o Japão, para a China, para o Ceilão, para a Inglaterra, para a Índia — Bangalore, Palamcottah, Pannaivilai e, por último, Dohnavur.

O deteriorado bangalô da missão tinha um teto vazante, um piso de barro e uma pequena janela. Contudo,

> logo achamos que lugar perfeito o Senhor havia escolhido para nós; pois, por fim, as crianças estavam salvas, e locomover-se com elas teria sido impossível. Se tivéssemos procurado em todo o Tirunelveli, não teríamos achado um lugar que fosse tão seguro e pudesse, igualmente, ser transformado num lugar bonito.

Amy não conseguia perceber ainda que tinha de se dar inteiramente às crianças, e, em janeiro de 1902, ela saiu em viagem de novo, desta vez para uma missão de seis semanas, com os Walker, em Travancore. Deixou Ponnammal em Dohnavur para lidar com o grupo, os convertidos e os "Botões de Lótus", como chamavam as crianças. Uma quantidade equivalente a 20 mil pessoas esteve nas reuniões de Travancore. Visto que o idioma era o malaiala, dois intérpretes foram necessários para os preletores (Amy e Walker), bem como prodigiosa força de pulmão, pois sistemas de sonorização públicos ainda eram desconhecidos. Não há nenhum registo de resultados espirituais, mas parece que (por meio dos esforços de Amy?) o ministro indiano, um cristão sírio, foi liberto das vestes bizarras que certos missionários ingleses haviam escolhido para ele — um terno de "xadrez violento" e um chapéu, com os quais "ele parece exatamente um macaco bem-vestido". Uma confortável túnica branca com mangas largas foi um alívio para ele e muito provavelmente outra marca negra na lista de ofensas de missionários mantida por Carmichael. Ela tinha uma propensão por coisas irritantes.

Se fosse possível realizar uma pesquisa de opinião com todos os missionários que já trabalharam em todo o mundo, em toda a história cristã, seria percebido que a obra missionária, na maior parte do tempo, oferece pouco do que possa ser chamado glamour. O que ela oferece, como Amy escreveu para futuros candidatos anos depois, é "uma chance de morrer" — ou, como Winston Churchill expressou seu desafio durante a Segunda Guerra Mundial, sangue, suor e lágrimas. A obra missionária oferece uma grande quantidade de labutar e lavrar, com, de vez em quando, um pouco de plantar. É a promessa de regozijar-se dada aos que saem "andando e chorando, ao levarem a preciosa semente", que dá ânimo. Isso era verdade no que diz respeito a Amy. Suas cartas para a terra natal não são relatos triunfantes de pessoas se convertendo dos ídolos para Deus, mas pequenas histórias de uma ou duas crianças em um vilarejo que estavam dispostas a aprender um versículo da Escritura, cantar uma simples canção evangélica; as entediadas mulheres brâmanes que foram entretidas por alguns momentos com as fotografias que Amy lhes mostrou; um diálogo ocasional com um hindu educado; um aluno que pareceu interessado na Bíblia. Entretanto, gradualmente, as cartas começaram a ser irradiadas com histórias sobre as crianças em sua Família.

Amy, aos 42 anos, com Lola e Leela

"Você levou uma varada na escola hoje?"

"Não, não exatamente. Estava sentada ao lado de uma menina muito travessa, e a professora tencionava dar-lhe uma varada, mas, por engano, a vara caiu sobre mim."

As perguntas eram encantadoras:

"Os peixes amam a Jesus?"

"Pedras são montanhas jovens, não são?"

Quando viram uma dama inglesa usando um véu:

"Elas não gostam de olhar para o lindo mundo de Deus? Gostam dele mais *pontilhado*?"

Amy pediu a seus amigos ingleses que mandassem camisetas de bebê e pedaços de tecido, mas *não* vestidos, para os quais não tinham nenhuma utilidade. Pediu bonecas — "de *meninas*, por favor. NÃO de meninos. Os jogos das crianças pagãs são tão terríveis, tão impensáveis, que bonecos nunca devem ser dados."

As moças indianas faziam o seu melhor para cuidar das crianças, mas a interação de Amy se tornou cada vez menos exequível. Por volta de agosto, ela escreveu: "Oh! Estou ficando com grande desejo por outra criança!" E começava a perceber que tinha de permitir a si mesma que seus pés fossem amarrados "por amor àquele cujos pés foram cravados".

22

O JAZIGO EMBAIXO DO CAMPO

A busca por crianças em perigo continuava diligentemente, mas tão quietamente quanto possível. Eles achavam que havia quatro razões para as crianças serem dedicadas aos templos. Às vezes, isso se dava por causa de um voto ou de obediência a um costume da família. Às vezes, era para escapar de algum embaraço social, como uma aliança fora da casta. Quando uma viúva pobre ou uma esposa abandonada não encontrava um marido adequado para sua filha, ela a casava com o deus. Em alguns casos, a falta de dinheiro para realizar as cerimônias fúnebres exigidas pela casta tentava a mãe a entregar sua filha por amor a seu marido.

Demorou três anos para acharem a segunda criança do templo, três anos durante os quais o Aglomerado Cintilante continuou a viajar para tentar fazer o impossível. Durante esse tempo, a carta *Scrap* foi em menor quantidade e mais esparsa, porém Amy escreveu muitas cartas para amigos na Índia, pedindo ajuda para achar as crianças. Ela investigava todo meio possível de se aproximar dos oficiais que poderiam ajudar a salvar crianças, e apelava às pessoas de sua terra natal que orassem por isso. Seu livro *Things as they are* parecia não ter nenhuma utilidade contra as poderosas forças do sistema que era o hinduísmo. Um dia, desesperada por achar palavras poderosas o suficiente para queimar a consciência das pessoas, ela clamou a Deus que lhe desse as palavras. Ela escreveu a resposta num velho livro de exercícios:

> Tu terás as palavras,
> Mas a este custo: deves primeiro ser queimada,
> Queimada pelas brasas vermelhas de um fogo secreto,
> Crestada pelas flamas ardentes e ventos causticantes que varrem
> Todo o teu ser, levando-te para longe
> Dos velhos deleites. O fogo ardente
> Não consome o coração da montanha antes do jorro
> De lava fervente? Queres tu confortavelmente,
> Como que de fontes agradáveis e frescas, jorrar em fogo?

Reformadores trabalhavam tanto em Bombaim quanto em Calcutá, "mas o assunto estava repleto de dificuldades, e ação naquele tempo parecia ser impossível".[1] Certa ocasião, ela foi convidada para se reunir com um grupo de homens que poderia exercer influência em formular uma lei para proteger crianças.

> Dois dos dez homens foram sérios e sinceros; os outros oito gostaram da conversa preparatória e subsequente sobre toda a ação na Índia, mas não viram nenhuma razão extraordinária para qualquer tipo de esforço imediato. O mal estava diminuindo: educação e civilização, essas influências

1 *Gold cord*, p. 29.

enaltecedoras permeariam gradual e agradavelmente a sociedade. E, enquanto isso, perguntamos, o que se faria a respeito das crianças que pereciam? Oh! Era triste, sem dúvida; o fato de que perecessem era mesmo lamentável. Mas, afinal de contas, havia de fato muitas em perigo? De sua parte, um cavalheiro idoso duvidou disso, mas acrescentou prontamente, alheio à força de sua admissão: "Uma mudança na lei é muito exigida."[2]

Amy continuou visitando algumas das mulheres indianas que haviam sido mencionadas em *Things as they are*, na esperança de achar resultados da onda de oração que ela acreditava que o livro teria produzido na Inglaterra e em outros lugares. Ela relatou em sua carta *Scrap* que achou pouca evidência. Uma senhora, tão bondosa e hospitaleira em lhe dar leite de coco e doces, disse que havia escolhido a casta acima de Cristo.

> Em sua bondade, pessoas tentam nos distrair do que não poderia ser esquecido. Estar com elas, ouvir sua conversa, tão clara e amigável, ler seus livros, olhar para suas coisas agradáveis era como estar em algum campo bem verde, cheio de flores benditas. Mas, de vez em quando, a face do campo caía e descobria um jazigo embaixo; e, no jazigo, cadeias, trevas e almas de crianças novas. [...] A desolação das crianças que não tinham nenhum libertador, o erro que não podíamos remediar, o temor, a morte insensível do pecado forçado. Quão pouco disso pôde ser mostrado na época ou pode ser mostrado agora.[3]

Quando Amy falava das meninas-esposas, de doze, dez ou oito anos de idade, as pessoas diziam: "Oh! Você está querendo dizer desposada! Outro caso de exagero missionário!" Não, ela não se referia a desposada. "Queremos dizer realmente casadas."

2 Amy Carmichael, *The beginning of a story and the continuation of a story: to the temple children's friends* (CreateSpace Independent Publishing Platform, 2015).
3 *Gold cord*, p. 31.

Katherine Mayo, em sua obra *Mother India* [Mãe Índia], documenta caso após caso de destruição física horrenda ("pelve esmagada e fora do formato natural", "tão completamente danificada que estava quase além de restauração cirúrgica", etc.). Isso resultava de casamento infantil, o que,

> como seu pano de fundo de consentimento público, está profundamente arraigado no passado remoto de um povo ultraconservador e ardentemente religioso. Qualquer pessoa curiosa quanto à intensidade com a qual isso seria defendido pelo povo, tanto aberta quanto secretamente e em nome da religião, contra qualquer ataque frontal, achará uma resposta na obra extraordinária e nos livros muito reservados da Srta. Amy Wilson-Carmichael.[4]

Uma noite, quando Amy estava com toda a responsabilidade pelo complexo missionário (os Walker estavam de licença na Inglaterra), ela teve o que era semelhante a uma visão. As árvores de tamarindo ao redor do bangalô eram oliveiras, e sob elas um homem estava sozinho de joelhos. Amy sabia que era o Senhor, orando ali no jardim em favor das crianças. Portanto, o fardo era dele e não dela. Não precisava pedir-lhe que o compartilhasse com ela. O Senhor estava pedindo que ela o compartilhasse com ele, que procurasse com ele as ovelhas perdidas. "Quem poderia ter feito algo mais além de ir ao jardim e se ajoelhar ao lado do Senhor, sob as oliveiras?"

O poema de Amy "A comunhão de seus sofrimentos"[5] deve ter vindo daquela experiência à noite. Ela é "o amante". O pronome masculino se refere a ela mesma.

> [...] Vagamente distinta, ele viu uma visão passar
> Daquele que sozinho, sozinho, o cálice tomou.
> Então, dele um gemido suave irrompeu,

4 Katherine Mayo, *Mother India* (Nova York: Harcourt, Brace, 1927), p. 48.
5 Amy Carmichael, *Toward Jerusalem (Fort Washington, PA: CLC Publications, 1988).*

> Um clamor a Deus pela dor, qualquer dor,
> Exceto esta última aflição; e ele se moveu
> De novo, em contrição, para os pés do Senhor.
> [...] Nunca um anjo disse, mas disto eu sei:
> Aquele para quem a noite no Getsêmani
> Abriu seus segredos não podia senão ir
> Brandamente até lá, como um recém-inocentado,
> Amando intensamente, como um mui perdoado.
> E nunca, nunca, seu coração pode esquecer
> Aquela Cabeça com os cabelos todos molhados
> De orvalhos vermelhos da extremidade do Amor,
> Aqueles olhos dos quais fluíram fontes de amor,
> Lá, no Jardim do Getsêmani.

Enquanto ela orava, um pastor da parte norte do distrito viajava. Ele se deparou com um grupo de mulheres do templo com crianças e orou, ali mesmo, naquele momento, que algo fosse feito. Quase imediatamente ele ouviu sobre uma bebê que acabara de ser recebida por uma mulher do templo. Ele foi capaz de resgatá-la. Em 1º de março de 1904, a primeira bebê do templo, com apenas 13 dias de vida, estava nos braços de Amy — "a face nova e cansada de bebê, o choro fraco e exausto, as mãozinhas se movendo inquietamente, como que apalpando por uma mãe". Ela quase morreu naquela mesma noite, e "dificilmente entendemos o que havíamos feito". Preena teve permissão de escolher o nome para a bebê. Escolheu o nome de uma das pedras preciosas da muralha da Cidade Santa: Ametista. A segunda bebê, também salva por um pastor indiano, recebeu o nome de Safira. Era uma bebê amável e sorridente, "um dom rechonchudo de alegria".

Uma menina chamada Lavana veio, desafiando os apelos de seus pais de retornar para eles. "Não posso voltar", ela disse, "sou uma cristã." Eles tentaram iludi-la com joias. "Não quero joias. Tenho Jesus agora." Por volta de junho, a Família havia crescido e incluía 17 crianças, seis das quais eram respostas diretas à oração de muitos anos — eram crianças do templo.

As mulheres do grupo missionário estavam aprendendo que, se o Senhor da glória pegou uma toalha e se ajoelhou no chão para lavar os pés empoeirados de seus discípulos (o trabalho do servo mais inferior num lar do Oriente), nenhum trabalho, até mesmo a incessante e muitas vezes bagunçada rotina de cuidar de bebês chorões, é degradante. Oferecê-lo ao Senhor da glória transforma-o numa atividade santa. "Seria correto", Amy perguntara, "deixarem de lado tanto que poderia ser lucrativo para se tornarem apenas babás?" A resposta era *sim*. Não compete ao servo decidir qual trabalho é grande, qual é menor, qual é importante ou insignificante. Ele não é maior do que seu Senhor.

"Se, por fazer algum trabalho que os sem discernimento consideram 'trabalho não espiritual', posso ajudar melhor outras pessoas, mas interiormente me rebelo, pensando que é pelo trabalho espiritual que eu anseio, quando, na verdade, anseio pelo interessante e empolgante, então, não sei nada a respeito do amor do Calvário",[6] Amy escreveu depois de muitos anos dessa obra "não espiritual".

As instalações para o cuidado dessas crianças eram deficitárias. Um cômodo longo, baixo e de barro servia como cozinha, sala de jantar e berçário noite e dia, tudo em único lugar. Muitas das crianças eram fracas quando chegaram e precisavam de leite materno. Elas não puderam achar ninguém no vilarejo disposto a amamentar crianças dos outros. Mais tarde, quando uma mulher do vilarejo consentiu em amamentar um dos bebês de Amy, a fim de salvar sua vida, o marido dela matou-a por envenenamento com arsênio por haver, assim, pecado contra a casta.

Na véspera de Natal, Amma estava na igreja do vilarejo com uma bebê doente em seus braços, à procura de uma mãe cristã (uma mãe *cristã* estaria mesmo disposta?) para amamentá-la. Não houve nenhuma. O que deveria

6 Amy Carmichael, *If* (Londres: Society for the Promotion of Christian Knowledge), p. 43.

fazer então? Quem sabia como preparar uma comida de bebê? Como saberiam que comida seria adequada para esta ou aquela criança? Amy não tinha para onde se voltar, senão para Deus. Ela pediu sabedoria, e esta veio. Deus enviou outra bênção naquele ano: o Sr. Walker retornou, trazendo consigo a mãe de Amy.

"Uma atmosfera de amor e obediência permeia o complexo missionário", a Sra. Carmichael escreveu para uma amiga da terra natal.

> Nesta família enorme, de mais de 30 pessoas, incluindo desde a idade de 34 anos até um bebê de nove meses, não tenho visto nenhum rosto irado, nem ouvido nenhuma palavra impaciente. Um grupo de mulheres amáveis, altruístas, moças e crianças que não se acham facilmente. [...] Visto que chegamos aqui há um mês, posso dizer com verdade que [Amy] quase não tem tido folga, nem mesmo para comer. Ela é mãe, médica e enfermeira, dia e noite.

Alguém que amava especialmente essa *Atah* (palavra de bebê para chamar *vovó*) era a pequena Indraneela, "Safira". Em uma das festas da família, as crianças, vestidas de carmesim, amarelo e azul, bateram palmas e chamaram "Indraneela! Indraneela!". A bebê dançou e bateu palmas com as outras e, como criança que estava aprendendo a andar, caminhou em direção a todos os que a chamaram. Ela bateu palmas quando viu flores e bateu de novo com a música.

Poucas semanas depois, uma epidemia irrompeu. Duas bebês morreram, e Indraneela, a única bebê que restou, repousava quieta no colo de Atah. Ela ouvia o som das crianças vindo da escola e tentou de novo bater palmas. Seis crianças ficaram doentes nessa época, e o cuidado delas teve de ser dividido. Amy e Arulai ficavam com Indraneela de manhã bem cedo.

> Pouco antes do alvorecer, ela chamou e, levantando a mãozinha tão alto quanto podia, apontou para cima. Depois, apontou para uma caixa de

> música que sempre mantínhamos ao lado de sua cama; e, quando a caixa de música lhe foi dada, ela girou a manivela até que surgiram as primeiras notas. Ela havia tentado muitas vezes antes, mas nunca tinha logrado girar sozinha a manivela. Nessa ocasião, Indraneela parou e olhou para cima com aqueles olhos jubilosos, tão diferentes dos olhos de um bebê em firmeza de expressão: "Deixem-me ir para o meu céu! Uma harpa pequenina me espera lá!"
>
> Ela ofereceu suas mãozinhas para serem beijadas e depois, cansada, caiu no sono. Nas poucas horas seguintes, percebemos nitidamente a expressão da eternidade se aprofundando nos olhos da bebê. Depois, houve uma quebra de silêncio repentina, um chorinho e a palavra de bebê para chamar a mamãe: "Amma!"

Um anjo veio para ela, disse Amy — tocou-a gentilmente, para que ela dormisse e acordasse para a música do céu. Amy levou as crianças para o jardim e lhes mostrou as capuchinhas e as cordas-de-viola que não floresciam como deviam. Mas um lírio bonito, o primeiro que florescera ali, se abrira naquela mesma manhã.

"Se Jesus viesse ao nosso jardim", ela perguntou, "qual flor vocês lhe dariam?"

Elas correram para o lírio.

"Nós lhe daríamos *esta!*"

Ela daria a Jesus o seu lírio? Indraneela era, Amy tinha certeza, a filha de uma raça antiga e real. Nela havia algo nobre, algo elegante e imperioso em suas maneiras. *Nós lhe daríamos esta! Nós lhe daríamos esta!* — as palavras continuavam se repetindo na mente de Amy. Ela daria, poderia dar a Jesus *esta* flor? Quando descansava em seu quarto no final daquela tarde, tentando reunir forças para o sepultamento da bebê, ela ouviu os alunos do Sr. Walker lerem em voz alta no livro de Êxodo a descrição do peitoral do sumo sacerdote, que tinha quatro fileiras de pedras. Na segunda fileira, estava a safira. Era a palavra de que ela precisava. Sua Safira foi "colocada no peito do Senhor". A criança estaria segura ali.

> Queridos pezinhos, tão ávidos para andarem,
> Mas nunca andaram de modo entristecedor,
> Querida boquinha, tão ávida para comunicar,
> Mas nunca feriu com palavras que não podia falar.
> Queridas mãozinhas, em ávido bem-vindo estendidas,
> Querida cabecinha, que jaz a meu peito encostada,
> Pai, eu te dou minha Indraneela,
> Tu cuidarás dela até àquele dia.

Três meses depois, um telegrama informou a Amy que seu Querido Homem Velho morrera em 19 de junho. Dois meses depois disso, ela escreveu: "Ainda não chegou o momento em que eu consiga falar sobre este assunto."

23

A IMPRESSÃO DO ANEL DE SINETE

Datas tinham um significado especial para Amy Carmichael — o tempo era uma criação de Deus e devia ser anotado e usado com oração e diligência. Como os israelitas que, ao mandado de Deus, estabeleceram montes de pedras para lembrar-lhes os lugares em que Deus se encontrara com eles de maneira particular, Amy estabeleceu certos dias para lembrar a Família das providências de Deus. Porque Preena chegara no dia 6 de março (1901), e Indraneela morrera no dia 6 de janeiro (1905), um dia de oração foi instituído no sexto dia de cada mês para interceder pelas crianças em perigo. Ainda é mantido. A Família se reúne e se ajoelha, um dos membros lê os nomes dos vilarejos, e todo o grupo responde: "Senhor, salva as crianças nestes lugares." Amy fez uma Caixa de Louvor em que pedaços de papel com motivos pelos quais agradecer a Deus eram colocados. Essa caixa era aberta no Dia de Oração, e os membros da Família agradeciam a Deus juntos.

Os trabalhadores indianos eram constantemente aprofundados em seu amor pelos filhos e pela dedicação ao trabalho que "não era naturalmente fácil para a carne, especialmente a carne indiana". O berçário esvaziado pela epidemia foi enchido de novo. "Mas o apego dessas criaturas pequeninas à vida é muito tênue, e tenho receio de falar muito sobre elas." Até a Sra. Carmichael, que criara sete bebês, não sabia o que fazer com alguns dos escassos e pequenos retalhos que lhe chegavam às mãos. Ela sabia costurar e bordar e podia ensinar inglês; por isso, as meninas mais velhas se sentavam a seus pés e aprendiam sempre que achavam tempo entre ajudar a cuidar das mais novas e das bebês. Como uma família, todos costumavam entender que cada um devia ter sua parte no que é necessário para ter um lar.

Um dia, em 1905, "Jesus veio a Dohnavur". Foi assim que Amy descreveu o que ocorrera na pequena igreja do vilarejo ao lado do complexo missionário. Todos estavam juntos — crianças da escola, trabalhadores, servos do bangalô, alguns cristãos do vilarejo. O que começou a ser uma reunião comum se tornou "num furacão de oração", que prosseguiu por horas. Amy o viu como um avivamento, uma grande resposta à sua oração constante em favor de um edifício feito de ouro, prata e pedras preciosas, em vez de madeira, feno e palha. Ela ficou desapontada, porém, com o fato de que somente a Família pareceu ter sido avivada, ao passo que os membros da igreja continuavam como sempre. Quando o Espírito de Deus sopraria intensamente sobre os cristãos nominais no sul da Índia? Ela se esforçava para evitar o criticismo, mas não podia suspender sua faculdade de julgamento. A igreja não era um organismo tão vivo e vital como deveria ser, e o impacto do pequeno grupo que vivia ali foi, sem dúvida, muito fraco. Deus escolhe as coisas loucas para confundir os sábios, as fracas para confundir os fortes, mas ninguém parecia estar sendo confundido de maneira alguma.

A necessidade de cuidados médicos para os bebês levou à abertura de um berçário filial em Neyoor, à distância de um dia e meio de viagem, em carroça de bois, a partir de Dohnavur. Em Neyoor havia um posto médico da Sociedade Missionária de Londres. Em pouco tempo, havia lá 15 bebês de

Dohnavur. Ponnammal ("o dom de ouro de Deus para o trabalho") foi colocada como responsável, embora ela mal pudesse ser poupada de Dohnavur, porque Amy tinha ido para seu país. A princípio, as mulheres que estavam sob a responsabilidade dela, babás jovens e mulheres mais velhas que eram recém-convertidas, se opuseram a fazer um trabalho que estivesse abaixo de sua casta. Ponnammal havia aprendido de Amy que "o trabalho de mãe", como qualquer outro labor honesto, é de Deus e não deve ser rejeitado, mas, em vez disso, deve ser consagrado a ele. Amma lhe havia ensinado o alvo das pessoas de Keswick: *nada menos do que andar com Deus o dia inteiro*. A natureza da própria obra não fazia diferença nenhuma. Isso era uma ideia chocante para pessoas doutrinadas em castas, mas Ponnammal estabeleceu o exemplo para as outras, fazendo quietamente o que elas não cuidavam de fazer. Seu espírito produziu uma nova atmosfera no lugar; e chegou o tempo em que não havia nenhuma babá que se recusasse a fazer o que precisava ser feito.

Amy chegou um dia para uma visita e achou as bebês "fora, ao ar livre", enquanto as babás faziam seu trabalho da manhã. Algumas das bebês estavam deitadas em tapetes; algumas balançavam em redes penduradas de uma árvore; outras estavam em balanços.

> Elas pareciam entender que era inútil exigir atenção naquele momento. E ficaram muito pacientes e satisfeitas. Porém, quando as babás reapareceram, cada pequeno infante começou a protestar. [...] Consideraram ser colocados ao ar livre um procedimento enfadonho, tolerável apenas quando não se tinha nada melhor em perspectiva.

A Família não podia viver sem dinheiro. De onde viria? Outras missões tinham suas maneiras de arrecadar dinheiro. Mas aqueles métodos não faziam parte do Padrão Mostrado no Monte, como Amy chamava os princípios que ela pensava Deus lhe dera para a Família. Ele lhe dera dinheiro para O Bem-Vindo e para cada necessidade desde então. Por que não esperar que ele continuaria a fazê-lo? Quantidades não eram nada para ele. Deus também não tinha falta de métodos. Se corvos eram necessários para alimentar o profeta Elias, Deus os enviava. Por que ele não enviaria corvos a Dohnavur se quisesse? Se ele alimenta as aves e veste as plantas e as flores, por que não esperar dele a mesma provisão?

> Não falamos quando estamos em necessidade, exceto quando nos pedem especificamente, e, ainda assim, nem sempre o fazemos; pois com frequência o guiar parece ser silencioso, exceto em direção a Deus, e tememos que nossas criancinhas não pareçam aumentar os clamores, entre os muitos, por ajuda, o que poderia pressionar fortemente os corações dos doadores na terra natal e impedir qualquer coisa que deveria ser enviada para outros lugares. Dependemos dos versículos que nos garantem que nosso Pai sabe das nossas necessidades e confiamos que, para esse Pai, saber é prover.
> Lembramos um tempo de ameaça de escassez, quando os preços subiram repentinamente, e precisávamos de 20 libras para fazer um estoque de arroz em casca. Aquela semana nos trouxe uma doação singular de 20 libras de um amigo na Inglaterra, cujo próprio nome, até este momento, nós desconhecemos. Assim, o arroz em casca foi derramado num grande monte no chão e medido, e pagamos por ele com corações leves e felizes. De novo, lembramos o dia em que chegou uma carta dizendo-nos que havia uma criança em perigo num lugar distante. Dinheiro suficiente para atender às despesas necessárias tinha de ser enviado naquela mesma tarde, ou, do contrário, ela seria apropriada, e não haveria nenhum livramento dessa apropriação. Não tínhamos em mãos dinheiro suficiente para pagar a principal despesa, a longa viagem daqueles que a trariam para nós; e nenhum dinheiro provavelmente chegaria até nós, ainda que enviássemos um cule com um cheque para pegar dinheiro, o que levaria dois dias a partir daquele momento. Enquanto líamos a carta, nosso bom carteiro, que é um tipo de Corvo visível, apareceu alegre com um rolo de rúpias em sua mão. As crianças mais velhas, que estão em nossa confiança, conhecem a aparência e o significado de rolos de rúpias como esse; e houve um grito alegre

> de "ordem de pagamento!" Era do Canadá, suficiente para cobrir as despesas relacionadas ao livramento da criancinha. Amontoamos o dinheiro no chão e nos ajoelhamos ao seu redor para agradecer a Deus. O dinheiro significou a redenção de nossa pequena e querida Arteira.

Esse e outros incidentes que mostraram o suprimento de Deus foram recontados num livreto intitulado *The beginning of a story*[1] [O começo de uma história], publicado em 1908. Nessa e em outras obras, Amy escreveu que apelos por dinheiro jamais foram feitos ou autorizados a serem feitos. Na página 19, porém, ela se permitiu dizer:

> Naturalmente, nossa maior necessidade, além da oração, é apenas a simples e franca necessidade por dinheiro — para alimentar nossas crianças e vesti-las, bem como para custear as longas viagens relacionadas ao resgate delas e todas as outras despesas implícitas na salvação de crianças do templo.

Era uma mera afirmação de um fato, tão óbvia que dificilmente precisaria ser dita. Mas posteriormente Amy retirou o livro de circulação, temendo que essa linha poderia ser entendida como um apelo por recursos financeiros. Ela não se importava de listar outras necessidades em suas cartas para a terra natal: *oração*, em primeiro lugar, último e sempre; depois, materiais de costurar e de escrever, lápis coloridos, chocalhos para bebês, camisetas cor-de-rosa ou brancas, tecidos de cetineta ("azul, branco, verde-musgo, terracota ou dourado brilhante, não laranja, nem limão — não temos nenhum uso para cores feias. Não são necessariamente mais baratas do que as cores bonitas. Se o fossem, eu oraria por graça. [...] Digo muito humildemente: mandem-nos algo bonito").

1 Amy Carmichael, *The beginning of a story and the continuation of a story*.

A Família se tornava rapidamente maior do que as acomodações disponíveis, mas planejar e financiar a expansão era um negócio sério. "Despesa leva a despesa", ela escreveu alguns anos depois. "A única despesa, e todos os seus desenvolvimentos, pela qual Deus pode ser considerado responsável é aquela que ele dirige." Perguntas sobre finanças eram feitas constantemente. Amy afirmava repetidamente sua posição: nosso Pai celestial sabe do que necessitamos e o supre para nós.

> Não há nenhum mito, nenhuma imaginação nisso: Deus ouve realmente quando falamos com ele; e nos responde de verdade. Dinheiro é algo tangível e inconfundível. Você não pode agir quando não o tem como agiria se o tivesse. Não é um caso de "creia que você o tem, e você o tem" — esse tipo de fé me intriga desde criança. Creia que o dinheiro virá, sim, se a sua ordem é seguir adiante e comprar terra, ou construir prédios, ou salvar crianças. Mas ai de você se imagina que foi orientado a fazer tais coisas e, depois, descobre que a ordem não tinha o selo do alto. Mas o sinal, a própria impressão do anel de sinete... é algo solene de ver.[2]

A tenda-creche

2 Amy Carmichael, *The beginning of a story and the continuation of a story.*

No início de 1906, quando parecia que eles tinham de expandir, pediram "a impressão do anel de sinete" na forma de três sinais:

1. posse de um campo adjacente;

2. dinheiro para dois berçários, um jardim de infância e salas para os trabalhadores;

3. um aumento acentuado da Família.

Duas respostas vieram em tempo breve. O campo foi comprado. Dezessete crianças chegaram entre a primavera e o outono de 1906. O dinheiro ainda não estava em mãos, mas, devido às chuvas, o prédio também não podia ser começado.

Independentemente de quão atarefados fossem seus dias e noites, de quantas demandas exigissem seu tempo, de quão impossíveis fossem a privacidade ou o tempo de reflexão, Amy Carmichael conseguia escrever. Era uma necessidade imposta sobre ela. Enquanto viajava em ministério itinerante, evangelizava, ensinava e exercia maternidade (qualquer um desses deveres poderia ter exaurido uma mulher comum), Amy dava um jeito para, de algum modo, arranjar tempo e reservar energia para escrever. Nessa época, ela já tinha uma máquina de escrever, o que significou o fim de escrever cartas à mão para a terra natal. Embora não tenha sobrevivido nenhuma carta *Scrap* de 1904 (não é difícil supor que ela estava, literalmente, muito ocupada para escrever) e apenas duas de 1905, Amy escreveu *Overweights of joy* [Sobrecargas de alegria], uma sequência de 300 páginas de *Things as they are*. Foi publicado em 1906, com a esperança de que alguns cujo espírito absorvera os fatos terríveis narrados no primeiro livro achassem "algo cordial" no segundo, embora não houvesse nenhuma tentativa de suavizar os fatos narrados em *Things*. O segundo livro tinha o propósito de ser uma canção de louvor em meio às trevas que eram o pano de fundo da obra missionária. Além de muito mais histórias dos poderes do paganismo e sua indiferença à mensagem de Cristo, o livro contém histórias felizes e fotografias das crianças tiradas das trevas para a luz. Leela era uma dessas crianças. Ela assimilara uma boa quantidade de teologia.

> "No princípio", começou Leela em tons melífluos, "o diabo mau era bom. Era um anjo. Vivia no céu. Um dia, todos os anjos vieram cantar para Deus. Então, o diabo ficou zangado. E ficou cada vez mais zangado. Ele foi muito rude para com Deus." Aqui, Leela pareceu congelar toda, e sua voz ressoou muito profunda e solene. Irreverência estava longe de sua intenção. "Aquele diabo mau, mau, disse: 'Não ficarei mais diante da cadeira de Deus e não cantarei mais para Deus. *Quero me sentar na cadeira de Deus e fazer Deus cantar para mim!*'" Houve uma pausa perfeitamente horrorizada, quando a enormidade da transgressão se tornou evidente. "Por isso, Deus o pegou e o lançou para fora do céu; e ele se tornou no diabo."[3]

Uma noite, numa pequena casa lotada no vilarejo de Dohnavur em 1900, pediram a Amy que tratasse de um menino com pneumonia. Era sua primeira experiência de ter sob o seu encargo alguém tão doente, e, embora desconfiasse do método de tratamento (emplastros de óleo quente), ela achou que não podia aumentar a desconfiança da família por sugerir outro método. "Pela bondade do Senhor, aquele que cura, o menino se recuperou, bem como todos os outros tratados da mesma maneira primitiva, mas eu olhei para o alto [isto é, orei] naquela primeira noite e roguei por uma enfermeira treinada." Quase sete anos depois, uma mulher jovem, crendo que Deus a havia chamado para essa obra, chegou a Dohnavur. Ela era amável e altruísta, mas permaneceu apenas alguns meses antes de sair para casar-se com um homem que conhecera a bordo do navio.

O cólera atingiu o vilarejo em dezembro de 1906. "Noite após noite, estávamos nas pequenas choupanas afetadas, dia após dia também [...] e o que o cólera pode ser, ninguém pode começar a entender se não o combateu sozinho, sem um médico, sem armas modernas."[4]

O médico e as armas modernas demorariam a chegar. A obra de Deus é feita no cronograma de Deus. Suas respostas às nossas orações vêm sempre

3 *Overweights of joy*, p. 264.
4 *Gold cord*, p. 56.

no tempo certo — seu tempo. Seus pensamentos são muito mais elevados do que os nossos. Sua sabedoria excede o entendimento.

Embora o cólera tivesse rondado muitas vezes a Família em Dohnavur, nem uma vez entrou pelos portões, ainda que com frequência Amma e suas auxiliares tivessem de voltar diretamente do vilarejo para o complexo missionário, demorando apenas o suficiente para mudarem de roupas. Enquanto Deus não mandava nenhuma assistência médica, parece que ele colocara uma cerca ao redor de seus filhos indefesos.

24

CONTENDA DE LÍNGUAS

No início de 1907, sete moças de Dohnavur foram batizadas em uma das

> rasas torrentes de água que tornam a nossa área rural tão linda depois da chuva. [...] Por trás da água calma e brilhante, mais presente em sentido do que as colinas cujas praias aquela água banhava, víamos os muros listrados dos templos. Há alegrias que são sobrenaturais em seu poder e em seu encanto.

Amy aprendera a esperar ataque do inimigo das almas sempre que um indiano tomava uma posição inflexível como cristão. Assim como Senaqueribe, o rei da Assíria, invadiu Israel depois de um tempo de celebração e alegria, assim também o inimigo investiu contra o pequeno grupo em Dohnavur. Dessa vez foi um ataque triplo. A própria Amy, totalmente exausta, a ponto de esgotamento, foi ordenada a ir para o lar. Lar? A Índia era o lar. Deixá-la não era uma opção. Mas ela foi para Ooty, onde o clima e os confortos da civilização proporcionavam alívio. Enquanto ela esteve fora, um tipo de disenteria especialmente poderoso atingiu o berçário em Neyoor. Um bebê com disenteria é um trabalho de tempo integral para uma mãe. Ponnammal, com 16 bebês doentes ao mesmo tempo, escreveu para Amy:

> Tudo é temporal de vento ao nosso redor agora, mas o vento não durará para sempre. As ondas se arremessam contra o nosso barco; porém, quando o Senhor diz "Acalma-te, emudece", eles se aquietam. Que todas as suas orações por nós sejam que descansemos na vontade de Deus, enquanto o vento permanece.

Dez bebês morreram. Às vezes, uma sepultura tinha de ser cavada para conter dois deles. "A alegria de meu pequeno coração, a própria menina de meus olhos se foi. Mas Jesus está comigo", escreveu Ponnammal.

Paisagem perto do complexo

Notícias a respeito do pior dos três ataques chegaram em uma carta do Sr. Walker, que era o responsável temporariamente em Dohnavur. O inimigo triunfou dessa vez. O que Amy chamou "um grande vento do deserto" soprou em uma moça chamada Jeyanie, uma das trabalhadoras convertidas, de modo que ela ficou sob grave suspeita de delito. Não é especificado, mas, aos olhos de Amy, foi "pior do que enfermidade e morte"; e Jeyanie foi mandada embora. Depois, outra foi envolvida em "uma espiral de problemas" que, por fim, a tornou inútil.

Doente e longe do campo missionário, Amy foi assaltada por alguns dos mesmos dardos inflamados do inimigo na forma de perguntas. A disenteria se propagara rapidamente por causa da superlotação. Havia apenas uma Ponnammal; logo, abrir um segundo berçário era impossível. Deveriam ter recusado as bebês e as enviado de volta aos templos? Impensável. Deveriam ter prescindido da questão de ouro, prata e pedras preciosas e se conformado com qualquer ajuda que pudessem conseguir? "Mas uma restrição fora colocada sobre nós. Não podíamos ter feito isso", disse Amy; e Ponnammal escreveu: "Vamos trabalhar até desfalecer, mas nunca baixaremos o padrão."

Nesse tempo, alguém enviou para Amy a obra *Spiritual letters*[1] [Cartas espirituais], de Père Didon, um livro que não era mero papel e tinta, "mas força — vento, fogo e orvalho".

"As estradas são rústicas", ele escreveu, "os precipícios são íngremes; pode haver um sentimento de vertigem nas alturas, rajadas de vento, ribombar de trovão, noites de melancolia horrível — não os tema. Há também as alegrias da luz solar, flores tais que não existem nas planícies, o ar mais puro, recantos tranquilos; e as estrelas sorriem ali como os olhos de Deus."

Bebês continuavam a chegar, cada uma, de alguma maneira, dada a Dohnavur, quando poderia ter sido dada a um tipo de vida muito diferente. Uma trazida de trem de Bangalore foi localizada por alguém que era conectado a um templo e fez uma oferta. Outra foi achada por uma mulher bíblica que viu a mãe em pé numa rua esperando por uma oferta. Os "precipícios" eram de fato íngremes, e Amy sentia muito intensamente a necessidade de uma colega, alguém "que será totalmente espiritual, totalmente sincera,

1 Père Didon, *Spiritual letters* (Franklin Classics, 2018).

totalmente consagrada. Não pense que eu mesma sou isso! Estou muito aquém de meu próprio padrão. Mas isso é o que quero ser, e isso é o que temos de ser se devemos suportar a pressão e vencer."[2]

Ocasionalmente, outras missões enviavam candidatas para ajudar Amy. Em geral, essas tinham de ser mandadas de volta. Estavam acostumadas a andar no caminho batido. O "pequeno amontoado de areia" que era Dohnavur era "caminho incomum" em mais maneiras do que apenas a geográfica, e o padrão sobre o qual Amy insistia era incrivelmente elevado. Ela começou a orar para que todo obstáculo fosse colocado no caminho das candidatas — qualquer história boba sobre ela que pudesse desencorajá-las, toda variedade de teste, todas as dissuasões possíveis, a fim de que aquelas que pudessem ser mantidas afastadas o fossem. Amy não queria nenhuma pessoa que não fosse *destinada* para eles.

Duas professoras indianas chegaram a parecer uma resposta à oração. Ambas naufragaram na rocha da verdade e tiveram de ser mandadas de volta. "Se nossas crianças deveriam crescer honestas, tinham de ser instruídas por aquelas que tivessem estima pela verdade, e não apenas um respeito casual e frágil. Neste ponto, éramos inflexíveis."[3]

E, assim, iniciou-se a separação dos caminhos. Amy Carmichael marchava num ritmo diferente. Isso não podia ser evitado. Ela se chamava "o menor dos mensageiros do Senhor". Mas fora a ela, assim como a Moisés, o profeta ungido de Deus, que "o padrão no monte" fora mostrado. Ela permanecia, por assim dizer, com sua face voltada para Deus, e suas costas para o povo, esperando receber a palavra de Deus para o "povo eleito". Amy tinha uma visão de viver santo. Não se desviaria disso, não importando quão bem-estabelecidos, racionais e práticos os caminhos dos missionários mais velhos provavelmente fossem.

2 *Scraps* No. 2, 1907.
3 *Gold cord*, p. 66.

O amor era o Fio de Ouro de vida em outras missões? Um missionário mais velho disse certa vez a Amy: "Mas missionários sempre têm conflito uns com os outros e, depois, restauram o relacionamento."

"Nunca vivemos dessa maneira", respondeu Amy. "Não poderíamos suportar viver por um minuto sem amor uns pelos outros", uma resposta que ela supôs ter parecido "simplesmente boba para alguém que sabia muito melhor do que eu sobre a vida missionária".

Às vezes, outras missões não contratavam evangelistas? Não havia cristãos nominais participando da obra missionária (deixar de usá-los era considerado "não prático")? Eles entendiam os motivos que levavam Amy a abster-se de joias, de roupas ocidentais e da segregação de indianos e europeus? A mais solene de todas as perguntas: era a *Cruz* que os atraía? Amy não expressava essas perguntas para eles ou, pelo que se pode dizer, para qualquer pessoa. Mas as perguntas eram inevitáveis. Ela evitava o que podia ser evitado: condenação — para seu próprio Senhor, eles ficavam de pé ou caíam; e ela os deixava com ele. Amy tentava evitar seriamente o que jamais pode, falando com franqueza, ser evitado: a faculdade crítica; em outras palavras, julgamento. "Parecemos estar julgando quando, na verdade, procuramos apenas humildemente obedecer", ela disse.

Surgiu nos primeiros anos da obra em Dohnavur um movimento razoavelmente forte de "Retirem Amy Carmichael da Índia" entre missionários e cristãos indianos. Ela era um espinho em ambos os lados. Por que deveria recusar-se inflexivelmente a aceitar o até então aceitável cristianismo nominal, por exemplo, ou a contratação de obreiros que não tinham os "olhos bons" para a glória de Deus? Por que ela tinha de persistir em fazer o inaceitável — vestir sáris, fazer a obra que estava abaixo de sua posição, recusar-se a pagar salários? A pergunta feita anos antes por um japonês: *Você pode nos mostrar a vida do seu Senhor Jesus?*, foi feita de novo por um indiano. Amy não tinha outro propósito. Eis a tarefa designada: tornar a verdade visível. Quando chegava a uma escolha entre a boa vontade dos missionários do sul da Índia (e de cristãos em outros lugares) e a obediência, não havia hesitação. Ela seguia resolutamente o Senhor que sabia tudo a respeito de incompreensão e opróbrio. Até quando criança, Amy sabia que era uma pessoa separada. Outras crianças podiam chupar balas de hortelã na igreja. Era proibido. Balas de hortelã eram impiedade? Não. Havia regras para o comportamento na família Carmichael sobre as quais outras famílias nada sabiam. Nunca se preocupe com os outros. "Isto é com você, Pedro?", disse Jesus. "Você tem de me seguir."

Escrevendo anos depois a respeito dos princípios sobre os quais a Dohnavur Fellowship fora estabelecida, ela disse:

> É importante que sejamos verdadeiros uns com os outros, sejamos leais ao que é uma família — somente uma pequena família na grande Família, mas ainda uma família, com amor fraternal vivo nela e agindo como uma conexão viva. Para aqueles de nós que têm vivido essa vida por anos, é inconcebível que alguém queira ser um de nós se para ele essa lealdade não significa nada. *Não pensamos, de modo algum, que a nossa maneira de viver é a única maneira de viver, mas estamos certos de que essa é a maneira de viver destinada para nós.*
>
> Temos uma razão claríssima, além da felicidade bendita dessa maneira de vida. É esta: a oração é a essência de nosso dia. Exclua a oração, e o dia será um colapso, será inútil, uma palha soprada ao vento. Mas como você pode orar — quero dizer, orar realmente — com alguém contra quem você guarda rancor ou com quem discutiu, atacando criticamente um ao outro? Tente. Você perceberá que isso não pode ser feito.[4]

A maneira de viver deles não era a única? Mas, em última análise, havia qualquer outra? "Não pode ser feito." A tentativa de viver estritamente em obediência à Palavra de Deus ensinou a Amy e aos que trabalhavam com ela o significado das severas palavras de Jesus: "Não vim trazer paz, mas espada."

4 Amy Carmichael, *Roots*, p. 55.

CONTENDA DE LÍNGUAS

Ela expressou algo a respeito dessa lição, embora seja uma lição severa, com ironia cordial e humor em seu poema "A calma comunidade dos criticados".

Se, embora inesperadamente, e não de má intenção,
Andares uma polegada para fora do caminho batido;
Se tu, em atos, ou palavra, ou preferência,
Te afastares do Acostumado ou rebuscares
As inexploradas e ricas minas de tesouro de vida
E, extraindo as suas joias, fizeres da Casa
Religiosa, como os homens a chamam, um lugar alegre —
Oh! então, esconde, esconde a tua face.
Ou faze simulação rápida
De penitência conveniente,
Porque tambores e pífaros
Estão contra ti: perece, tu, *mente* louca
Ou o que te pôs a cavoucar onde
Missionário decente jamais se achará.
Eles te arrancarão do solo,
Eles te despojarão
E te declararão singular.
Os verdadeiramente sensatos e sóbrios mancham
A tua frágil reputação em nome de bom senso.

A princípio, inconsciente de que as coisas são assim —
Sendo tu inocente de todo erro intencional —
Não conhecerás o rebuliço fervente e geral
Pertinente a ti, não mesmo; mas gradualmente
Ocorre-te que vários olhos estão observando
O teu caminho, para a frivolidade de teus ganhos
Escrutinarem; e logo tu hás de perceber
Que certas mãos seguram firme um giz

Para escrever contra ti na parede. Advertido
Sê tu, então, meu amigo, a tempo;
Pondera a maneira de teu andar cuidadoso;
Vê que teus próprios pensamentos são bem restritos;
Ajusta todos os teus sinos para tocares o repique usual;
Ou prepara teu espírito para seres esfolado vivo,
Para seu próprio bem. Ao que, se sobreviveres,
Serás rotulado como membro daquela comunidade,
Que, amando muito, pode sofrer tristemente
E, ainda assim, mesclar risos com suas dores insensatas;
E prosseguir não subjugada —
A Calma Comunidade dos Criticados.[5]

Divulgavam-se rapidamente rumores sobre essa mulher extraordinária que, a princípio, não tinha, de modo algum, ideia de que o "rebuliço fervente e geral" dizia respeito a ela. Certa vez, um ministro da igreja anglicana lhe pediu que falasse em uma reunião numa sala de estar em Madras. A última coisa que Amy buscava era a notoriedade. Não tinha nada a ver com o que ela chamava "NR", Negócio do Rei, e poderia obstruir a obra em favor das crianças. Além disso, ela deveria aparecer diante daqueles britânicos vestida com seu sári? A cortesia para com seu anfitrião, porém, resolveu o problema; e Amy ficou de pé diante da multidão no bangalô. "A atmosfera foi, na maior parte, gélida", disse alguém que esteve lá.

Sua afirmação de abertura confirmou um dos rumores. "Eu tive um sonho na noite passada." Ela era considerada uma sonhadora.

"Pensei que eu tinha de ir àquela reunião. E pediram a um idoso filho de Deus com muitos anos de serviço que orasse. 'Ó Senhor', ele disse, 'aqui estamos reunidos para mais uma reunião, e tu sabes como estamos cansados de reuniões. Ajuda-nos a passar por esta.'"

5 Amy Carmichael, *Made in the pans* (Londres: Oliphants), p. 37.

O humor derreteu o gelo naquela ocasião, e os ouvintes de Amy se permitiram sorrir. Talvez o pequeno dínamo vestido de sári e cabelos pretos não tenha se mostrado tão formal como haviam imaginado.

No entanto, o criticismo continuou. Alguém sugeriu que os esforços de Amy para salvar crianças dos templos não eram nada mais que um artifício publicitário, cujo propósito era atrair a atenção para ela mesma. O sistema dos templos era muito antigo — o que ela pensava que poderia fazer a respeito? Alegações ilógicas acharam pronta aceitação: Amy era uma ditadora, opunha-se ao casamento, e suas moças indianas a adoravam.

Não admira que ela tenha escrito:

> Ó tu que és minha quietude, meu profundo repouso,
> Meu descanso da contenda de línguas, meu monte santo,
> Lindo é o teu pavilhão, onde me mantenho sossegada.
> Caiam para trás de mim, meus inimigos clamorosos,
> Confusões multiplicadas;
> Fujo das sufocantes coisas do senso; em ti me escondo;
> Até que esta tirania seja passada,
> Tua mão me sustentará;
> Se o tumulto da tempestade aumentar,
> Concede força à tua serva, ó Senhor, e abençoa com paz.[6]

6 *Toward Jerusalem*, p. 2.

25

LUGAR DE DRAGÕES

Oito anos depois que Serva de Jesus e Preena chegaram à varanda de Amy em Pannaivilai, outra mulher e outra criança apareceram de maneira inesperada na sua varanda em Dohnavur. Era março de 1909.

"Proteja-nos!", a mulher implorou. Seus parentes queriam tomar-lhe a criança e casá-la com um homem da própria escolha deles. "Muttammal é minha única filha! Não posso suportar entregá-la." Amy as acolheu, mas descobriu que a mulher era "totalmente malvada". Ela desapareceu por duas semanas e, depois, reapareceu, exigindo a criança de volta. Eles foram obrigados a obedecer por ordem do submagistrado. Comprovou-se ser um caso intrinsecamente emaranhado, e as cartas de Amy ficaram cheias de referência a ele nos meses seguintes.

Em agosto, Muttammal foi devolvida a Amy pela corte sob a condição de que ela mantivesse o sistema de casta. Isso foi uma grande inconveniência para a família em Dohnavur e uma provação dolorosa para Muttammal, pois significou que ela tinha de fazer sua própria comida, sozinha. A pobre criança se indispôs contra isso até que leu a história da refeição preparada para os discípulos na praia. "Quem assou o peixe?" Houve uma pausa demorada. "Ora, nosso próprio Senhor deve tê-lo assado! O relato não diz que um anjo veio para fazer isso." Outra pausa. Então, em tom admirado e penitente: "E eu não queria fazer a minha própria comida!"

Vigilância diligente tinha de ser mantida o tempo todo; pois, se alguém conseguisse amarrar nela a joia de casamento, ela seria legalmente propriedade dessa pessoa. Houve repetidas convocações para a corte de justiça, os parentes apresentavam "provas" de que a moça estava sendo ilegalmente detida e argumentavam entre eles mesmos a respeito de quem eram os direitos. Era um princípio cardeal do domínio britânico na Índia o de que a neutralidade religiosa tinha de ser mantida. A afirmação de Amy de que estava protegendo a criança de perigo, ou de costumes de casamento ou de atividades religiosas que eram maldosas, foi vista como uma quebra desse princípio. Um ano ou mais antes da chegada de Muttammal, Amy tinha visitado uma criança do templo, "uma pombinha numa gaiola", e visto em operação os poderes do sistema.

> Não pensei que ela se importava com a sua gaiola. As barras haviam sido douradas, o brilho dourado ofuscava a criança. Ela acha que sua gaiola é um lugar lindo, e não bate contra as barras como o fazia nos primeiros dias de seu cativeiro. Ao conversarmos com ela, entendemos a mudança. Quando foi tirada da escola, a mulher a quem sua mãe confiara seu treinamento lhe deu um poema profanador para ler e aprender. Ela se esquivava disso e inseria sua Bíblia sobre a página aberta e lia a Bíblia em lugar do poema. No entanto, gradualmente o poema pareceu menos impossível; a atmosfera em que aquelas histórias do vilarejo se desenvolveram e floresceram era a sua atmosfera. À medida que a respirava dia após dia, se acostumava com ela, e a sensação de ser reprimida passou. O processo de aclimatização mental ainda não está completo, o afável rostinho ainda é puro e estranhamente inocente em sua expressão; mas há uma mudança; vê-lo parte o coração do amigo que a ama. "Tenho de aprender meu poema. Eles ficarão

> bravos se eu não o aprender. O que posso fazer?" E, novamente: "Oh! As histórias não significam nada", disse com um olhar para baixo, como se a consciência de criança ainda protestasse. Hoje a situação é pior com essa menina; há menos revolta interior; e amanhã como ela será?[1]

Assim aconteceria com Muttammal se a mãe conseguisse a sua vontade. Amy não desistiria de lutar.

A vida em Dohnavur não foi "deixada em espera" enquanto o caso de Muttammal se arrastava. Dia e noite, as bebês estavam lá. Na Bíblia de Amy, em um cartão colado no interior da capa da frente, estão estas palavras:

> Estas crianças são queridas para mim. Sê uma mãe para elas e mais do que uma mãe. Cuida delas ternamente; sê justa e bondosa. Se o teu coração não é tão amplo para envolvê-las, eu o alargarei segundo o meu próprio padrão. Se estas jovens crianças são dóceis e obedientes, bendize-me por isso; se elas são teimosas, invoca-me em busca de ajuda; se elas te cansam, eu serei tua consolação; se desanimas sob o peso do teu fardo, eu serei a tua recompensa.

Essas palavras são seguidas por uma foto do Pastor estendendo os braços para resgatar um cordeiro enquanto um abutre paira sobre ele.

As crianças de Amy estavam crescendo, eram inquiridoras e precisavam ser instruídas. Ela tinha de ser mais do que mãe. À medida que andava pelas trilhas do complexo missionário, trabalhava nos berçários e nas cozinhas, se deitava no tapete de grama à noite, pensava, planejava e orava, Amy formava o que poderia ser chamada uma filosofia de educação. Denominá-la assim não lhe teria ocorrido, mas certos princípios começaram a emergir. Duas ideias, ambas centrais em seu caráter, obra e escritos, proibiam o uso de ficção em

1 Amy Carmichael, *Lotus buds* (Indo European Publishing, 2019), *p. 307.*

qualquer forma, incluindo contos de fadas. Esses eram seus conceitos da verdade e de seu espírito de soldado. Ela citou *A República*[2], de Platão:

> "Guerras envolvem soldados, e soldados têm de ser treinados cuidadosamente para a sua profissão. Têm de ser fortes, rápidos e corajosos; ousados, mas gentis."
>
> Como elas devem ser educadas? Em primeiro lugar, temos de ser muito escrupulosos quanto à *substância* das histórias que estão aprendendo em sua infância. [...] Verdade, coragem e autocontrole têm de ser inculcados por meio de todas as histórias que são empregadas em sua educação.

Ela entendia a ficção não como um instrumento poderoso para a Verdade com um "v" maiúsculo, mas como um desperdício de tempo e, muito pior, uma ameaça aos fundamentos do caráter. Quando "verdadeiros contos de fadas", muito mais fascinantes do que qualquer das invenções do homem, estavam "acontecendo" cada dia no campo e no jardim, por que levar as crianças à falsidade? O que Deus fez era Realidade para Amy. Qualquer coisa que os homens tivessem feito era um substituto pobre.

"Não penso que as nossas amáveis crianças tenham perdido nem um pouco do brilho prateado que deveria constituir os primeiros anos da infância como a água enluarada, para recordarem, nem tampouco do brilho dourado, que é a luz do sol naquela mesma água."[3] Mas é possível, como um membro comentou anos depois, que elas tenham perdido algo necessário: a capacidade de discernir entre fato e imaginação. O exercício da imaginação da criança ficou limitado a personificar a fauna e a flora, mas não ficou livre para vagar por castelos e cavernas, pelas salas de tronos de reis ou pelas oficinas de elfos. Talvez Amy temesse que as crianças fossem atraídas à mitologia hindu ou a escritos de "sabedoria", histórias

2 Platão, *A república* (São Paulo: Editora Lafonte, 2017).

3 *Gold cord*, p. 67.

com conclusão moral dúbia às vezes, que se presume serem a fonte das fábulas de Esopo e literatura semelhante.

> Nunca sugerimos perguntas e nunca respondemos a qualquer pergunta que elas não tenham feito (nos esforçamos o máximo que podíamos para achar respostas para as perguntas que elas faziam), mas corríamos, por assim dizer, para atender alegremente às suas mentes. Foi um tipo de educação feliz e deixou muitas lacunas, mas foi útil de algumas maneiras.

Elas aprenderam sobre cor e examinaram a clorofila nas células das folhas por meio de um microscópio. Colecionaram conchas, ninhos de pássaros abandonados, pedras, flores. Fizeram uma viagem ao campo para observar um refinador de ouro em atividade. Uma menina especialmente brilhante começou a estudar grego, enquanto se recuperava de uma doença, para que pudesse ler o Novo Testamento no original. As crianças tinham a permissão de ter animais de estimação e aprenderam a tratá-los com simpatia cordial ou, pelo menos, com respeito, até mesmo os cupins, que "tentavam ser bons" por fazerem seu trabalho vigorosamente, a naja e o ratão, que não tinham "pedido" para serem uma naja e um ratão.

Além de hinos e cânticos da fé, Amy escreveu centenas de canções especialmente para as crianças, desde as simples canções de brincadeira ("Querido coelho, venha cá, queremos brincar com você") até canções que incorporavam lições de ciência sobre a vespa-oleira, o rotífero e o animálculo, ou uma canção de trabalho extraída das palavras dos Apócrifos, "Não odeie o trabalho laborioso; nele há alegria, alegria".

Muttammal fora reivindicada novamente por sua mãe, mas em dezembro de 1909 ela foi outra vez entregue ao cuidado de Amy. A carta *Scrap* de janeiro fala da viagem para o lar juntas, "em um sonho".

> Por fim, os tetos vermelhos do bangalô e dos berçários apareceram através das árvores. Devagar, a carroça rastejou ao longo da vereda esburacada que

> conduzia ao portão. Então, houve um remexer delirante, uma agitação, um grito e uma percepção de todos, em todos os lugares — Tumbie, o macaco de Muttammal, foi lançado sobre nós, uma bola de pelos enrolada [...]. Mas essa recepção, como algumas outras coisas melhores, tem de ser deixada sem descrever. Era uma hora de alegria perfeitamente desembaraçada. Meu dia de aniversário havia sido passado em Palamcottah, onde as minhas queridas irmãs tornaram-no um dia de aniversário tão semelhante ao que um dia de batalha poderia ser, mas agora as alegrias apropriadas chegaram. Depois de um chá de recepção à tarde, eu me sentei numa banqueta no complexo missionário. Meu quarto havia sido decorado durante o tempo do chá, embora, como ninguém sabia que estávamos vindo, não pudesse imaginar como os ramos de palmeiras e outras glórias foram preparados. Em seguida, numa longa fila, procedentes dos berçários e salas de Amor e Alegria, vieram os bebês, em azul, e as crianças em branco e amarelo, todos carregando flores — um quadro lindo, lindo, sob a luz serena da noitinha. Quase todas as pessoas maiores tinham um pequenino pacote embalado em lenço de papel. Cada um continha um guardanapo de bolso feito em fio desenhado pelo doador.

Amy Carmichael amava celebração. Se os filhos de Israel precisaram de festas, celebrações e montes de pedras para lhes ensinar a importância da vida, da morte, do sacrifício e do guiar de Deus, por que as crianças de Dohnavur não precisavam do mesmo? Seu profundo senso da importância de observar ocasiões especiais permeava a vida do complexo missionário.

Em 1910, Suhinie, uma das mais amáveis das moças convertidas que cuidavam das bebês, cuja história é contada em *From the forest*[4] [Da floresta], teve uma convulsão e morreu em poucas horas. Ainda que a tristeza de Amy fosse sincera e humana, ela via a partida de um bebê ou de qualquer dos que amam ao Senhor como uma ocasião para alegria. Seu amor ao natural e

4 Amy Carmichael, *From the forest* (Londres: Oliphants, 1929).

simples determinou o método de sepultamento que se tornou o padrão da Família. Vestida com um velho sári branco, Suhinie foi levada para o jardim, posteriormente chamado "Jardim de Deus", numa cama dobrável de vime coberta de flores. "Se o Senhor Jesus não retornar antes, isto é o que pedirei", Amy escreveu. "Sem desperdício, porque os vivos é que têm necessidades; nada espalhafatoso, apenas mãos amorosas por perto, e só flores entre mim e a boa terra."

Os meninos da escola, guiados pelo Sr. Walker, eram os primeiros na procissão; depois, o carrinho fúnebre, seguido pelas mulheres.

> Vindo para casa, eu me lembrei de Aristides: "E, se qualquer pessoa justa do número deles (falando de cristãos) parte deste mundo, eles se regozijam e dão graças a Deus; e seguem o corpo como se ele estivesse se mudando de um lugar para outro." Por isso, cantamos as coisas mais felizes que pudemos.

De acordo com esta visão de vida, os primeiros berçários foram construídos com os materiais mais simples e mais naturais — tijolos secos ao sol, com pisos de terra e tetos de palha, como os prédios indianos comuns que os rodeavam. Não levaram em conta o tempo que seria necessário para fazer a manutenção dessas construções. Os cupins (apesar da linda canção de berçário) eram um incômodo permanente, construindo seus túneis nas paredes. Os pisos de barro tinham de ser tratados cada semana com esterco de vaca para endurecer a superfície. Telhados de colmo eram o alvo perfeito para qualquer pessoa que planejasse vingar-se ateando-lhes fogo.

Seria correto gastar o dinheiro do Senhor em materiais mais caros? Se o dinheiro fosse dado especificamente para isso, eles o aceitariam como permissão do Senhor. Como de costume, eles perguntavam ao Senhor sobre isso. O dinheiro viera, designado especialmente, e eles construíram um berçário e um jardim de infância com tijolos de alvenaria para as paredes, telhas para os tetos, e ladrilhos para os pisos. Os cômodos eram indianos — sem mobília, exceto armários modestos. Havia utensílios de latão, mantidos brilhantes com polimento manual, usando cinzas de madeira. As camas eram tapetes de grama, deitados sobre os ladrilhos vermelhos polidos. Os ladrilhos do assoalho na sala de aula eram a "lousa" das crianças, na qual escreviam e desenhavam com giz.

Hoje, o visitante vê a mesma limpeza e ordem escrupulosas que eram muito importantes para a fundadora. Ela ensinou as crianças a manterem seu pequeno mundo em ordem — o Deus delas não era um Deus de confusão. Caminhos eram varridos todos os dias; assoalhos, escovados; jardins, tratados, "por causa da nuvem de testemunhas" — a comunhão do corpo invisível de Cristo e todos os seus anjos, que viam o que nenhum olho humano podia ver.

E por que o lugar não deveria ser bonito? Alguns anos antes, quando Amy estava em Travancore, numa viagem de evangelização, ela admirou o estilo antigo de seus prédios em contraste com o "horrível estilo inglês" de um dos palácios do rajá.

> A razão por que pessoas devem construir prédios feios quando poderiam muito bem construir prédios bonitos é um enigma tão grande para mim quanto a razão por que devem preferir cores feias quando cores lindas estão disponíveis. Mas notamos por onde viajávamos que as coisas mais graciosas e mais bonitas floresciam melhor fora da esfera da influência inglesa.

O estilo das estruturas de Dohnavur como são agora combina o que ela achou em Travancore com certos elementos trazidos por missionários da China. Todos os prédios são da mesma cor vermelha que a terra da qual parecem ter emergido. Vermelho-terra são também os muros de pouco mais de dois metros que circundam a propriedade. Um visitante não pode deixar de notá-los e pode questionar a sabedoria de separar dessa maneira a Família do mundo exterior. Para Amy, as desvantagens, por maiores que fossem, não eram quase tão grandes quanto a necessidade de proteger as crianças. Ocasionalmente, um tigre fazia seu caminho pelas colinas adjacentes, mas havia outros "tigres" a serem muito mais temidos.

Durante todo o ano de 1910, houve estrondos a respeito de Muttammal. Ela não estava fora de perigo. Em janeiro de 1911, Amy foi convocada novamente ao tribunal. Em março, veio "a hora suprema da longa batalha, a hora da maior derrota, quando pela primeira vez provamos vergonha e zombaria públicas e soubemos quão pouco tínhamos bebido até agora do cálice da agonia de nosso Salvador em favor das almas".

Uma noite antes de Amy aparecer na corte em Palamcottah, ela se deitou na cama dobrável de vime em sua varanda, sob a luz das estrelas. Sua filha Muttammal estava em seus braços. Não vemos a mãe agitada com ansiedade, ou buscando, por decepções variadas, afastar a criança da realidade do que poderia acontecer. Em vez disso, Amy fala com a menininha, apresentada a Jesus muito recentemente, sobre a sua misteriosa mensagem dirigida a João Batista pouco antes de ele ser decapitado: "Bem-aventurado é aquele que não achar em mim motivo de tropeço."

"Peguei suas mãos nas minhas e inclinei os olhos para sua face curvada para cima. 'Prometa-me, pela graça de Cristo, que, aconteça o que acontecer, você nunca achará motivo de tropeço nele.'" Muttammal prometeu.

Amy foi sozinha para o tribunal de manhã. "Éramos como pessoas cativas num lugar de dragões." O funcionário tartamudeou lentamente por 30 ou 40 páginas, a voz falando monótona no calor intenso, até que chegou às palavras que "feriram como um golpe de chicote" — Muttammal tinha de ser devolvida à sua mãe, e todos os custos legais deveriam ser pagos por Amy.

No momento do veredito, Amy experimentou uma alegria repentina, estranha e triunfante, um resplandecer, talvez, do rosto do Senhor. Ela não conseguiu explicá-la, mas valeu todas as horas subsequentes que foram "esvaziadas de toda iluminação consciente".

O que ela não sabia era que, por esse tempo, Muttammal havia desaparecido de Dohnavur. Ninguém sabia aonde ela tinha ido. Semanas de silêncio e incerteza se passaram, quebradas apenas por um cartão postal anônimo com as palavras de 2 Crônicas 16.9,[5] sugerindo que Muttammal estava em segurança. Passaram-se alguns meses até Amy saber da história. Uma convidada, Mabel Beath, com quem Amy havia confidenciado, vestira a criança como um menino muçulmano e a enviara para fora do complexo através de determinado portão. Duas indianas a encontraram numa carroça, e, por meios indiretos, a menina foi levada para Colombo, no Ceilão.

Para Amy, sem dúvida, a situação poderia ser muito mais séria do que até agora. Ser presa parecia uma possibilidade bastante real. Outras crianças poderiam estar em perigo, mas ela se apegou com fé às promessas de Deus e foi para seu recesso usual nas colinas. Ali, ela se encontrou com um velho amigo, a quem pediu ajuda. Ele achou a criança no Ceilão e a acompanhou até Penang, Singapura e Hong Kong, e, depois, 965 quilômetros acima no rio Xi, ao lar dos missionários. Por seis meses, eles não souberam do paradeiro da menina. Em outubro, receberam uma carta dizendo que ela estava em segurança.

Quatro anos depois, Amy teve outro de seus sonhos. Ela viu Muttammal se casando com um dos rapazes de Dohnavur. Ela lhe contou seu sonho, e conversaram com Arulai, na época uma cooperadora de confiança, a qual disse que estivera orando sobre esse mesmo assunto por um ano. Para o homem, não havia incomum em um casamento arranjado. Era o costume. Por isso, no devido tempo, cartas foram escritas, os dois ficaram noivos, casaram-se em Colombo (de acordo com todos os detalhes do sonho de Amy) e voltaram para Dohnavur seis anos depois da escapada de Muttammal à noite.

5 "Quanto ao SENHOR, seus olhos passam por toda a terra, para mostrar-se forte para com aqueles cujo coração é totalmente dele."

26

AMOR NÃO É UM SENTIMENTO

"Os pais que desejam filhos santos aprendam a torná-los possuidores do céu e da terra bem cedo", escreveu Traherne, "a remover objetos tolos de diante deles, a magnificar apenas o que é de fato importante, a falar de Deus para eles, de suas obras e seus caminhos, antes que possam ou falar ou andar."

Filho santos. Isso descreve o que Amy Carmichael, como mãe, desejou desde o próprio começo da obra com crianças. Muitas daquelas crianças são mulheres velhas agora, vivendo quietamente nos bangalôs de Dohnavur após anos de autoentrega. "Seja a primeira", sua Amma lhes dizia, "onde quer que haja sacrifício a ser feito, autonegação a ser praticada ou um impulso a ser dado." Não era pedantismo vazio. Sua própria vida tornava a verdade visível para suas filhas. A palavra se tornou carne e viveu com elas.

"Quando éramos muito pequenas, estávamos nas asas do seu amor", disse uma, mas esse amor tinha pouco de sentimentalidade. Quase todas as suas filhas falam do seu amor, porém muitas mencionam também o temor dela. Amy era rígida. "Nenhuma obra que é determinada em seguir o Crucificado escapa da Cruz", ela escreveu em *Kohila*,[1] a história da formação de uma enfermeira indiana. "Mais cedo ou mais tarde, se aqueles que têm de prestar contas a Deus não enfraquecerem em algum ponto de lealdade à verdade, eles se verão suportando o opróbrio de Cristo." Sempre havia na consciência de Amy a solene responsabilidade que lhe pertencia como alguém responsável perante Deus por aqueles pequeninos. Era melhor que uma pedra de moinho fosse pendurada ao seu pescoço do que fazer um deles tropeçar.

Amy com Lullitha, um de seus "Botões de Lótus"

1 Amy Carmichael, *Kohila* (Fort Washington, PA: CLC Publications) p. vii.

O Livro de Provérbios fala sobre a necessidade da vara na educação de filhos. Os pais que não a usam odeiam seu filho. O amor, portanto, exige autodisciplina, autonegação e coragem. Era necessário tudo isso para Amy usar uma vara ou uma tira de couro no pulso de uma criança. À semelhança de sua própria mãe, ela esperava que a criança oferecesse o braço sem recuar. Frequentemente, a disciplina era seguida de um beijo e um doce. Amy assumiu a responsabilidade de administrar ela mesma essas punições, em vez de pedi-lo às *accals* (irmãs mais velhas) ou às *sitties* (as irmãs mais novas da mãe — o nome usado para se referir às trabalhadoras europeias). Afinal de contas, ela era a mãe. Se a *sittie* ou a *accal* achasse que uma vara era necessária, ela mandaria a criança para Amma com um bilhete. Esses bilhetes, afirma-se, nem sempre chegavam ao seu destino. Pelo menos uma criança chegou com um sorriso brilhante e o reconhecimento claro de que a *sittie* a enviara com um bilhete. Mas onde estava o bilhete? "Eu o engoli!" foi a resposta.

Outras punições eram mais imaginativas. Uma criança que mentiu poderia ter quinina colocada em sua língua ou uma placa que dizia MENTIRA pendurada em seu pescoço por metade do dia. Uma menina que mentiu habitualmente teve a sua boca tingida e foi mantida fora da escola por aproximadamente um dia. Depois da segunda ou terceira vez, ela foi levada até à sala de Amma.

> Eu estava tremendo. Ela me levou ao banheiro para receber a tira de couro, colocou-me em seu colo diante de um espelho e leu para mim um trecho de Isaías 53 — "Ele foi traspassado pelas nossas transgressões e moído pelas nossas iniquidades. [...] Todos nós andávamos desgarrados como ovelhas; cada um se desviava pelo caminho, mas o SENHOR fez cair sobre ele a iniquidade de nós todos." Depois, ela bateu em seu próprio braço, em lugar do meu, e me explicou a salvação. Sem entender, eu disse "Sim, Amma". Mas eu não tinha mudado nem um pouco. Quando eu tinha 33 anos, fui rude com um trabalhador e fui

> mandada para o quarto sem comida, para refletir. Quando saí, o trabalhador estava lá. Eu beijei sua mão, ele beijou minha testa. Isso foi céu para mim.

Quando duas meninas brigaram, Amy amarrou suas tranças juntas, para que fossem obrigadas a andar em harmonia. Uma criança de sete anos que não podia parar de roer suas unhas foi até Amy com flores um dia. "Querida, quero falar com você", ela disse e pegou nas mãos da criança. "Você tem dedos lindos. O que você tem feito com eles? Estas mãos não são do Senhor?" A criança ficou aterrorizada. "Não tenha medo", disse Amy, e beijou as mãos dela. "Prometa a mim e ao Senhor Jesus que você parará. Então, venha e me veja novamente na semana que vem." Funcionou. A criança cumpriu sua promessa.

"Lembro-me de como ela sofria por causa de suas queridas filhas ao mostrar a natureza como a segunda Bíblia", escreveu uma delas.

> Lembro-me de ela sair às pressas de sua casa quando ouviu que alguém estava matando um besouro com uma pedra. Ela pegou a minha mão pequenina e me bateu com a mesma pedra, afirmando que o besouro tinha toda a liberdade para viver, a menos que tivesse vindo de dentro da casa. Eu tinha apenas dez anos de idade na época, por isso lembro-me de chorar, mas a lição aprendida foi, para sempre, a de ser bondosa para com qualquer criatura.

A parcialidade de Amy para com certas crianças não podia ser disfarçada. Sobre uma criança de cinco anos de idade que morrera, ela escreveu:

> Lulla era, talvez, a única de nossas crianças que teria certamente satisfeito o gosto mais crítico. Havia uma delicadeza de feições e uma suavidade de coloração que é rara no sul da Índia; e a doçura de disposição

> de Lulla combinada com a inteligência brilhante acrescentava algo que tornava sua peculiaridade preciosa para nós todos.

O gosto mais crítico significava, sem dúvida, o gosto europeu mais crítico. Os indianos com sangue ariano, de pele clara e cabelos sedosos, eram muito naturalmente mais atraentes à natureza europeia em Amy, bem como à casta superior. Os dravidianos escuros, do Sul, acharam menos lugar nas fotografias que ela incluiu em seus livros, embora isso possa ter sido a escolha dos fotógrafos.

"Por eu ser escura, sempre era colocada atrás", disse uma. "Ela amava os claros. Eu levei uma varada. Tara, que era clara, foi colocada de castigo no canto. Quando anos depois perguntei a Amma por quê, sua resposta foi: 'Você precisava da vara. Tara precisava do canto.'" Para outra que a acusou de favoritismo, ela disse: "Ó querida, não era a minha intenção!", e o assunto foi esquecido[2].

"Chellalu e Seela eram inteligentes e travessas", disse outra mulher idosa.

> Amma gostava delas por isso. Mas eu era uma choramingona. Era chata e não gostava de lições. Gostava de trabalho duro. Ainda hoje eu gosto. Não tive problemas com Amma. Sempre fazia as coisas da maneira apropriada. Mas ela não me amava muito. Não queria uma criança amuada diante dos convidados. Quando eu tinha dez anos, fui trabalhar no berçário como uma *tungachie*, uma irmã mais nova. Amma ficava brava se encontrasse um bebê molhado. "Mas eu tenho de cuidar de 13 bebês com menos de 18 meses!", eu disse. Oh! Ela era uma pessoa amável e querida.

2 N.E.: As opiniões de Carmichael e Elliot representam noções de suas épocas, e devem ser analisadas à luz do ensino bíblico.

Amy admitiu que, às vezes, tinham falta de pessoas para fazer a obra apropriadamente, e as crianças que se tornavam "pequenas babás auxiliares" eram pressionadas a entrar no serviço antes que tivessem, de fato, idade suficiente. Mas elas aprenderam "todo tipo de coisas úteis", sua dedicação às bebês era admiravelmente constante, levando em conta sua imaturidade, e eram "treinadas a considerar o serviço como o trabalho mais honrável e o mais feliz".

Quando uma criança chegava a Dohnavur, a data era registrada e celebrada anualmente como o dia de sua chegada, visto que datas de nascimento exatas não eram fáceis de determinar. Naquele dia, nos anos antes de o tamanho da Família tornar isto impossível, era permitido à criança ir bem cedo ao quarto de Amy e ter o chá matinal com ela em sua cama. Cada criança recebia um pequenino sabonete perfumado e um cartão como presentes do Dia de Chegada, e, depois, havia o maravilhoso armário de presentes do qual ela podia escolher algo mais. Amy conversava com ela do que havia sido salva — "um lugar perverso, perverso" — e lhe contava a história de como ela chegara a Dohnavur. Uma bebê, Piratha, chegou enquanto um grupo por acaso orava de joelhos, na sala de Amy, em favor da salvação de bebês.

Certa vez, Amy levou uma menina ao templo a fim de mostrar-lhe do que ela fora salva. A lição teve pouco impacto na criança. Ela viu como eram felizes as moças do templo e que lindas joias usavam. Mas anos depois uma mulher do templo que veio como paciente ao hospital em Dohnavur descreveu para ela a sua vida real. "Antes eu era uma rebelde", ela disse, "mas tornei-me agradecida depois daquilo."

Tarahai se lembra da seriedade com que Amy lhes recordava, ano após ano, o significado do nome que lhes dera. "Amma segurou minha mão e disse: 'Eu lhe dou o nome de Estrela, para que você seja uma estrela brilhante para o Senhor Jesus.'" Karima significava "Pássaro Cantante"; Dayala, "Graça".

À medida que as crianças cresciam, Amy falava de suas esperanças para elas. Estariam elas dispostas a fazer o que outros haviam feito por elas — cuidar de bebês, lavar mamadeiras e fraldas, dedicar sua vida nos berçários? "Ore para que você seja uma guerreira e cuide de crianças", ela disse a Dayala. Amy via rapidamente a potencialidade dos outros. "Ela era uma profetisa" foi o testemunho de várias. Amy encorajou várias a serem enfermeiras de hospitais, professoras, contadoras e evangelistas. Se, como frequentemente acontecia, as ambições de uma moça eram bem diferentes do que Amy imaginava para ela, a moça seria lembrada do "jugo suave" que Cristo oferece, "mas, se fizermos o nosso próprio jugo, seremos miseráveis".

"Amma queria que eu cuidasse de bebês", disse uma cujo nome significava Bem-Amada. "Eu odiava aquilo. Minha vontade era ensinar. Ela me deu o versículo bíblico 'Leve este menino e crie-o para mim.'" Uma *tungachie* de 14 anos de idade que parecia um caso sem esperança e que não conseguia controlar as crianças recebeu um dia inteiro num quarto de uma *sittie* para "ouvir a Deus". Se ele desse sua presença e ajuda, ela decidiu, faria qualquer coisa, gostasse ou não. No segundo ano, ela não somente tinha aprendido como desincumbir bem as suas responsabilidades, mas também achava que fazer trabalho humilde por amor a Cristo transformava-o no que agora ela chama "alegria celestial". Shanthie, que trabalhou como farmacêutica por 40 anos, descobriu que seus grandes desejos foram realizados. "O dever era o meu prazer", ela disse.

O trabalho de mãe era permanente em Dohnavur, como o é em todos os lugares, e, para supervisionar o trabalho em salas de aula, berçários, cozinhas de leite, depósitos, salas de tecer e costurar, Amy passava rapidamente de um lugar para outro em um enorme triciclo. O quadro deve ter sido surpreendente para um visitante que se achasse ali por acaso — aquele pequeno dínamo atarracado, adernando pelos cantos tão entusiasticamente, que mais de uma vez acabou na poeira. Às vezes, ela juntava um "grupo" de moças que corriam atrás do triciclo para verem um pássaro no jardim ou para irem ao seu quarto para uma reunião de oração inesperada. Havia piqueniques ao luar, corridas de carroças, brincadeiras quando ela atuava no papel de urso. Amy era uma visão impressionante no dorso de um cavalo, trotando pelas veredas, cavalgando à amazona em seu sári bege-claro, convidando, às vezes, uma criança para subir às costas do cavalo para compartilhar da diversão.

Embora o conhecimento pessoal das crianças fosse quase unicamente limitado ao complexo missionário, a imaginação delas atingia muito além de seus muros de tijolos vermelhos. Muito cedo em certa manhã, Amy despertou uma casa cheia de moças para lhes mostrar as estrelas cujos nomes, seis meses antes, elas puseram em suas bonecas: Andrômeda, Aldebarã, Betelgeuse. Quando as levou para verem os inícios de um novo berçário pelo qual haviam orado, deram nome às pedras de acordo com os nomes de montanhas da África.

Amor leal era o que Amy chamava a raiz principal da árvore que se tornou a Dohnavur Fellowship. Nunca lhe fugiu da memória aquele dia cinzento no mar cinzento em Shimonoseki, no Japão, quando um missionário falou casualmente sobre a falta de amor entre missionários. "Aquele que não ama permanece na *morte*." "Amai-vos, de coração, uns aos outros ardentemente." Esses eram os lemas. Amy se recusava resolutamente a contentar-se com o usual. Ela confiava em Deus para ver um grupo de seus servos unidos em amor leal.

"Nunca *sobre*, sempre *para*" era uma das regras. Eles não deviam falar sobre outra pessoa, mas diretamente para esta. A confiança era estabelecida nessa base.

Outra regra: "Tem de ser *Venha*, nunca *Vá*. Não podemos pedir uns aos outros que façam o que nunca fizemos ou não estamos dispostos a fazer. Isso é a razão por que buscamos para a nossa comunhão somente aqueles que vêm 'sem um *mas*, um *se* ou um limite.'" Era uma montanha íngreme que pediam à Família que subisse. Os líderes têm de ser os primeiros a subi-la.

27

A LIÇÃO DA CRIANÇA DESMAMADA

O ano de 1912 foi um ano de esvaziamento. O poder permitido ao inimigo pareceu, às vezes, muito além dos limites que o amor de Deus poderia estabelecer.

Em 13 de agosto, a mãe espiritual de Amy Carmichael na Índia, a Sra. Hopwood, morreu. Ela era a anfitriã em Ooty, o lugar de refrigério agradável nas montanhas onde Amy passara toda a estação quente por 15 anos. Saber que a Sra. Hopwood estava lá era força e ânimo para Amy, que contava com suas orações contínuas. Amy a procurava em busca de solidariedade e entendimento, bem como de conselho maternal e piedoso. A jornada seria mais árdua sem esse apoio.

Em 17 de agosto, a pequena Lulla, líder das brincadeiras de jardim de infância e "todas as alegrias de berçário", morreu. Ela sempre fora delicada; por isso, Ponnammal a mantinha em seu próprio berçário. Sua respiração pareceu estranha certa noite; depois, houve uma irritação na garganta e febre baixa. Em dois dias, ela sorriu com um sorriso tal que nenhuma delas tinha visto antes, beijou Mabel Wade, sua ama, lançou os braços ao redor do pescoço de Amy e partiu. "Ela era o tipo de criança que adentra o coração e não podemos impedi-la de acomodar-se naquele lugar mais íntimo, que talvez nunca deveria ser dado a qualquer criancinha. Mas, ainda assim, o Senhor disse: 'Amai [...] como eu vos amei.' Não podemos amar demais."

Também não podiam deixar de questionar sobre a possibilidade de algo especialmente satânico na "seleção" dos que morriam e dos que eram deixados. Várias crianças deficientes e outras "totalmente inadequadas" quase não davam preocupação e sobreviveram a toda doença. Por outro lado, a genuína "criança do templo", a que era a razão do ministério deles,

> logo que ela chega até nós, algo acontece quase inevitavelmente: às vezes um acidente, outras vezes uma doença. Com frequência, com muita frequência, o pequeno recém-resgatado é raptado pela morte. Não pode ser um mero acontecimento fortuito. Ocorre tão frequentemente, que pensamos desse modo agora. Contudo, se o diabo tem algo a ver com isso, graças a Deus — depois disso, nada mais podemos fazer, e o pior do diabo apenas manda a pequena vida para muito longe de seu alcance, para sempre. É um mistério, algo secreto, e as coisas secretas pertencem ao Senhor.

Exatamente uma semana depois da morte de Lulla, veio o golpe de mestre. Thomas Walker, líder, torre forte de coragem e conforto, pai e irmão para todos, morreu de intoxicação alimentar. A Sra. Walker estava na Inglaterra por causa de doença. Ele estava realizando uma missão quando a doença o acometeu e, por isso, foi "coroado no campo de batalha".

Pessoas bondosas, querendo consolar, fizeram a observação comum: "É muito difícil ver como isso pode ser para o melhor."

"Deus não nos pede que VEJAMOS", disse Amy. "Por que precisamos, quando SABEMOS?" Nós sabemos — não a resposta do inevitável *por quê*, mas o fato incontestável de que isso é para o melhor. "É uma perda irreparável. Mas temos fé verdadeira se achamos 'difícil crer' quando os fatos são totalmente desconcertantes?"

Outros, com um suspiro e um sacudir da cabeça, fizeram a observação de que é difícil para nós, humanos, escapar da amargura, até mesmo da raiva silenciosa, quando tais coisas acontecem.

"É, de fato, não somente difícil, é impossível", escreveu Amy. "Há apenas um caminho de vitória sobre a amargura e a raiva que nos sobrevêm naturalmente — *querer o que Deus quer produz paz.*"

"Mas essas coisas são mesmo a vontade de Deus?" A própria Amy fez essa pergunta e respondeu a ela:

> O coração honesto não pode se contentar com clichês. "Um inimigo fez isso" é uma frase de grande alcance e atinge mais do que o joio. Se um inimigo o fez, como pode ser chamado de vontade de Deus? Não sabemos a resposta para essa pergunta agora. Mas temos luz adicional sobre ela, como a visão em Apocalipse: eles venceram por causa do sangue do Cordeiro e por causa da palavra do testemunho que deram (vitória por meio de aparente derrota). [...] E, quando descansamos o coração no que sabemos (a certeza do triunfo supremo do bem), deixando o que não sabemos ao Amor que nos guiou em toda a nossa vida, a paz de Deus entra e permanece em nós.

Pouco antes de Walker sair para sua missão, um grupo deles estivera sentado sob a luz das estrelas em espreguiçadeiras. Amy foi tomada repentinamente pelo pensamento de como seria a situação se não tivesse o braço forte de Walker para apoiar-se na obra. Não poderia fazê-la sem esse apoio, ela disse. "Bem, ninguém está lhe pedindo para fazer isso!", disse Walker com um sorriso. Mas ela ainda tinha um espírito de soldado e, quando recebeu o telegrama, ainda estava sob as ordens do mesmo Capitão. As ordens dele não haviam mudado: negue-se a si mesma, tome a cruz, siga. O Capitão estivera no controle antes. Ela se recusaria a obedecer agora? Foi uma lição que teve de ser revista muitas vezes, tanto para ela quanto para qualquer soldado. Amy escreveu sobre essa lição num poema-oração:

Da oração que suplica que eu seja
Protegido de ventos que batem em ti,
De temer quando eu deveria aspirar,
De vacilar quando deveria subir mais alto,
Do ego delicado, ó Capitão, vem livrar
O teu soldado que deseja te seguir.

Do amor sutil de coisas amenizadoras,
De escolhas fáceis e enfraquecimentos,
(Os espíritos não são fortalecidos assim,
Nem foi assim que viveu o Crucificado.)
De tudo que ofusca o teu Calvário,
Ó Cordeiro de Deus, livra-me a mim.

Dá-me o amor que guia o caminho,
A fé que nada pode desestimular,
A esperança que nenhuma dor esgota,
A paixão que como fogo arderá,
Não me deixes cair e ser um tolo:
Faz-me teu combustível, Chama de Deus.

"As forças perscrutadoras do luto" não diminuíram. Uma semana depois da morte de Walker, uma menina de oito anos morreu, e, poucos meses depois, descobriu-se que a amada Ponnammal estava com câncer. Amy sabia e acreditava plenamente que o toque de Cristo ainda tinha seu antigo poder, pois o vira com frequência e recebera, ela mesma, a dádiva de um toque de cura. Todavia, no caso de Ponnammal, Amy não sentia nenhuma liberdade para "reivindicar" uma cura.

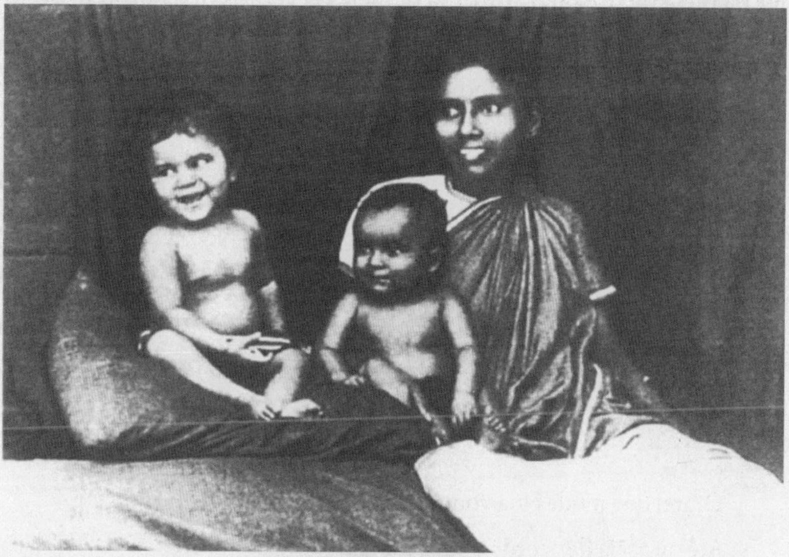

Ponnammal, com Preetha e Tara

Dificilmente entendemos o uso dessa expressão; sabemos muito pouco para 'afirmar' o que diz respeito às bênçãos temporais." Mas eles oraram. Amy orou. As *accals* e as *sitties* oraram. As crianças (uma das quais cantava a história da menina que desejava ter olhos azuis) oraram. A resposta seria *sim* ou *não*?

"Conhecemos o nosso Pai. Não há necessidade de persuasão. Como Pai, ele não anseia nos dar o desejo de nosso coração (se posso falar assim)? De que modo o pressionaríamos como se ele não fosse o nosso muitíssimo amoroso Pai?"

Amy passou três meses com Ponnammal no hospital do Exército de Salvação em Nagercoil, cuidando dela durante todo o tempo de duas operações, enquanto ela mesma sofria de nevralgia e 70 crianças em Dohnavur (da Família que, na época, totalizava 140 pessoas) ficavam doentes de malária. Em julho daquele mesmo ano, 1913, a mãe de Amy morreu. A leitura de

Luz diária para o dia em que o telegrama chegou era de Cântico dos Cânticos: "Levanta-te, vento norte, e vem tu, vento sul; assopra no meu jardim, para que se derramem os seus aromas." Se a vida de um homem ou de uma mulher na terra deve exalar o aroma do céu, os ventos de Deus têm de soprar nessa vida, nem sempre ventos brandos do sul, mas ventos ferozes do norte que arrepiam até a própria medula. Parecia um vendaval uivante que fora liberado sobre Amy naquele ano.

Como ela deveria continuar? Era uma órfã. Seus pais haviam morrido, seu pai e sua mãe espirituais também. Ela não conhecera a vida sem esse apoio. Nem a criança, quando o tempo de desmame chega, conhece a vida sem a sua fonte confiável de nutrição. Como uma criança desmamada, Amy soube que a lição determinada nesse tempo era aprender a fazer sem o apoio. Ela escreveu outra oração:

Orarei que mudes tua vontade, meu Pai,
Até que seja de acordo com a minha?
Não, não, Senhor, jamais será assim.
Rogo-te: conforma minha vontade à tua.

Rogo-te: aquieta o anseio afobado e impaciente,
Eu oro: acalma as erupções do anelo ardente —
Vê em meu íntimo desejos que se amontoam —
Proíbe-os, Senhor, purga-os, ainda que com fogo.

Opera em mim o querer e o fazer o teu deleite.
Faze que tudo em mim, pacífico e reconciliado,
Permaneça contente no sossego do Bem-Amado,
Por fim, por fim, como uma criança desmamada.

28

CONTRA A VONTADE DA NATUREZA

O tributo de Matthew Arnold a seu pai em *Rugby Chapel*[1] era para Amy "uma das luzes pelas quais me conduzo":

Se nas veredas do mundo
Pedras machucaram teus pés,
Labuta e desalento já provaram
Teu espírito, disso nada vimos.
Para nós, tu ainda continuavas
Animado, prestimoso e firme. [...]
Languidez não há em teu coração,
Fraqueza não há em tua palavra,
Fadiga não se acha em tua fronte.

1 Matthew Arnold, *Dover beach and other poems* (Mineola, NY: Dover Publications, 2012).

Temos permissão de ver muitas das pedras que feriram os pés de Amy, mas nunca a ouvimos dizer: “Ai!” O poder de suas paixões transpira em cada palavra que ela escreveu, mas, visto que seu alvo era sempre falar somente aquela parte da verdade que, em sua opinião, *era importante*, ou seja, que edificaria e fortaleceria, ela evitava com frequência uma descrição do que os leitores contemporâneos achariam muito fascinante. A morte de Walker foi, sem dúvida, um golpe chocante. Ainda que essa morte não tivesse ocorrido em sucessão com muitos outros golpes, Amy teria se abalado com ela. Se Amy sucumbiu a alguns momentos de autopiedade, não se permitiu o privilégio de remoer-se nela. Amy sabia para onde se voltar a fim de ganhar de novo uma postura firme: primeiramente, a Deus; depois, ao pensamento de outros — a Sra. Walker, por exemplo, cuja perda, Amy o disse, foi tremendamente maior do que a dela própria. A lição da criança desmamada foi aprendida muito mais rapidamente do que poderia ter sido, porque ela começou de imediato a escrever a biografia de Walker, uma tarefa que transformaria sua própria perda por dar ao mundo a história de uma vida desconhecida.

Embora, no primeiro encontro deles, Amy tenha ficado muito impressionada com os cabelos demasiado pretos, os olhos sérios, a sabedoria e a erudição de Walker, e, principalmente, a completa ausência de mentalidade fechada, ela decidiu que não gostava dele. Ele pareceu não encarar com a devida seriedade o desejo de Amy de se esgotar em vez de viver enferrujada. Poderia ele entender esse motivo? Posteriormente, ela soube quão perfeitamente ele o entendia. Entendia como ninguém mais poderia entender na Índia.

E Amy o amava. Ler a biografia é saber que ela o amava. O amor de Amy nunca fora insincero por qualquer pessoa. Ela era tudo que uma irmã poderia ser para seus irmãos e irmãs, dedicada a cada um deles. Mas Walker era o que ela não tivera no lar, um irmão mais velho e mais do que isso. Ela era brilhante, atraente, encantadora — afirma-se, mais do que a esposa de Walker. O cenário poderia ter sido explosivo se todos os três não fossem soldados que estavam sob ordens. Walker amava sua esposa. Amy a amava e a respeitava, trabalhava de perto com ela, embora não fosse muito fácil para ela viver com um casal que se amava tão notoriamente.

No tempo em que a Primeira Guerra Mundial começou, Amy tinha acabado de escrever a biografia, *Walker of Tinnevelly*. Ela a reteve da publicação até 1916, achando que as pessoas não desejariam ler algo além das notícias da guerra.

Com a guerra, veio o aumento da ansiedade quanto às crianças. O pensamento sobre o futuro delas sempre fora uma preocupação suprema. "O que você fará com todas elas no futuro?", pessoas perguntaram repetidamente, às vezes, com um tom sugestivo de que ela ainda não tinha pensado nisso. "Ela vive em Utopia", alguém disse. "Sinto dó por ela, tenho dó, de todo o meu coração, quando penso em tudo que estará diante dela quando as crianças crescerem!"

> Nenhum desses simpatizantes, nem um dentre cem inquiridores, tem qualquer ideia a respeito de como as suas dúvidas apelam à nossa ansiedade, pois:
>
> No futuro distante
> Há um temor,
> Como extensa e baixa névoa cinzenta
> Ajuntando-se para cair em chuva desoladora;
> Por isso, teu coração se queixa em teu íntimo.
> E estás com medo, pois ao redor de tua habitação
> Os ventos volantes estão sempre a falar
> Do temor que permanece cinzento
> Como obscuridade de névoa perturbante no caminho.
> Mas o Senhor é sempre bondoso,
> Não sejas cego,
> Não sejas cego

> Para o resplendor de sua face,
> Para os confortos de sua graça.
> Ele já falhou para contigo?
> Nunca, nunca; por que te inquietas? [...][2]

Havia não somente a pergunta sobre o que as crianças deveriam fazer quando crescessem, mas também a pergunta sobre como seus milhares de necessidades (nessa época já havia nove creches) deveriam ser satisfeitas no processo. A tentação de temor se tornou muito forte nos anos iniciais, uma "obscuridade de névoa perturbante no caminho". E a Amy "foi permitido provar o cálice que seria derramado por mim, se o dinheiro não chegasse". Ela se lembrava de Allan Gardiner, missionário na América do Sul, que sofrera a experiência de morrer de fome. Como de costume, sua imaginação hiperativa começou a refletir nessa possibilidade. "Suponha que todas as crianças morram, e todos nós morramos com elas, e o mundo cristão atribua vergonha ao responsável; o que importará, afinal de contas? As crianças estarão no céu, e isso não é melhor do que o templo?" Como sempre, Amy levou suas perguntas ao Senhor fiel, que a conduziu à história da alimentação dos cinco mil.

> E, conforme eu cri, me foi dada naquele tempo a promessa de que haveria cestos além de nossos suprimentos diários, para que, assim como aqueles homens, mulheres e seus filhos tiveram liberdade para usar os restos de pedaços dos pães daquela grande refeição, se precisassem antes de chegarem ao lar, também fôssemos livres para usar os nossos, se surgisse necessidade antes de igualmente chegarmos ao Lar, nós e nossas crianças.

2 *Toward Jerusalem*, p. 8.

Mais dinheiro do que o necessário começou a entrar, de modo que, na época em que a libra britânica caiu, e o preço do arroz subiu, durante a guerra (elevando em 15 vezes o custo de trazer uma criança da estação mais próxima), os "cestos" estavam prontos.

> Com base segura, podemos afirmar apenas isto: nunca tivemos falta de qualquer coisa boa; e, durante os anos da Guerra, pessoas nas cidades e nos vilarejos começaram a dizer: "Deus está lá", pois não podiam explicar o que viam, senão dizendo apenas isso.

A vida em Dohnavur era muito semelhante à de um claustro, de muitas maneiras; é difícil ver como poderia ter sido diferente, pelo menos nos primeiros dias. A obra que tinha de ser feita era desgastante, havia poucos para fazê-la e nenhum tempo para atividade extrínseca. Mas a compaixão de Amy era ampla, sua leitura vasta, e, durante a guerra, ela escreveu "sempre com um senso de tristeza nos lares para os quais esta carta se dirige. Que fogos intensos de tristezas vocês atravessam nestes meses! Deus console a todos vocês."

Como um trabalhador comentou: "Amma ia de uma crise para outra. Ela via as coisas como crises — mas nós as tínhamos, Deus sabe, e eram crises assustadoras!" Certa vez, um louco do vilarejo se soltou, foi ao complexo missionário, entrou na sala de convidados em que uma moça dormia, levantou o mosquiteiro dela, fitou-a e, depois, sentou-se em sua cadeira. Ela permaneceu calma, e o homem saiu, mas retornou. Amy se armou com um farolete e uma bengala, esperando "que ele fosse receptivo diante da luz e não precisasse de incentivo adicional para desaparecer". Ela não teve de usar nenhum dos dois, visto que os servos apareceram e o acompanharam até ao lar. Mas tudo isso foi no trabalho de uma noite. "Temos um louco inofensivo sempre disponível que corta a nossa lenha e ganha sobras da cozinha, mas esse era um tipo novo e nem sempre agradável para se ter por perto."

Houve ocasiões em que a mãe foi capaz, com um seleto grupo de crianças e cooperadores, de deixar a vida enclausurada de Dohnavur. Frequentemente, eles faziam incursões sob o luar até à planície, tendo de passar pelo vilarejo. Uma vez, pararam em frente do templo onde os homens estavam reunidos, e Amy falou com eles. "Eram tão atentos quanto as mulheres, pois não ouvem 'pregação' todos os dias e sempre apreciam uma novidade." Então, a pequena Chellalu, uma das crianças mais travessas, perguntou, em um aparte, se também podia falar. Ela "abriu fogo contra aqueles homens, atirando neles fatos sobre a sua estupidez em adorar alguém que não os amava e não os criara". Chellalu explicou depois para Amy: "Quando você estava falando, uma voz em meu interior me disse bem alto, sim, *bem* alto: 'Chellalu! Fale com esses homens sobre Deus!' E meu coração disse *pickapicka pick!*"

Na praia de Madras

Então, houve uma grande excursão para Madras. Amy levou 14 crianças, cinco ajudantes, um servo e uma *sittie* no trem para a grande cidade. Eles viajaram na terceira classe, como sempre. Por quê? "Porque não existe quarta classe!" No caminho, viram pela primeira vez uma estação ferroviária, fios de telégrafo, sistemas de sinalização, o palácio e templo de

Madurai, bazares, automóveis e, depois, na própria Madras, uma motocicleta com um sidecar no qual andaram, museus, uma fundição, uma prensa móvel, uma fábrica de algodão e — isso foi inédito para Amy também — um filme. Um amigo fez os arranjos para que "um bom conjunto" de imagens fosse mostrado, em vez das "usuais vulgaridades questionáveis". As crianças observaram as imagens vívidas e ficaram muito admiradas da velocidade com a qual os soldados nas imagens da guerra andavam. Amy, cansada do costumeiro bamboleio oriental, exortou as moças a seguirem o exemplo enérgico dos soldados.

Um clérigo as levou à praia de Madras e, vestido de fato preto, colarinho clerical e capacete colonial, entrou a passos largos na espuma para tirar fotos das moças, totalmente vestidas de seus sáris brancos, nos quais deram nós ao redor dos joelhos, andando pela água. Uma das fotos raras de Amma a exibe sentada em um barco parado na praia, usando seu sári e seu capacete colonial, cercada de moças de cabelos acetinados, com tranças densas, e sua mão branca descansando sobre uma mão escura.

Foi durante essa viagem que o assunto de licenças para estrangeiros surgiu. Frances Beath era a *sittie* que acompanhava Amy. Seus pais, que estavam em Madras na época, queriam que Frances fosse para a Austrália com eles. Frances objetou. Não era tempo. Os pais e muitos amigos julgaram isso muito errado, uma decisão não feita em liberdade, mas sob coação — pelo menos a coação do poderoso exemplo de Amy. Ela nunca havia tirado uma licença. Os pés da mãe, de acordo com o provérbio tâmil, estavam amarrados. O idoso Sr. Beath apelou a Amy que liberasse sua filha. Não era na verdade uma questão de liberá-la. A moça jovem era tecnicamente livre para ir, mas Amy se recusou a persuadi-la.

"Se você soubesse que o Senhor Jesus retornaria em breve", disse Amy, "o que você faria?"

"Ora, eu diria a ela que ficasse, é claro!", respondeu o homem sem hesitação. Rapidamente ele percebeu o que havia dito. E sorriu. Eles deram seu consentimento. A questão surgiu repetidas vezes em anos subsequentes, quando os colegas de trabalho, sentindo-se "um bagaço", como um deles falou, levantaram o assunto de uma licença ou mesmo de apenas um fim de semana de folga. Todos eram informados desde o início de que a natureza da obra tornava impossíveis planos de licença regular. Se os médicos insistissem no que Amy chamava "exílio" por razões de saúde, isso seria concedido. Caso contrário, ela simplesmente colocava diante deles o princípio que governava sua própria vida: "Não pergunte quão pouco, e sim 'quão muito' o amor pode dar." Ela lhes permitia escolher o caminho mais árduo, como escrevera logo depois da experiência de Frances Beath.

> Se queremos andar com um Senhor não entristecido, nunca devemos deixar que o temor de sermos considerados "severos" ou, uma tentação ainda mais sutil, o temor de sofrer por uma pessoa mais jovem que amamos nos faça influenciar aquele que escolhe o natural e não o espiritual. Se uma alma já entrou no caminho em que o Espírito, não a carne, é o guia, Deus não ignora gentilmente esse lapso. Os homens podem até louvá-lo; Deus o condena. E aqueles que conhecem seu Pai conhecem o amargor da ocultação de sua face.

Ela citou de novo, como o fez com frequência em seus escritos, o poema de Tersteegen:

> Contra a vontade da natureza
> Conduz o caminho de Deus;
> Não onde a carne se deleita
> Os pés de Jesus caminharam.
> Que bênção deixarmos atrás
> As algemas do escravo;
> Deixarmos a nós mesmos atrás,
> As vestes de morte e o sepulcro.

Seguimos nos passos dele;
E se nossos pés se ferirem?
Onde ele marcou o caminho,
Todos saúdam a sarça e o espinho!
Pouco visto, pouco atendido, não considerado,
Desprezado, difamado, desconhecido,
Não ouvido, exceto pelo nosso cantar.
Avante, filhos, sempre avante!

29

FLORESTA CINZENTA, PISCINA TRANSLÚCIDA

Ponnammal, cujo câncer fora descoberto em abril de 1913, ficou muito doente outra vez no ano seguinte. Várias vezes ela ouvia música quando nenhuma música terrena estava sendo tocada. Amy entendeu isso como uma das "muitas coisas da vida que podemos conhecer apenas em parte, até que para nós também a cortina dos sentidos se torne mais fina".

A Epístola de Tiago diz que os enfermos devem chamar os presbíteros da igreja para ungi-los. Deveriam fazer isso? Eles não tinham certeza. Amy era acostumada a receber algum sinal para confirmar um versículo da Escritura. Por isso, ela orou que, se deveriam fazer isso, alguém que fosse sincero em relação a seguir esse costume da igreja primitiva aparecesse. Ele apareceu, um velho amigo residente em Madras. Foi uma reunião solene ao redor do leito de enfermidade, as mulheres vestidas, como sempre, de seus sáris feitos em teares manuais, mas brancos para essa ocasião. Colocaram um ramo de palmeira sobre a cama de Ponnammal como sinal de vitória e aceitaram qualquer resposta que Deus lhes poderia dar, certos de que, se fosse a cura física ou não, ele daria vitória e paz. Parece uma fórmula simples. Foi um ato de fé, mas, certamente, acompanhado da angústia de dúvida e desejo que tiveram de ser trazidos repetidas vezes sob a autoridade do Senhor.

A resposta dada foi que Ponnammal, desde o dia da unção, tornou-se rapidamente pior. Permaneceu dias sem falar, seus olhos embaçados meio abertos, parecendo não ver nada. A dor era violenta, controlada apenas sob grandes doses de morfina.

> Ela esteve andando pelo vale da sombra da morte. Nunca soube quão densa essa sombra poderia se tornar, pois nunca eu tinha visto alguém morrer dessa maneira lenta e horrível. [...] Nada era visível, exceto tristeza e depressão dessa mui temível doença.

Quando ela aparentava estar em miséria inimaginável, disse a Amy quanto anelava ficar. Pensava que poderia ajudar um pouco, "se o sofrimento não passar desse limite". "Pareceu-me a declaração mais altruísta que já ouvi de lábios humanos." Ponnammal atingiu o limite finalmente, o limite estabelecido por Deus para o sofrimento, e sua "batalha terminou" em 26 de agosto de 1915. Ela nunca seria substituída. Estivera entre as melhores. Mas "teremos a nossa melhor outra vez, purificada, aperfeiçoada, protegida da mudança para sempre". Isso era a base da esperança.

Em setembro, houve alívio do longo esforço quando Amy levou um grupo de crianças à floresta perto de Dohnavur, para passarem algumas semanas num bangalô do governo. Não era mais possível mudar uma família como aquela para as estâncias distantes nas montanhas, e Amy, sempre zelosamente protetora de suas crianças, temia influências europeias que nada contribuiriam para o bem-estar espiritual delas. Havia distrações mundanas que poderiam semear descontentamento entre suas crianças. Mas ela percebeu a necessidade de descanso e mudança e pediu a Deus alguma provisão.

Foi um experimento, e a casa era primitiva. O assoalho era de cimento, não havia instalações apropriadas; era úmida e fria quando chovia. Tudo, exceto a água, tinha de ser transportado da planície pelos cules. Mas as semanas foram gloriosas, cheias de coletar flores, nadar e mergulhar na piscina de um rio que fluía da montanha, procurar rastros de animais (rastros de elefantes selvagens às centenas), covas de ursos e rastros de tigres. Amy e três companheiras davam aos outros "meia hora de tremor" escondendo-se atrás de uma árvore e rugindo. "Havia uma corrida desenfreada até à casa, e, então, para a nossa imensa satisfação, víamos toda a família aparecer com varas, guiados por Sellamutthu, horrivelmente alarmada, mas corajosa."

O que essas férias fizeram pelas crianças foi saudável. O que fizeram por Amy foi algo mais. Em outubro, ela ficou muito doente, tão doente que, de acordo com uma anotação particular em um diário, ela "sucumbiu". Para seus amigos na terra natal, ela não disse palavra alguma sobre a sua saúde, mas admitiu que "várias coisas aconteceram que interromperam o fluxo uniforme da vida". (Um biógrafo teria dificuldade para distinguir dois dias seguidos quando o fluxo da vida em Dohnavur podia ser descrito como "uniforme".) Ao escrever que sucumbiu, é provável que Amy quis dizer que deixara alguém saber que estava com dores. Possivelmente, ela teve de ir para a cama. "Tristeza de pensar em um médico ser chamado e deixar pessoas mais necessitadas para me atender. Tristeza de achar alguns queridos sobrecarregados porque eu sucumbi." Ela orou, talvez não pela primeira vez e certamente não pela última:

> Não me permita ficar doente e ser um fardo ou uma preocupação para ninguém. Oh! Permita-me terminar minha carreira com alegria e não com tristeza. [...] Permita-me morrer de uma ferida de batalha, ó meu Senhor, não de enfermidade prolongada. Perdoe esta oração, se estiver errada!

No mesmo mês, foi descoberto que Arulai, que fora declarada curada de tuberculose, estava com a doença de Bright, "outra daquelas provações severas que nos dão uma oportunidade de provar aquilo em que cremos". Arulai, a "Estrela" de Amy, tesouro de todos os tesouros, o Eliseu sobre quem Amy acreditava que o manto deveria cair. Em um dos piores dias, Amy caminhava no círculo de pequenas casas-berçários chamado o Redondo, orando e pensando em Walker, Ponnammal, Arulai — "nossas três influências espirituais mais fortes, os três com os quais poderia sempre contar quanto a força de caráter, bem como poder espiritual — Senhor, tens de levar a todos eles?" No início de novembro, a resposta pareceu ser *sim*. O pulso de Arulai desvaneceu, ela recusou seu remédio e não conseguia falar. Amy enviou um telegrama para um amigo: *Venha. Arulai morrendo*. Ela se recuperou e sobreviveu outros 24 anos.

A determinação de Amy de não atrair a atenção para si mesma não tinha enfraquecido desde que, pela primeira vez, ela adotou o pseudônimo "Ninguém" no pequeno jornal da família em Belfast. Quando sua biografia de Walker foi publicada, uma informação publicitária na sobrecapa — um elogio que ela não julgava merecer de forma alguma — deixou-a "muito envergonhada de ter qualquer prazer no livro. Ó meu Deus, estou envergonhada diante de ti." O mesmo motivo de discrição deve ter sido pelo menos parte do que inspirou as maratonas periódicas de "ocultar seus rastros" ao destruir diários, um hábito que cria lacunas frustrantes na história. Certa vez, Arulai logrou resgatar parte de um caderno de anotação antes que Amy o destruísse por completo, mas somente Deus sabe quanto foi para o fogo ou para o estômago dos cupins.

Pouco anos mais tarde, o governador de Madras enviou um telegrama de congratulação por ela ter sido incluída na Lista de Honras do Aniversário Real. A reação de Amy foi consternação. Um *medalha*? Por serviço na Índia, serviço para aquele que morreu por ela? "Não fiz nada para torná-la conveniente, nem posso entendê-lo de modo algum", ela escreveu para o Lorde Pentland. "Incomoda-me ter uma experiência tão diferente daquele que foi desprezado e rejeitado, não honrado com bondade." Ela foi, por fim, persuadida de que seria desonroso recusar o prêmio, mas bateu o pé no que diz respeito a não ir à cerimônia de entrega do prêmio.

O tempo passado no bangalô do governo, na floresta, convenceu todos de que um lugar como aquele, porém com melhores comodidades, era necessário. O sinal foi pedido e dado, e, depois de várias expedições árduas e rudes, através da planície, até aos matagais e às subidas íngremes, a um quilômetro ou um pouco mais além, o lugar perfeito foi achado — uma pequena e não utilizada plantação de café, a Floresta Cinzenta. O dinheiro veio para uma casa, e a construção foi iniciada. Houve inúmeros reveses. Cules desistiram do trabalho. Chuvas vieram em tempos inoportunos e muros ruíram. Conflitos de castas surgiram entre os trabalhadores; por isso, as crianças assumiram o serviço de carregar barro, tijolos e ladrilhos. Às vezes, os serradores se recusavam a trabalhar, e os carpinteiros ficavam sem trabalho. Quando os pedreiros fracassaram em cobrir os topos das paredes e se amontoaram em suas barracas enquanto chovia, Amy, as crianças e Arul Dasan (o qual, com sua esposa, Muttammal, se uniu à obra em Dohnavur) ficaram de pé no aguaceiro, erguendo e segurando com as mãos os tapetes para impedir as paredes de se dissolverem novamente. A casa foi terminada durante o último ano da guerra ao custo de 500 libras. Eles a chamaram de Casa da Floresta.

> Floresta verde, verde, que se estende por tão longe quanto os olhos possam alcançar em três lados, elevando-se em vagalhões poderosos montanhas acima, deixando visíveis apenas os cumes rochosos; floresta que sobe alto, com pouca depressão. Um vale, como a cava da onda de floresta verde. No meio do abafo de verde, o teto vermelho de uma casa, nossa casa da floresta. [...] Em frente às árvores inclinadas acentuadamente, como um penhasco que adentra o mar, o verde, o mar verde da floresta.

Assim ela descreveu o lugar no capítulo inicial de *Da floresta*. E a piscina, a alegria de sua ravina, de

> água verde jade, límpida, maravilhosa, e, quando os anjos estão numa disposição muito bondosa, enviam um guarda-rios para pescar ali. Portanto, a piscina é algo muito amável para esta terra comum e nos deixa pensando como devem ser as piscinas nos bosques verdes do Paraíso. Mas é também profunda, profunda o suficiente para mergulhar, e seu assoalho, de areia branca e clara, os grãos de areia polvilhados da montanha. Nessa piscina, nós, as crianças que estão de férias e quem estiver com elas, nos tornamos diariamente crianças na água. E, se você tiver problemas, a piscina os lava. Preocupações são simplesmente carregadas para longe.

Nos poucos anos seguintes, várias casas foram construídas na ravina, incluindo a Casa da Selva e a Casa da Joia. Elas satisfizeram à necessidade de um lugar para ficarem "à parte", como o Senhor chamou seus discípulos, para "repousar um pouco".

Amy amava a floresta com uma paixão. Ela bebia sua beleza, afagava literalmente suas rochas e árvores, cantava sobre ela em muitas canções infantis. Eis o exemplo de duas linhas que ela escreveu para o elefante:

> Seus enormes pés chatos batem, batem
> Com um som firme, denso, retumbante.

E para o mosquito:

> Tome este conselho e vá embora,
> Abominável mosquito, nesta hora.

Seus poemas longos sobre o significado do sofrimento, *Piscinas* e *O vale da visão*, foram escritos provavelmente neste lugar, bem como vários outros livros, onde isolamento, quietude e frescor tornavam a tarefa de escrever menos árdua do que o era em Dohnavur, onde essas comodidades eram escassas.

> Há tanta tristeza no mundo, tantos corações doloridos, tantas lágrimas vertidas, que é muito maravilhoso estar distante por um tempo num mundo sem lágrimas, deixado como Deus o fez. [...] Essas coisas elementares parecem levar-nos de volta ao essencial, ao fundamental, àquilo que não pode ser abalado, antigas verdades de Deus.[1]

Amy explorou cada pedaço da terra comprada. Servos pacientes labutavam com ela nos penhascos íngremes, abrindo caminhos aonde quer que ela desejasse ir, carregando para cima porcelana e comida quando o capricho a levava a fazer um piquenique nas proximidades de uma cachoeira recém-descoberta. Crianças varriam os caminhos todo dia, decoravam a casa com flores e aprendiam a não perturbar outros habitantes da floresta — exceto cobras e escorpiões, e apenas se viessem para a casa. "Então, receio que temos de matá-los, pois estão onde não deveriam estar."

Ela foi muito insistente no fato de que as crianças aprendessem a nadar. Ela o aprendera em Millisle e Strangford Lough, mas, certa vez, quase se afogou na piscina da floresta, quando uma criança a arrastou para baixo. "Não foi nada", ela lhes disse, "a sensação de afogar-me foi agradável. Não há necessidade de alarmar a família lá em Dohnavur mencionando isso."

Numa manhã pacífica de domingo, em meio à quietude do descanso, "como uma pedra que cai pesadamente num lago calmo", um brâmane corpulento chegou à Casa da Floresta. Amy disse ao servo que anunciou sua chegada que o mandasse até onde ela estava sentada, embaixo de uma

1 Amy Carmichael, *From the Forest*, p. 78.

árvore. Foi um visitante muito importuno com sua comitiva e falou com o cozinheiro de Amy num tom que "um hipopótamo malcriado provavelmente usaria ao dirigir-se a um inseto". Mas ela pediu ao servo que trouxesse um copo de leite, e, enquanto o homem o derramava em sua garganta sem tocar o copo com os lábios, ela se sentou em sua pedra, reprovando-se a si mesma por não gostar da intrusão daquele homem reputado como "erudito, educado e cheio de caridades públicas". Reflexão posterior produziu "Uma canção para alguém em tentação semelhante":

Não, não por vós ele teve sede ao ser imolado,
Não, não por vós o meu Senhor foi crucificado.
Bosques, riachos e montanhas, sois inocentes;
Não vossa, porém minha, a vergonha do Calvário.

E vós, árvores, queridas como deveis ser para ele,
E vós, as águas correntes, com toda a vossa pureza,
Ao coração ferido para salvá-los, são mais queridos
Os filhos de uma humanidade infeliz e corrompida.

Dá-me tua sede; acende, ó Cristo, teu fogo,
A paixão de fogo e a sinceridade de amor;
Toma a minha harpa eólica e torna-a uma lira
Cuja música faça homens se voltarem para ti.

30

UMA VIDA SEM CERCAS

O que Amy Carmichael chamava "um novo fio" foi acrescentado à "corda de ouro" de sua vida em 1916.

O mundo ainda estava em guerra. Sua depressão permanecia pesada mesmo num lugar tão distante como o sul da Índia. Dohnavur tinha 12 berçários nessa época, cheios de bebês e crianças que começavam a andar e precisavam de cuidado. Havia muitas crianças crescendo inexoravelmente, buscando orientação, exigindo mais e mais dos responsáveis por elas. Arulai, a mais responsável das indianas, tinha nefrite. Em meio a tudo isso, Deus parecia estar chamando a uma nova decisão de fé.

"Não pude responder adequadamente a ela, a verdade implacável me tinha em suas garras. Eu estava com medo." A mente de Amy, cheia da história militar que ela amava ler, foi moldada pela linguagem de batalha. Qual é o proveito, pensou ela nesse tempo, de um soldado temeroso?

Força do meu coração, não posso falhar,
Não devo temer e sim obedecer,
Com esse Líder, quem pode ceder?
Tu és hoje o mesmo que eras ontem.
Força do meu coração, descanso em ti,
Cumpre teus propósitos por meio de mim.

Não temos informação sobre qual era a decisão assustadora, mas sabemos apenas que disciplina era necessário, porque Deus não dera um espírito de temor (esse espírito tem outra fonte, muito diferente), mas um espírito de poder, amor e disciplina. Amy anelava que seus companheiros de luta, que compartilhavam da vida de disciplina para a qual ela tinha certeza de que fora chamada, pagassem alegremente o preço, abandonassem tudo e vivessem "uma vida sem cercas". Ela pensava no Senhor, de pé sobre as ondas na tempestade, com a mão estendida para Pedro. "Senhor, manda-me ir ter contigo, a partir de qualquer barco, em qualquer mar; ensina-me apenas como andar sobre o mar."

Havia sete mulheres indianas jovens, incluindo Preena, a primeira criança do templo, Purripuranam, a irmã de Ponnammal, e Arulai, em quem se achava o mesmo espírito. Hoje, alguns diriam que Amy Carmichael era seu "modelo a seguir", uma expressão fria e estéril que sugere a mera suposição de um papel ou dever. A Amma delas era muito mais do que isso. Era a mãe. Elas tiveram uma mãe de todas as maneiras como uma criança pode considerar-se cuidada — física, emocional e espiritual. Amy era uma presença amável e poderosa na vida diária delas, como uma mulher mais velha que fazia o que Paulo ordenara que seu aluno Tito instruísse todas as mulheres mais velhas a fazerem: ensinar, por seu exemplo, às mulheres mais jovens como é uma vida piedosa.

"Nós nos moldamos em um grupo", Amy escreveu. Elas adotaram o nome de Irmãs da Vida Comum, copiando a ideia de Gerard Grote, da Holanda, que em 1380 formou a Irmandade da Vida Comum, um grupo de homens que trabalhavam com as próprias mãos e treinavam "como quem buscava, separado do mal ao seu redor, uma vida pura e piedosa". Visto que na Índia, como em outros lugares, uma distinção era geralmente feita entre o sagrado e o secular, as Irmãs da Vida Comum queriam apagar essa distinção, lembrando Aquele que pegou uma toalha. "Cingi-vos todos de humildade"[1] para servir uns aos outros e "Vinde a mim [...] e achareis descanso. [...] Tomai sobre vós o meu jugo"[2] — esses eram alguns de seus lemas.

Amy queria compartilhar com essas mulheres as riquezas espirituais de livros que haviam tornado resiliente sua própria alma. Por isso, era essencial que aprendessem inglês. Ela lhes deu Richard Rolle, Raymond Lull, Suso e Tersteegen, Bispo Moule, Josephine Butler, Tomás de Kempis, Samuel Rutherford, Père Didon, Bispo Bardsley "e as almas fervorosas e ousadas de toda época que haviam deixado tochas". Essas tochas iluminaram o caminho do discipulado para essas mulheres. Estavam prontas para fazer o que precisava ser feito. "Peça-lhe", podia ser dito, "ela é uma Irmã da Vida Comum. E ela o fará." Para elas, promoção significa não mais honra, e sim mais trabalho, trabalho mais árduo.

As Irmãs não fizeram nenhum voto, sendo entendido que suas ordens eram "o que tu [o Senhor] dizes para mim". Casamento poderia estar incluído, e várias se casaram realmente, como Amy diz em *Gold cord* [Corda de ouro]. O que ela não mencionou, Frank Houghton disse em sua biografia:[3] que, se uma das Irmãs se casasse, deixava de ser uma Irmã da Vida Comum. Durante os primeiros anos, todas as mulheres europeias que se uniam à obra se uniam automaticamente à irmandade, mas depois pareceu que nem todas estavam prontas, ao chegarem, para esse tipo de compromisso.

"Não há nada melancólico ou duvidoso sobre isso (a vida). Ela se destina a ser continuamente alegre. [...] Somos chamados a uma felicidade permanente no Senhor, cuja alegria é a nossa força."

1 1 Pedro 5.5.
2 Mateus 11.28-29.
3 Frank Houghton, *Amy Carmichael of Dohnavur* (Londres: Society for the Promotion of Christian Knowledge, 1953).

Quando leram juntas os livros que Amy lhes dera, "nós" escrevemos o que Amy chamou "uma confissão de amor". O seu uso costumeiro do "nós" editorial fazia parecer que todas as decisões eram tomadas em um corpo; toda a poesia, recebida por inspiração simultânea; todos os sentimentos, orquestrados em harmonia. Isso, sem dúvida, era como ela queria sinceramente que as coisas fossem. Ela não tinha nenhum desejo de ser a chefe. Amy via-se a si mesma como sob ordens, ao lado de todas as demais. Mas a confissão de amor era obra dela, dada às Irmãs e aceita de coração por toda mulher que desejava ser uma delas:

> *Meu voto*:
> O que quer que me disseres, eu o farei por tua graça.
> *Meu constrangimento*:
> Teu amor, ó Cristo, meu Senhor.
> *Minha confiança*:
> Tu és poderoso para guardar aquilo que te entreguei.
> *Minha alegria*:
> Fazer a tua vontade, ó Deus.
> *Minha disciplina:*
> Aquela que eu não escolheria, mas que o teu amor revela.
> *Minha oração*:
> Conforma minha vontade à tua.
> *Meu lema*:
> Amar para viver, viver para amar.
> *Minha porção:*
> O Senhor é a porção da minha herança.
>
> *Ensina-nos, bom Senhor, a servir-te como tu mereces; a dar sem calcular o custo; a lutar e não atentar às feridas; a labutar e não buscar descanso; a trabalhar e não buscar nenhuma recompensa, exceto a de saber que fazemos a tua vontade, ó Senhor, nosso Deus.*

31

ONDE ESTÃO OS HOMENS?

Uma das características da vida nos vilarejos do sul da Índia era o Festival do Carro. O Carro, ou a jamanta, era uma estrutura de madeira que se erguia sobre rodas e carregava o ídolo hindu. Seus lados exteriores escuros e entalhados, com representações de vários aspectos da adoração, eram cobertos com bandeirolas, lantejoulas e grinaldas de flores. Um dia, em 1909, Amy estava de pé no calor ofuscante e na poeira asfixiante, quando, "com gritos e arremessos de braços ao ar, a torrente marrom passou". Milhares de homens, despidos até à cintura em honra ao deus, se esforçavam e suavam puxando as cordas. "A torrente se tornou mais densa, os gritos se tornaram desvairados, o Carro se moveu para virar a esquina, balançando por um momento vertiginoso, e parou." Havia policiais ao redor, para que nenhum devoto tentasse se atirar sob as rodas enormes. Mas não foi o Carro, nem a multidão, nem o calor, nem qualquer outro aspecto do festival que prendeu a atenção da missionária — foram os meninos, acólitos, que serviam ao deus, um deles no deque mais elevado do Carro, engrinaldado de flores cor-de-rosa.

Amy não podia suportar isso. Acreditava que os deuses da Índia, retratados por sua agressividade ou imagens sedutoras, eram satânicos, e aqueles que os faziam eram "semelhantes a eles". O que aprendera a respeito do caráter da adoração hindu, em anos de estudo do idioma e da mente dos hindus, era para ela, muito literalmente, indizível e quase impensável. Era "imundície, lama, pecado", Amy escreveu, mas "os livros que têm camuflado o hinduísmo estão aparecendo em grande número agora, e é terrivelmente fora de moda pensar como pensamos".

Essas coisas moldavam e influenciavam a maneira de pensar dos indianos. Havia exceções. "A Índia tem homens para os quais esses males não têm nenhum apelo. A 'luz que, vinda ao mundo, ilumina a todo homem' tem iluminado a mente e alma de alguns que nunca ouviram da Luz do mundo. Não apagaram essa Luz, e certamente os poderes do Calvário chegaram até eles", Amy escreveu, "porém nunca um só raio de luz procede dos ídolos das pessoas, somente trevas que corrompem a mente de milhões da Índia."

Ela não podia suportar a visão daqueles amáveis rapazinhos capturados por tal sistema. Também não podia esquecê-la.

John Donne escreveu: "A ignorância é não somente a sonolência, a insensatez, mas também a impiedade da alma." Amy teria preferido muito mais permanecer na ignorância desse tipo de idolatria. A irritação à sua alma vitoriana era nada em comparação ao ultraje contra sua consciência cristã. Enegrecia o sol. Ela se recusou a ficar de olhos fechados. Começou a investigar.

Como antes, Amy se deparou com indiferença e negação insípidas. Mas havia indianos que conheciam e, como ela, deploravam esse tráfico de meninos, semelhante ao de meninas. Muitos eram vendidos ou dados às casas de templos onde se tornavam músicos e professores de dança e poesia para as moças. Outros eram adotados pelos hindus ou muçulmanos, às vezes para atender a propósitos que Amy só pôde descrever como "infames", significando homossexuais. Outros se tornavam propriedade de sociedades dramáticas conectadas com os templos e aprendiam a atuar em peças que eram "totalmente impuras e destruidoras da alma".

Ela recebeu um telegrama de Simla instando-a a prover o governo com fatos. Ela fez isso, pedindo que a informação e sua fonte fossem mantidas confidenciais, para que seu próprio trabalho não fosse obstruído pela publicidade. O resultado foi "muita movimentação sincera" tanto entre indianos quanto entre ingleses para acabar com aquela "iniquidade obscura contra a infância". Por fim, leis foram aprovadas, "graças a Deus, que pelo menos se destinam a ajudar, mas a Índia sabe como evadir-se das leis. [...] Por isso, continuamos trabalhando."

Certa ocasião, um amigo indiano, conhecedor dos caminhos do submundo, levou-a a uma casa que tinha janelas com barras de ferro, varandas e uma porta grossa e trancada. Não era diferente das outras casas na rua, mas ele sabia o que acontecia no interior. Em resposta a baterem à porta, uma mulher velha e feia abriu-a apenas um pouquinho. Depois das apresentações usuais, o indiano perguntou se as crianças estavam bem.

"Quais crianças? Não há nenhuma criança aqui."

"Os meninos, ó irmã mais velha, os meninos que aprendem aqui."

"Nenhum menino aprende aqui", e a porta quase fechada.

"Oh! não diga isso, irmã. Eles não aprendem canções?"

"Nenhum menino aprende canções aqui." E a porta foi fechada.[1]

Posteriormente, Amy logrou entrar de imediato numa casa em que os meninos eram ensinados. Uma mulher branca com um vestido europeu e capacete colonial jamais o teria conseguido. Os meninos se aglomeraram ao redor da dama vestida de sári, pegaram em sua mão e imploraram que se sentasse, "amigáveis, amáveis e interessados o suficiente para aproveitarem o máximo dessa bem-vinda interrupção a uma rotina aparente e estritamente imposta". Depois de 20 minutos iluminadores, a interrupção foi descoberta.

1 *Gold cord*, p. 211.

Um homem bravo entrou apressadamente como um turbilhão, mandou os meninos saírem para suas lições e, "muito confuso para falar", devolveu as mansas saudações de Amy enquanto ela se retirava.

Ela comprou um ingresso para a peça e descobriu que o menino que a havia convidado para a casa era a estrela do show — uma pequena rainha,

> vestida em manto cor-de-rosa de brilho tremulante e joias de ouro, tocando um instrumento musical, o que exibia com perfeição as delicadas mãos sensíveis. À medida que tocava, girava sua pequena cabeça lentamente de um lado para o outro e a curvava no estilo aprovado de rainhas bonitas.

A multidão, antes ruidosa, silenciou-se de repente, paralisada pela beleza do menino.

Quando Amy falou para suas companheiras de trabalho sobre a triste condição dos meninos, elas mencionaram a impossibilidade de fazer algo a respeito — as mãos de Amy já estavam mais do que cheias. Meninos eram mais difíceis de criar do que meninas. O trabalho com meninos e meninas deveria ser mantido separado na Índia. Onde estavam os homens de que precisavam para ajudá-las? E um médico? Não, era impensável. Por certo Deus levantaria outra pessoa para o trabalho. Ela ouviu educadamente. Não se conformou com esse veredito. Impensável? Não para Deus. E orou, e continuou orando; a face da pequena rainha permaneceu indelével na memória por anos.

Um dia, Amy se ajoelhou perto de uma rocha na floresta. Havia uma piscina tranquila ao lado da rocha, e, no fundo da piscina, folhas encharcadas. Era uma daquelas "figuras do que é verdadeiro", um sinal visível de uma realidade invisível — vida a partir da morte.

> Folhas quebradas, batidas, encharcadas — aquelas que estavam prestes a desaparecer e serem tratadas como nada, com todas as possibilidades

> acabadas, estavam perto de se tornarem vida para a floresta. "Aprende a obedecer, tu, pó; aprende a humilhar-te, tu, argila e barro."

Ela pediu a Deus que ou removesse o fardo a respeito dos meninos, ou lhe mostrasse o que fazer quanto a eles.

> Presságios que nunca havíamos conhecido quando começáramos a salvar moças nos oprimiam. Agora sabíamos mais do que naquele tempo sobre o caráter intrínseco daquilo com que teríamos de começar a labutar. O fogo provará de que tipo é a obra de cada indivíduo. Estávamos prontos para isso? A nossa reputação eram cinzas para nós? Essa foi a questão curiosa que apareceu repetidas vezes. E se as nossas esperanças ruíssem ao nosso redor como um castelo de cartas feito por crianças?[2]

O problema sobre de onde viriam os homens necessários foi por fim resolvido, de novo na floresta, mas dessa vez não por meio de uma piscina tranquila, e sim de uma cachoeira. Vendo a catarata incessante jorrando de cima, Amy ouviu uma voz do céu, a voz de muitas águas: *Posso eu, que faço isto, não fazer aquilo?* Espiritualmente, a obra para meninos começou nesse momento.

Oração e trabalho árduo tiveram de prosseguir por um bom tempo. Ela, "pó e cinzas", estava aprendendo a "humilhar-se". Uma médica chegou finalmente, para alegria e alívio de Amy. Mas ficou por breve tempo. Saúde foi a razão dada para seu retorno ao lar. Dass, um amigo de outra cidade, fez viagens à procura de meninos sobre os quais ouvira falar. Foi frustrado repetidas vezes. Uma mulher lhe deu seu filho, apenas para segui-lo até ao bazar e reivindicá-lo. Posteriormente, quando Dass foi vê-la, ela lhe disse: "Pegue-o, é seu" e apontou para um pacote no canto. Ele achou o filho de

2 *Ibid.*, p. 220.

quatro anos, coberto de sarampo e cego. Voltou algumas semanas depois, mas já não havia sinal do menino.

Tarde da noite, 14 de janeiro de 1918. Uma carroça retine defronte ao bangalô em Dohnavur. Uma mulher cansada traz uma criança fatigada que sorri e se aconchega aos ombros de Amy. Alguém a leva para o berçário, e em cinco minutos Mabel Wade retorna apressadamente e quase sem fôlego: "É um menino!"

Elas lhe deram o nome Arul. Era "as primícias de sete anos de labuta". Amy começou a agir. Procurou uma área perto do complexo das meninas, "recebeu a planta" para os prédios, pediu um sinal: cem libras como um selo do novo empreendimento, disse à Família. No próximo dia de correspondências, o sinal chegou — uma herança de exatamente cem libras.

Outro menino chegou em junho daquele ano, e em 1926 havia entre 70 e 80 meninos. Embora Amy não fosse, por natureza, dada a suspeitas, teve de aprender algumas lições de maneira árdua. Ela foi enganada por alguns que lhe trouxeram meninos. Um amigo de confiança trouxe vários meninos, entre eles um brâmane que ele afirmava ter "achado". Sem dúvida, o anseio de Amy por ver realizada a visão que tivera na floresta a levou a baixar a guarda.

Um doador em perspectiva deixou claro que seu dinheiro iria para a obra missionária e não para a construção de prédios. A distinção entre o secular e o sagrado, que havia muito tempo estava obliterada na mente de Amy, era inequívoca na mente dele. "Bem", suspirou Amy,

> não podemos salvar e arremessar as almas para o céu. Há ocasiões em que, sinceramente, eu gostaria que pudéssemos. E, no que diz respeito a prédios, as almas (pelo menos na Índia) são mais ou menos seguramente presas em corpos. Os corpos não podem ser deixados caídos ao ar livre, e, visto que não podemos tirar a alma para fora do corpo e lidar com ambos em separado, temos de tratá-los em conjunto. O que, então, deve ser feito?

Um novo padrão de homem era exigido para educar esses meninos, "para que o tipo de caráter desenvolvido seja diferente do que, por muito tempo, tem sido a tristeza de todo missionário e toda missionaria que nutrem pensamentos profundos". Onde estavam esses homens? Amy sabia que existiam em algum lugar. Ela os vira. Seu pai, por exemplo: trabalhador diligente, um homem de integridade incorruptível, de generosidade e zelo pela glória de Deus. Barclay Buxton. Thomas Walker.

Mas na Índia? Havia Arul Dasan, fiel e verdadeiro, embora não capacitado com o dom de liderança forte. Havia quaisquer outros? Homens com alguma noção de renúncia pessoal foram achados quando o cólera se propagou novamente pelo vilarejo. Como antes, Amy ia sozinha para o "horror negro às nossas portas". Ela não permitiu que as *sitties* ou as *accals* fossem. A obra delas não podia ser abandonada. Amy ia adiante, armada com uma sineta de jantar e um balde de remédios, frascos, latas, panos e desinfetantes. Ela tentou chamar o líder cristão, o catequista, para levar o pesado balde para ela. Ele preferia carregar sua Bíblia, foi o que disse a Amy. Preferia reuniões de oração a obra sanitária. Uma vez o chefe do vilarejo pediu a Amy que o ajudasse a higienizar algumas das casas mais mortais. "Fiquei grata. No que diz respeito a fazer o trabalho, ele tinha serviço urgente para realizar em seus campos." Outros homens mostraram interesse nos procedimentos — até ao ponto de vê-la em ação.

Quando, depois de duas semanas, o hospital do governo mandou o cirurgião auxiliar, Amy ficou esperançosa. Ele era "um jovem pequeno e elegante, com um extenso nome brâmane".

"Posso indagar à madame onde você obteve treinamento médico?", ele perguntou. Em lugar algum, ela respondeu, mas nos próprios vilarejos afetados pelo cólera.

"Mas com 'desculpas pelo incômodo' ele parecia muito duvidoso quanto à conveniência dessa ocupação 'para pessoas leigas.'" Quando ele proferiu uma longa dissertação sobre a prática não qualificada de Amy, ela respondeu: "Meu querido rapaz, eu já trabalhava com o cólera quando você estava em seu berço."

"Haja piedade para a Índia no dia em que ela for entregue às ternas misericórdias de pessoas assim", Amy escreveu.

> "Temos de vestir o turbante; pois, do contrário, as pessoas não nos respeitarão", comentou um brâmane ao recolocar seu excelente turbante, a coisa mais excelente nele, de fato. Contudo, não posso deixar de pensar quão verdadeiramente (e muito inconscientemente) ele falou. As pessoas "respeitam" a manifestação exterior de superioridade e autoridade, mas não respeitam, no mínimo, o homem interior da casta mais elevada. Porém o camponês mais pobre presta respeito ao caráter mais interior do coletor, policial ou médico inglês, e o faria ainda que ele estivesse vestido de trapos. Remova o sal da terra, e o que você deixa? Frequentemente, eu não imponho política a vocês, mas desta única vez eu o faço.

O "sal da terra" — eram apenas homens ingleses que estavam incluídos nessa categoria? Não havia nenhum indiano que poderia ser contado como "sal"? E, quanto aos coletores, policiais e médicos estrangeiros, não eram eles insípidos? Amy teria negado essa implicação, mas, em seu próprio ambiente, a evidência parecia apontar na primeira direção.

A guerra terminou em 1918. No dia em que a Família ouviu sobre o Armistício, "tivemos o mais emocionante pequeno culto, com o Te Deum, é claro, e tudo louvável que pudemos achar". O hall da escola foi embelezado com palmeiras e flores amarelas, e as crianças, paramentadas de suas "cores dominicais", amarelo e branco. Para elas, tudo era emoção. Para Amy, havia o pano de fundo melancólico.

> Nunca pudemos esquecer, nem por um momento, os corações pesarosos para os quais o tinido dos sinos tem de repicar quase com agonia, e os homens mutilados nos hospitais, cegos e acabados para a vida; e

> anelávamos com um anelo inquietante alcançá-los com a nossa afeição reverente. Às vezes, parecia quase insuportável que recebêssemos tanto e déssemos nada. O que temos para dar é mostrado em certas canções em *Made in the pans*[3] [Feito nas panelas].

Essa obra era uma coletânea de poemas e canções de Amy publicada em 1917, que incluía uma seção de poemas de guerra, como "Batalha-Sepultamento", "Morto de ferimentos", "Ausente" e "Esta grande obediência", sendo esta última para um soldado prestes a morrer, perto de Ypres, que instruiu seu servo-soldado a continuar com o seu dever.

> [...] Ó berçários ingleses que a esses filhos treinaram,
> Escolas e campos de brincar que adiante os enviaram,
> Onde os semelhantes a vós? Decadentes nos tornamos?
> Encharcados do espírito da terra, consumidos
> Por fogos menores que o fogo puro do altar
> Do amor ao dever? [...]

"Não há bálsamos em Gileade?" aborda o poço profundo do significado do sofrimento:

> [...] Hoje, sobre o clã
> Que chamamos humanidade
> Cai um infortúnio tal que, houveras tu, sem paixão,
> Passado dias fáceis, ó Cristo, conhecido apenas alegria,
> Andado com pés seguros e de sandálias calçados
> Pelos campos e prados — Ah! aquele que correu
> Despido através da planície,
> Açoitado pela chuva veemente e implacável,

3 Amy Carmichel, *Made in the pans.*

Bem como pelo vento terrível,
Voltando-se para ti em desespero, sentiria falta
De alguma coisa em ti, sim, do que é vital?
Lágrimas foram o teu repasto,
Perfuração de lança, o teu afago,
Tu, Filho do Homem sofredor.

32

LÂMINAS DE DAMASCO

Livros não somente sobre heróis militares, mas também sobre alpinistas (por exemplo, Whymper, do Matterhorn; Somervell, do Everest), exploradores (Edward Wilson, da Antártida) e grandes educadores (Arnold de Rugby), fortaleceram a determinação de Amy de sempre ter um alvo elevado na educação das crianças confiadas aos seus cuidados.

"Dê-lhes não somente ensino nobre, dê-lhes também mestres nobres", escreveu Dorothea Beale, de Cheltenham. Amy achava que o mundo tinha muitíssimos cristãos comuns, apáticos, respeitáveis e satisfeitos com o usual, o medíocre. Por que importar-se com gastar sua vida para multiplicar o número desses? Lâminas de aço Damasco, forjadas nos extremos de calor e frio, eram a necessidade da Índia. Em favor disso, ela estava preparada a pagar o preço. O treinamento em Dohnavur — espiritual, intelectual e físico — tinha de ser, por assim dizer, o fogo e o gelo.

"*Vale a pena* ser apto para as coisas mais delicadas e difíceis da vida e da guerra", ela escreveu para uma recruta inglesa que foi tentada à impaciência no longo período de preparação necessária antes de ir para a Índia. "Por isso, querida, pensaremos nesses dois ou três anos como anos de forjar a lâmina para o que uma lâmina dessa qualidade pode fazer."

Depois da morte de Walker, uma mulher inglesa que ensinara na Índia por 15 anos ofereceu seus serviços e foi recebida alegremente como provisão de Deus para a família. Agnes Naish era uma daquelas solteironas inflexíveis, totalmente dedicada, sincera e possuidora de todas as qualificações acadêmicas apropriadas. Embora um colega de trabalho a tenha chamado "uma *antiquada*, três mil anos atrás dos tempos!", Amy a via como uma educadora inata e, muito mais importante, alguém que tinha "a poderosa Ordenação das Mãos Traspassadas". O que mais poderia manter uma estrangeira servindo num lugar em que não havia glamour, nenhuma empolgação, nenhum reconhecimento? Amy, cuja educação geral fora amplamente informal e seu treinamento especial, apenas para evangelização, sentiu-se tranquila em poder entregar a Agnes um trabalho para o qual ela não se achava adequada.

A decisão de não receber fundos governamentais fora tomada anos antes. "Não nos seria espiritualmente benéfico", Amy disse, e "não queríamos introduzir nosso pequeno riacho no rio principal e, assim, absorver a cor deste." Nessa época, havia muito mais crianças do que Agnes podia atender; e elas estavam muito necessitadas de professores. Onde procurar por lâminas de Damasco? A Inglaterra era a única resposta, Amy acreditava, porque "a influência inglesa é exigida para a Índia como ela é agora".

"Tremendamente impraticável" foi a acusação lançada contra elas, e não pela primeira vez. Elas ignoraram a "poeira de palavras", continuaram olhando para o Líder Invisível em busca de direção e fizeram o melhor que puderam com o que tinham. Às vezes, novos trabalhadores que chegavam para fazer outros tipos de trabalho, até mesmo trabalho médico, eram mobilizados para as salas de aula, pois todos concordavam antes de chegarem a

Dohnavur em ajudar, apesar de seu treinamento especial, onde quer que a ajuda fosse requerida.

Amy era uma desbravadora. Embora nos primeiros dias de resgatar bebês ela não tivesse uma pessoa à qual pudesse voltar-se para obter conselho, "porque ninguém havia trilhado este caminho antes", ela escreveu em anos posteriores que nenhum de seus caminhos era novo. Todavia, eram novos para muitos de seus amigos e — podemos acrescentar — inimigos. Sem dúvida, ninguém tinha formado uma família desse tipo específico de crianças de acordo com tais diretrizes. Em contrário à opinião prevalecente, ela buscava de fato, em ocasiões específicas, o conselho daqueles em quem confiava. O conselho era pelo menos ouvido. Não era sempre seguido. Às vezes, quando era seguido, ela se via num emaranhamento e se perguntava por que não fora diretamente Àquele que lhe mostrara inicialmente o padrão. "Eu ficava preocupada e triste de coração, pois há alguma necessidade de aqueles que andam com Deus errarem na visão e tropeçarem no julgamento?"

Deus promete sabedoria. Por que não crer em sua Palavra? Com as Irmãs da Vida Comum, Amy vasculhava o livro de Atos dos Apóstolos em busca de princípios orientadores. Descobriram que vinham por meio de circunstâncias, de pensar cuidadoso, do sentimento geral que seguia a oração e o jejum, por um senso irresistível de dever ou uma palavra do Senhor. Essa "palavra" podia ser algo lembrado no momento crucial ou uma ordem direta. Essas ordens, nos dias dos apóstolos, vinham quando o Espírito Santo falava ou quando um anjo aparecia. Amy admitiu que nunca tivera o prazer da visita de um anjo, mas todos os outros métodos de orientação ela os conhecia muito bem. Se não houvesse certeza interior, nem a abertura visível de circunstâncias, um sinal era pedido e não recusado.

À medida que prosseguiam enfrentando o impossível dia após dia, Amy insistia em que tinha de haver uma "palavra inconfundível". O que ela considerava inconfundível os colegas de trabalho consideravam, às vezes, confundível. Essas palavras que, "de uma maneira conhecida dele mesmo [o

Senhor], enlaçam e prendem de fato o coração da maneira que lhe agrada", vinham às vezes para ela, mas não para os colegas. Servindo-se de uma ilustração da transmissão de rádio, fascinante e nova para ela naqueles dias, ela se perguntava se os receptores estavam sintonizados na faixa de onda correta. Se não, nenhuma mensagem poderia ser recebida. Ela citou o comentário de Westcott sobre João 12.28-29: "A apreensão da voz divina depende da capacidade humana de ouvir."

Em seguida, havia o "descortinar" (ela amava preservar até a linguagem arcaica da Versão Autorizada), coisas reveladas de maneiras especiais, principalmente quando havia uma luta intensa adiante. Quanto a um "chamado", isso era uma questão de esperar aos pés do Senhor por uma segurança tranquila. "Um chamado é apenas isso. Então" (ela escreveu sobre uma nova recruta) "deixe-a preparar seu coração para tentações. [...] Ela enfrentará imediatamente todos os tipos de ataque, e isso aumentará depois que ela der o passo seguinte."

Todos os tipos de ataque. Amy era uma veterana nisso. E não é de admirar. Seus alvos eram sobrenaturais. Quanto mais puro o alvo, tanto mais veemente a oposição, humana ou espiritual, "pois a nossa luta não é contra qualquer inimigo físico; é contra organizações e poderes que são espirituais. Enfrentamos o poder invisível que controla este mundo de trevas e os agentes espirituais dos próprios quartéis-generais do mal."[1]

O alvo de Amy Carmichael: guiar crianças a serem altruístas e a servirem aos outros, "não maculadas por pensamentos terrenos".

Isso significava que os trabalhadores em Dohnavur tinham de ser unânimes quanto a pelo menos oito atitudes:

> Seguir o Crucificado;
> Lealdade uns para com os outros;
> Continuar a ser uma família, não uma instituição;

1 Efésios 6.12 [versão J. B. Phillips].

Vigiar contra os inimigos da perspicácia e da alegria espirituais;

Considerar uma honra se forem feitos espetáculo para o mundo, para os anjos e para os homens;

Pedir ao Senhor que marque sua cruz nas escolhas naturais;

Renúncia irrestrita de tudo que os seres humanos geralmente amam e desejo por aquilo que o Senhor Jesus amava;

Disposição de ser "tratado como insignificante".

Verdade, lealdade e honra foram colocadas em primeiro lugar. "'Quando a verdade recebe forma, torna-se imperecível', mas, se permitir que os gumes da verdade se embotem, essa forma pura se tornará muito difícil de recuperar."

O trabalho foi sempre misturado com brincadeira, mesmo no caso das crianças que ainda começavam a andar. A menor criança podia aprender a arrumar o bangalô ou ajudar a descascar os brotos de palmeira. Outros descascavam arroz, colhiam tamarindos, limpavam vasilhas de arroz. Canções ajudavam:

Jesus, Salvador, tu vês realmente
Quando faço trabalho por ti?
Algo comum, pequeno e simples,
Carregar terra, areia e pedras?

Fiz obra comum, tu sabes
Muitos, muitos anos atrás;
E não esqueço. Eu vejo
Tudo que fazes para mim.

Esse conceito tornou as crianças "específicas quanto aos fundos dos lugares". "Uma coisa pequena é uma coisa pequena, mas fidelidade nas coisas pequenas é atitude muito importante."

Amy Carmichael não oferecia prêmios. Por que uma criança deveria receber um prêmio pelo que seus pacientes professores lhe haviam ensinado? "A grande recompensa era ser confiado com trabalho mais árduo e mais responsável."

Ninguém jamais recebeu uma gorjeta. Se nada mais o tivesse feito, isso teria colocado a Família de Dohnavur numa categoria distinta. Todos ouviam que eles ajudavam até os que não tinham dinheiro algum. As pessoas sabiam que podiam contar com "não serem exploradas em privado".

Amy detestava o que era de mau gosto e obsceno. Nenhum brinquedo, nenhum livro com fotos chegava às mãos de suas crianças sem escrutínio prévio. "Remova objetos tolos" era um dos lemas; por isso, tudo que pudesse perverter ou até desorientar era evitado.

Música nunca era um acompanhamento para conversas. As crianças eram ensinadas a cantar, brincar e *ouvir*. Aprendiam a lição de Eclesiástico do século II a.C.: "Não impeças a música. Não derrames palavras onde há um músico e não expresses sabedoria no tempo indevido."

A memorização da Escritura e de hinos era uma parte importante da educação. Amy adotou essa indicação de Arnold de Rugby:

> É um grande erro pensar que elas devem *entender* tudo que aprendem; porque Deus ordenou que, na juventude, a memória deve agir de forma ativa, independentemente do entendimento — ao passo que um homem não pode, comumente, lembrar algo a menos que o entenda.

Nos domingos de manhã, todos repetiam juntos 1 Coríntios 13, o "Capítulo do Amor", em tâmil e em inglês. Pelo menos uma criança sabia 19 estrofes do hino "As areias do tempo estão afundando", de Samuel Rutherford, e vários capítulos inteiros do Evangelho de João e do livro de Apocalipse. As crianças tinham, de vez em quando, a oportunidade de ensinar às crianças hindus, pelo método oriental de repetição da canção, o que haviam aprendido. Havia poder, elas achavam, "na linha mais simples de uma canção".

As crianças tinham seus próprios jardins de flores, frutas e vegetais. Vendiam a produção pelo preço de mercado para o administrador da casa, guardavam as moedas em seus cofrinhos de barro, e, uma vez por ano, esses cofrinhos eram despedaçados cerimoniosamente na presença de todos, o conteúdo era contado, e tomava-se uma decisão coletiva a respeito de para quem o dinheiro seria dado.

Lembrando as longas reuniões de oração de sua infância, e seus conselhos para passar o tempo (por exemplo, contar no hinário todas as coisas que pessoas moribundas deveriam dizer no momento exato de sua partida), e o "primeiro, segundo, terceiro pontos e, por fim, a conclusão" do longo sermão irlandês, Amy poupava suas crianças dessas dificuldades. Reuniões, ela decidiu, seriam breves. "O espaço de meia hora" foi suficiente no céu para "o ato de adoração supremo" — silêncio — que foi seguido da abertura do sétimo selo (Ap 8.1). Seria suficiente aqui, porque "a alma humana não deve ser esticada como um pedaço de elástico e mantida por longo tempo nesse esticamento".

> O treinamento de uma missionária deve começar no berçário; a escola deve continuá-lo; o lar deve fomentá-lo. Todas as influências devem se voltar numa só direção. Esse treinamento não deve ser desnorteado por uma mistura de pensamentos, e sim expresso numa linha singular de conduta, reconhecido claramente pelo que é. Em outras palavras, até que a vida de uma criança tenha tempo para enraizar-se, não deve ser exposta a ventos diversos (exemplos e ideais confusos e conflitantes, maneiras diferentes de fazer *treinamentos*). Depois que sua vida estiver enraizada, que os ventos soprem como quiserem. Então, eles serão apenas a causa para as raízes adquirirem uma aderência ainda mais firme.[2]

2 *Kohila*, p. 22.

33

ENCONTRO COM ROBIN HOOD

"Naturalmente, houve alguma pressão" foi um comentário que escapou de alguma maneira. O vocabulário de Amy Carmichael quase não incluía palavras como "naturalmente" e "pressão". A vida no plano mais elevado poderia ignorá-las. Ferroadas da tensão que ela sentia entre aquele plano e o plano em que seus pés andavam acham expressão em suas orações e poemas:

> Seja assim, Senhor, quando conhecemos
> A pressão da rua mais abarrotada da vida,
> O murmúrio ininterrupto do seu fluxo,
> A lama que está em volta de nossos pés.
> Eleva nossas almas, de estrela a estrela,
> Queremos ascender, até que estejamos

Nos distantes e calmos lugares celestiais
Enquanto andamos contigo nas ruas da vida.[1]

A autora dessas linhas estava numa posição, no início de 1921, de sentir intensamente a sua necessidade de assistência sobrenatural. Sua poesia não era mero sentimento. Quatorze bebês morreram de influenza. Vários meninos estavam doentes, e Arul Dasan precisava de uma cirurgia. *Nor scrip*[2] [Sem alforge], o 16º livro de Amy, era recém-publicado. Destinado ao "círculo mais íntimo de amigos", o livro relata como Deus enviava continuamente dinheiro para a Família, no tempo certo e nas quantidades certas. Não era surpresa para Amy o fato de que, logo depois da publicação de um relato da provisão divina, a fé seria atacada de novo exatamente nesse fronte. Sustento financeiro diminuía à medida que a obra se expandia. O suprimento de trabalhadores era criticamente exíguo.

"Naturalmente, houve alguma pressão" — o entendimento do ano, envolvendo os milhares de ansiedades atreladas à enorme responsabilidade, os "e se", os "mas", os "por quê", os "ajuda em minha incredulidade". Ela tinha de viver no meio disso, continuar tomando decisões, liderar as reuniões de oração, escrever suas cartas, seus livros e seus diários, lembrando na mente e em suas orações o nome de cada criança individual, cada *accal*, cada *sittie* e cada *annachie* (irmão mais velho), dos quais havia dois nesse tempo: Arul Dusan e um inglês, Alec Arnot.

Quando os discípulos retornaram de suas viagens apostólicas, o Senhor lhes perguntou: "Faltou-vos, porventura, alguma coisa?" A resposta deles foi: "Nada." Amy Carmichael daria uma resposta diferente? Não. Se ela tivesse respondido naturalmente, teria dito: "Sim, Senhor. Dinheiro. Trabalhadores." Deus prometera suprir *todas as necessidades*. Sobre essa promessa e não sobre as areias da autoconfiança, Amy edificou sua casa. Levando em conta as forças que atacavam sua fragilidade, ela teria desprezado qualquer tentativa de achar uma explicação para sua força à parte do fundamento sobre o qual repousava

1 *Toward Jerusalem*, p. 16.
2 Amy Carmichael, *Nor scrip* (CreateSpace Independent Publishing Platform, 2014).

— uma Rocha que nunca se abalara. Quando as chuvas (metafóricas) desceram, e os dilúvios vieram, a casa permaneceu firme.

Pressão? Sim, *naturalmente* houve pressão. *Espiritualmente*, sempre houve aquela visão mais elevada (nem sempre percebida com clareza), aquele ar mais puro (nem sempre inalado profundamente) que a impeliam. Ela entendia os fatos da vida naquele canto tórrido e poeirento do sul da Índia como o próprio contexto em que Deus queria torná-la mais do que vencedora. Ali, e em nenhum outro lugar, Amy o provaria, ali, nas variabilidades e exigências da obra consignada. O Senhor dela também "aprendeu a obediência". Num lar pobre de um vilarejo, numa carpintaria, nas estradas tórridas e pedregosas da Palestina, ela achou as suas pegadas e continuou seguindo-o.

Durante um dos piores apertos financeiros, uma soma de dinheiro foi enviada para eles por equívoco. A consciência de Amy não permitia que ela ficasse com o dinheiro. Ela o devolveu duas vezes. Duas vezes o secretário da sociedade que fizera a doação o mandou de volta para ela. Por fim, ele o reteve, "visto que aparentemente você tem mais dinheiro do que sabe em que utilizá-lo". Eles não tinham dinheiro em mãos para as grandes quantidades de grãos e provisões de que necessitavam. O diário comenta que eles oraram por esse dinheiro em 1º de março. Em 2 de março, uma amiga escreveu, lembrando que estava prestes a tirar um cochilo quando "alguma coisa ou alguém" disse: *Não, você o tem adiado por dois dias, vá e faça-o imediatamente*. Ela saiu e enviou 40 libras em rúpias. Não fazia a menor ideia de que estava postando o reembolso de Deus.

No outono de 1921, começou uma história que tinha todos os elementos de um drama tão querido ao coração de Amy — outra incursão ao território inimigo, uma luta contra as forças espirituais do mal, um contato com uma alma humana dilacerada por contradições morais. Ele era Raj, um bandido famoso, chefe de um bando de salteadores. Seu nome estivera nos jornais por causa de suas proezas — várias fugas da polícia, a devolução de algemas: "Leve essas pulseiras de ferro de volta para a polícia", ele disse a seu guarda-costas, "porque o lugar delas é lá." Ele era bondoso para crianças, idosos e pobres; era corajoso e ousado como Robin Hood, um sujeito de espírito esportivo. O que as energias de um homem como esse, se voltadas para uma direção diferente, não poderiam realizar para o Reino de Deus? A imaginação de Amy empolgou-se.

Ela perguntou aos cules que trabalhavam para ela na floresta se poderia haver uma chance de encontrar-se com Raj. Nenhuma, eles disseram. Nada a impediu de colocar Raj em suas orações, e um dia ela saíra para ver alguns campos que pensava em comprar, quando, de repente, saindo de trás de rochas próximas, pararam três homens armados. Raj era o líder deles,

> um homem de pele clara, de altura mediana, aparentemente forte e um atleta em cada centímetro. Os grandes olhos lampejantes brilhavam como fogos pretos sob as espessas sobrancelhas pretas. Porém, à medida que a conversa mudava de um ponto para outro, eles perderam sua ira latente, abrandaram-se e encheram-se de humor.

"Veja, temos chá aqui e pão", disse Amy, abrindo sua leal cesta de chá, e sentaram-se juntos.

"Há portas invisíveis que levam para fora do contexto familiar, para um contexto totalmente desconhecido. Uma porta assim se abriu nessa ocasião. Caminhamos diretamente através dela e não o sabíamos."

Por dois anos, suas cartas estiveram cheias de Raj. Ele fora acusado falsamente, fugira ao receber intimações, retornara por causa de sua esposa e filhos, descobrira que havia sido chantageado e fugira de novo. Sua esposa morreu do choque. Ele pediu a Amy que cuidasse de seus filhinhos. Quando a polícia o pegou finalmente, Amy se viu numa "batalha contra os poderes cruéis do inferno". Foram-lhe permitidas visitas ocasionais. Uma vez, ela sonhou que os portões se abriram espontaneamente, e, quando chegou à prisão de Palamcottah, o sonho se tornou verdade. Ela caminhou diretamente para a cela e perguntou: "Você quer ser batizado?" A resposta dele foi *sim*, e um bispo amigo, compelido pelo testemunho de Amy sobre a honestidade de Raj e sobre o milagre dos portões, batizou Raj e seu grupo.

Visitas não foram mais permitidas, por isso Amy se dedicou a orar. Quando soube que ele tinha fugido de novo, ela se culpou por não havê-lo instruído claramente; falhara para com ele de alguma maneira? Amy orou no sentido de que ele "se apartasse da iniquidade". Aparentemente, ele o fez. Às vezes, atribuíam-lhe ataques pelos quais imitadores eram responsáveis. Ele retornaria, se entregaria e viveria uma vida honrável? Amy mantinha uma luz acesa à noite com esperanças do retorno dele.

Por volta de junho de 1923, a polícia se viu numa posição muito embaraçosa. Trezentos homens armados, sob o comando de dois ingleses, haviam procurado Raj. Todos os esforços deram em nada, e os trabalhos dos policiais estavam em risco. A última tentativa era uma possibilidade humilhante — uma mulher poderia ser bem-sucedida nisso? Perguntaram à dama missionária se ela tentaria convencer Raj a se entregar. Ela havia tentado em todo encontro, sem sucesso, e, daí por diante, direcionou suas energias apenas à oração. Mas a solicitação oficial encorajou-a à ação novamente. O desafio de ver um criminoso notório não apenas encarar a justiça, mas também ser conhecido como um cristão, compensava qualquer risco. Um encontro foi arranjado. Grata pelos olhos castanhos que outrora ela rogara a Deus que os trocasse por olhos azuis, Amy pintou sua face e mãos, vestiu seu sári mais escuro e foi guiada através da floresta sem luar.

"'Haverá um sinal em breve.' As palavras vieram como um suspiro de uma sombra na parede exterior do pequeno cômodo em que ela esperava." (Seu livro, *Raj, the brigand chief*[3] [Raj, o chefe dos salteadores], é narrado na terceira pessoa.)

> Por uma hora, a sombra ficou parada e não se mexeu; depois, vindo da floresta exterior, houve um chamado baixo como o de um pássaro noturno; um assovio brando respondeu. "Eles estão perto", sussurrou

3 Amy Carmichael, *Raj: brigand chief* (Independently publiched, 2022).

> a sombra, e um guia silencioso conduziu Carunia por caminhos desconhecidos para ela, até que, como um fragmento de trevas mais densas, ela viu os dois homens.

Raj veio em sua direção. Ela estendeu as mãos. Ele as pegou nas suas, acariciando-as "com o toque ávido de uma criança amorosa". Amy rogou aos homens que confiassem em Deus quanto à proteção de seus amigos e se entregassem. Era tarde demais, eles disseram. Pereceriam. "Se eu ouvisse que você tinha morrido sem uma arma nas mãos", disse Amy, "eu poderia suportar."

"Não tema por nós", disse Raj. "Deus nos abandonará?"

Dois meses depois, os homens foram encurralados. Atiraram na polícia, tencionando apenas amedrontá-los e afastá-los. A polícia colocou fogo na casa, os homens saíram e correram pelo vilarejo. O bando de Raj foi baleado. Raj saltou para um barranco, balançou sua arma três vezes ao redor da cabeça e a arremessou para longe. Depois, arrancou o cachecol branco de seus ombros e, levantando-se desnudo da cintura para cima, gritou: "Ei, vocês, cujo dever é atirar. Atirem aqui!" E apontou para seu coração. Eles atiraram. Mas as balas não atingiram o alvo. Vagarosamente, ele voltou para trás em direção a um tamarindeiro, contemplou as sepulturas de seus parentes ao oeste, prestou reverência, voltou para a árvore e ficou de pé, com as costas firmadas no tronco. A polícia atirou de novo — 16 balas em direção ao tronco onde Raj estava amparado, mais balas nos galhos acima dele e na terra embaixo. Nem uma bala achou seu alvo. Ele se abaixou lentamente, como que para ajoelhar-se. Então, os policiais caíram em cima dele. Um policial mordeu o pescoço de Raj, para "beber o sangue de um homem como esse", e outro quebrou-lhe o braço. Eles o arrastaram até à água, antes de meterem uma bala em sua cabeça, à queima-roupa.

Amy estava na Floresta Cinzenta quando soube das notícias. Ela tinha apenas uma pergunta: *Eles pecaram*?

"Não. Morreram limpos."

34

A ESPADA GOLPEIA FUNDO

Durante os anos 1920, as orações por novos recrutas foram respondidas, no que diz respeito a números, "muito abundantemente". Pessoas estavam lendo as obras de Amy Carmichael; grupos de oração eram formados ao redor do mundo em favor dessa obra incomum; a carta *Scrap*, destinada para um círculo íntimo de amigos, se tornara a *Dohnavur letter* [Carta de Dohnavur], não mais escrita à mão, porém datilografada, e ainda mais restrita do que a *Scrap*.

Não se pode dizer que Dohnavur fosse culpado de propaganda falsa. Nunca foi apresentado deliberadamente como um lugar empolgante, glamoroso ou até mesmo interessante. Embora os livros de Amy estejam cheios de descrições da beleza das montanhas, das planícies, das florestas, dos rios e lagos, das criancinhas e do amor que pessoas de fora pareciam observar ali ("É como se fossem todos parentes", disse um homem. "Eu vejo amor e ouço somente palavras de amor"), há páginas e páginas que lidam com a monótona, comum e implacável rotina diária de trabalho intenso. Embora nunca tenha intencionado fazer com que seu quinhão parecesse árduo (isso não daria a impressão de que ela tinha um Senhor árduo?), Amy tencionava ser realista sempre que o realismo não conflitasse com seus propósitos. Ela incluiu em suas descrições o calor, o isolamento, as condições primitivas; escreveu sobre calúnia, enfermidade, morte. Tudo isso achou expressão em todos os escritos de Amy Carmichael. Era discipulado que ela pregava e discipulado que ela praticava. Os que se uniam a ela deviam entender que era o discipulado do tipo do Novo Testamento que seria tido como a vida normal. Feridas e cicatrizes também eram entendidas como partes normais desse discipulado, como seu poema "*No scar?*" [Nenhuma cicatriz?] atesta:

> Não tens tu nenhuma cicatriz?
> Nenhuma oculta no pé, no lado, na mão?
> Eu te ouvi cantado como poderoso na terra,
> Ouvi saudarem tua estrela radiante e ascendente,
> Não tens tu nenhuma cicatriz?
>
> Não tens tu nenhuma ferida?
> Mas eu fui ferido pelos teus arqueiros, extenuado,
> Apoiei-me contra uma árvore para morrer; e, lacerado,
> Por bestas vorazes que me circundavam, eu desfaleci.
> Não tens *tu* nenhuma ferida?
>
> Nenhuma ferida, nenhuma cicatriz?
> Mas, como o Senhor, será o servo.
> E os pés que me seguem feridos são,
> Mas os teus sadios estão. Tem-no seguido
> Aquele que não tem ferida, nem cicatriz?[1]

1 *Toward Jerusalem*, p. 85.

"Nenhuma palavra atraente posso escrever para [um possível recruta]. Será uma obra desesperadamente árdua; o ferro pode quebrar ante o esforço dessa obra. Procuro por aço, aquela qualidade que está por trás de todo o prosseguir, paciência que não pode ser fatigada e amor que ama em cada obra, até à morte." Isso não era esperado apenas de estrangeiros. Alguns novos convertidos de casta elevada foram colocados a cortar pedras e cavar os alicerces para a Casa da Floresta — na presença de cules de casta baixa. Nenhum outro teste mais severo poderia ter sido aplicado para provar a validade da fé desses homens. "A graça em colheres de sopa teria sido suficiente para uma turnê de pregação. É honrável pregar", escreveu Amy, que tinha visto muitos dos que seguiam o cristianismo por seu prestígio. Cavar valas não dava dignidade a ninguém. "A graça em rios era exigida para isso. Dia após dia, eles cresciam em virilidade."

Constantemente, Amy orava e pedia a seus "guerreiros de oração" que orassem no sentido de que aqueles que se unissem a eles fossem enviados pelo Senhor da seara. Outros não seriam capazes de "resistir à correnteza e continuar encarando rio acima"; nenhuns outros "permaneceriam no fogo. E verdadeiramente no fogo eles têm de estar, se querem colocar fogo na igreja nativa, que está muito bem embrulhada em cobertas encharcadas do próprio tecer e encharcar do diabo." Aço, marés, fogos — toda metáfora vívida em que conseguia pensar, Amy empregava para incutir a seriedade do chamado. Eles tinham de ser pedras, modeladas e ajustadas pelo Senhor Pedreiro, como as pedras cortadas nas pedreiras para se encaixarem perfeitamente em seu lugar no grande templo de Salomão.

Naqueles dias, não havia nenhuma triagem psicológica pela qual os missionários deviam passar. Dohnavur fazia 25 perguntas simples, entre as quais:

- Você deseja verdadeiramente viver uma vida crucificada? (Isso podia significar fazer coisas muito humildes com alegria, por amor ao nome de Cristo.)

- O pensamento de dureza o atrai ou o repele?
- Você compreende que somos uma Família, não uma instituição? Está disposto a fazer aquilo que mais presta ajuda?
- Além da Bíblia, você pode citar três ou quatro livros que têm sido vitais em ajudá-lo? Além de livros, o que o revigora quando está muito cansado?
- Você já aprendeu alguma linguagem clássica ou continental?
- Você já teve oportunidade de provar a promessa do Senhor de suprir as necessidades temporais, bem como as espirituais?
- Você pode mencionar alguma experiência pela qual passou em sua vida cristã que o tenha levado a uma nova descoberta de sua união com o Senhor crucificado, ressurreto e entronizado?

Numa declaração escrita alguns anos depois, Amy Carmichael o expressou sucintamente: "Não venha, a menos que possa dizer a seu Senhor e a nós: *A cruz é a atração*."

Pode ser esclarecedor investigar se a triagem psicológica aplicada aos candidatos a missionários atualmente seleciona discípulos mais verdadeiros (mais "bem-sucedidos"?) do que o fazia o conjunto de perguntas simples de Amy. Também não é uma seleção perfeita. Recrutas escreviam, eram entrevistados em Londres pela sincera e dedicada, mas surda e míope, Sra. Streeter, correspondiam com Amy, respondiam às perguntas para a satisfação dela e, por fim, apareciam nos bangalôs em Dohnavur, numa carroça de bois, com sinos tilintando.

Pelo que parece, durante os anos 1920, eles chegavam lá em bandos. Pelo menos um chegou lá totalmente não anunciado. Mas nem todos ficavam. A vida crucificada não era para eles em Dohnavur a mesma que parecia no papel. Como um famoso cristão escreveu quando um editor de jornal lhe perguntou qual era o problema do mundo: "Prezado senhor: sou eu. Sinceramente, G. K. Chesterton." O problema em Dohnavur eram pessoas.

As razões para as muitas partidas de Dohnavur eram variadas. Alguns eram solicitados a ir embora; alguns, demitidos terminantemente. Alguns deixavam por vontade própria; alguns, por causa de má saúde. Esta última era uma maneira razoavelmente respeitável de um missionário deixar o campo; as razões incluídas sob esse motivo eram às vezes enganosas. Houve choques de personalidade que todas as orações por unidade em Cristo e todos os esforços em direção a essa unidade não resolveram.

Várias mulheres, recebidas com toda boa fé, "apesar do pano de fundo social" (uma questão levada em conta pelo menos em pequena medida), não conseguiram achar um nicho. Uma delas, pobre alma, "se comportava como uma empregada doméstica" e foi solicitada a ir embora.

Quando a causa era erro do homem ou da mulher que serviam lá, os lábios de Amy ficavam em silêncio. O amor cobria uma multidão de pecados. Perguntas suscitadas eram respondidas com "A história toda não pode ser contada". Mais do que uma vez, a dispensa que Amy se recusou a explicar ao público trouxe crítica severa sobre ela mesma e deu motivo para surgirem rumores feios de que ela era uma autocrata que não tolerava ninguém que se recusasse a obedecer-lhe implícita e inquestionavelmente.

O lar em Millisle era um lar de princípios. Comprometê-los era impensável. O lar que Amy estabeleceu na Índia para seus filhos era, da mesma forma, um lugar de princípios. Ela não podia suportar nenhum comprometimento de princípios. Aqueles que não conseguissem forçar-se a si mesmos a concordar com o padrão que Amy acreditava haver recebido de Deus estavam, em sua opinião, se afastando dele. Amy sofreu em favor deles e por causa deles, mas continuou a crer absolutamente em que a mulher que fazia o "escrutínio" era chamada por Deus para aquela obra, tão certamente quanto ela o fora para a sua. Eram uma em espírito e mente. Oração era o próprio âmago da seleção. Elas pediam as pessoas certas. Deus sabia quais eram essas pessoas. Deus responde à oração. Ele não guiaria a dama, que parecia ser de um temperamento sanguíneo, àqueles que ela deveria aceitar? Os princípios eram suficientemente bíblicos. Mas um Deus soberano trabalha por meio de instrumentos humanos defeituosos aos quais ele deu o poder de escolha. Às vezes, as escolhas são equivocadas. A soberania divina permite tais equívocos.

Dentre os recrutas, não houve outros tão promissores quanto uma família de quatro pessoas que chegou em 1924 — os pais, ambos médicos, com sua filha e seu filho, um graduado de Cambridge de 24 anos de idade. Dizia-se que, se Stephen Neill fosse candidato a um prêmio de universidade, então ninguém mais competiria. Mesmo contando com uma comunhão do Trinity College que lhe dava todas as perspectivas de uma carreira brilhante no campo acadêmico, ele optou pelo trabalho missionário — causando admiração em pelo menos um de seus colegas de classe, Malcom Muggeridge. A presença da família Neill na "pequena Dohnavur" deu uma nova respeitabilidade aos olhos de alguns que pensavam em Dohnavur como um cafundó excêntrico. Tinha de haver mais do que parecia à primeira vista para aquele lugar atrair pessoas tão distintas como os Neill.

Embora um contemporâneo de Amy tenha afirmado que os Neill foram para lá com a ideia de "fazer uma aquisição", a própria Amy não pôde deixar de se regozijar com o fato de que a Família Dohnavur tinha então dois médicos e dois *homens*. Ela suspeitava, porém, da credibilidade que os outros valorizavam tão altamente (não é a sabedoria do mundo loucura para Deus?); e, temendo um equívoco, talvez em seus motivos ou em sua compreensão do verdadeiro quadro, escrevera mais cuidadosa e francamente para Stephen do que para qualquer outro que já se havia oferecido. Mas ele não se desencorajou. "Parecia amar a *todos* e tinha o mesmo sentimento conosco a respeito de tudo."

Os temores de Amy não eram descabidos. Talvez Neill tivesse esperado um reconhecimento mais visível de seus dons excepcionais. Um colega de trabalho pensou que houvesse, de algum modo, esperado tornar-se o bispo de Dohnavur, ainda que ele não fosse nem mesmo ordenado como um sacerdote anglicano. "Eu dei toda a minha alma a Dohnavur", ele disse, porém logo começou a ver o lugar como um mundo de ilusão, separado do mundo exterior pelo muro vermelho e alto em cuja área interior o amor nunca falhara. Ele podia concordar em que o amor nunca acaba. Mas concordar em que o amor era sempre vitorioso? Não, isso simplesmente não é a realidade.

Quanto à mulher responsável por todo o fenômeno, "os recrutas vinham do sul da Índia e achavam um mito", Neill disse, uma mulher que tinha a infalibilidade "aprimorada nela". "Nenhuma discordância, ínfima que fosse, era admitida", mas ele lembrou as horas pacíficas passadas no café da manhã na varanda de Amy Carmichael, quando trabalhavam juntos em editar e revisar o seu livro *Raj*. Ele a distinguia como alguém que vivia numa atmosfera silenciosa de reverência e veneração, metendo o dedo em tudo e temendo um mundo alienígena. O complexo missionário, totalmente separado da vida no vilarejo, era "inundado de europeus", que comiam numa sala de jantar separada. "Amma" não tinha indianos habilitados, achando que ninguém era tão qualificado para liderança e responsabilidade quanto os europeus. A sua ferramenta de trabalho eram as crises. A vida naquele jardim cheio de amor era uma perpétua fermentação de crises e livramentos.

A família Neill foi eficaz em produzir ainda mais turbulência. O Dr. Neill, o pai, "fascinava as moças", de acordo com um observador, algo que nenhum homem dentro daqueles recintos jamais presumira fazer. Para Amy, isso era uma ameaça séria à separação estrita que ela considerava necessária em meio à sociedade hindu. É concebível que essa ameaça foi exacerbada por um (talvez inconsciente) sentimento de rivalidade, não somente com o pai elegante, mas também com o filho brilhante, que ultrapassou todos os outros estudantes que tinham dificuldades com o idioma, aprendendo o tâmil em seis meses. Para tornar pior a situação, os Neill acharam maneiras de aprimorar "o padrão mostrado no monte". Stephen, que não tinha nenhuma ideia dos perigos de misturar-se com "o exterior", introduziu esportes interescolares. Os dois médicos sugeriram que o trabalho médico devia ser totalmente separado do complexo missionário, para que os moradores do vilarejo pudessem recebê-lo. E Stephen disse a Amma que ela devia mudar os meninos para um pouco mais além.

Amy era presa ao padrão. Fora "descortinado". Quem poderia contradizê-lo? Ela não cedeu em qualquer dos pontos dos Neill.

Foi uma péssima mistura. Dentro de seis meses, o senhor e a senhora Neill foram embora, e, antes de completar um ano, Amy se achava num estado de angústia quanto a Stephen. Aparentemente, relatos lhe foram levados por aqueles que Stephen chamava "espiões". Ele disse que jamais fora ouvido, embora isso seja negado veementemente por alguns. Na opinião de Amy, a questão era de natureza gravíssima: "O destino espiritual da obra estava por um fio."

"Um tempo horrível de angústia", diz o seu diário. "Nunca experimentamos isso antes. Estou começando a afundar. Senhor, salva-me." Todos os anos de oração por direção clara, pela escolha somente de Deus quanto a obreiros para Dohnavur, o padrão mostrado, as cartas escritas, as seguranças dadas — tudo resultara em nada? Como o inimigo estaria se regozijando! E quão indiferentes ficariam aqueles que escrutinizavam a obra em busca de evidência da vida do Senhor!

Ao lado da data de 30 de maio em seu devocionário *Luz diária*, Amy escreveu: "1925 — a noite mais dolorosa de minha vida." Uma oração "extraída" dessa noite foi:

> Deve a espada, ó Salvador,
> Golpear fundo e não poupar?
> Então, vem, ó amável Senhor,
> Dá-nos forças para suportar.
>
> Ó Senhor de espinhos e cravos,
> Bem como da lança que rasga.
> O covarde em mim se esquiva,
> Vem, vem, perto de mim fica.

Posteriormente, ela chamou 30 de maio de a noite de decisão, mas nenhuma ação foi tomada, e a situação continuou por meses. Em julho, houve "uma estranha e preocupante" reunião de oração, na qual alguém "orou lastimosamente sobre *atrito*". Atrito? Era uma palavra nunca ouvida, nunca usada, nunca pensada em Dohnavur, não por Amy, de qualquer maneira. Se era impensável para ela, para quantos — Deus me livre! — tal palavra era não somente pensável, mas também proferível, especialmente numa reunião de oração? Ela não pôde ter certeza de que a oração era desnecessária. Em agosto, Amy escreveu para uma amiga íntima: "Creio realmente que ninguém saberá jamais quão difíceis as coisas estão agora, nem mesmo você, minha querida!"

Stephen Neill era, de acordo com um colega lacônico, "temperamentalmente inadequado para a situação". Dohnavur era muito diferente de Cambridge. Trabalhar sob a direção de Amy Carmichael era difícil para ele (que recordou seu primeiro encontro com ela como "uma impressão de poder"). Além de sua mística oracular, Amy fora influenciada, ele acreditava, pelo forte não conformismo dos Irmãos de Plymouth, uma pílula amarga para um anglicano engolir. Mais tarde, ela fez referência a esse tempo quando "cultos de adoração em inglês se tornaram impossíveis porque... não, não devo mencionar as razões".

Neill era conhecido por ter dado lugar a várias explosões violentas de temperamento durante as quais ele bateu em alguns dos meninos de Amma; mas, em sua opinião, algumas das punições usadas habitualmente em Dohnavur, que ele não citou, eram "muito severas". Nenhum trabalhador indiano ou europeu que estava lá nesse tempo parecia saber a natureza exata do problema. Um deles sugeriu que os escritos de Neill talvez não estivessem, nem sempre, em harmonia teológica com suas crenças, mas parece improvável que ele tenha escrito muito em Dohnavur. Ele afirmou categoricamente que teologia não teve nada a ver com sua dispensa, porém não quis mencionar qualquer outra razão.

A noite de 28 de novembro foi "uma das noites mais tristes de minha vida", Amy escreveu em *Luz diária*, perto das palavras "Não se turbe o vosso coração".

O biógrafo Frank Houghton aborda o acontecimento em seis palavras: "No dia seguinte, a ruptura aconteceu."

"Ainda anseio por ele, sinto a sua falta, e o amo, e desejo muito ser uma com ele em afeição. A punhalada não está ainda nem começando a cicatrizar", Amy escreveu para uma amiga quase um ano depois.

Stephen Neill seguiu o seu caminho e chegou a se tornar bispo de Tinnevelly, o distrito que incluía Dohnavur, mas quase nunca foi mencionado de novo. Anos depois, ele visitou o complexo missionário. "Amma se recusou a vê-lo", disse alguém que estava lá na época. Não é verdade, diz a pessoa que lhe mostrou os arredores do complexo. De fato, Amy falou com ele cordialmente.

"Pobre, pobre S.", ela escreveu para uma de suas poucas confidentes depois da visita.

> Foi sua mãe mimadora e, principalmente, o frívolo cristianismo público. O meu coração é todo dor por ele. [...] A visita foi um fardo em nosso coração por meses. [...] Aprofundou o nosso entendimento do que representamos e queremos ser e, pela graça de Deus, temos de ser.

35

NASCE A DF

Um dia, perguntaram a um menino de Dohnavur que visitava Madras se ele era da Igreja da Inglaterra, wesleyano, batista ou o quê.

"Eu sou um cristão", ele respondeu.

"Mas que tipo de cristão?"

"Sou apenas um cristão."

Ninguém o havia preparado para uma pergunta como essa. Até 1925, Amy Carmichael havia pertencido à Sociedade Missionária Zenana da Igreja da Inglaterra, porém muitos que se uniram a ela na obra tinham outros rótulos. Como os apelidados "Irmãos de Plymouth", Amy queria praticar tão literalmente quanto possível o que achava no Novo Testamento. Ela não achou denominações ali. "Podemos fazer muito mais pelo Reino sendo quem somos", Amy escreveu para um sacerdote anglicano que pensava em unir-se a ela, "amando a todos, pertencendo a todos os que amam sinceramente o nosso Senhor Jesus. [...] Temos boa recepção em todos os lugares — todas as sociedades em todo o sul da Índia recebem com alegria o que podemos dar, pois todos sabem que não pretendemos fazer mal a ninguém." Quando no Ceilão a sociedade missionária pediu que ela ficasse e se unisse a eles, ela adotou o Salmo 119.63 — "Companheiro sou de todos os que te temem e dos que guardam os teus preceitos" — como a diretriz que lhe foi dada naquele tempo. Ela se apegou a isso desde então.

A resposta do menino, "Eu sou um cristão", foi exatamente o que Amma teria desejado que ele dissesse. Era o que Pedro, o pescador, certamente teria dito, ela pensou, e quem poderia dizer melhor? Eles pertenciam à Família de Deus. Todo aquele que pertencia a essa família pertencia a Dohnavur. O que mais era necessário? "A intrusão de 'eu' e 'meu' e uma ênfase exagerada em 'minhas opiniões' seriam como uma pedra atingindo uma janela de vidro", estilhaçando o amor que os tornava um. Amy escreveu que um caminho é mostrado como o eternamente correto — o caminho de 1 Coríntios 1.10: "Sejais inteiramente unidos, na mesma disposição mental e no mesmo parecer." Qualquer outro caminho é eternamente errado.

Durante anos, a Família frequentara a Igreja da Sociedade Missionária perto do complexo, mas as coisas ficaram muito abarrotadas (talvez não apenas no aspecto físico); e o pastor pediu que eles arranjassem seus próprios cultos. O arranjo foi de acordo com os gostos ecléticos de Amy, incorporando um pouco do silêncio das reuniões dos *quakers* que o Querido Homem Velho lhe ensinara a apreciar, um pouco da liturgia que ela selecionava do culto anglicano e um pouco da liberdade das Igrejas Livres. Nos primeiros anos, um homem ordenado era encarregado. Depois, era mais frequentemente alguém que havia recebido apenas "a poderosa ordenação das Mãos Traspassadas".[1]

O rompimento com a Igreja Anglicana foi oportuno. Quando Stephen Neill se tornou o bispo de Tinnevelly, o pensamento de ele estar numa posição de influenciar as crianças que cresciam sob os cuidados de Amy foi inquietante. Ela explicou mais tarde: "Quando o bispo local era um

1 F. W. H. Meyers, *St. Paul*.

amigo cuja vinda sentíamos que contribuiria para a vida espiritual de nosso grupo, nós lhe pedíamos que viesse de vez em quando, mas, se não o era, não lhe pedíamos." Se fossem uma parte da missão anglicana, não teriam essa escolha.

Algumas das questões que não faziam diferença para Amy Carmichael eram o método de batismo e a interpretação de certas passagens da Bíblia sobre as quais eruditos discordavam. "A mesma disposição mental" não precisava significar opinião idêntica, mas "uma comunidade de bondade solidária". Três questões eram importantes: a inspiração verbal da Escritura, o poder de Deus para lidar com seu inimigo e lealdade de uns para com os outros.

Amy, aos 57 anos, em 1925

O "elo vivo", ou a corda dourada que mantinha a Família unida, era o amor. Sempre lembrando aquela caminhada desoladora ao longo do litoral do Japão sob neblina e chuva com alguém que parecia achar normal a falta de amor entre missionários, Amy nunca abrandou seus esforços em cuidar para que Dohnavur fosse diferente. Ela o alcançou. Não que todos os que viviam lá demonstrassem o que ela chamava "amor do Calvário". Ela mesma, como o seu livreto *If* [Se] mostra tão penetrantemente, sentia às vezes que não sabia nada desse amor. Alguns dos membros da Família eram abertamente rebeldes. Mas Amy conseguira criar um clima diferente no lugar, odiosamente diferente para alguns. Ela pensava que a *sua* maneira de viver era a única maneira de os cristãos viverem? Não, ela dizia, de maneira alguma. "Temos certeza de que é a maneira destinada para nós", porque a oração "é o âmago de nosso dia."

Tratava-se de um esforço altruísta cujo propósito era mover-se delicadamente entre a condenação de todos os outros caminhos e a visão de que uma maneira é tão boa quanto outra. Onde a oração não é o âmago, a unidade não é requerida — mas, sem dúvida, Amy não teria chamado isso de cristão. Não havia como evitá-lo — "sua" maneira de viver como cristã era a única que podia ser chamada cristã. "Como você pode orar — quero dizer, orar realmente — com alguém contra quem você guarda rancor ou com quem discutiu, atacando criticamente um ao outro? Tente. Você perceberá que isso não pode ser feito."

A comissão da Sociedade Missionária Zenana da Igreja da Inglaterra, em Londres, era responsável pela orientação de seus missionários. A diretoria havia feito perguntas a que Amy não pôde responder: quanto planejavam expandir? Em quais compromissos financeiros incorreriam?

> Logo passamos da condição em que podíamos buscar o conselho de alguém, senão daquele que estava perto de nós o suficiente para nos dizer o que fazer de hora em hora. Era a palavra dele que fizera a obra

começar, e somente ele (escrevemos reverentemente) sabia o que deveríamos fazer.

Por isso, era óbvio que Londres estava simplesmente muito distante. A distância geográfica tornava a comunicação difícil. Outras distâncias tornavam-na impossível. Havia o temperamento de Amy — místico e não prático, deve ter parecido aos homens que tentavam monitorar as atividades dela, apesar de suas recusas. E havia as menos definíveis diferenças espirituais, como uma eclesiologia amorfa e um credo do tipo "faça-o você mesmo".

Em 6 de julho de 1925, o grupo em Dohnavur rompeu todos os laços com as sociedades às quais pertencia. Precisavam de uma nova identidade legal para deterem imóveis; por isso, foram registrados oficialmente em 1927 como Dohnavur Fellowship. O "Memorando da Associação" afirma seu objetivo: salvar crianças em perigo moral; treiná-las a servir aos outros; socorrer os desolados e os sofredores; fazer qualquer coisa que possa ser demonstrada como a vontade de nosso Pai celestial, a fim de tornar seu amor conhecido, especialmente para o povo da Índia.

O fato de que a separação foi amistosa é indicado por haver a Sociedade Missionária da Igreja doado tanto o bangalô original quanto a Casa de Convidados para a Família Dohnavur.

Permanecia a questão séria a respeito de quem era o líder. A constituição da Dohnavur Fellowship não hesitou em deixar claro quem era a Autoridade suprema. Era o Líder Invisível, o Senhor Jesus Cristo. O líder humano, a própria Amy Carmichael (que não foi citada), "busca, em cooperação com os outros membros, realizar a mente e a vontade do Divino".

Durante vários anos, eles oraram por um hospital e um líder para os meninos. A chegada da família Neill pareceu o começo da resposta para ambas as orações. Por isso, o desapontamento foi profundo quando eles saíram. Em 1924, um jovem missionário a caminho da China, para trabalhar com a Missão de Serviços Especiais para Crianças, Godfrey Webb-Peploe, tinha visitado Dohnavur. Ele era neto de um dos grandes palestrantes de

Keswick que Amy conhecera, um ponto forte em seu favor, e ela não pôde deixar de pensar nele como um possível líder sobre o qual seu manto poderia cair. Ela escreveu na margem de seu *Luz diária*: "Adeus para G. W. P. — um dia de tristeza" e acrescentou estas linhas de "O portador da tocha", de Alfred Noyes:

> Não me deixes viver em vão, nem cair
> Antes de entregá-la à alma designada.

Alguns meses depois, Murray, um médico e o irmão mais velho de Godfrey, decidiu ir para a China como um médico missionário. Sua mãe enviuvada o acompanharia e escreveu para Amy que gostaria de parar em Dohnavur, no percurso. A carta foi "como o botão de musgo de jardins de casas velhas que dificilmente deve ser reconhecido, de alguma maneira, como um botão de flor". Desabrocharia em bênção extraordinária.

Nesse tempo havia 70 meninos em Dohnavur. O pensamento de seu treinamento, educação e orientação espiritual fora uma grande preocupação na mente de Amy por oito anos. Perguntas a inquietavam: onde estavam os líderes de que eles precisavam? E se nunca fossem achados? Ela levou suas perguntas ao Senhor, que lhe fez algumas de suas próprias:

> Você está preparada para morrer comigo, ser considerada como insensata e pior do que insensata pelo seu próprio mundo, seu mundo missionário? Eu posso lidar com os menores aspectos de sua reputação — como eu quiser —, e você ficará em silêncio? Está disposta a obedecer em tudo, o tempo todo, em todos os lugares?

Cinco anos antes, Amy ficara de pé, ao pôr do sol, com oito de suas companheiras de trabalho, contemplando a planície e perguntando a si mesma como alcançar os muitos vilarejos espalhados nos quais não havia nenhum testemunho cristão. As cidades estavam fechadas para o evangelho. Mas e se houvesse um hospital?

"Foi como se flutuasse diante de nossos olhos um Lugar de Cura, provido de tudo que era necessário para ajudar o povo, e vimos o trabalho do lugar sendo liderado por uma pessoa dotada dos instintos, das convicções e do feliz desapego dos pioneiros espirituais."[2] Foram para casa, escreveram suas esperanças no diário e assinaram seus nomes sob a data: 30 de janeiro de 1921.

Três anos depois, chegaram os Neill e uma médica da Irlanda chamada May Powell. Quando Murray Webb-Peploe chegou, lançou suas energias no trabalho médico com a Dra. Powell, nos cômodos provisórios das velhas construções. Amy começou a ver os dois irmãos como os próprios homens de que eles necessitavam, Godfrey como São Francisco para os meninos, Murray como São Lucas para o hospital. Ela tentou banir o pensamento de que esses homens foram chamados para outro lugar. Pela primeira vez em sua vida, ela entendeu o poder da tentação de cobiçar. O mandamento contra cobiçar incluía o "servo" do "teu próximo". Esses dois servos foram chamados não para a Índia, mas para a China.

Na noite de 8 de outubro de 1926, Amy dormia na areia em Cabo Comorim quando teve uma visão. Com um senso de luz e alegria, ela viu Godfrey e Murray em Dohnavur. Mas "sonhos não têm consciência", ela disse, e não se inquietou com os pensamentos de perda da China. Mais tarde, apesar de sua consciência amplamente desperta, pareceu a Amy que Deus estava lhe dizendo que orasse para eles poderem se unir à Dohnavur Fellowship. Logo depois de sua visão, surgiu um problema de disciplina que acrescentou urgência especial à necessidade pelos homens. Um menino dissera "algo muito desagradável diante dos meninos mais novos, algo muito horrível para ser dito a Helen; por isso, vieram falar comigo". Depois de oração por orientação, ela o enviou para Muppanthal, um lugar que haviam comprado para pessoas

2 *Gold cord*, p. 279.

com necessidades especiais. Ela lhe deu um papel e um envelope nos quais ele deveria escrever-lhe quando tivesse "superado aquilo, visto a maldade de seu erro e o odiasse". Somente então lhe seria permitido retornar.

"Pobre mocinho", ela escreveu para Murray, "ele soluçava como se o seu coração estivesse partido, mas precisava estar, e fará bem a todos os outros meninos. Todos os maiores de cinco anos conhecem este lamaçal e os caminhos de Canaã desta terra." Ela enfatizou a necessidade de "um irmão, forte, educado e divertido para estar com eles como seu próprio irmão. Os homens mais velhos são todos casados. Helen faz tudo que uma mulher pode fazer."

A impressão de que ela deveria pedir a Deus pelos irmãos Webb-Peploe era tão forte quanto inconfundível. Porém, como de costume, sua mente lutou com a dúvida — poderia estar enganada? E se a ordem não fosse divina, de maneira alguma, e, em vez disso, humana e disfarçada? Como ela poderia pedir o que implicaria perda para outros? Essa oração não seria traição? *Peça agora* era o que ela acreditava ter ouvido.

Ela pediu. A oração da fé foi bombardeada novamente. Um dia, sozinha nos bosques, sua coragem desmoronou. Ela esperou, "bebendo dos poços de amargura e temor".[3] Então,

> veio a pergunta, delicada, perscrutante: "Você teme causar perda e magoar seu conservo? Eu lhe pediria que fizesse isso? Teme intrometer-se na vida de outra pessoa? Eu lhe pediria que se intrometesse? Tenho estado há tanto tempo com você, e, apesar disso, você ainda não me conhece?"

Nem mesmo com isso, os temores desapareceram por completo. Certezas alternavam com dúvidas. "Há um lugar em que o humano falha, desintegra, torna-se cinzas. A esperança não tem uma única sustentação. Em tais horas, há um perecer de tudo, a menos que a alma espere em silêncio somente por Deus."[4]

3 *Ibid.*, p. 359.
4 *Ibid.*, p. 360.

Silêncio. Amy ficou em silêncio. Deus estava em silêncio. Mas ele ouvira a oração. Godfrey já estava a bordo de um navio, dirigindo-se para a Índia com sua mãe. Ele teve febre reumática e precisou de um descanso. Duas semanas depois da visão em Cabo Comorim, eles chegaram a Dohnavur; e poucos dias depois ele acreditava que Deus o chamara a deixar a Missão de Serviços Especiais para Crianças e se unir à Dohnavur Fellowship. Dois meses se passaram antes que estivesse livre para revelar sua decisão a Amma.

Ela transbordou de alegria. Metade de sua oração fora respondida! Continuou orando. Deus não traria Murray também? Parecia impossível. Ele havia completado o estudo do idioma em Nanquim e começado a trabalhar em 1927 num hospital da Sociedade Missionária da Igreja em Hangzhou. Eventos políticos logo afastaram da região a ele e a todos os cidadãos britânicos. A Rússia Soviética ofereceu ajudar o Dr. Sun Yat-sen a organizar uma expedição para esmagar os governantes militares do Norte. Uma escola de treinamento de oficiais foi organizada em Cantão, um exército foi criado, e os britânicos, ordenados a saírem da região. Murray passou alguns meses em Xangai.

Para Amy, a batalha continuava... e continuava. "A menos que o Senhor e Mestre de todos nós, bendito Capitão e Piloto, gire o leme desta maneira, *não queremos você*", ela escreveu para Murray. "Não posso dizer que, se ele girar realmente o leme, eu deva ficar triste, desventurada que sou!" Depois, ela falou para Murray: "Houve um dia em que eu não sabia como suportá-lo. Os poderes das trevas caíram sobre mim." Dois anos depois de Stephen Neill deixar Dohnavur, Murray Webb-Peploe chegou. Esses dois anos foram para Amy "o minuto que dura uma era", como ela anotou em seu *Luz diária*. Ela expressou sua oração daquele tempo em um poema:

> Tu és o Senhor que dormiste no travesseiro,
> Tu és o Senhor que aquietaste o mar furioso,
> Que importam vento fustigante e vagalhão revolto,
> Se tão somente estivermos contigo no barco?

> Mantém-nos quietos no minuto que dura uma era,
> Enquanto estás em silêncio e o vento é estridente.
> Pode o barco afundar se nele estás, querido Senhor?
> Pode desmaiar o coração que espera na tua vontade?

Nem ela nem Murray sabiam, na época, que ele deveria ficar, mas Amy ousou continuar esperando e sentiu que Deus lhe dava forte razão para esperar. Sentou-se na cama naquela noite — era 31 de maio de 1927 — e leu seu *Luz diária*:

> Bem-aventurada a que creu, porque serão cumpridas as palavras que lhe foram ditas da parte do Senhor. [...] Porque quantas são as promessas de Deus, tantas têm nele o sim; porquanto também por ele é o amém para glória de Deus, por nosso intermédio.

Em 25 de agosto, chegou a primeira doação para a construção de um hospital: cem libras.

36

UMA DISCIPLINA SECRETA

"Querida, querida mãe de Murray", escreveu Amy para a Sra. Webb-Peploe no verão de 1928:

> Ele é *sonthum* (um de nós). Você sabe: sabe o que significa toda a profundidade da alegria do coração para achar palavras agora. Tentei escrever, mas não consegui. Posso apenas dizer isto e deixá-la entender. Com alegria, a maior que poderia ter vindo deste lado do céu, e com amor muito, muito agradecido, Amma.

Os acontecimentos na China tinham levado à liberação de Murray de seus compromissos ali. Em 31 de julho, ele escreveu um bilhete para Amma: "Posso ficar aqui? Murray."

É totalmente magnífico, o guiar seguro... Pondero tudo isso, medito em cada passo na maravilhosa ordenação dos eventos e adoro a Deus — não conheço nada que torne alguém tão humilde quanto uma experiência como esta. Tivemos um culto de ação de graças no dia 11. Nenhum de nós achou fácil colocar os agradecimentos em palavras, especialmente eu mesma. Consegui orar de alguma maneira, mas tão pobremente, que pude apenas olhar para o alto e dizer: "Senhor, por favor, entenda sem palavras, porque elas não querem vir."

A visão de Amy em Cabo Comorim se tornou realidade. Suas orações por líderes para os homens e por trabalho médico foram respondidas exatamente como ela havia esperado. Esses homens exemplificaram para Amy uma citação do deão da igreja: "Masculinidade não é mera coragem; é a qualidade de alma que aceita francamente todas as condições na vida humana e torna um ponto de honra não se desanimar nem fatigar-se por elas." O caminho seria mais nivelado e mais fácil de agora em diante? Ela poderia ter um suspiro profundo de alívio e passar as rédeas, por assim dizer, para os dois homens fortes?

Não todas as rédeas, de modo algum. A Dohnavur Fellowship era uma família, e Amy Carmichael era, sem dúvida, a mãe. Se ela chegou a pensar em Godfrey, Murray ou qualquer outro homem como o pai, isso é improvável. Mas ela começou a tentar pensar em Murray como pai, pelo menos para os meninos. Por anos, Amy estivera preparando sua amada Arulai para a liderança de toda a família. Isso exigia certa intensidade e perspicácia espiritual que ela não achara em nenhum homem. Barclay Buxton, no Japão — "Meu comandante sempre amado: nunca haveria ninguém como ele" —, chegara mais perto do ideal. Thomas Walker estava em segundo lugar. Mas não havia um gigante como ele agora. Nos tempos antigos, Deus usou coisas fracas para confundir os fortes. Por que não? Arulai, uma mulher que estivera, por anos, aprendendo a respirar o mesmo ar celestial que Amy respirava, parecia ser, para Amy, a pessoa sobre a qual Deus colocaria a sua mão.

Em uma de suas cartas, Murray chamou Amy de "o capitão". Não havia dúvida quanto à sua autoridade. "Abaixo de Deus, havia apenas um chefe, e este era Amma", escreveu Hugh Evan-Hopkins, que se uniu à Dohnavur Fellowship posteriormente:

> Ela não daria prosseguimento a um curso de ação até que todos concordassem, mas quem ousava se opor a ela? Éramos intimidados — talvez excessivamente — por sua sabedoria e experiência. Amy era uma mulher notável, que deixava alarmado todo recruta, com um tipo de aura ao seu redor.[1]

Para outro indivíduo, não havia nada disso. Ele falou sobre a "absoluta humildade dela. Você nunca sentia que ela era alguém superior."

Quando Murray decidiu ficar, Amy perguntou a May Powell, que estivera com ela por vários anos antes da chegada de Murray, se preferiria a medicina geral ou a cirurgia. "Cirurgia", foi a sua resposta. "Sinto muito", disse o capitão, "porque Murray ficará com a cirurgia." Assunto encerrado.

E havia os bebês. A Dra. Powell havia cuidado deles até então. Amy decidiu que esse não seria mais o trabalho dela, mas de Murray, dali em diante.

"Quando Amma via algo muito claramente, esperava que o resto de nós o víssemos do mesmo modo. Era totalmente errado", diz a Dra. Powell agora. "Ele morava fora do complexo missionário — os bebês não poderiam chegar até ele. Mas eu quebrei a regra de Amma, por não ir até ela. *Eu* estava completamente errada — assegure-se de acrescentar isto!" Por isso, eu o acrescentei.

Nas duas décadas seguintes, alguns homens interessantes e capazes se uniram à Dohnavur Fellowship. Alec Arnot, o primeiro homem estrangeiro a se unir, realizou anos de trabalho sólido em agricultura e construção. Entretanto, sua contribuição parece ter sido subestimada, ou talvez ele foi ofuscado por seus sucessores. Quando saiu de licença, não foi convidado a

1 Katharine Makower, *Follow my leader* (Kingsway, 1984), p. 127.

voltar, embora sua esposa, Gwen, que ele conquistara em Dohnavur, tenha sido uma grande perda como professora.

Um jovem sacerdote anglicano, da Austrália, tomou o que Amy lhe advertira ser "um grande passo da catedral para o monte de sucata missionária". Como outros clérigos antes dele, Hugh Evan-Hopkins e Bertie Berdoe, ele se achou, eclesiasticamente, num limbo embaraçoso. Foi colocado para viver com meninos pequenos, ensinar artesanato e treinar um coro. Isso foi o objeto de sua barganha. Numa das primeiras cartas que Amy lhe enviou, antes que fosse aceito, ela escreveu:

> Penso em você em toda a beleza e dignidade da vida na catedral e com oportunidades de radiodifusão, assim por diante; então, penso em você como uma semente sepultada. O contraste é tremendo? Não, porque o chamado e escolhido pode, pela graça de Deus, ser fiel; e seguir o Crucificado é tudo que importa para o verdadeiro amante e discípulo. Enalteço o seu ofício, enalteço o seu chamado, se implica realmente, e tem de implicar, *morte* para que a vida possa abundar.

Amy tentou dar-lhe, meticulosamente, uma antevisão honesta.

Ele veio. As dificuldades eram tão reais como lhe foram ditas antecipadamente. "Ela me deu uma repreensão completa, porque eu não estava fazendo toda a minha parte", ele afirmou:

> Disse que meu coração estava dividido entre o trabalho deixado para trás (eu era regente de coral na Igreja de São Paulo, em Melbourne) e esta obra. Oramos juntos. Ela tinha um interesse muito especial por pessoas solteiras. Sempre pensava nos outros, queria saber se a experiência deles falava do amor do Senhor.

Depois de muita hesitação, ele voltou relutante à Austrália.

A necessidade de trabalhar sob a autoridade de mulheres colocou uma pressão severa em alguns dos homens que foram para Dohnavur. Pelo menos um deles, um homem que tinha experiência militar, não teve de trabalhar sob a autoridade de mulheres — exceto, sem dúvida, a da própria Amy. Ela designou Ronald Taylor superintendente sobre os três médicos: Angus Kinnear, Christian Rogan e Nancy Robbins. A abordagem autoritária de Taylor, em especial com os indianos, era um tanto desanimadora. Totalmente incapaz de se conformar à maneira de trabalhar de Dohnavur, ele não pôde ficar.

Indaguei a um indiano que passara muitos anos em Dohnavur se a maioria dos homens achava difícil trabalhar debaixo de autoridade feminina. "Cem por cento deles", foi sua resposta. "Mas as mulheres? Nunca, em todas as minhas perambulações, cheguei a ver 30 ou 40 mulheres viverem juntas em tanta harmonia como eu vi na DF."

O sexo complica as coisas. Complicou as coisas enormemente para a DF. Nos primeiros dias do trabalho, a situação era mais livre para os rapazes e as moças do DF do que para indianos. Banhos mistos eram permitidos na Floresta, e lá em 1936 os rapazes e as moças caminhavam juntos em busca de pássaros com Godfrey Webb-Peploe, saindo como dois grupos separados e voltando para casa rapaz e moça de mãos dadas.

Posteriormente, por causa de seu conhecimento da mente indiana e não por causa de quaisquer noções vitorianas, Amy sentiu que as regras deveriam ser estreitadas. Seus vizinhos indianos não ousavam acreditar que homens e mulheres, rapazes e moças, podiam viver e trabalhar na mesma área e não se envolverem em relações sexuais.

"Queríamos alegremente que rapazes e moças estudassem juntos em nossa escola", Amy escreveu em *Roots* [Raízes] (um ensaio não publicado que apresentava os princípios da DF e o que os fundamentava):

> Entretanto, embora na época isso estivesse começando a ser possível até nesta parte muito ortodoxa da Índia (porém, às vezes, com resultados graves), esses filhos tinham pais que provavelmente já haviam arranjado

> seus futuros cônjuges ou logo o fariam de qualquer maneira. Conexões familiares, casta, clã e certas regras de casta decidem os casamentos indianos. Estávamos fora de castas, de clãs e não tínhamos conexões familiares. Levaria muito tempo para explicar por que e como essa pergunta afetou a questão de coeducação e a vida livre do Ocidente. [...] Tínhamos de ser cuidadosos para não dar motivo de ofensa ou levar alguém à tentação nisso, bem como em tudo mais.

Apesar de todas as precauções, um dos rumores bizarros que circulavam era que a Dra. Robbins, embora vivesse numa pequenina casa do vilarejo, "convidara um homem" à sua casa e que este havia "aberto o seu *dhoti*". Mas a verdade é que ele precisava somente de cirurgia num dedo da mão. Embora houvesse um vento empoeirado soprando, ela abriu o pano esfarrapado que servia de cortina, para que a multidão de residentes do vilarejo pudesse ver todo o show. Ela o fez deitar-se no chão e, com a ajuda de sua enfermeira indiana, o operou. Nem por um momento, os três ficaram ocultos dos olhos de águia dos espectadores.

Portanto, sempre houve "o lado dos homens" e "o lado das mulheres", "o lado dos rapazes" e "o lado das moças", com paredes e portões entre eles. Esperava-se que os membros da Fellowship (frequentemente chamados DFs) mantivessem o que parecia para os europeus de fora segregação desnecessariamente rígida entre os sexos. Não era tão rígida como às vezes se noticiava. Os DFs tinham refeições juntos e havia consulta e discussão sobre questões referentes ao trabalho — sempre, é claro, "em público", no bangalô e ao redor dele.

Ao mesmo tempo que sustentava a ideia de que os membros da Família deviam seguir a liderança de seu Senhor, Amy assumiu a responsabilidade de aprovar e frequentemente arranjar seus casamentos. Quando Murray Webb-Peploe demonstrou interesse em uma nova missionária da Holanda, Oda Van Boetzelaer, toda a conversa teve de ser acompanhada — "em Dohnavur, você não fala com uma mulher se ela não é a sua esposa", ele disse;

por isso, escolheram "a idosa que tinha mais deficiência visual e auditiva em nossa família e a colocávamos no final de uma varanda extensa".[2] O namoro, demorado não somente por regras, mas também por enfermidade, estendeu-se por muitos meses. Foi Amma quem decidiu de repente sobre a data do casamento. Murray precisou de um descanso prolongado na Austrália. Quem poderia acompanhá-lo, se não Oda? Por isso, sob a ordem de Amma, se casaram imediatamente e partiram.

A descrição de Amy a respeito do casamento não dá nenhuma indicação de estar ciente de qualquer dúvida. A bênção de Deus foi sobre o casal. "Na luz tranquila da Presença Invisível, de pé, muito quietos, em reverência, estão Murray e Oda: ele, em seu branco indiano; ela, em seu sári da cor de malva, com uma rosa simples em seu cabelo escuro. [...] Há uma sensação de brilho." Todos cantam "Ó esplendor da vontade de Deus", e "tudo foi solene e agradável, indescritível e *real*". Mas Amy tinha fortes reservas pessoais, que não admitiu até anos mais tarde, quando eventos subsequentes parecem tê-las demonstrado.

Visto que a obra da DF não poderia ser levada adiante, de modo algum, sem determinado número de ajudadores solteiros, livres de responsabilidades familiares, houve a crítica de que Amy era contrária a casamento. Ela fez o seu melhor, como o fez o apóstolo Paulo, para, em princípio, não se opor ao casamento, embora Paulo tenha deixado bem claro que permanecer solteiro era, em sua opinião, o caminho melhor.

> É bom que o homem não toque em mulher [...]. Quero que todos os homens sejam tais como também eu sou; no entanto, cada um tem de Deus o seu próprio dom [...]. Ande cada um segundo o Senhor lhe tem distribuído, cada um conforme Deus o tem chamado. [...] Com respeito às virgens, não tenho mandamento do Senhor; porém dou minha opinião [...]. Considero, por causa da angustiosa situação presente, ser

2 *Ibid.*, p. 128.

> bom para o homem permanecer assim como está. [...] se te casares, com isto não pecas; e também, se a virgem se casar, por isso não peca. Ainda assim, tais pessoas sofrerão angústia na carne, e eu quisera poupar-vos. [...] Também a mulher, tanto a viúva como a virgem, cuida das coisas do Senhor, para ser santa, assim no corpo como no espírito [...]. Digo isto em favor dos vossos próprios interesses; não que eu pretenda enredar-vos, mas somente para o que é decoroso e vos facilite o consagrar-vos, desimpedidamente, ao Senhor.[3]

Isso afirma exatamente o ideal que Amy sustentava desde antes de partir da Inglaterra, e foi o ideal que ela propôs às Irmãs da Vida Comum. A mulheres idosas ainda viventes que cresceram em Dohnavur dizem que era a nata que era especialmente incentivada a permanecer solteira. Para aquelas menos dotadas, Amma não era tão relutante em arranjar casamentos.

A psicologia acharia mais do que uma explicação para o silêncio que Amy manteve em relação a sua própria vida sentimental. Se escolhermos aceitar a explicação dos psicólogos em lugar da explicação da própria Amy, não saberemos de nada que a distinguiria do restante da raça — ela era um ser humano, era uma mulher. Mas uma mulher que se propõe a viver para Deus pode ser distinguível dos outros em pelo menos algumas maneiras. Sua própria explicação de seu silêncio é mais interessante (e talvez mais importante) do que a dos psicólogos.

"Há uma disciplina secreta designada para cada homem e cada mulher cuja vida é vivida para os outros", ela escreveu na história de *Kohila*:

> Ninguém escapa dessa disciplina, nem desejaria escapar dela; tampouco pode alguém proteger a outrem dela. E, como temos visto o botão de uma flor encerrar dentro de si um tesouro, envolvendo o seu segredo, pétala por pétala, também temos visto a alma que é escolhida

3 1 Coríntios 7.

para servir envolver seu segredo, preservá-lo e ocultá-lo dos olhos dos homens. As pétalas da alma são o silêncio.

Amy quebrou seu silêncio um pouco quando, mais tarde na vida, uma das mulheres indianas que trabalhavam e viviam achegadas a ela lhe perguntou por que não escolhera "a outra vida".

Ela respondeu então a Neela que havia recebido uma carta na véspera de sua viagem para o Japão. Mas não disse quem a escreveu, também não disse que era um pedido de casamento. Disse apenas que "parecia encaminhar para o que vocês chamam 'a outra vida'". "Esperei quietamente. No profundo de minha alma, uma voz parecia estar me dizendo: 'Não, não, não; tenho algo diferente para você fazer.'" Amy se agarrou a essa palavra quando o seu coração de mulher anelava pelo amor de um homem. Esse dia, na caverna em Arima, no Japão, foi um daqueles dias, um dia cheio de temor de uma vida sozinha, quando a Voz falou de novo: "Nenhum daqueles que confiam nele será desolado" (KJV).

Novamente em Ooty, ela confessou, houve outro pedido de casamento ou, pelo menos, o prelúdio para um pedido. Amy não deu a Neela os detalhes. Não usou a expressão *pedido de casamento*. Foi a última vez, ela disse, que a "outra vida" pressionou. E acrescentou:

> Não era uma questão de abandonar o serviço do Senhor. Nunca foi isso. E agora o que era (como outros me teriam dito) uma coisa tão boa me teria levado a oportunidades mais amplas do que as que eu já tivera antes; porém, teria me levado para fora da Índia. Senhor, o que desejas que eu faça? Devo fazer isso? E tudo que ouvi em resposta foi: "Não, não, *não*. Tenho algo diferente para você fazer."

Logo depois disso, iniciou-se o trabalho que ela nunca teria feito se tivesse casado. Não é de surpreender que ela quisesse companheiras de trabalho solteiras.

"Apenas mais uma coisa", ela acrescentou, à medida que Neela transcrevia o que ela ditava para a autobiografia destinada a crianças:

> Lembre-se de que nosso Deus não me disse: "Eu tenho algo maior para você fazer." Esta vida não é maior do que a outra, porém é diferente. Isso é tudo. Para alguns, o nosso Pai escolhe uma; para outros, escolhe a outra. Tudo que importa é que sejamos obedientes a "toda a satisfação de seus desejos".

No final, Amy decidiu apagar de sua autobiografia toda essa parte da história. As páginas foram guardadas em algum lugar. A Família não precisava saber. Este poema pode se referir a essa disciplina secreta particular:

Ó Principe da Glória, que conduzes
Teus filhos à glória pela tua cruz,
Não me deixes esquivar de sofrimento,
Repreensões ou perdas.

A agitação das palavras quer me sufocar.
Seja para mim anátema tudo
Que me afasta do Getsêmani
E do Gólgota.

Se tua querida casa ficasse mais cheia, Senhor,
Pelo fato de que mais vazia
Minha casa na terra; que prêmio glorioso
Seria essa recompensa.

E pelas fronteiras de meu dia
A torrente do teu prazer flui,
A flores que brotam no caminho
Quem te ama as conhece.

37

LUGAR DE CURA E CASA DE ORAÇÃO

Um dia, em 1900, pediram a Amy que ajudasse a cuidar de um menino que estava com pneumonia. Ela foi e fez o que lhe pediram, mas o tratamento era assustadoramente primitivo, e foi nessa ocasião que "olhei para o alto e roguei por uma enfermeira treinada". Portanto, foi assim que, numa pequena casa abarrotada de pessoas no vilarejo de Dohnavur, o trabalho médico — falando espiritualmente — começou.

Depois, houve a oração de 1921, à noitinha, quando ela e suas companheiras de trabalho contemplavam as planícies ao pôr do sol, pensando em todo o sofrimento contido nas pequenas cidades fechadas. A visão do Lugar de Cura veio, um lugar "servido por um grupo de pessoas, algo como os primeiros franciscanos na alegria de seu espírito. Eles eram amantes de seu Senhor e servos dos enfermos do Senhor."

Quando Murray Webb-Peploe chegou, ele deu à sua primeira ala hospitalar o nome de Buckingham Palace. Não era nada mais do que um velho galinheiro. Isso foi expandido pelo acréscimo de quatro casebres de palha e, depois, uma casa indiana que foi chamada a Porta da Saúde. A primeira parcela na compra de terreno para um hospital foi paga em fevereiro de 1928. No ano seguinte, Amy acreditava que Deus queria que todos confiassem nele quanto a uma quantia específica para o prédio — o total surpreendente de 10 mil libras. Eles concordaram e firmaram sua fé nestas palavras: "Esta é a confiança que temos para com ele: que, se pedirmos alguma coisa segundo a sua vontade, ele nos ouve. E, se sabemos que ele nos ouve quanto ao que lhe pedimos, estamos certos de que obtemos os pedidos que lhe temos feito."[1] Tomando a promessa muito literalmente como destinada para eles nessa ocasião específica (como quase sempre, a convicção de Amma de que isso estava de acordo com a vontade de Deus foi aceita por todos), presumiram que o dinheiro fora "recebido". Quatro meses após esse dia, receberam uma oferta de mil libras. E o restante veio em seguida.

O trabalho médico foi o primeiro "campo missionário" para a Família Dohnavur. As crianças eram treinadas a fazer tudo, qualquer coisa, por mais servil que fosse, medindo-o não por horas, nem por rúpias, mas por amor. Elas deviam aprender a ser grãos de trigo, que cai na terra e morre, e que melhor solo para esse "morrer" do que um hospital em que podiam entregar-se a pessoas das quais não receberiam nenhum benefício em retorno?

É um chamado sublime, um chamado que, em teoria, apela fortemente a muitos. À distância, parece bastante glorioso. Vivenciar esse chamado, um dia de cada vez, no mesmo velho lugar, com os mesmos velhos colegas de trabalho, fazendo os mesmos velhos serviços enfadonhos, é outra questão bem diferente. Aqueles que tentaram oferecer esse serviço altruísta por amor a Deus se viam diariamente abertos a desafios. Valia realmente a pena? No final, esse serviço provaria ser ouro, prata e pedras preciosas? Eles foram

1 1 João 5.14-15.

poderosamente tentados pelo "amor sutil de coisas amenizadoras, escolhas fáceis, enfraquecimentos".[2] Subornos eram oferecidos às vezes, joias ou o que quer que pudesse ser transformado em dinheiro, com a esperança de obter "medicina de primeira qualidade" ou o que não podia ser dado sem um suborno. Levou tempo para se propagar a notícia de que, em Dohnavur, subornos não levavam o subornador a lugar algum.

A Porta da Saúde e, posteriormente, o Lugar de Cura Celestial ofereciam cozinhas privadas para a família de cada paciente — minúsculos cômodos de cozinhar onde hindus ou muçulmanos podiam ter de sentir o cheiro do cozimento do peixe de outra pessoa, mas não se contaminavam pelo contato com tal pessoa. O instinto indiano por privacidade era respeitado, e as pessoas se sentiam tão em casa quanto possível. Mas levar aves vivas aos quartos de enfermos era demais. As pessoas tinham de aprender que galinhas não eram bem-vindas, ainda que ficassem amarradas ordeiramente num canto ou debaixo da cama.

Às vezes, as crianças menores iam ao hospital à noite, levavam lanternas coloridas e, ficando do lado de fora, cantavam para os pacientes dormirem. Isso era um "Meio de Gratidão", uma oportunidade no início da vida para aprenderem a praticar as lições de serviço altruísta que suas *accals* e suas *sitties* tentavam ensinar-lhes diariamente por preceito e por exemplo.

> O diabo não se importa com a quantidade de hospitais que construímos, nem com a quantidade de escolas e faculdades que erigimos, se ao menos puder demolir nossos ideais e desviar-nos para qualquer coisa de qualquer tipo, exceto o levarmos vida santa, amorosa e humilde e o trazermos homens, mulheres e crianças ao conhecimento do nosso Senhor Jesus Cristo, não somente como Salvador, mas também como Senhor soberano.

2 *Toward Jerusalem*, p. 94.

> Toda obra empreendida em obediência a um mandamento divino, quer seja a obra de conflito com os poderes das trevas, a que chamamos oração, quer seja a ação subsequente, leva mais cedo ou mais tarde a uma nova demanda por devoção pessoal ao nosso Senhor Jesus Cristo.

Murray Webb-Peploe expressou o propósito do hospital:

> Um lugar em que pessoas podem vir não para serem moralizadas, medicadas e tratadas como casos, mas para sentirem-se em casa, observar, relaxar e permitir àqueles que tomam seus nomes, lavam suas ataduras e põem curativos em suas feridas compartilhar com elas o que o Senhor Jesus Cristo fez e pode fazer por elas.

A Casa de Oração

Quando oravam a respeito de construir um hospital, ocorreu-lhes o pensamento de terem uma Casa de Oração. Um velho carpinteiro, o único cristão em seu vilarejo, havia doado dois meses de salário para "um templo para o nosso Deus". Parecia-lhe injustificável que todos os menores vilarejos tivessem santuários; toda cidade, seu templo murado; enquanto a Família cristã de Dohnavur não tinha prédio para cultos. Amy recebeu um dinheiro de aniversário — alguns trocados e umas peças de ouro — e perguntou ao Senhor como desejava que o dinheiro fosse gasto. A resposta parece ter sido: para uma Casa de Oração.

"Mas, Senhor Jesus, e quanto ao hospital?"

"Quando a minha Casa de Oração estiver terminada, proverei o suficiente para um hospital."

Então, eles oraram pelo dinheiro. Fizeram mais do que orar.

As crianças enviaram bilhetes para Amma:

> 1. Não desperdiçaremos sabão, e o colocaremos para dissolver na água e ao sol.
> 2. Não exporemos nossos sáris às formigas-brancas, e tentaremos mantê-los sem rasgar.
> 3. Manteremos os nossos lampiões sem quebrar e não colocaremos as nossas lâmpadas no chão.
> 4. Não daremos a nossa comida para os corvos e cachorros, e não derramaremos leite.
> 5. Tentaremos não derramar óleo.
> 6. Tentaremos manter com cuidado os nossos baldes, não estragaremos os nossos baldes e não os quebraremos.
> 7. Tentaremos manter nossas bombas de água sem quebrar e tentaremos bombear água cuidadosamente.[3]

Elas fizeram trabalhos de cules. Cavaram, carregaram barro e terra. Orações foram respondidas. O dinheiro chegou.

"Cada doação tem sua história", Amy escreveu.

> Eis uma das últimas: certa manhã de segunda-feira, 3 de maio de 1927, Alec Arnot e eu ponderávamos sobre o problema que na Índia é inquietante:

3 Amy Carmichael, *Meal in a barrel* (Christian Literature Society Press, *1929), p. 40.*

> como manter pássaros, morcegos e esquilos fora da Casa. Pássaros (pardais, principalmente) fazem um barulho tão grande em algumas igrejas, que a voz do preletor é abafada e a quietude, tão valorizada aqui, é quase impossível. Esquilos chilreiam em tons penetrantes — são inimigos da paz. Morcegos são sujos além do inacreditável. Um teto abobadado não encoraja tais criaturas, mas o nosso tem vigas. Não há vidros nas janelas, e quatro das portas são espaços abertos. O que poderíamos fazer?[4]

Todo o dinheiro que fora doado para a Casa já havia sido gasto. Mas, sem dúvida, Deus queria a Casa terminada apropriadamente, não? Alec calculou o custo da colocação de telas necessárias — cerca de 260 rúpias. Então, a correspondência chegou. Uma carta procedente dos Estados Unidos, datada de 26 de março, dizia: "Algo me impeliu a enviar-lhes esta pequena quantia adicional com a mensagem *de que é para o término de alguma obra.*" Inclusa, havia uma ordem de pagamento no valor de 100 dólares, equivalente a 270 rúpias.

A casa foi terminada, um lindo prédio firme no meio do complexo missionário, coberto de trepadeiras florescentes. O arquiteto que a projetou adotou seu estilo de um velho palácio em Travancore, uma cidade onde a influência de carpinteiros chineses era sentida desde tempos antigos. Houve dúvida sobre uma particularidade de sua arquitetura, para que não fosse um mero luxo, um gasto injustificável de dinheiro doado com dedicação; porém, uma doação especialmente designada chegou para esta particularidade — uma torre de oração. Em seu teto, há duas colunas pontiagudas, símbolos da unidade do espiritual e do secular na vida de santidade — os homens e as mulheres de Dohnavur viviam uma vida comum, mas viviam-na *com* Deus *em favor* dos outros. Na torre, há sinos tubulares, "coisas que nunca pensaríamos em comprar". De manhã e à noitinha, um hino é tocado

4 *Ibid.*, p. 47, 48.

nos sinos, e a cada hora eles retinem para um momento de quietude para oração e recordação.

As janelas da torre contemplam quatro direções sobre as creches do complexo, as salas de aula, os prédios médicos, a lavoura, os portões circulares (outro traço característico da arquitetura de Dohnavur, emprestado da China), o Caminho da Quietude — para as planícies e montanhas. Ao redor dos quatro lados da sala na torre, corre um friso pintado à mão com quatro estrofes de um antigo hino escrito por Edwin Hatch, que começa com as palavras:

> Sopra em mim, sopro de Deus,
> Enche-me de vida novamente. [...]

Pesadas portas esculpidas e com botões de bronze conduzem ao interior, onde há arcos colunados e um piso de ladrilho vermelho liso e polido, sem móveis, exceto umas poucas cadeiras para os decrépitos (os enfermos e os idosos, bem como estrangeiros em perfeita saúde, mas que não têm a menor ideia de como sentar-se no chão sem encosto). Uma pequena plataforma elevada a leste tem bancos de flores e um tapete persa azul.

O visitante contemporâneo fica pasmado com a quietude e ordem do que acontece na Casa de Oração. As crianças entram enfileiradas, em silêncio, e se assentam de pernas cruzadas em carreiras de acordo com a idade; as mais novas, mais perto da plataforma, usando vestidos claros e floridos. O grupo da idade seguinte usa saias e blusas; o grupo seguinte, saias, blusas e sáris de duas peças; as mais velhas, sáris — carmesim e vermelho cardinal, azul, púrpura, malva. Em seu cabelo oleado, usam flores que combinam com as cores de sua roupa.

Amy não acreditava em manter crianças pequenas "forçosamente quietas por muito tempo". Era difícil para elas ficarem sentadas e quietas sem nada para fazer, especialmente se eram novas demais para saber as palavras de hinos e orações. Por isso, Amy lhes dava bandeiras coloridas, e, durante o canto de algumas canções, até hoje, elas ficam de pé e drapejam as bandeiras, enquanto as mais velhas acompanham o cantar com maracas, sinos, címbalos, tamborins, tigelas de bronze percutidas com uma agulha de tricô e tambores (grandes potes de barro, de gargalos longos, com uma peça de couro que é golpeada sobre a boca). Quando oram, elas se ajoelham.

Às vezes, os doentes são levados para a Casa. Amy escreveu a respeito de um menininho cujas feridas haviam sido tratadas de modo errado em casa. Em muitos domingos, ele ficou deitado nos cultos amarrado a uma estrutura numa cama dobrável.

> Ele costumava aguardar avidamente pelo momento em que um salmo ou uma canção em melodia indiana era compartilhada, e a banda tocava, e havia um tremular de bandeiras por toda a Casa; pois à tremulação de bandeiras ele se unia com um triunfo jubiloso. Em sua mão, fechada rigidamente durante todo o culto, estava sua própria bandeira azul.[5]

Aos domingos, havia três cultos — um em inglês e dois em tâmil — conduzidos por indianos e ingleses. Havia cultos especiais, como, por exemplo, o culto de véspera de Ano-Novo, quando brinquedos para crianças doentes no hospital eram coletados em cestas. Hoje há frequentemente ações de graças especiais na Casa de Oração — uma pausa quando o líder agradece a Deus pelos pássaros, para que os "queridos pássaros" sejam ouvidos; ações de graças quando uma menina "se gradua" da saia e sári de duas peças e passa a usar o sári inteiro; ações de graças por necessidades atendidas, pessoas que chegaram em segurança ao lar, crianças salvas (a criança é levada por sua *accal* até à plataforma para que todos a vejam).

O culto de Ceia é

5 *Gold cord*, p. 297.

> uma hora de silêncio total, interrompido apenas pela voz de nosso pastor tâmil e por versículos de exaltação e adoração, cantados de joelhos. A Casa fica branca nessa ocasião. A brancura das vestes indianas, a quietude, a própria movimentação e o cantar suaves têm um ministério particular, e, frequentemente, há um senso de uma Presença manifesta, quase visível.

Esse culto é sempre terminado com o mesmo hino, "Jesus, alegria de corações que amam", seguido apenas pelo sussurro suave dos pés descalços à medida que deixam a Casa.

38

A ESTRADA MENOS BATIDA

Dizem que, há mais de um século, bisavós comprimiam os lábios ante a visão de uma perna de mesa exposta. Certa vez, a rainha Vitória comentou para uma dama de honra que, ao chegar ao trono, mulheres jovens não tinham pernas. Amy ficava ofendida com a palavra inglesa *leg* ("perna"), mas não com a palavra tâmil *kaal*; por isso, até os médicos inseriam *kaal* numa sentença em inglês quando precisavam se referir a um membro indescritível.

Amy ficava chocada com a ideia de missionárias jogarem tênis, e parece que uma vez os jogos para as moças mais velhas de Dohnavur foram totalmente proibidos. Evidentemente, um sári não é uma roupa esportiva satisfatória, mas a possibilidade de que um tornozelo pudesse ser vislumbrado foi, talvez, a razão principal para a proibição. Quando nada na cultura indiana proibia o mostrar de um tornozelo, a ideia de modéstia de Amy o proibia. O costume tem sido perpetuado conscientemente à medida que as mulheres de Dohnavur caminham ao redor do complexo. Até na chuva, é raro vê-las de sári levantado.

Jogos têm sido parte da vida em Dohnavur por muitos anos. As moças mais velhas jogam *rounders, netball* e um tipo de hóquei. Todas nadam e mergulham. Aquelas que são muito corajosas escalam árvores. Com a aprovação de Amma, elas começaram dança country, "com muita energia". Em todas essas atividades, abundância de tornozelo é mostrada.

Amy usava lindos sáris de *voile* — amarelo-creme, branco, lavanda — com blusas de cores que se coordenavam. Embora as viúvas e as mulheres mais pobres indianas usassem o sári sem uma blusa, as mulheres da Família em Dohnavur vestiam não apenas blusas (com um comprimento de manga prescrito) com seus sáris, mas também por baixo deles, faixas e anáguas. Amma não queria ver nada solto e transparente em suas moças. Quando quatro visitantes estiveram lá vestidas no estilo ocidental de entre os 20 e 30 anos de idade — "paganismo de vestidos curtos" —, Godfrey e Alec não lhes permitiram ir ao complexo dos rapazes. Amma emprestou-lhes algumas roupas, vestiu-as de modo decente e se preparou para uma "nova colheita de histórias" a serem contadas sobre que lugar estranho Dohnavur era.

Amy tentava sinceramente eliminar tudo que pudesse estimular desejo sexual. Embora os rapazes do vilarejo usassem apenas shorts, os rapazes de Dohnavur usavam shorts e camisas, porque Amy acreditava que isso favorecia a pureza. Os homens da Família usavam *dhotis*, a longa saia padrão indiana que podia ser arregaçada para maior mobilidade, e camisas em estilo indiano, sem gola por causa do calor. Amy, é claro, achou um versículo na Escritura para corroborar seu estilo de camisa: "No meio dela, haverá uma abertura para a cabeça; será debruada essa abertura."[1] Cores sempre foram significativas para Amy — azul, amor; violeta, serviço. Por isso os médicos eram embelezados ("Dá para imaginar?!", disse um deles) com *dothis* violeta de topos cor de malva. As pessoas de Dohnavur dificilmente podiam ser

1 Êxodo 28.32.

anônimas em uma multidão. Isso, Amy pensava, não era, de modo algum, uma desvantagem.

Como temos visto, o programa para a Família não tinha nada que se aproximasse de educação sexual, exceto algumas referências discretas aos pássaros e às abelhas. Se os muitos cachorros que havia no complexo se envolveram em algum relacionamento instrutivo, parece que a lição não foi compreendida pela maioria das meninas. Os meninos eram introduzidos no assunto por terem acesso à criação de gado.

Quando uma menina chegava à puberdade, recebia um suprimento de panos azuis e brancos, mas nenhuma explicação era oferecida a respeito do que exatamente era o processo. De fato, as próprias *accals* que lhes serviam de mãe não tinham nenhuma ideia. Era simplesmente algo com que mulheres tinham de lidar. Embora o sexo desempenhasse uma parte central na vida dos residentes dos vilarejos indianos e em sua religião (os vilarejos estão cheios de símbolos fálicos), uma moça num lar indiano rígido talvez não soubesse mais do que uma moça de Dohnavur. Uma menina, que se casou com a idade de 12 anos, perguntou depois à sua mãe por que não fora preparada para o casamento. "É dever do marido ensinar a sua esposa", foi a resposta.

E todos os bebês que apareciam de vez em quando? De onde, exatamente, eles vinham? "Pensávamos que o Senhor os colocava na cama da mãe", uma das "Moças Velhas" me disse. Sua ignorância não é tão inacreditável quanto talvez pareça, visto que as mulheres de Dohnavur raramente saíam para onde pudessem ver uma mulher grávida.

Somente quando o hospital foi construído e as *accals* passaram a cuidar de pacientes, elas começaram a saber da verdade surpreendente. Uma vez que isso não era um assunto a ser discutido entre elas mesmas, muitas distorções bizarras eram aceitas. Quando uma das *accals* se casou com um *annachie* [irmão mais velho], ele estava tão mal preparado para o que esperava, que ela achou que ele estava pecando gravemente. Não foi antes dos anos 1940 que a educação sexual foi introduzida, mas somente porque missionários mais novos insistiram no assunto e se mostraram dispostos a ensiná-lo. Alguém enviou um livro para crianças sobre como os bebês são feitos. Amy deu permissão para que uma das mulheres indianas o mostrasse para outra, se a sua *sittie* consentisse.

"Nunca esquecerei a primeira vez que vi as fotos de um bebezinho no [palavra tâmil que significa berço] que Deus preparou para ele — quero dizer: o primeiro berço", escreveu Amy. "Isso nos ajuda a entender o que significam as palavras 'a si mesmo se humilhou.'"

Ainda em 1946, de acordo com uma das médicas, a ignorância era extraordinária. Ela falou com Amma sobre isso, sugerindo que até os casais levavam uma vida monástica. Amma ouviu, admitiu a falha e prometeu se redimir.

Houve algumas separações estranhas. Amy Carmichael não somente aprovava a separação de marido e mulher, mas também era pelo menos em parte responsável por arranjá-la, quando achava que o trabalho a exigia. Ela mudou um casal de indianos, que estivera com ela na obra por anos, para longe de seus próprios filhos, para Muppanthal, o lugar onde as crianças deficientes eram cuidadas. Não havia habitação adequada para eles, e a mulher, por fim, voltou para Dohnavur, enquanto o marido foi viver na floresta com um guarda florestal. Nunca estiveram todos juntos de novo como família. Um cristão sírio viveu e trabalhou em Dohnavur, visitando sua esposa, que residia em Kerala, apenas uma vez por ano. Um casal que deixara o hinduísmo para se unir a eles foi mantido separado por um tempo. Quando tiveram permissão de se unir de novo, produziram mais filhos do que Amma achou conveniente. Ela não conhecia os contraceptivos, mas por que não praticarem continência? Longas caminhadas, o marido achou, nem sempre "o esfriavam". Quando uma das *sitties* se casou, foi separada não do marido, e sim das moças que estiveram sob os seus cuidados — o casamento era "muito excitante" para elas. Amy preferia que não ouvissem coisas que despertassem desejo.

Casamentos dentro da Família, indianos ou europeus, eram poucos e raros. Os europeus, é claro, tinham ido para a Índia abandonando tudo, o que Amma considerava normal em quase todos os aspectos da vida, inclusive o desejo por casamento. Quanto aos indianos, ela tinha dificuldade para crer que seus rapazes fossem bons o suficiente para as moças. Dizia-se com frequência que o trabalho dos homens era espiritualmente inferior ao das mulheres. "Homens são sempre", disse um médico inglês que trabalhou lá, "apenas o corolário que não foi deduzido!"

Um indiano que chegara a Dohnavur como um adolescente era especialmente próximo de Amma. Ela costumava lhe fazer perguntas sobre os seus pensamentos mais íntimos. "Você tem alguma moça em mente, meu querido rapaz?", ela indagou um dia.

"Bem, talvez fulana."

"Oh! Não! Ela não se encaixa em sua vida."

Ele aceitou o parecer. Mais tarde, ele escolheu outra que tinha a aprovação de Amy, mas a moça rejeitou seu pedido de casamento. "Espere até que ela concorde", foi o conselho de Amy. Pessoas de Dohnavur geralmente concordavam. Ele esperou seis meses, durante os quais ele disse que nenhuma pressão foi exercida. Quando Amy pediu novamente em favor dele, a moça consentiu.

Uma *sittie* que estava no início dos seus 20 anos desejava muito se casar, mas não ousava mencionar seus sentimentos. Certamente Amma não tinha essas tentações, não tinha nenhuma ideia da tortura de desejos que outros experimentavam — como alguém poderia tratar com ela de um assunto como esse?

"Oh! Mas ela teria entendido", disse outra, "embora alguém pudesse hesitar em falar sobre o assunto." Por quê? "Bem, porque ela era assim... Não, se uma pessoa achasse correto se casar, Amma teria aceitado isso."

Um jovem inglês foi para Dohnavur, deixando sua noiva, que também fora aceita para segui-lo até à Índia posteriormente. Problemas de saúde e de família retardaram a chegada da noiva por anos. Durante esse período,

Amma lhe escreveu como se ela fosse a mais amada das filhas, "minha mais peculiar", como a chamava com frequência, ainda que, é claro, não se conhecessem. Nunca uma mãe jorrou simpatia mais cordial e entendimento mais profundo do que Amma o fez para essa moça no outro lado do mundo:

> O Senhor, que é o seu mais Amado de todos, pode satisfazer. Ele pode, ele quer; mas ele entende, e eu entendo, essas dores fortes por J. Estou bem certa de que o Senhor tem vocês dois em suas mãos mais afáveis; por isso, não estou ansiosa.

Seria injusto atribuir a atitude de Amy Carmichael para com sexo e casamento a mera cultura vitoriana ou a mera ignorância. O fato de que ela era uma vitoriana é inquestionável. Prova do grau de sua ignorância não existe. É claro que ela tomou a "estrada menos batida" — neste assunto, bem como em muitos outros. E "isso fez toda a diferença".

Às vezes, as pessoas insistiam no fato de que homens ingleses podiam ficar solteiros, mas indianos não. Amy negou isso veementemente. Paulo, ela ressaltou, não era um homem ocidental. Com base na autoridade de Paulo, ela defendeu seu raciocínio:

> Em nossa posição espiritual em nosso Senhor e em seu poder capacitador para conosco, não há nenhuma diferença (entre Oriente e Ocidente). Veja Gálatas 3.28: "Dessarte, não pode haver judeu nem grego; nem escravo nem liberto; nem homem nem mulher; porque todos vós sois um em Cristo Jesus."
>
> Portanto, concluímos que, se por amor a Cristo e por amor às almas daqueles por quem ele morreu, qualquer um de nós, homem ou mulher, abandona o que naturalmente desejaria, um lar pessoal, os recursos do poder de Cristo fluem igualmente para cada um. Dizer que há uma diferença significa dizer que sua Palavra inspirada não é verdadeira; e essa é uma posição séria para alguém assumir.

Isso se aplica a nós aqui. Sabemos que, se muitas Carunias (o nome de família dado a todas as moças de Dohnavur) não fossem livres para se dedicarem à obra de cuidar de crianças, essas crianças teriam de ir para a destruição. Isso significa que é impossível achar esposas das melhores das Carunias para todos os Anandas (os homens indianos de Dohnavur). Por isso, cremos que a alguns dos Anandas será dado amor suficiente para viverem sem o que desejariam naturalmente. [...]

Contudo, esse tipo de vida não é contrário à natureza? Sim, é. Mas veja o avião. É contrário à natureza que toneladas de metal se elevem acima da terra e voem como um pássaro. O que torna isso possível? A presença do poder em seu interior que o capacita a voar "por sua velocidade e pressão contra o ar". Assim acontece conosco. "Deus é quem efetua em vós tanto o querer como o realizar, segundo a sua boa vontade."[2]

Certa vez, em um momento de necessidade, estas palavras me ajudaram grandemente:

> Contra a vontade da natureza
> Conduz o caminho de Deus;
> Não onde a carne se deleita
> Os pés de Jesus caminharam.

Eu me arrependo de que, por amor a vocês, escolhi viver sem o que a natureza deseja, sem o que foi pressionado sobre mim, para que eu pudesse servir "desimpedidamente", como Paulo o diz? Não, de fato, não me arrependo. "Você nunca se arrependerá disso", foram as palavras de uma velha missionária dirigidas às nossas Irmãs da Vida Comum. E, àqueles que pela graça de Deus são e àqueles que serão Irmãos da Vida Comum, eu digo o mesmo. Vocês passarão por dias difíceis, mas *nunca se arrependerão disso. Vocês nunca se arrependerão disso.*

2 Filipenses 2.13.

39

NENHUM BISCOITO DE LEITE

"Traga para a Índia um forte senso de humor e um nenhum senso de cheiro." Esse foi o conselho de Amy para um candidato aceito, acompanhado de advertências sobre as tentações que uma viagem de navio oferecia. Ela conhecera muitos futuros missionários que "se destroçaram na primeira viagem e chegaram bastante inúteis em relação ao tipo de virtudes que eu procuro". Usualmente, Amy enviava instruções quanto a gastar o tempo de exercício ("a maneira tradicional de andar árduo"), oração, testemunho, leitura. Incluía passagens da Escritura, em especial os três primeiros capítulos de Efésios e listas de livros, mas "evite romances, até mesmo os bons".

O apóstolo Paulo se descreveu a si mesmo como "lixo do mundo, escória de todos". Amy gostava dessa última expressão. "Queremos pessoas do tipo escória." Adequava-se à sua ideia do monte de sucata que era Dohnavur. Mas ela deixava claro que não queria dizer *qualquer* tipo de escória ou sucata. "Precisamos ter pessoas de boa família por razões que você entenderá depois. Queremos mentes educadas, prudentes [...] refinamento, caráter, uma lealdade inata."

O que Amy não queria era *biscoitos*.

> Não oro por biscoitos de leite para a DF, todos cortados conforme um padrão e marcados com um selo bonito e decorativo. Muitos lugares, a julgar pelos resultados, parecem ser grandes fabricantes de biscoitos e produzem caixas bem arrumadas de biscoitos. Eu oro por *soldados*, não biscoitos!

Uma nova chegada pode, a princípio, ver apenas flores, bebês e rostos brilhantes, "e você sentirá, eu espero, uma doçura e felicidade geral. [...] Por baixo da doçura, há uma cruz real."

> Seguimos um Salvador desnudo e crucificado. Essas palavras penetram profundamente. Tocam em tudo — motivos, propósitos, decisões, tudo. Deixe que o acompanhem enquanto você prepara o espírito para a nova vida.
>
> Querido, você está vindo para um campo de batalha. Nunca gastará tempo de mais com o Senhor. As chaves dos poderes do mundo por vir não estão sendo giradas por dedos negligentes. Poucos estão dispostos a pagar o preço do conhecimento de Deus. Brincam durante a vida, até mesmo a vida cristã e a vida missionária.
>
> Aqui eu parei. Estou pedindo demais? Isso parece muito severo, muito sério? Quero ter certeza de que você entende. O último grupo apareceu muito rapidamente, e não tive tempo de deixar tudo isso claro.
>
> Não preciso dizer nada sobre o que pessoas chamam de "o outro lado" — o lado da vida que é cheio de alegria e divertimento. Temos um pouco disso e não o chamo de outro lado, de modo algum. É apenas parte do todo.

NENHUM BISCOITO DE LEITE

Quando uma jovem médica chegou a Dohnavur pela primeira vez, foi levada ao bangalô para encontrar-se com Amma no seu quarto:

> Havia leveza, brilho e alegria nela. Era amorosa, amável, calorosa. Não muito maior do que um metro e meio, eu suspeito, com cabelos grisalhos, vestindo um sári azul. Ela tinha uma cintilação, um senso de humor gentil.

Nos primeiros minutos saudando outra nova cooperadora, Amma a surpreendeu com uma pergunta: "Você conhece bem a sua Bíblia?" *Não,* foi a resposta, "e pensei comigo mesma: 'É isso. Vão me mandar de volta no próximo navio.' Mas me permitiram ficar."

Amma era uma atriz. Amava imitar um condutor de ônibus tâmil. Uma jovem missionária recorda uma ocasião em que ela entrou no quarto curvada sobre uma vara, com a parte final de seu sári sobre a cabeça, como um xale, imitando em uma conversa com uma das filhas o dialeto dos iletrados residentes do vilarejo.

Amy Carmichael criou uma atmosfera estimulante. "Ela tinha um *vigor* tremendo. Um sotaque inglês, sim, mas *nada* daqueles sotaques *refinados* de escolas públicas. Podia falar sobre qualquer assunto com qualquer pessoa. Você poderia apresentar qualquer pergunta à mesa de jantar. Amma lia com rapidez", lia amplamente e era capaz de "separar o trigo do joio" de um livro. Suas leituras incluíam George Herbert, George MacDonald, John Donne, William Cowper, Samuel Taylor Coleridge, Alfred Tennyson. Suas prateleiras de livros continham Trevelyan, Ruskin, Tomás de Kempis, Keble, Savonarola, Kingsley, Florence Nightingale e Santo Agostinho. Ela os levava à mesa para ler. "Ouçam *isto!*", ela dizia.

Quando um recém-chegado precisava de ajuda com uma letra tâmil ou uma palavra curta, ela derramava um pouco de sal na mesa de teca e escrevia com seu dedo. "Comer vinha por último em seu pensamento nessas ocasiões; e havia uma palavra branda de alguém: 'Querida Amma, coma um pouco de frango!'" Ela os encorajava com histórias de suas próprias lutas no estudo do tâmil quando o Senhor lhe recordou que já havia feito uma mula falar.

Nos primeiros dias, todos os trabalhadores, indianos e estrangeiros, comiam juntos. Depois, eles se separaram. *Accals* e *anandas* comiam de acordo com o costume indiano, retirando a comida de utensílios de latão e de folhas de banana com os próprios dedos, enquanto ficavam sentados nos ladrilhos nos bangalôs com seus filhos. A comida era levada até eles de cozinhas centrais. Os missionários tinham mesas e cadeiras, flores e castiçais, louça e talheres; eram servidos por pessoas contratadas do vilarejo. Sem dúvida, a dicotomia era enigmática para os de fora, e entre os de dentro houve muitos conflitos a respeito dessa decisão. Uma razão para isso era óbvia — a família cresceu. Não havia espaço grande o suficiente para todos. Isso era uma razão secundária. Amy explicou a razão principal, a saúde dos estrangeiros, em seu ensaio, *Roots*:

> Pareceu mais sábio fazer o que nos preservaria bem, em vez de fazer o que queríamos fazer. Afinal de contas, não estamos aqui para agradar a nós mesmos, mas para servir à Índia em toda maneira como o Senhor nos dirige.

Estrangeiros não pareciam capazes (embora a maioria estivesse certamente disposta) de sobreviver com arroz e curry. Eles precisavam de seu chá, pão e manteiga. Nos dias de festa, todos comiam juntos ao ar livre, e frequentemente os estrangeiros eram convidados aos casebres para uma refeição.

Ninguém em Dohnavur comia carne bovina. A razão era simples: "E, por isso, se a comida serve de escândalo a meu irmão, nunca mais comerei carne, para que não venha a escandalizá-lo."[1] Se alguém houvesse argumen-

1 1 Coríntios 8.13.

tado que essa passagem não se refere a pessoas como hindus e muçulmanos, e sim a cristãos fracos, Amy teria respondido com Romanos 14.15: "Por causa da tua comida, não faças perecer aquele a favor de quem Cristo morreu." Isso abrangia a todos. A força do tabu brâmane contra o comer carne bovina não pode ser subestimada. Em Dohnavur, eles achavam que podiam comer cordeiros, cabras e frango sem ofender os outros; portanto, os pratos feitos com curry não eram estritamente vegetarianos.

Por que os servos contratados? Quando os membros indianos da Família serviam às mesas dos missionários, às vezes os convidados os tratavam como *servos*, o que Amma não tolerava. Ela procurava tratar todos os membros da Família como iguais. "Ela nos fazia trabalhar duro", disse uma Moça Velha. "Éramos todos servos. Amma também era uma serva, mas nós a tratávamos como filhos tratam sua mãe."

"Nunca coma algo em que você viu uma mosca pousada", essa era supostamente uma das regras de Amma para novos recrutas, mas eles logo viam a impossibilidade de obedecer-lhe e eram demitidos quando achavam que "Amma não seguia, ela mesma, no mínimo, essa regra!"

Amy Carmichael não tinha nenhum remorso quanto a colocar um novo cooperador para realizar uma tarefa difícil sem estar preparado. May Powell falou sobre sair para evangelizar com Amma, esperando ficar quieta na retaguarda e observar os outros em ação. Amma a acomodou numa varanda com um grupo de mulheres, passou-lhe o Livro Sem Palavras e lhe pediu que desse um testemunho. May nunca havia dado uma lição em inglês, muito menos em tâmil.

Muitas das chamadas missões "de fé" exigem que os membros levantem seu próprio sustento. Amy escreveu para uma candidata à DF:

> Para aqueles que não têm recursos, fazemos provisão à medida que o Senhor nos capacita. Mas não pode haver qualquer promessa disso. Cada pessoa deve apegar-se às promessas, a Deus, ou melhor, ao Fiel. [...] Aprecio que pessoas com renda pessoal conservem-na e usem-na

> ocasionalmente (se é acima e além de suas necessidades), conforme sejam guiadas, em vez de juntar o capital a um fundo comum. Eu mesma faço isso [o Querido Homem Velho provera para Amy sustento completo] e penso ser o melhor caminho. Ninguém obtém nada de qualquer sociedade.

Essa candidata específica tinha uma herança que estava disposta a entregar para a DF. Amy aconselhou-a a reter o principal "a fim de usá-lo para o Senhor ano após ano". Infelizmente, a política de Amy não era do gosto de todos, e mais de uma vez DFs estrangeiros exploraram o status financeiro de certos membros indianos, pressionando-os a doarem para a Família. Quando estes concordavam, um relato brilhante era levado a Amma sobre a "oferta espontânea" que fora dada. Amy se regozijava com o fato de que mais um discípulo aprendera a lição de dar tudo. O pensamento de que a dádiva podia não ter sido totalmente voluntária nunca lhe passava pela mente.

Uma vez por ano, divulgava-se no complexo a informação sobre os custos mensais da alimentação, em rúpias; e aqueles que tinham meios pessoais deviam pagar sua parte.

Mesadas não foram dadas às crianças durante o tempo de vida de Amy. Algumas delas cresceram sem jamais ter manuseado dinheiro. Dinheiro extra era dado automaticamente aos trabalhadores quando Deus o supria. Quando um homem devolveu sua parte, Amma disse: "Tenha certeza de que não é o orgulho que o faz recusar. Deus não é responsável pelo que não ordenou", querendo dizer, podemos supor, que não daria muito certo se ele esperasse Deus suprir milagrosamente as suas necessidades.

Houve um luxo muito grande para os DFs. "Acima de todos os luxos, um banheiro só para você é, em minha opinião, o maior", foi o comentário de Amy. Ela cuidou para que cada missionária tivesse seu pequeno quarto com um grande jarro de armazenar água, uma bacia e uma concha. Um declive no piso com um ralo provia o lugar para ficar de pé e jogar água sobre si mesmo. Havia tanto penicos quanto privadas externas, com suporte para os pés em cada lado de um buraco no chão. O que quer que servisse como privada recebia uma designação educada, "O Lugar".

Uma vida de pobreza era o ideal que Amy anelava. "Eu queria não ter posses, exceto o que pudesse levar num grande lenço!" Seus companheiros no Aglomerado Cintilante haviam entendido o desejo, desistindo de suas joias e seu dinheiro, vivendo uma vida mais simples como itinerantes. Mas a situação agora exigia uma vida diferente, porque havia uma família. Amy queria ter o que lhes dar: livros e pinturas, música e microscópios, o que havia tornado a sua infância tão rica. Por isso, à semelhança de tudo mais que Amy possuía, ela renunciou ao desejo de não ter nada e assumiu a vida de família e tudo que essa vida significava. Ela era uma mãe. Vivia para seus filhos.

Chegou o tempo em que houve uma pressão considerável para mudar o Padrão no assunto de pagamento pelo trabalho feito. Embora Amy reconhecesse que era mesmo muito mais fácil que tudo fosse estabelecido por contrato, esse tipo de sistema estava completamente fora de harmonia com o princípio da vida em família. A Dohnavur Fellowship era padronizada pelo modelo da família indiana tradicional, o que não tinha nenhuma relação com honorários e salários. "Muito é feito todos os dias em Dohnavur que nenhuma pessoa de casta faria por pagamento, ainda que muito fosse oferecido", escreveu Amy, que mencionou para uma de suas estagiárias que ela tinha, sem dúvida, cortado milhares de unhas dos pés e das mãos — "Eu, que disse que nunca faria qualquer outra obra, senão 'pregar o evangelho'. Leva anos para alguns de nós aprendermos o que pregar o evangelho realmente significa."

O Padrão era uma maneira custosa de fazer as coisas. Ela nunca disfarçou isso. "Pedimos muito mais do que o usual de nossos rapazes e moças; e essa maneira de trabalhar *exige muito mais de nós*."

40

MATAGAL

No início de 1931, Amy reuniu os membros da Dohnavur Fellowship no Jardim de Deus, e foi tomada a decisão de pedir que os irmãos Webb-Peploe fossem os líderes do lado masculino, e May Powell do lado feminino. Muito provavelmente, o estado de saúde da própria Amy a ajudou a ver a importância de fazer planos para que outros assumissem o controle. As dores de cabeça que a afligiam por anos haviam se tornado tão incômodas, que ela ocasionalmente tomava um copo de Porto misturado com quinina — o Porto para ajudar na dor de cabeça; a quinina "para que eu não queira tomar o vinho apenas por prazer!"

May Powell foi chamada um dia para levar fórceps odontológico à Floresta, quando Amy teve uma dor de dente a respeito da qual ela desejou que ninguém soubesse. May chegou e a achou em sua cama numa postura de joelhos dobrados, sentindo dor tão intensa, que não conseguia ficar de joelhos retos, orando por algumas moças que tinham necessidades especiais.

O triciclo em que ela costumava transitar ao redor do complexo teve de ser abandonado. Ela estava com 63 anos de idade, sobrepeso, menos mobilidade e precisava de mais descanso. Amy fizera, desde o começo do trabalho com as crianças, um esforço tremendo: se não para dar um beijo de boa-noite em cada uma, pelo menos para ver cada rosto todos os dias. Uma noite, quando ela já havia passado além do dispensário para cumprir essa missão, May a parou. "Amma, volte para seu quarto", ela implorou. "Arreda, Satanás!", respondeu Amma.

Sua dieta estivera muito longe do ideal. Proteína, exceto ovos, leite e galinhas "velhas", era difícil de conseguir. Os esforços de 38 anos, os falecimentos desoladores, as terríveis demandas emocionais das lutas por Muttammal e Raj haviam cobrado um preço maior do que alguém podia imaginar. Insônia, problema cardíaco, hipertensão, neuralgia do trigêmeo (para a qual ela teve cirurgia) e uveíte, que cegou consideravelmente um olho, estavam entre outros "adversários" contra os quais ela tentava lutar.

A última coisa que aconteceu a Amy foi qualquer abrandamento de seu zelo missionário. Quanto maior se tornava sua própria fraqueza, tanto maior a oportunidade de provar a força divina. Ela continuou a orar por um alcance evangelístico além de Dohnavur, a queda das "muralhas de Jericó" que eram as fortalezas hindus e muçulmanas. Em agosto, ela tomou as ordens de Isaías 54.2 como destinadas à DF: "Alarga o espaço da tua tenda; estenda-se o toldo da tua habitação, e não o impeças; alonga as tuas cordas e firma bem as tuas estacas." No espaço de um dia de viagem, havia cem mil muçulmanos. Não poderiam "alongar as cordas" para incluí-los?

Mero senso de negócio teria visto a situação como um momento pobre para avançar. Recursos eram bem escassos. Em julho, houve um déficit de quatro mil rúpias. Mas quando foi que Amy Carmichael agiu com base em mero senso de negócio? Esse, ela declarou, era "justamente o momento de buscar um avanço!"

Amy gostava de dar nomes fascinantes a lugares. Eruvadi, por exemplo, ela traduziu lindamente como "Canção do Arado". O grande cume de uma montanha visto em algumas fotos nos livros de Dohnavur era Tiruvanna Malai, que ela chamou "O Lavandeiro Santo", atribuindo erroneamente a uma palavra que significava "irmão mais velho santo" o sentido da palavra tâmil que significava "lavandeiro". Os indianos foram muito educados em chamar a atenção para o erro de Amy, e os estrangeiros adotaram o nome por ignorância, como o fizeram com o Vilarejo do Rei Não Coroado, que era na realidade o Vilarejo do Rei Coroado.

Kalakadu era uma cidade a apenas alguns quilômetros de Dohnavur, cujo nome significava *matagal* — não muito promissor, mas, na opinião de Amy, espiritualmente descritivo. "Ninguém daquela cidade jamais mostrou a mais tênue disposição de ouvir o evangelho." Parecia uma cidade inexpugnável; por isso, era uma cidade pela qual eles oravam poderosamente e esperavam com persistência. Se Deus quisesse, ela não continuaria sendo um matagal espiritual. Amy lhe deu o que esperava ser um nome profético, Cidade Jubilosa, sem a menor ideia da ironia que o nome lhe traria no futuro.

Em 1926, ela fora a Kalakadu com um pequeno grupo de Dohnavur para pregarem do lado de fora da solidez do enorme templo. Achando uma companhia de teatro que estava prestes a fazer uma apresentação nas proximidades, Amy se dirigiu imediatamente ao gerente e, para a admiração de seus companheiros, fez sua primeira aparição no palco. Foi uma oportunidade imperdível de contar a estranha história que a multidão nunca tinha ouvido antes — a história de Jesus e seu amor. Uma semana depois, eles voltaram e, dessa vez, acharam panfletos de cor magenta vívida sendo distribuídos às multidões:

> Anúncio Especial!
> Das 9h às 9h30, hoje à noite, a respeitada Carunia Ammal e o respeitado Sr. Supervisor de Dohnavur palestrarão sobre a Grande Guerra na Mesopotâmia e sobre a história de Raj, o Bandoleiro. Por causa dessa apresentação específica, ingressos estarão à venda...

Assim, Ronald e Amma ficaram sob as luzes flamejantes e contaram as histórias anunciadas, levando-os a outra Grande Guerra, a guerra que estavam travando e o que significava. Enquanto os atores se preparavam nos bastidores, o gerente fez o seu melhor para convencê-los a ficar para o show. A resposta foi não, obrigado.

Aparentemente, não houve nenhuma indicação na Cidade Jubilosa de "ouvidos para ouvir"; tampouco alguém pensava em alugar uma casa para esses cristãos. Porém, depois de cinco anos, houve uma leve interrupção. Uma casa que permanecera vazia por três anos lhes foi oferecida para alugarem. Era assombrada. Eles foram advertidos do perigo — algo aconteceria, uma maldição sobreviria. Alugaram a casa para ser o dispensário que duas mulheres de Dohnavur desejavam abrir.

Amy, para quem datas especiais de sua vida eram sempre carregadas de significado, não teve nenhum indício, na manhã de 24 de outubro de 1931, de que essa data seria outra mudança de vida. Ela estava visitando o dispensário de Dohnavur em Canção do Arado naquela manhã e orando por orientação sobre dinheiro. Por um bom tempo, ela ficou em silêncio e, depois, orou isto: "Faça *qualquer coisa*, Senhor, que me adéque para te servir e ajudar meus amados."

Naquela tarde, ela foi levada à casa "assombrada" na Cidade Jubilosa para assegurar-se de que tudo era como ela desejava que fosse para as mulheres que deveriam viver lá. A princípio, a chave não pôde ser achada. Por isso, o sol se pôs antes que fossem capazes de abrir a porta. Amy foi ao barraco de folha de palmeira recém-construído que deveria servir como "O Lugar". Os cules tiveram de cavar o poço bem ao lado da porta, em vez de no fundo do barraco, que era o lugar conveniente. Na escuridão, ela caiu no outro lado da abertura do poço estreito, quebrou a perna, deslocou um tornozelo e torceu a espinha.

Ela não fora advertida? A maldição de Alá estava sobre qualquer um que desafiasse o islã.

Amy estava com muitas dores. O carro retornou pelos mais de seis quilômetros até Dohnavur para levar May e duas outras em um caminhão que funcionaria como ambulância. May colocou uma tala na *kaal*, e, deixando Amy tão confortável quanto puderam, levaram-na para o hospital em Neyoor. Uma das mulheres descreveu o fato como uma noite "ciclônica", feroz e tempestuosa, bombardeada de chuva. Não podiam excluir a possibilidade de interferência demoníaca. Quem sabia quais poderes teriam sido liberados por aquela maldição? Mas a confiança delas naquele que coloca limites para esses poderes permaneceu inalterada.

O caminhão sacudiu e pulou em seu percurso de 74 quilômetros excruciantes, passando por valetas e erosões. Uma enfermeira chamada Mary Mills, que estava com Amma, disse que desejou poder remover-lhe a dor. "Eu sabia que ela queria dizer: suportar, ela mesma, em meu lugar. Então, eu me ouvi respondendo: 'Sua alegria ninguém pode tirar de você.' [...] uma certa palavra celestial dada a mim para quem quer que desejasse fazer esse ato amoroso."[1]

A morfina que May havia administrado estava perdendo o efeito antes de chegarem a Neyoor, onde entregaram Amma ao seu amigo de muitos anos, o Dr. Howard Somervell.

1 Amy Carmichael, *Rose from brier* (Fort Washington, PA: CLC Publications, 1980), p. 18.

[illegible] pelo país de [illegible]

[illegible] para levar, e adeus [illegible]

[illegible]

[illegible] para [illegible]

[illegible] não podiam exibir [illegible]

[illegible] Quem sabia [illegible]

[illegible]

[illegible]

[illegible] alegria [illegible]

[illegible]

[illegible]

41

O SAPO DEBAIXO DO RASTELO

Quando Amy foi trazida do hospital para casa, ninguém imaginava que, pelo resto de sua vida, o seu mundo seria o quarto no bangalô principal que tinha sido seu quarto de dormir, sua sala de visitas e escritório. Chamado o Quarto da Paz, tornou-se para ela o que a cela de prisão do apóstolo era para ele. As cadeias de Amy eram de um tipo diferente das de Paulo, mas ela via a si mesma tal como ele, "um prisioneiro do Senhor", pagando o preço pelos inícios de um testemunho numa cidade fechada.

Na carta de Dohnavur, que, nessa época, se tornara *Dust of gold* [Pó de ouro], Amy descreveu o quarto:

> Não foi construído para ser um quarto pessoal, de modo algum, e sim um quarto geral da casa, com uma varanda ampla, para que muitas moças pudessem dormir aqui comigo. Uma divisória de madeira de

> teca separa o quarto em dois, uma grande conveniência em enfermidade delongada, e, quando você entra pelas cortinas azuis, perto da porta, vê à direita um painel de teca e, à esquerda, as estantes de livros às quais os membros da família vão quando querem biografia, missionários e outros tipos; pois, durante toda a minha vida, os amigos têm enviado livros. São meu grande luxo, minha mudança de ar mental.
>
> Quando você entra, bem à sua frente, há três grandes janelas que olham para o verdor, onde um par de martins-pescadores fisgam peixinhos continuamente em dois grandes vasos colocados debaixo das árvores.

O visitante de hoje acha uma cabeça de tigre fixada na parede da esquerda da entrada do corredor; depois, um quadro de uma montanha com o topo coberto de neve, pintado pelo Dr. Somervell, amigo de Amy, o qual havia escalado o Everest. Também, um relógio de pêndulo e algo que certamente nunca esteve lá durante a vida de Amy: uma das raras fotos dela mesma. Há um pequeno cômodo à esquerda onde os preciosos diários de trabalho são guardados; depois, uma porta que se abre para a varanda, com sua gaiola de pássaros quase do tamanho de uma gaiola de zoológico que ela costumava encher de pássaros de cores vívidas. Buganvílias em tons de rosa, roxo e salmão e jasmim branco cheiroso cresciam nos pilares da varanda. A mesa de escrever de Amy fica diante das três janelas sem vidros. A divisória de madeira de teca forma um vestiário que leva ao banheiro particular, ainda com suas antigas instalações de pedra. Acima do espelho, estão as palavras SERVO DE TODOS.

Assim como ela havia colocado textos em sua cabine a bordo do navio e em seus quartos no Japão, China e Ceilão, Amy colocou textos na Quarto da Paz. Um texto bem grande diz: BOA, AGRADÁVEL E PERFEITA.[1] Em três placas separadas, penduradas juntas, estão as palavras EU SEI, NÃO TEMA, PEÇA A ELE. Há uma citação das *Confissões*, de Agostinho: "Por alguém que ama, outro é despertado para o amor." Em um armário de madeira, está pintado em

1 *Veja* Romanos 12.2.

O Cômodo da Paz

letras azuis "Tu conservarás aquele cujo propósito é firme. Então, ele me disse: Não tema. Não se desespere ante homem algum." A maior placa de texto de todas diz DEUS NÃO NOS TEM DADO ESPÍRITO DE TEMOR.

Atualmente, as estantes de livros estão reorganizadas. Uma delas contém os livros favoritos de Amy, que incluem *A nuvem do não saber, O espírito de São Francisco de Sales, As pequenas flores de São Francisco de Assis, The English Liturgy* [A liturgia inglesa], *No Cross, No Crown* [Sem cruz, sem coroa], de William Penn, *Book of the Lover and the Beloved* [O livro do amante e do amado], de Richard Rolle, *Spirit of Discipline* [Espírito de disciplina], de Francis Paget, *Hymns of Tersteegen and others* [Hinos de Tersteegen e outros], *Companions of the Way* [Companheiros do caminho], *The Oxford Book of Mystical Verse* [O livro de Oxford de versos místicos], *Spirit of Flame* [Espírito de fogo], de São João da Cruz, *The School of Suffering* [A escola do sofrimento] do bispo Handley Moule, *The Practice of the Presence of God* [A prática da presença de Deus], do Irmão Lawrence, e livros escritos por Evelyn Underhill, Juliana de Norwich, Père Didon e muitos outros.

Ao mesmo tempo que livros antigos eram para Amy "poços" dos quais ela retirava refrigério puro e novo, livros modernos eram frequentemente "serragem", "aguados", "leite desnatado e chá tépido". Com mais tempo para ler do que tivera em Bangalore, quando recusara a oferta de romances da tia Annie, ela amou os de John Buchan, "limpos como vento oceânico", que a levaram para longe de seus arredores.

A restauração completa de Amma foi entendida quase como inevitável a princípio. Afinal de contas, os ferimentos não eram sérios em si mesmos. Por meses depois do acidente, o diário de trabalho seguiu em detalhes seu progresso. "Amma andou seis passos", "Amma andou dez passos", "A. levada para a sala de oração para reunião", "A. ficou em pé por breves períodos", "saiu para um passeio de carro", "primeira noite sem dor". Em agosto de 1932, o diário registra "A. caminhou para a varanda muito bem", e, em 4 de dezembro, "caminhou para a Sala de Oração. [...] Quase ALEGRIA para além da conta. Cantamos 'Louve a Deus, de quem todas as bênçãos vêm'. Agradecemos àquele que nos prometeu isso."

Muitas vezes, a recuperação esperada pareceu ter sido dada. Muitas vezes, as esperanças foram esmagadas. Quando a cistite atacou, toda a Família (não informada, é claro, da natureza da infecção) se deu à oração, dividindo o dia em vigílias de 15 minutos, telegrafando para a Inglaterra e a Austrália (sem o conhecimento de Amma) pedindo ajuda de oração. A ajuda veio. Depois, a cura. Mas foi apenas parcial, não completa.

Amy começou a escrever cartas para os doentes, a lápis, um pouco de cada vez, em sua cama. Depois, elas foram datilografadas e "pareceram um livro", que se tornou *Rose from brier*[2] [Rosa do arbusto], escrito não como a maioria dos livros para doentes, de alguém saudável para doentes, e sim da doente para os doentes, "uma rosa colhida diretamente de um arbusto".

> O sapo debaixo do rastelo sabe
> Exatamente onde vai cada dente;
> A borboleta voando pela estrada
> Prega contentamento a esse sapo.

2 Amy Carmichael, *Rose from brier*.

Amy fora muitas vezes esse sapo e achara difícil ser grata às borboletas, mesmo quando vieram "vestidas como cristãos bons". Por isso, ela escreveu as cartas "antes que a intensidade da espetada de um único dente" fosse esquecida. Amy passou centenas de dias e noites sob "o terrível poder tirânico da dor", antes que esse livro saísse.

Parece inexplicável agora, quando pacientes são obrigados a sair da cama e exercitados sem compaixão logo após a cirurgia, que uma lesão que parecia altamente tratável resultou em Amy acabar confinada pelo resto da vida. Devemos lembrar que ela fora uma pessoa que dormira com dificuldade na maior parte de sua vida; a fisioterapia ainda não estava disponível, o alcance de drogas analgésicas era pequeno. Talvez Amy tenha sido superprotegida. Mas ela viveu num tempo em que se permitia às mulheres serem inválidas.

Amy podia andar, mas não sem dor. Seu "limiar de dor" era muito baixo. Ela conseguia ir ao banheiro, à varanda, ocasionalmente à sala de oração e, sempre que desejava, durante o primeiro ou segundo ano, sair para um passeio no Ford. "Passeios de carro benditos. Godfrey costumava levar sua harpa, e duas ou três moças ou *sitties* acompanhavam; usualmente, parávamos em algum lugar do qual víamos as montanhas; e eles cantavam. Era celestial. Vivo agora, frequentemente, nesses entardeceres", ela escreveu em 1943, "o amor precioso de todos era como o azul do mar. Certa vez, fomos a Caruniapuram e fizemos um piquenique ao pé das montanhas."

A neurite tomou posse. O tratamento elétrico "jogou partidas com ela", e a mão esquerda de Amy ficou deformada por um tempo. Duas vezes ela pôde ser levada para a Floresta, uma jornada longa e rigorosa, ainda que se fosse de carro. "Uma noite, eu quase corri para a varanda da Casa da Floresta. Foi a última vez. A artrite se instalou."

Mais de três vezes ela fez a mesma oração de Paulo de que o "espinho" fosse removido.[3] A resposta sempre foi a mesma que ele recebera: *A minha graça te basta.*

Para um dos jovens ingleses, ela escreveu:

> Eu me pergunto se o Senhor não está dizendo não para mim somente, mas para você: "Cuide para que você esteja em perfeito acordo comigo, e, então, creia-me que não reterei nenhuma coisa boa." Se a saúde fosse essa coisa boa, oh! que jubiloso isso seria. E toda manhã acordo com a esperança: "Talvez hoje!" Mas desejo antes de tudo querer a vontade dele, quer seja saúde, quer não.

Amy não tinha vontade de que a servissem. Ela, que fora à Índia para ser serva de todos, tinha de aprender a ser servida por todos.

> Eu esperara tão plenamente ser como o boi velho na obra *Sra. Wiggs de Cabbage Patch*, o qual "continuou servindo, servindo, até que morreu em pé, e as pessoas tiveram de puxá-lo para cair", que estivera me despojando de minhas posses, em vez de acumulá-las.

Agora ela tinha de aceitar o luxo ("quanto o abomino e o temo") — uma cama própria, em lugar de um tapete no piso de ladrilhos, um quarto maior e mais bonito do que o necessário, toda forma de confortos e prazeres que fluíam até ao quarto vindos de pessoas que a amavam. "Meu único problema é que tenho tido muito, demais. O Filho do Homem não tinha onde reclinar a cabeça."

3 2 Coríntios 12.7.

42

A SERVA COMO ESCRITORA

Embora a mulher na cama não tivesse nenhuma outra escolha, exceto ser servida, "servo de todos" ainda era seu lema. Um tipo de serviço ainda possível para Amy, quando a dor não o tornava impossível, era escrever. Como vimos, ela escrevera durante toda a vida, quase compulsivamente. Uma experiência não era completa se Amy não lhe desse expressão no papel. Algum tempo antes do acidente, amigos lhe pediram que escrevesse a história da Dohnavur Fellowship e de como havia começado — "simplesmente aquilo que é mais difícil de contar", ela disse, "porque sem exagero tolo é impossível escapar do que é pessoal". Seu editor queria "um documento religioso". Ela respondeu com uma palavra tâmil conveniente que significa *não posso* ou *não quero*, dependendo do sentimento do falante. Somente uma autoridade superior poderia convencê-la. E veio em determinada manhã quando "uma palavra tranquila e particular acabou com aquela indisposição ineficaz".

E foi assim que *Gold cord* foi começado, talvez em 1931, e terminado depois que ela foi confinada à cama, embora o leitor possa não ter a menor ideia disso. O cenário do livro ela descreve como

> uma página trágica da história; não um namoro, mas, antes, está relacionado a grandes eventos em uma ou várias das nações ou àquelas aflições desanimadoras que os próprios nomes Armênia, Rússia, China, Ásia Central sugerem. E tudo que aconteceu na Índia nunca está fora do pensamento. Mas a história se prende a um único curso. Olha para além da fronteira aberta, para o País cujas forças se movem invisíveis entre nós; porque são as coisas mais importantes, "e a vida do espírito não tem fronteiras".

À semelhança de outros livros de Amy Carmichael, *Gold cords* omite o que é pessoal, sempre que possível. Não há nenhuma menção do acidente. Apesar disso, é profundamente pessoal, profundamente revelador do caráter e da visão da autora — dedicado à veracidade, cheio de amor, sensível à beleza tanto interior quanto exterior, amplo de coração e mente, vendo o visível sempre à luz que flui do invisível. Embora nenhum dos livros de Amy seja "a respeito" dela, todos são, como os demais livros, o produto de quem o autor é. "Porque a boca fala do que está cheio o coração."[1]

Confrontando cada capítulo, há uma citação de escritos de outro autor, ou de um dos próprios poemas de Amy, ou ambos. As guardas do livro mostram uma planta baixa do complexo missionário em Dohnavur e um mapa do canto sul do Distrito de Tinnevelly (Tirunelveli). Fotografias em tom de sépia retratam cenas no complexo missionário: um portão circular, uma menina polindo um vaso de latão, primeiros planos de algumas das mais lindas crianças de Dohnavur, a Casa de Oração, o Caminho da Quietude, citando apenas algumas; e o lado de fora: muros de templo, planícies, a

1 Mateus 12.34.

Montanha do Lavandeiro Santo. Há fotos de Amy Carmichael? Nenhuma. Não há neste livro, como em nenhum outro publicado enquanto ela estava viva. "Não há nada bom em mim", essa era a visão de Amy, "eu sou nada e menos do que isso." Quando alguém a convenceu de que tinha de permitir uma fotografia por causa de suas crianças, que a amavam, ela concordou, "em um momento de fraqueza", considerou-a "horrível" e se arrependeu para sempre depois. "Nunca posso entender como alguém pode amar tal coisa. Espero frequentemente que aqueles que não me viram não me vejam mais até que eu desperte na semelhança de Cristo."

Conta-se a história de um célebre ministro americano que tomara a firme resolução de tirar uma fotografia da então famosa Amy Carmichael de Dohnavur. Era o Dr. Donald Grey Barnhouse, da Filadélfia, um homem alto e poderosamente imponente que tinha uma voz estrondosa. Quando ouvi a história, visualizei o encontro com a pequena e gentil dama no Quarto da Paz.

"Quem venceu?", eu perguntei.

"Ela venceu, é claro", foi a resposta.

Gold cords começa com uma metáfora — a procura de crianças pela fonte de "seu" rio na floresta. "Uma árvore quebrara na floresta, exatamente onde as escarpas eram íngremes demais para subir, e a vegetação baixa era muito emaranhada para se penetrar. O tronco estava coberto de orquídeas; e era uma coisa linda, mas obstruía o caminho. Embaixo, havia um lago profundo e claro." As crianças não puderam alcançar a fonte. Amy não podia retornar ao início de sua história, por isso começou com a "fonte", naquele dia em Belfast, quando ela e seus irmãos ajudaram a senhora idosa com o pacote e uma poderosa frase sobre ouro, prata e pedras preciosas lampejou como que através da neblina. Não teria havido a história de Dohnavur se ela não tivesse resolvido naquele dia edificar sobre coisas indestrutíveis.

Quando Amy terminou *Gold cords*, prosseguiu e escreveu mais 13 livros, fazendo um total entre 35 e 40 livros, dependendo de como são contados aqueles que apareceram em formatos diferentes. As vendas totais de edições britânicas excedem meio milhão, tudo isso, é claro, com nada que se aproxima de anúncios altamente poderosos. Por volta de 1950, havia traduções em 15 idiomas. Doze dos livros haviam sido colocados em braile na Inglaterra; oito, nos Estados Unidos. Quando uma revista cristã os descreveu como populares, ela ficou preocupada. "Populares? Senhor, é isso que são aqueles livros escritos a partir do fogo da batalha? Populares? Ó Senhor, reduze o papel às cinzas, se isso é verdadeiro."

Ela escrevia muito rápido, à mão, na mesa ou, estando na cama, num suporte de escrever. Era raro Amy reescrever extensivamente. "Jamais posso atingir a perfeição, mas não gosto mesmo daqueles pensamentos desconexos que são deixados fora de lugar num livro, nem de sentenças fracas, nem de palavras desnecessárias."

Amy detestava quadros tortos na parede. Ela sabia como colocar sua mão em qualquer carta ou papel de que precisasse e sempre olhava "nos cantos e nas costas das coisas". Ela estava no controle.

Seu estilo é gracioso, frequentemente poético, sempre claro. Suas descrições têm o poder de dar ao leitor uma experiência. Suas convicções a respeito do manusear a verdade eram às vezes conflitantes. Para um jovem biógrafo, ela disse: "Falando de modo geral, acho que a regra deve ser: a verdade é o que pessoas pensam. A verdade está em um livro que presta ajuda." O teste de Amy para cada palavra, falada ou escrita, era este: é verdadeira? Nem sempre isso era uma questão fácil. Sua lealdade à verdade não a impedia de falar toda a verdade, quando havia outras considerações, tais como: *isso é proveitoso*? Isso dependia da definição e de outras perguntas: *proveitoso para quem? De que maneira*? Amy editara muitas coisas boas da autobiografia que escrevera para as suas crianças porque não a impressionavam como proveitosas. Ela escreveu: "Como eu posso ter certeza de que escolho aquilo que será útil para você?" Ela não podia ter certeza. Havia mais três perguntas: é bondoso? É necessário? Contém a "semente da eternidade"? "Nada vale a pena se não contém a semente da eternidade."

"Há uma falsa suavidade na maioria do que é escrito a partir desta terra agora", ela escreveu. "Temos medo de ser ofendidos, tanto medo da verdade franca, que escrevemos delicadamente, não honestamente." Seus livros dão ampla evidência de delicadeza extrema em fatos que colocavam em risco a reputação ou a edificação de outros. Mas era a edificação deles que Amy tinha em mente quando escrevia às vezes de forma muito menos delicada. A delicadeza podia ser perigosa. "A nossa brandura paira sobre as almas. Não as instiga à ação, ainda que sejam cristãos para os quais deva ser insuportável o pensamento de a glória do Senhor ser dada a outros."[2]

Ao lado de João 8.55,[3] ela escreveu na margem de sua Bíblia: "Esconder a verdade não é menos mentira do que propagar o erro." Por razões que sua alma amante da verdade considerava suficientes, ela ocultou diligentemente certos fatos e exortou outras pessoas a cuidarem para que ficassem ocultos. Ambiguidades, contradições, erros, incertezas, até certos mistérios, Amy parecia peculiarmente desejosa de evitar mencioná-los.

Ela detestava pontos de exclamação numa página impressa. Quando seus publicadores os inseriram arbitrariamente em *Things as they are*, Amy ficou enfurecida. "Tão esquisito. Eles dão uma ideia de ênfase exagerada."

Amy deve ter escrito milhões de palavras. Além dos livros que foram publicados, ela escrevia particularmente para a Família. O longo ensaio chamado *Roots* e a autobiografia de seus primeiros anos são exemplos disso. Ela escreveu centenas de canções e poemas, milhares e milhares de cartas pessoais, além daquelas para leitores diversificados, como a *Scrap*, *A vida de fé*, *Carta de Dohnavur* e *Pó de ouro*.

Muito surpreendente é o número de cartas e bilhetes que Amy escrevia todos os dias para os seus "amados" em Dohnavur. Ela considerava muitos desses como seus próprios anelos antes de serem satisfeitos. Candidatas aceitas recebiam cartas amáveis e cordiais quase toda semana, às vezes por muitos meses antes de chegarem. Especialmente notável é o relacionamento íntimo desenvolvido com uma jovem inglesa, mencionada num capítulo

2 Frank Houghton, *Amy Carmichael of Dohnavur*, p. 330.

3 "Se eu disser que não o conheço, serei como vós: mentiroso; mas eu o conheço e guardo a sua palavra."

anterior, noiva de um homem que já estava em Dohnavur. A moça tinha 19 anos quando recebeu a primeira carta de Amma.

"Querida e talvez futura companheira de trabalho", a carta começava. Havia expressões de aceitação calorosas, seguidas por palavras sinceras e diretas sobre o assunto do casamento antes da linguagem sobre aprendizado.

> Não achamos que podemos abaixar nosso umbral, como Mildred Cable (missionária na Mongólia) o diz. […] Ela tem visto a fraqueza resultante de tornar as coisas fáceis e não dignas de um soldado […] a batalha com a qual estamos comprometidos é tão terrível, que somente os tentados e provados resistirão; todos os outros cederão e desistirão no momento da crise. […] Soldados não pedem tranquilidade e não a esperam.

Problemas de saúde atrasaram a viagem da moça. Amma simpatizou plenamente com a angústia da separação entre ela e o futuro marido. De vez em quando, Amy enviava uma foto dele para Bee e lhe escrevia a seu respeito:

> Querida Bee, eu o amo mais a cada mês e o desejo cada vez mais para você, como desejo você para ele. Ele é um dos homens mais cavalheirescos que já conheci. Cada pensamento é cavalheiresco. É um homem no qual o amor de uma mulher pode descansar seguramente, como um pássaro em seu ninho.

Amy escreveu sobre o progresso dele no estudo do tâmil, sobre o seu toque literário, e encerrou essa carta dizendo: "Com você agora em meus braços, adeus. Bênçãos para você, filha preciosa. Sua querida Amma."

Em outra carta: "Ao poder e à ternura de Cristo, eu os confio. Vocês são guerreiros, e por acaso guerreiros buscam um tempo fácil? Ou nenhuma ferida? Ou nenhum coração partido? Mas ele cura os corações partidos e sara as feridas." Houve outros testes, "o bater do ouro que nos torna transparentes, 'ouro puro, semelhante a vidro límpido'. Adeus, querida filha, custodiada de Cristo, provada dele, amada dele."

O pai de Bee não estava feliz com a ideia de sua filha atravessar o globo, e lhe pediu que esperasse três anos para ter certeza de seu chamado, tanto para o homem quanto para Dohnavur, suspendendo toda correspondência com alguém de lá, incluindo seu noivo e Amy Carmichael. Bee lhe obedeceu. Ali estava sua chance de provar a veracidade das palavras de Amma para ela: "O lar, com todas as suas proibições e oportunidades para morrermos diariamente", oferecia treinamento muito maior do que qualquer currículo de escola bíblica. Foi uma obediência demorada, mas o pai decidiu não insistir nos três anos completos de silêncio e cedeu após dois anos.

"Se o menor fiapo de glamour está em sua mente, peça a Deus que o remova dali", Amma escreveu depois do hiato. "Não há nada desse arco-íris na vida aqui."

Semana após semana, as cartas iam fielmente da Índia para a Inglaterra, cartas cheias de expressões de amor, aceitação, unidade, simpatia, exortações e encorajamentos fortes. Quando o noivo de Bee foi ao quarto de Amy e a beijou, ela viu isso como expressão de uma união mística e escreveu: "Você está aqui — você, ele e eu." E disse a Bee que não falara sobre ela para ele, "porque entendo muito bem quanto ele a ama". Teria ela imaginado que um homem apaixonado quer evitar a menção da amada? Amy escreveu sobre o pensamento que a sustentara quando deixou o seu Querido Homem Velho: o pensamento das Mãos Feridas separando-os: uma sobre ela, outra sobre ele. "Cristo os une cada vez mais intimamente e os prende, juntos, a ele mesmo."

Amy tinha muitos termos de afeto para suas filhas, sendo *querida* o empregado com mais frequência. Para Bee, que era usualmente "querida", Amy escolheu um nome especial, Filha de Minhas Cadeias. Na dor e nas limitações de sua doença, Amy se sentia como se tivesse recebido um presente especial de uma filha muito especial, uma filha que, ela começava a crer, poderia tomar o lugar que em breve ficaria vazio.

43

SANTA, VENDEDORA DE PEIXE, ABOBRINHA

> No começo do entardecer, quando as montanhas ao longe se mostravam tênues e azuis, em um pedaço de terra bruta chamado Campo do Lago Querido, uma menina estava sozinha. [...] Envolta num sári, brilhante como a folha de amora preta em setembro ou como o peito de um minivete da floresta, o de cor ardente, ela esperava, quieta como uma folha, que algo acontecesse, que alguém falasse.

E assim diz o capítulo 1 de *Plowed Under*[1] [Semeada], escrito dois ou três anos depois do acidente. Fala sobre os primeiros anos da vida inicial de

1 Amy Carmichael, *Plowed under* (Fort Washington, PA: CLC Publications, 2007).

Arulai, que Amy chamava de Estrela, a moça de quem dependiam as esperanças de Amy quanto à liderança futura da obra. Quando criança, Arulai tinha pensado: "Se pelo menos por um dia eu pudesse ser sua filha, isso seria como se os céus tocassem a terra."

Arulai era singularmente qualificada. Era espiritualmente apta. Como Ponnammal, Arulai era a mulher piedosa que Amma tinha pedido a Deus que formasse desde o próprio começo da obra na Índia. Era intelectualmente atenta e vivaz, tendo à sua disposição o idioma inglês, que lhe dava acesso à coleção de Amma de livros espiritualmente edificantes, e o grego, no qual ela amava ler o Novo Testamento. "Arulai era alguém que poderia ir a todo lugar, fazer qualquer coisa", escreveu Amy.

Fisicamente, ela era fraca, devido à varíola e a várias outras doenças. Em 1935, Arulai ficou doente outra vez. Orações foram dirigidas ao céu, as esperanças em favor de sua cura se elevaram. Depois, caíram de modo vertical. Por quatro anos, esteve entre altos e baixos. Contudo, em 1939, foi confinada à cama em um quarto com vista para o quarto de Amy.

> Ela estava tão perto de mim, a menos de um minuto de caminhada a partir deste quarto, mas, apesar disso, nunca vi sua face querida depois de um dia no outubro passado, quando ela veio me ver. Eu poderia ter ido, mas, a princípio, ela estava sempre melhorando; e ir até lá causaria uma agitação. Então, depois de 10 de março, teria sido muito difícil para ela, pois teria significado separação — e nunca nos separamos. Eu costumava levantar à noite, olhar para o teto vermelho do quarto dela e *ter anseio* de ir lá.

Amy começou a reunir um diálogo entre "o filho" [ela mesma] e o Pai, que foi publicado posteriormente como *His thoughts said... His father said*[2]

2 Amy Carmichael, *His thoughts said... His father said* (Fort Washington, PA: CLC Publications, 1999).

[Seus pensamentos diziam... Seu Pai dizia]. Um dos fragmentos que podem ter resultado dessa separação de Arulai foi este:

"O filho estava em tristeza profunda e disse: Nunca, nunca eu pensei em não estar com aquele que é meu próprio coração, quando ele veio até à beira do rio.

"Seu Pai disse: *Ignorará a tua mão aquele que a segura em sua mão?*"

Arulai era para Amy "talvez a coisa mais preciosa que eu tenho na terra". Em 21 de abril de 1939, Amy leu 2 Timóteo 4, mudando os pronomes nos versículos 6 a 8: "Quanto a ela, está sendo oferecida por libação, e o tempo da sua partida é chegado. Combateu o bom combate, completou a carreira, guardou a fé." O versículo 9 era o versículo que o Querido Homem Velho lhe enviara: "Procura vir ter comigo depressa." Por anos, esse versículo fora semelhante a uma facada. "Eu não podia ir ter com ele, e uma razão era Arulai", ela escreveu na margem da passagem. "Agora, posso lê-los sem abater-me." Amy acreditava que algum dia isso seria verdadeiro quanto aos versículos que no momento estavam "tão cheios da minha Arulai".

Arulai morreu em 24 de maio. Amy chamou essa data de seu Nascimento Celestial. Um dos *annachies* indianos, sobrinho de Arulai, Rajappan, que era muito próximo de Amma ("meu filho de amor"), foi ao Quarto da Paz, enquanto outros foram ao Jardim de Deus para o sepultamento. Eles leram juntos trechos de *O peregrino* sobre a chegada de Cristão à Cidade Celestial; leram também passagens de Apocalipse.

Para a Filha de suas Cadeias, Amy escreveu cinco dias depois de sua "filha preciosa" ter visto o Rei em sua formosura. "Estou aprendendo a lição estabelecida pela criança desmamada. Estou aprendendo a fazer *sem*. Você também, minha queridíssima. Aprendamos a lição juntas." Amy continuou a escrever regularmente para Bee e começou a chamá-la pelo nome dado a Arulai: "Filha Preciosa."

"Você parece mais preciosa, mais preciosa com todas as letras, minha *Sonthum* (propriedade)." "Acordei com você em meus braços — eu consigo senti-la."

Pessoas que trabalhavam perto de Amy Carmichael acharam quase impossível, depois de sua morte, pensar em quaisquer falhas. Talvez a memória tenha feito sua obra de eliminação. Um homem, porém, depois de pensar durante semanas, se voluntariou para dizer que Amma tinha realmente uma fraqueza: às vezes ela julgava errado as pessoas. Quando perguntado sobre de que maneira, ele disse: "Ela pensava que eles eram melhores do que realmente o eram." Se isso, seu único defeito, qualifica-se para o nome, é muito mais enternecedor do que ofensivo.

A oração-poema que já foi citada pede:

O amor que guia o caminho,
A fé que nada pode desestimular,
A esperança que nenhuma dor esgota,
A paixão que como fogo arderá.

Amy tinha a firme confiança de que novos recrutas não dariam nenhum motivo de desânimo ou desapontamento, seriam tudo que pareciam ser em suas cartas. Amy era determinada quanto ao fato de que seriam. Mas a própria Amy correspondia às expectativas? Esse pensamento a fazia tremer. Ela lhes rogava que não esperassem nada, de modo algum. "Há dias em que espero ter partido antes de você chegar. Não posso suportar ser um desapontamento horrendo para você."

Depois de ouvir muitos elogios inapropriados, finalmente apresentei uma pergunta franca a algumas das Moças Velhas: Amma era uma pecadora?

"Não", disse uma, sorrindo. "Ela era perfeita."

"Sim", disse outra, "ela deve ter sido uma pecadora — a Bíblia diz que todos somos —, mas eu nunca o vi."

Um dos Rapazes Velhos me disse que Amma nunca se desculpava. Outros disseram que não podiam se lembrar de ouvi-la desculpar-se, mas isso pode ser explicado pelas memórias turvas de alguns e pelo fato de que não havia desculpas devidas a outros. Percepções diferem. Alguns viram

Amma chorar. Não May Powell, que era irlandesa como Amy. Podemos imaginar que May não era uma daquelas que tinham permissão de ver as lágrimas de Amy. "Nós, irlandeses, não choramos", disse May. "As lágrimas não vêm."

Alguns dos poemas expressam um senso aguçado da necessidade de perdão e ajuda. Uma confissão de sua coleção de canções é esta:

As sombras do mundo infernal
Cercaram a minha alma culpada.
Raios foram atirados contra mim,
Relâmpagos lampejaram; e num rolo
Estava escrito, por dentro e por fora,
O segredo do meu pecado oculto.

Dentro e fora, eu o vi levantar-se
E em palavras claras acusar-me;
Até que uma mão como que ferida
Anulou seu registro e me libertou;
Com isso, o vento furioso cessou,
Uma voz ordenou, e houve paz.

Ó Salvador, ferido por meu pecado,
Ó Deus, que o entregaste à aflição,
Ó Espírito, que cortejaste e levaste
Minha alma atribulada a buscar alívio.
Ó amor revelado no Calvário,
Tua glória ilumina a eternidade.

Uma nova cooperadora que chegara a Dohnavur se lembrava de seu primeiro vislumbre de Amma — cabelos brancos, face amável, mãos expressivas; coração feliz, nunca entediada, animada em adoração, festiva em regozijo. "Ela queria alegria, triunfo, tamborins, até mesmo depois de um sepultamento."

Quando Bee chegou, Amma a envolveu em seus braços e em seu amor. Suas primeiras palavras foram dirigidas não uma à outra, mas ao Senhor, agradecendo-lhe que, por fim, Bee estava lá. Felizmente, uma não desapontou a outra. Uma anotação breve depois da chegada de Bee lhe assegurou que ela ainda era a "filha preciosa". "Arulai sabe disso, eu acho, e está contente. Você sempre me lembra do que ela era quando tinha a sua idade."

O coração da mulher que podia ser tão austera, tão robusta para fazer a vontade de Deus, tão intolerante contra impostura, hesitação e vileza era um coração excepcionalmente frágil. Os pequenos bilhetes enviados para Bee são cheios de indicações pungentes de sua fragilidade, da indispensabilidade dos menores sinais de amor mútuo. "O último bilhete de Arulai foi colocado (para consolo) ao lado de dois ou três bilhetes especiais seus. [...] Leio seus bilhetes amados para ter consolo, com frequência."

Quando uma jovem missionária foi levada para encontrar-se com Amma pela primeira vez, saiu depois de apenas alguns minutos. "Eu vi o Senhor Jesus", ela disse.

Uma viúva muito "desamparada" foi levada para ver Amy. Ela lhe falou sobre o Senhor, mas nada pareceu penetrar na mente pobre e iletrada, muito entenebrecida pelo sofrimento. Por fim, Amy apontou para um lírio e disse: "Ele fez isso." A mulher olhou para o lírio. Depois, com a primeira fagulha de entendimento, repetiu: "Ele fez isso." Por algum tempo, Amma a recebeu todos os dias para ensino, até que sentiu que poderia confiá-la a outra pessoa.

Um pastor indiano que criticava a obra da DF porque as crianças eram criadas como "plantas de estufa" se sentiu sinceramente envergonhado de seu preconceito, quando conheceu Amma. "Minhas dúvidas se foram. Instintivamente, senti que ali estava, bem ao meu lado, uma pessoa que entendera a Deus. Nunca tinha visto uma face tão linda."

SANTA, VENDEDORA DE PEIXE, ABOBRINHA

Uma psiquiatra canadense foi visitar Amma, esperando colher um interessante estudo de caso de uma senhora velha e neurótica. Cinco minutos com Amma convenceram a doutora de que ela escolhera a mulher errada.

Qualquer manifestação do velho temperamento irlandês era rara, mas ainda estava lá. Quando alguém descreveu uma cena emocional que havia acontecido, Amy disse: "Se eu estivesse lá, teria arrancado um arbusto pelas raízes e deitado sobre ele como uma vendedora de peixe. Mas, afinal, não sou uma pacifista!" Algo que seu querido amigo Dr. Somervell escreveu deixou-a tão horrorizada, que ela lhe disse que desejou atirar uma bandeja de sopa nele. Uma santa engessada? Dificilmente. Ela era muito mais interessante do que isso.

A mente contemporânea, preocupada com a "autoimagem" se preocuparia com a autoimagem de Amy Carmichael. Ela precisava de ajuda. Seu autorretrato: "Eu sou um cruzamento entre uma batata e uma abobrinha."

44

QUEBRADA PELAS ONDAS

Em meados de 1930, ficara um tanto claro que Amy Carmichael provavelmente não seria curada, a menos que Deus concedesse um milagre. Ela quase nunca estava livre de dores, mas, apesar disso, estava sempre em contato com a Família, vendo pessoas diferentes a cada meia hora todo dia, escrevendo cartas extensas para alguns, mensagens minúsculas para outros ("Bem-vinda ao lar, minha filha. A mais amorosa das boas-vindas. Sua Amma"). Todos recebiam mensagens em ocasiões especiais: aniversários, feriados, retorno de uma viagem, provas do idioma tâmil. Quando a Dra. Nancy Robbins foi deixada por cinco dias com toda a responsabilidade do hospital, Amma escreveu prometendo oração especial. Para John Risk, em seu aniversário, em 1936, ela escreveu:

> Meu próprio Davi [usando o nome do personagem bíblico pelo qual se lembrava dele]. Você acha que esqueci? Nem um pouco. Na noite passada, à meia-noite, anelei escrever (pois não tive tempo para fazê-lo durante todo o dia), mas, se eu tivesse escrito, teria havido protestos de minha pequena enfermeira; por isso, não escrevi; e, então, infelizmente, despertei muito tarde para escrever um bilhete adiantado.
>
> No entanto, aquele que ama a sua alma já o abençoou, meu John, e as bênçãos da manhã de aniversário da parte dele são como o orvalho e como as suas misericórdias, sempre novas, lindas e revigorantes do coração.
>
> Este tem sido um ano de batalha, mas, graças a Deus, de vitória; e, nesta manhã, estamos mais perto do que antes do Dia da Coroação.
>
> "E, depois de terdes vencido tudo, permanecer inabaláveis." Deus nos preserve inabaláveis. "Quando eu digo: resvala-me o pé, a tua benignidade, Senhor, me sustém."

De fato, aquele foi um ano de batalha. Não houve jamais outro ano semelhante. A Família continuava a crescer rápido. Um membro da família relatou que por aquele tempo houve "uma colheita de moças travessas". Algumas das mais velhas foram um grande desapontamento para Amma. Às vezes, vinham até ela como enfermeiras, e isso causava surpresa — por que Amma deveria escolher uma dessas moças para ser sua enfermeira? Alguém que a princípio pensara que uma das moças era uma péssima escolha, aconselhou-a de que tinha de ser "uma moça quieta e educada que 'satisfaz' a Amma". Posteriormente, essa pessoa perguntou sobre a moça. "Não", disse Amy, "eu vi fraqueza nela desde o primeiro momento. Ela esteve comigo para eu fortalecê-la." Algumas corresponderam, outras não.

O mesmo motivo que inspirou Amy a escolher uma moça que não era naturalmente cativante se aplicou à sua escolha de uma moça que o era — Amy queria sempre encorajar e fortalecer. "Dê tudo que você tem para ajudá-las." Houve surpresa em ambos os casos. "Não se preocupe", ela disse a um dos professores. "Nunca tenha receio de parecer que tem favoritos, contanto que busque verdadeiramente ajudá-los para o Senhor e não para você mesmo."

Amy advertia severamente contra amizades "sentimentais". "São perniciosas em qualquer lugar, mas no campo missionário são simplesmente mortais." Ela citava 1 Samuel 20.42: "Juramos ambos em nome do SENHOR, dizendo: O SENHOR seja para sempre entre mim e ti e entre a minha descendência e a tua."

Kohila era uma moça que viera para Dohnavur quando tinha quatro anos de idade. Ela correspondeu muito prontamente tanto ao amor quanto à disciplina do lugar e foi treinada como uma enfermeira. Vineetha, a *accal* encarregada, precisou do quarto de Kohila para outra enfermeira. Kohila "se apegou ao seu pequeno quarto como um gato se apega à sua casa", Amy escreveu em *Kohila: a história da formação de uma enfermeira indiana*.

> Em um caso como esse, você, que é responsável a Deus por essa alma, fica por um momento numa encruzilhada. Pode dizer: "Desejo que isso seja feito"; e será feito. Não há labuta se você tomar essa decisão, mas não produz o resultado esperado. Nunca leva à vitória espiritual adiante. Ou você pode colocar a responsabilidade da decisão nas mãos da pessoa interessada, e você terá realmente labuta. Porém, no final, suas mãos permanecerão firmes até ao pôr do sol, e ganho eterno será o resultado dessa oração e labuta.

Vineetha falou pouco e orou muito. Quando achou que era chegado o tempo certo, ela disse: "Olhe, criancinha, dê este quarto ao Senhor Jesus, e você receberá centenas de quartos no céu."

> Kohila foi para seu estimado pequeno quarto para ... um último minuto precioso. Depois, ela foi diretamente à moça para quem o quarto fora requerido, com quem ela havia falado rudemente, e lhe pediu perdão e "de boa vontade, com alegria, eu lhe dou meu quarto", ela disse.

Em setembro de 1936, Kohila esteve na floresta. Escreveu para sua *sittie*, propondo que compartilhasse seu novo pequeno quarto que lhe fora dado com uma enfermeira mais nova, a qual precisava de uma mão ajudadora. "Era a coisa mais querida que ela tinha para dar — sua privacidade." Depois, certa manhã, Kohila subiu a uma rocha íngreme a fim de colher flores para algumas amigas. Escorregou, caiu e morreu no acidente.

Três meses antes, Amy lembrara a Escritura a um dos DFs: "Quando eu digo: resvala-me o pé, a tua benignidade, SENHOR, me sustém." Ela não colocou esses itens em justaposição. Deixou com Deus o mistério do seu soberano propósito de Deus, nunca chamando a atenção para incongruências aparentes. Amy afirmava suas certezas, não suas dúvidas. Ela se esquivava de qualquer afirmação que pudesse ser tomada como uma reclamação ou uma dúvida, ou qualquer coisa que pudesse fazer o seu Senhor parecer rude. Quando uma menina chamada Pungaja teve seu olho bicado por uma garça, Amma a pegou em seu colo e disse: "Querida, você nunca deve perguntar a Deus por quê." Ela consolou a criança e a exortou a confiar no amor sempre infalível de Deus. "Eu era frequentemente tentada por esse 'Por quê?', mas achava poder no sangue de Jesus", diz Pungaja. Um dia ela foi até Amma com um coração sobrecarregado. "Porém, quando ela me abraçou, toda aquela tristeza se foi."

Amma perguntou a Pungaja sobre o trabalho que ela fazia: cuidar de crianças. Perguntou: "Você acha seu trabalho difícil?" Sim, disse Pungaja. Amma lhe disse: "Estes são anos de servir como um soldado" e lhe deu uma medalha inscrita "Salva para servir". Pungaja correspondeu ao treinamento de soldado e, posteriormente, foi colocada no encargo do lugar de correção, um complexo separado em que membros mais difíceis da Família viviam, alguns doentes mentalmente, alguns apenas intratáveis e rebeldes. Certa vez, uma pessoa de fora, um médico, comentou que parecia estranho haver tal lugar em Dohnavur. A única resposta que pôde ser oferecida foi que, se ele conhecesse toda a história, se tivesse vindo pela mesma estrada, entenderia. A convicção sustentava que a luz que Deus lhes dera para lidar com essas pessoas problemáticas era suficiente. Uma opinião de fora não poderia substituir isso. Eles ainda eram uma família, mas uma família bem grande e, às vezes, desajeitada, e aqueles cujo comportamento destruía a paz e a unidade deviam ser, de alguma maneira, separados. Pungaja, uma mulher gentil e quieta, ainda é a responsável. "É minha alegria servi-los", ela diz simplesmente.

A carta de aniversário de Amma para John havia chamado 1936 de "um ano de batalha". Ela continuou e disse:

> Agora, ao olharmos para a frente, vemos pedras grandes e muitas delas. "Quem nos removerá a pedra?" Mais e mais, eu me deleito nas palavras que dizem: "O anjo do Senhor desceu do céu, veio e rolou a pedra e sentou-se sobre ela." Veremos o anjo do Senhor sentado sobre muitas pedras durante o ano vindouro.

O ano seguinte trouxe "Adria". Foi uma experiência que Amy relacionou à viagem do apóstolo Paulo a Roma, em Atos 27, durante a qual foram "batidos de um lado para outro no mar Adriático", até ao ponto de desespero e, "dando, porém, num lugar onde duas correntes se encontravam, encalharam ali o navio".

> Onde a vontade de Deus e a vontade da carne estão em conflito, haverá águas turbulentas, e, se a carne não se render ao Espírito, tem de acontecer o doloroso quebrar de esperanças e expectativas, assim como a madeira desse navio foi quebrada pela violência das ondas.[1]

"A carne" nesse caso se refere a dois trabalhadores que tiveram de ser demitidos por mentira e desobediência continuada por um longo período. A maneira autoritária como foram demitidos não foi delicada, e outros se

1 Amy Carmichael, *Though the Mountains Shake* (Neptune, NJ: Loizeaux Bros, 1943), p. 13.

opuseram. Alguns saíram ou foram solicitados a sair. Houve entendimento errado na correspondência com outras partes do mundo, resultando em feridas profundas para os que foram disciplinados e para aqueles (principalmente Godfrey Webb-Peploe) que administraram a disciplina. Isso foi uma "tristeza esmagadora" para Amy, porque "desfez a obra de anos. Nossa limpa Dohnavur está sendo denegrida", ela disse, mas declarou que preferia estar enganada muitas vezes a ser desacreditada e julgada incorretamente uma única vez. Ela se recusou a publicar no exterior a verdade do assunto. A vindicação tinha de ficar nas mãos de Deus.

Um trabalhador que não sabia os detalhes do que acontecera escreveu para Amy: "Estamos com você totalmente. [...] Deus permita que dessa fornalha saia *aço inoxidável*."

Quando um problema era "resolvido" ou deixado para repousar, havia sempre outro. Ao mesmo tempo, o hospital estava a pleno vapor; e isso colocava todos os tipos de pessoa em contato com aqueles que antes haviam sido enclausurados com segurança. Começaram a surgir rumores de que as crianças de Dohnavur eram bastardas, o que as deixava grandemente desnorteadas, e algumas se tornaram hostis. Houve, de fato, algumas que foram geradas fora da vida conjugal. Se a mãe era de alta casta, tinha de se livrar da criança. A história genética da criança nunca era divulgada. Todas que faziam perguntas sobre a sua origem recebiam a mesma resposta: "Você está onde está primeiramente porque Deus a trouxe e, depois, porque amamos muito você."

Amy achava consolo nas palavras de Samuel Rutherford: "Ah! se a minha fé pudesse andar por sobre ventos e ondas elevados e orgulhosos, quando meu mar parece estar completamente em fogo!"

"Não há promessa de águas calmas para nenhum marinheiro", Amy acrescentou. "Mas o nosso Senhor pode nos dar a fé que anda por sobre ventos e ondas elevados e orgulhosos. E pode vir em nosso socorro, embora o nosso mar pareça estar completamente em fogo."[2]

2 *Ibid.*, p. 17.

45

SUSTENTADA POR TI

Uma visitante que tinha um grave problema de coração contou a Amy que seu médico lhe dissera que, se ela se curvasse muito repentinamente, poderia morrer na hora.

"Como você resiste à tentação?", Amy quis saber. A morte não exercera nenhum terror na criança que engoliu as vagens de laburno em Millisle. Na época, pareceu semelhante a uma brincadeira. Agora parecia nitidamente bendita. Quando a médica de Amy sugeriu em 1934 que ela poderia ter não mais do que cinco anos restantes ou apenas três, antes de seu Dia de Glória, Amy ficou cheia de alegria.

"Você não teria dito levianamente algo tão bendito", ela escreveu:

> Sei que o Senhor poderia agora mesmo ordenar muito mais do que cinco anos, mas o fato de que há uma esperança natural de que esse pequeno tempo restante seja suficiente, isso já é pura alegria preciosa. [...] Somente orem que o Senhor "remova de mim toda indolência

para que eu possa encher todas as fendas de tempo" e completar verdadeiramente tudo que ele quer que eu faça.

Ela se sentia como "uma lesma numa folha de repolho". Seus inimigos, as várias doenças crônicas, às quais ela deu nomes bíblicos como Senaqueribe (que "desceu como um lobo ao aprisco") e Golias, não a deixavam sozinha por muito tempo. Às vezes, ela ficava tão quente de febre, que entrava na caixa de água em seu banheiro. Entre o acidente em outubro de 1931 e março de 1939, ela afirmou ter tido oito noites de sono "natural" (ou seja, sem drogas). Os remédios, Amy acreditava, eram dons de Deus. Quando as pílulas eram tomadas, ela as colocava em suas mãos, agradecia a Deus e lhe pedia que as abençoasse. Não era, porém, totalmente convencida da necessidade de usar todos os meios conhecidos do homem para prolongar a vida.

"Vocês, queridos médicos, são pessoas que têm algo pelo que responder às vezes, eu acho, quando fecham aquela porta brilhante ou não a deixam nem mesmo com a mais gentil abertura."

A mãe da Família não era a única confinada em Dohnavur. Outros começaram a sentir-se cada vez mais fechados e isolados. Talvez aqueles sobre os quais a responsabilidade de liderança havia caído estavam protegendo inconscientemente o lugar de contaminação de fora, a fim de preservar o status quo, pelo menos enquanto Amma estivesse com eles. Consultavam-na quanto a todas as decisões, mas nem sempre lhe faziam saber toda a informação sobre a qual basearia seu conselho, às vezes porque as pessoas queriam poupar-lhe aflição.

Por vários anos, nenhum missionário de fora e nenhum cristão indiano se comunicou com a Família. Uma pessoa que passou dez anos em Dohnavur se lembra de apenas três exceções a essa regra: uma cristã chinesa que escapou de Singapura e dois membros da Missão para o Interior da China, um dos quais era o bispo Frank Houghton, autor da primeira biografia de Carmichael em inglês (Thyaharaj, um dos membros da Família, a havia escrito em tâmil).

Alguns dos membros mais novos cansaram-se de respirar a atmosfera cristã exclusiva, não suavizada por quaisquer ares não cristãos. Quando um deles mencionou esse sentimento a Amy, sua imaginação se deu conta instantaneamente de um remédio. "Você pretende me dizer", indagou Amma, com malandrice nos olhos, "que gostaria realmente de ver uma das *sitties* bêbadas?"

A Sra. Webb-Peploe, mãe de Murray e Godfrey, tinha uma casa nas montanhas para a qual as pessoas de Dohnavur iam às vezes para descanso e refrigério, "mas, estando lá", diz alguém, "você tinha de se manter separado de outras ideias missionárias e certamente do restante da comunidade europeia. No tempo do jubileu do rei George V, fomos convidados ao clube para ouvir pelo rádio a descrição das celebrações, mas ir lá foi considerado indesejável."

Jornais tanto em inglês como em tâmil estavam disponíveis à Família Dohnavur, bem como revistas como *The Illustrated London News* [Notícias de Londres ilustradas]. Eles ouviam as transmissões da BBC, e Amy lia regularmente um boletim chamado *The Essence of Politics* [A essência da política]. Visto que havia na Família algumas irmãs alemãs de Friedenshort, Amy era extremamente cautelosa em comentar as atividades de Hitler na Europa. Ela o considerava um "cachorro louco" e um "diabo encarnado", enquanto uma das irmãs considerava-o "a perfeição". O restante da Família tinha de ser cauteloso e diplomático, durante as refeições, em conversas que abordavam as notícias da guerra. Embora isso aumentasse o sentimento de separação e restrição, é um testemunho do poder do amor no lugar onde a unidade podia ser mantida mesmo com um grande espectro de nacionalidades (indianos, ingleses, escoceses, irlandeses, canadenses, australianos, neozelandeses, holandeses, alemães, suíços — embora nem todas elas estivessem representadas o tempo todo) e conexões eclesiásticas (anglicanos, presbiterianos, luteranos, batistas, irmãos de Plymouth).

Bee era a confidente de Amy, um tipo de válvula de escape, com quem ela podia desabafar em particular. Parece difícil entender, embora Amy escrevesse para cada um da Família e para alguns deles centenas de vezes, como alguém poderia ter ocupado em seus pensamentos, orações e correspondências um lugar tão importante quanto a amada Bee. Era um relacionamento de mãe e filha, muito diferente dos relacionamentos de Amy com seus contemporâneos em idade ou com seus semelhantes em experiência. Ela permitia a si mesma maior vulnerabilidade com Bee.

"Por algum tempo, tenho esperado que você tenha um quarto ao meu alcance; tenho tentado conseguir um para você. Ó Filha de minhas Cadeias, eu a amo muito. Sua querida mamãe." Frequentemente, o tempo agendado para a visita de Bee tinha de ser transferido por causa de outra pessoa. Quando isso acontecia, Amy confiava que Bee entenderia. "Gostaria que você me visitasse hoje à noite, mas 'Sittie' propôs uma 'nova pessoa'. Você não é uma nova pessoa agora, minha filha, tão amada e tão minha, para que outros sejam colocados em primeiro." Outra vez: "Eu tenho tantos outros que preciso ver antes de você, que desejo você tenha esta pequena mensagem de amor para preencher a lacuna."

Em 1938, Amy especulou que Hitler, havendo conseguido tudo que pretendia na Europa pelo método de "levante-se e fale", podia dizer: "Agora, as colônias." "Mas estou quebrando todas as minhas regras em escrever assim. Afinal de contas, ainda ninguém sabe muito a respeito." Ela não tinha certeza se era certo orar por Hitler, por entender que Deus proibia seu povo de orar por alguém que estava sob a maldição dele. A exortação do apóstolo Paulo de orar em favor dos governantes se aplicava quando a justiça reinava, anotou Amy, e João nunca disse que orassem por Nero ou Domiciano.

Como já vimos, Amy não era uma pacifista. Ela fora à batalha muitas vezes por amor a uma criança. O mesmo princípio não estava em jogo na guerra? "O que você faria se visse uma criança sendo torturada até à morte por um bruto? Ficaria quieto e o deixaria continuar? Espadas podem ser exigidas, e túnicas podem ser vendidas para comprar espadas", ela escreveu com referência às instruções que Jesus dera a seus discípulos.[1] Amy não achava paz mundial na lista bíblica de sinais dos últimos dias.

Quando a Inglaterra foi para a guerra, a DF tinha de novo razões para agradecer a Deus por guiá-los a se estabelecerem num lugar remoto como Dohnavur:

> Esta é uma região particularmente segura da Índia. Estamos fora do trajeto de aviões (nunca ouvi e muito menos vi um!), e, se houver problema na Índia, este canto seria um dos últimos a senti-lo. Isso significa que somos deixados em paz quanto à Grande Guerra.

Aviões, Amy Carmichael acreditava, trespassavam o território de Satanás, que é o príncipe da potestade do ar. "Apenas pássaros podem ser confiáveis naquelas regiões."

Eles não eram tão isolados em Dohnavur para viverem abstraídos dos sofrimentos do mundo. As cartas de Amy durante os anos de guerra fazem menção frequente de sua tristeza de coração pelos países devastados. Em 1939, ela escreveu a respeito da Polônia para John Risk, um oficial da marinha britânica que era um DF: "Mil pessoas mortas em uma cidade, muitos enquanto oravam, muitos doentes e feridos e criancinhas indefesas — e aqueles lindos cavalos, cães e pombos poloneses." Ela sentia convicção de que o Senhor "tem algo" para os animais que sofrem.

Muitas das cartas incluem notícias do *terrier* escocês de Amy, Maroto. Ele vivia na cama de Amy e tornava a vida perigosa para qualquer um que se aproximasse. Ela tentava discipliná-lo, mas o cachorro era tão adorável, tão impecável, "pobre queridinho". Por causa dos inimigos de Maroto, as enfermeiras de Amy, ela teve de expulsá-lo. Houve também um cachorrinho chamado Tess. "Tess foi encantador hoje", mas apresentava outro tipo de ameaça, dessa vez ao próprio bem-estar espiritual de Amy. Em sua cópia do

1 Lucas 22.36.

Novo Testamento de Conybeare, ela escreveu ao lado de Colossenses 3.2: "Nem mesmo um cãozinho?"[2] Ela desejava muito que Bee, que amava cães, usufruísse de Tess, "mas a guerra é a guerra", ela escreveu (sem referência, é claro, à Guerra Mundial). "A guerra não deixa tempo para nada, exceto para ela mesma." Concentre-se no negócio, o Negócio do Rei. Essa era a mensagem.

Um dia Bee foi chamada para ir imediatamente até Amma. Bee a achou soluçando quase incontrolável. Era o pensamento sobre os cães mutilados de Londres que a assolava. Quem mais poderia entender a sua agonia — por meros animais?

Ela lia avidamente e compartilhava com a Família histórias da guerra quando achava nelas algo que tinha aplicação espiritual. Houve a história do "rapaz corajoso", um jovem piloto, que guiou seu avião em chamas até à morte, recusando-se a usar seu paraquedas a fim de impedir a colisão.

Quando um colega de trabalho na DF soube que seu irmão, a quem ele ajudara a criar, estava desaparecido, considerado morto, Amy escreveu: "Que notícias nobres. Quão pouco você sabia que estava treinando um jovem cavaleiro das cortes do céu. Você é honrado, mas — mas — Deus o conforte esta noite."

Em 1942, com a iminente ameaça da invasão de Singapura pelos japoneses, um plano foi traçado para evacuação das *accals* e das crianças entre as idades de sete e 35 anos, dos quais havia 316. Começaram a enviar quietamente suprimentos para a Floresta, mas o plano nunca teve de ser implementado. Entre 1939 e 1943, o preço da farinha de trigo aumentou nove vezes. Quando a obra começou em Dohnavur, 200 libras por ano supriam a necessidade deles. Nesses anos de guerra, ela custava entre 700 e 800 libras por semana.

Foi um tempo potencialmente ameaçador para a Família. Notícias da Guerra chegavam aos ouvidos das crianças, ainda que talvez em doses

2 "Pensai nas coisas lá do alto, não nas que são aqui da terra."

pequenas, assuntos pelos quais orações eram pedidas. A sua Amma, que alguns deles dificilmente viram, mas que outras ainda conheciam como mãe, parecia estar irremediavelmente enferma. Orações não tinham mudado a situação no Quarto da Paz, pelo que as crianças podiam ver. E os preços — subindo e subindo, embora arroz e curry ainda enchessem as suas tigelas. Elas se uniram nas orações pelo suprimento de Deus.

Havia muitos na Família que eram conscientes, como Amy, de serem sustentados por aquele que controlava não somente o preço do arroz, a saúde de cada um de seus filhos e questões incompreensíveis, como as guerras, mas também as estupendas e misteriosas estruturas celestiais conhecidas como nebulosas. Ela expressou sua confiança neste Deus:

Amante de todos, sou sustentada por ti,
Governante do tempo, Rei da eternidade.
Não há grande nem pequeno para ti,
Pois tu és tudo e enches tudo em tudo.

O mundo recém-criado gira ao teu comando,
A gota de orvalho irradiante cai em tua mão.
Deus dos poderes misteriosos do firmamento,
Vejo-te encordoar os minutos de minhas horas.

Vejo-te guiar a lua frágil, a lua evanescente,
Que anda sozinha no céu vazio ao meio-dia.
Estava o viajante exausto de andar e solitário,
Mas estavas ao seu lado, bendito Consolador?

Fora de minha visão, flutua a estrela desconhecida,
Teus conselhos são mui elevados e mui distantes,
Somente eu sei, ó Deus das nebulosas:
Para mim, basta ser sustentada por ti.

46

A VOZ PROCEDENTE DO SANTUÁRIO

"Para os espíritos ardentes e vigorosos, em todos os lugares, é mais fácil estar na vanguarda do que na retaguarda. Sempre queremos estar na vanguarda." O espírito que Amy descreveu nesses termos era o dela mesma — ardente e enérgico: desde a sua liderança entusiasmada de seus próprios irmãos pequenos e seu zelo evangelístico nas favelas de Belfast e Manchester, até sua obra intensa no Aglomerado Cintilante que levou à Dohnavur Fellowship. Ela, cujo maior alvo era ser uma simples seguidora de seu Senhor, que se humilhou, que assumiu a forma do servo mais inferior numa família do Oriente — ela se tornara, inevitavelmente, uma matriarca poderosa de uma Família enorme e dependente. Ela não estava mais numa posição de levar subitamente todos para a Floresta ou para o litoral quando o capricho a invadia. Seu controle era de outro tipo. O acidente, em vez de diminuir seu poder matriarcal, o elevou a um nível de mística. Ela era uma figura *de comando*, como parece que Beatriz o era para Dante, "*comandando* como uma mãe".

O sistema — o Padrão Mostrado no Monte — estava cristalizado, para não dizer congelado, quando ela ficou confinada. Ela não ficou inacessível. Pessoas viam-na, é claro. Muitos esperavam por ela, crianças eram levadas ao seu quarto nos Dias de Chegada e outras ocasiões, e *accals*, *sitties* e *annachies* tinham acesso, mas era sempre acesso controlado, como no caso de qualquer executivo. Por determinado espaço de tempo, por uma razão especial, eles entravam no quarto. Não poderia ter sido diferente.

Os preceitos dados por Amy eram os preceitos perpetuados não apenas por aqueles que os ensinavam e os exemplificavam com sua vida para os mais novos, mas também por reiteração e reforço constantes das resmas de páginas que jorraram do santuário interior que era o "Quarto de Amma". Essas páginas incluíam seus muitos livros e *Pó de ouro*, como era chamada uma carta "particular" para pessoas em todo o mundo, bem como mensagens diárias que ela acreditava que o Senhor lhe dera para a Família. Muitas dessas foram publicadas como coleções devocionais sob os títulos de *Edges of his ways* [Orlas de seus caminhos], *Thou givest... They gather* [Tu dás... Eles colhem] *e Whispers of his power* [Sussurros de seu poder]. O que Deus lhe dava no silêncio do quarto, ela — sempre a mãe que cumpria sua obra maternal de nutrir, dada por Deus — passava às crianças em papel, para ser lido em voz alta no dia seguinte. Portanto, havia sempre uma voz — suave, mansa, gentil e amorosa — e uma mensagem — autoritariamente prescritiva — emitida daquele lugar, de certo modo, remoto.

Além dessas, houve as cartas pessoais, milhares, sendo cada uma delas um modelo perfeito de interesse pessoal no indivíduo, encorajamento gracioso em sua necessidade ou obra específica e *amor* — a mais calorosa certeza, sempre, de amor. Houve ensaios: *Roots* [Raízes], 69 páginas sobre o que era a DF, qual era a sua atividade e por que a fazia, escritas para os de dentro. Houve artigos instrutivos sobre assuntos como jejum, batismo, oração e direção. Dessa maneira, Amy foi capaz de esclarecer o que devia ser feito e por que era conveniente, correto, e o seu dever imprescindível de fazerem isso, a menos que, sem dúvida, o Líder Invisível os guiasse a agir de outro modo.

Poderiam eles agir de outro modo? Em geral, era o *establishment* indiano conservador que se colocava mais intrepidamente no caminho da mudança.

"Amma nunca o fez dessa maneira."

"A visão de Amma já provou ser correta no passar dos anos."

"Amma não se sentiria feliz com as ideias que você sugeriu" (Esta última era dita às vezes mesmo quando alguém tinha acesso a Amma, e ela havia dito o oposto).

"Se andasse por aí e pudesse ver pessoalmente a situação", disse um dos europeus, "ela certamente mudaria tudo. Ela entende as coisas claramente e subverteria muitas de nossas rotinas e tradições jubilosas." Alguns acreditavam de fato nisso, pelo menos às vezes.

A certeza de Amy Carmichael de que as diretrizes nas quais a obra havia sido estabelecida foram dadas por Deus nunca se abalou. Crendo (apesar de muitos desapontamentos) que as pessoas que se uniam à obra eram enviadas por Deus, Amy se mostrava disposta a ouvi-las. "Você poderia fazer sugestões sem medo e sem inibição", um deles me assegurou, "mas não deveria se surpreender se não fossem aceitas. Ela é quem decidia." Amy era firme em sua opinião; por isso, ela não podia aceitar nada que mudasse as diretrizes de uma maneira significativa — até que, como veremos, certas mudanças radicais foram propostas nos últimos anos de sua vida.

Em teoria, Amy queria que os futuros líderes fossem livres de um senso de seu escrutínio hesitante. Ela escreveu sobre isso em 1946:

> Há algo que tenho dito com frequência para vocês individualmente. E posso tê-lo escrito — quero assegurar-lhes que o escrevi. É isto: quando decisões têm de ser feitas, não olho para trás e não me pergunto o que eu teria feito. Olho para cima, e a luz desce para mostrar o que o nosso Senhor e Mestre quer que vocês façam.

Ela queria estar na vanguarda. E admitiu isso. Mas entendia que esse não era o seu lugar. "Nosso lugar é sempre nos bastidores", ela escreveu, procurando enfatizar a grande importância de encorajar os indianos para a liderança. O efeito desse esforço foi que ela se tornou o gerador no quarto dos fundos que tocava a máquina.

Amy tentou se aposentar. Entenda-se que ela tentou realmente entregar as rédeas para outros. Todos os anos, ela era reeleita como a chefe titular, "conservada no gelo", assim o disse um DF. Amy queria que o próximo líder fosse um indiano, mas, conforme sua percepção, não havia um homem indiano em qualquer lugar com a paciência, o propósito e a determinação firmes, a coragem, a visão ou a ousadia para o trabalho. Ela conhecera duas indianas que, com mais experiência, mais treinamento espiritual, poderiam ter satisfeito as qualificações — Ponnammal e Arulai. Amy contava com outras mulheres indianas, até certo ponto, para fazerem algumas coisas. Ela delegava responsabilidade. Homens indianos estavam aprendendo, ela sentia, mas deixavam algo a desejar. Afinal de contas, os que estavam na DF sabiam o que ela lhes ensinara, mas isso nem sempre de forma muito completa. Amy ainda era a sua mãe. Eles eram seus filhos e filhas. O tempo de autonomia parecia nunca chegar.

O perigo de se permitir ser o fundamento da obra era muito claro para Amy, e ela se esforçava para impedir que isso acontecesse. Aproximadamente mais de um ano após o acidente, Amy escrevera uma de suas "Mensagens" para os DFs em que citava a parábola de Jesus sobre a edificação de casa e Hebreus 13.8: "Jesus Cristo, ontem e hoje, é o mesmo e o será para sempre."

> Uma obra que está fundamentada em alguém na terra é semelhante à casa que foi edificada sobre a areia. Quando a chuva caiu, e as inundações vieram, e os ventos sopraram e deram contra aquela casa, ela desabou e foi grande a sua ruína. O único fundamento que resistirá às inundações é a Rocha Eterna. [...] Mais cedo ou mais tarde, toda obra é sondada, testada, provada, como que pela chuva e pelo ímpeto

> veemente das águas e dos ventos. Então, seu verdadeiro caráter se manifestará. Se ela cair, será porque foi edificada sobre a areia; por isso, então, deve cair. Se permanecer firme, será porque, pela misericórdia de Deus, foi edificada sobre a Rocha Eterna, Cristo Jesus, nosso Senhor.

Amy prosseguiu e disse que o desejo de seu coração era que o pensamento de todos estivesse firmado, para sempre, no Eterno e não no humano — em Jesus Cristo, a Rocha, o mesmo para sempre.

Quando escreveu essa mensagem, Amy acreditava que logo ficaria curada ou que morreria. Quinze anos depois, não havendo ocorrido nem a cura nem a morte, ela escreveu outra mensagem, expondo para May Powell, que liderava junto com Godfrey, qualidades que deviam ser achadas em uma nova líder: ela deveria ser justa, uma mulher de caráter, capaz de tomar decisões, possuir o tipo de amor que nunca se fatiga de amar, o poder de navegar sobre as ondas, em vez de ser submersa por elas, e uma convicção profunda sobre os princípios da DF.

O fato de que Amy dirigiu essa mensagem para May e não para Godfrey, nem para *ambos* ao mesmo tempo, não pode ser ignorado. Ela tinha como certo o fato de que o líder tinha de ser uma mulher. Um homem não poderia tomar decisões que uniria a comunidade.

Em nenhum lugar dos escritos de Amy, David Carmichael, o seu pai, recebe mais do que uma menção breve. Sua mãe, em contraste com a indefinida figura de seu pai, é retratada fortemente. Amy era a mais velha dos filhos e, portanto, a líder natural. Seus irmãos eram estimados e adorados, mas eram seus irmãos pequenos. Seu relacionamento com o Querido Homem Velho foi por certo o mais íntimo que ela experimentou com um homem. O amor e o respeito mútuo deles eram os mais profundos e os mais afáveis, mas houve pouco ou nada de liderança masculina e resposta feminina. Sem dúvida, ela era provavelmente a mais forte dos dois. Barclay Buxton foi o "comandante" de Amy. Ela sempre dizia isso. Thomas Walker, embora não seu superior no mesmo sentido de Buxton, foi um líder que Amy seguiu com alegria. A visão para essa obra lhe foi outorgada. Portanto, ela tinha de carregar a responsabilidade.

Amy havia estudado passagens do Novo Testamento sobre o ministério de mulheres. Ao comentário de Conybeare sobre 1 Coríntios 14.34: "Conservem-se as mulheres caladas nas igrejas, porque não lhes é permitido falar", ela acrescentou: "Compare com 11.5, que instrui as mulheres a usarem véu se orarem ou profetizarem. Alguma confusão aqui?" E, na margem de 15.1-6, Amy diz: "Maria foi a primeira mensageira para os homens." Ela amava a *Revised Version* [Versão Revisada] do Salmo 68.11: "O Senhor deu a palavra; grande era a companhia das mulheres que a anunciaram."

Amy acreditava que as exortações do apóstolo Paulo sobre o silêncio das mulheres devem ter sido destinadas a um grupo específico, em um tempo específico. Ele não estava articulando uma doutrina de silêncio total, nem ordenando às mulheres, como Amy o disse, "irem à igreja com seu cabelo pendurado para baixo, nas costas", um horror de indecência para uma dama da educação de Amy.

Havendo explicado as convicções acima, Amy acrescentou:

> Bem, isso é tudo. No entanto, acho que os homens foram, de regra, destinados à liderança, à publicidade e assim por diante — não as mulheres —, e, no próprio dia em que Godfrey soube tâmil o suficiente para liderar — e até antes —, eu o empurrei na piscina e o deixei a nadar. Em outras palavras, eu lhe pedi que assumisse as orações, o culto na Casa de Oração e assim por diante. E, com alegria (oh! muita alegria!), costumava repetir para mim mesma as palavras de João Batista: "Convém que ele cresça e (eu não disse *mas*, porque estava muito, muito alegre) que eu diminua."

47

O FIO DA NAVALHA

"O talento supremo do soldado é a capacidade de simplificar em meio à confusão, de fazer um silogismo simples, o qual, uma vez feito, parece [...] inquestionável, mas, antes de ser feito, está na capacidade somente do gênio."

Isso, extraído de *Cromwell*, de John Buchan, é citado numa das mensagens de Amy para a DF.

"Em vez de 'gênio', leia 'fé'", Amy acrescentou, "e você entenderá por que algo semelhante à certeza negligente sempre esteve longe da pessoa sobre a qual está a responsabilidade final de decisões e que seria digna de culpa, se fosse comprovado que um entendimento equivocado da vontade de Deus foi a causa da decisão."

Amy relata como, por ocasião de uma importante aquisição de terra que devia ser feita, ela costumava assinar os cheques ajoelhada ao lado de sua mesa, "temendo muito profundamente". Era "o fio da navalha entre a fé e a presunção, tão extremamente fino", pelo qual ela tinha de andar. "Sei que nunca avançamos sem certeza, mas, apesar disso, havia sempre essa oração na raiz da ação. Não tentarei explicar a contradição aparente, exceto por citar este dizer verdadeiro: 'A partir da circunferência, até linhas opostas correm para o centro.'"

Certeza, mas não certeza *negligente*. Temor e fé. Apreensões no meio da noite e, no amanhecer, determinação renovada de crer plenamente no que Deus diz: o poder de simplificar em meio à confusão. Amy teve tudo do alto. Mas continuava sendo uma mulher, uma criatura falível como o salmista: "Quando eu digo: resvala-me o pé"; como Paulo: "Não faço o bem que prefiro"; como João: "Se, todavia, alguém pecar". Nada excluía os habitantes de Dohnavur de serem "ofensores miseráveis", como o resto do mundo. Todos eles estavam diariamente em necessidade daquela maravilhosa graça que os trouxera seguros até àquele ponto e os levaria finalmente ao lar.

"Todos os conflitos eram entre o que Amma pensava que Deus queria e aquilo que os outros pensavam que Deus queria", esse foi o diagnóstico de um dos membros da Família. "Todos nós achávamos que tínhamos a mente de Cristo."

Ronald Proctor, um homem prático que confessava ver, com frequência, lama onde Amma via estrela, informou-a de que o velho Ford precisava ser substituído. Era uma questão simples relacionada ao que estava acontecendo em seu interior. Para Amy, era uma questão espiritual, uma questão de orar e ponderar. Ela lhe disse que não "sentia" realmente ser correto comprar um carro novo. Na viagem seguinte, os freios falharam, e o velho Ford seguiu direto para a água. "Estávamos possivelmente, sentimentos e tudo, no fundo do tanque", relatou Ronald. Isso era orientação. O carro foi substituído.

Depois, houve a devastadora discordância com uma das pessoas mais amadas de Amy, Murray Webb-Peploe, um homem de lealdade e verdade. Força irresistível se encontrou com um objeto inamovível. A esposa de Murray, Oda, havia levado os gêmeos para estudar na Inglaterra. Isso significou para o casal uma separação mais longa do que o tempo em que os meninos ficavam na escola nas montanhas. Chegou o tempo em que Oda não podia continuar sem Murray. A sua lealdade a Amma e à obra para qual tinha certeza de que fora chamado estava em conflito com sua lealdade e amor à esposa. Houve um cabo de guerra. A mãe de Murray tomou o lado de Oda. "Anos atrás você buscava o meu conselho", ela lhe escreveu, "mas aqueles dias passaram, e outra mulher (não Oda) tomou aquele lugar, embora talvez você não o tenha percebido."[1]

O que o homem devia fazer?

Ele entendia e subscrevera plenamente os princípios de orientação que Amy havia definido para a Família, e os aprovava:

> Às vezes, o diabo fala e tenta nos enganar para pensarmos que é a voz de Deus. Ele tenta levar os que anelam andar na luz a seguir, em vez disso, um fogo-fátuo até ao pântano. No assunto da orientação, há três pontos que precisam ser levados em conta:
>
> 1. a Palavra do Senhor na Bíblia;
> 2. a Palavra do Espírito em nosso coração;
> 3. as circunstâncias de nossa vida, que foram dispostas por Deus.
>
> Todos os três devem apontar numa única direção. Nunca é suficiente tomar quaisquer dois deles como se mostrassem a vontade de Deus. *Se a voz é de Deus, todos os três concordarão.*

O pensamento de que Murray estava sendo atraído "até ao pântano", como Amy não pôde deixar de pensar, era uma calamidade enorme para ela. O que poderia ter sido mais claro do que a orientação que ambos tiveram sobre a vinda de Murray para Dohnavur? O que poderia ser mais importante do que o lugar dele como diretor do hospital? Por que Oda não podia ter se contentado em educar os meninos na Índia ou em mandá-los, como a maioria dos missionários o fazia, para o internato? Além disso, um compromisso com a DF, na visão de Amy, era um compromisso por toda a vida.

1 Katherine Makower, *Follow my leader*, p. 158.

Essa questão de como a Palavra do Senhor era recebida como orientação é esclarecida numa carta que Amy escrevera logo depois que os Webb-Peploe chegaram a Dohnavur. Eles tiveram a audácia de discordar de Amma sobre uma viagem que ela se propôs a fazer.

> Veio-me a palavra para eu ir a Madura. [...] Ninguém achava isso possível, mas ela era clara para mim, e eu sabia que logo ficaria clara para eles. E assim aconteceu. Na manhã seguinte, os queridos Murray e Godfrey vieram até mim, havendo recebido luz, depois os outros receberam luz mui lindamente.

Naquela manhã, um deles lera sobre a manjedoura em Belém, o que, por meio daquilo que parecia, em alguma medida, habilidade de imaginação, deu significado ao pensamento do calor e do barulho de Madura — se Jesus pôde vir até uma manjedoura, ela poderia ir a Madura. "Isso resolveu o assunto para ele. Outros receberam palavras de igual clareza e, por volta do meio-dia, todos que entendiam esse tipo de liderança estavam prontos para orar sobre a viagem." Portanto, Amy foi para Madura, confirmada em sua orientação pela unidade de seus companheiros de trabalho.

A insistência da esposa, dos filhos e da mãe de Murray não era, de modo nenhum, razão suficiente na mente de Amma para deixá-lo sair. Então, ele recebeu "uma carta bastante firme" de ninguém menos do que o diretor na terra natal da Missão para o Interior da China, que era também o presidente da convenção de Keswick, W. H. Aldis, dizendo-lhe que fosse para Oda. Em outras circunstâncias, o conselho de um homem como esse teria muita importância para Amy. Não dessa vez. Ela não conseguiu ver isso de outra maneira, senão como um grave equívoco.

No início de 1947, Murray foi. Era o adeus definitivo para Dohnavur.

"Orem que eu seja guiada na redação de *Dust of Gold* [Pó de ouro]" [sobre a partida de Murray], Amy pediu. "A menos que seja mostrado com clareza que isso NÃO é a nossa maneira DF de fazer (embora estejamos ao lado de Murray, pois ele não tem outra escolha), fará muitos tropeçarem."

Ela não podia tolerar desunião. O amor, a corda de ouro que mantinha unida a Dohnavur Fellowship, tinha de produzir unidade de pensamento, bem como de coração. Se Deus tinha mostrado algo para ele, mostraria para os demais algo diferente? Não há nenhum exemplo registrado em que Amy tenha aceitado a orientação de outra pessoa depois de haver crido que lhe fora dada orientação clara numa questão.

Lealdade significava nunca questionar motivos, sempre procurar uma justificação para as ações dos outros quando pareciam fora dos limites de comportamento aceitável, jamais falar sobre a pessoa, mas sempre com a pessoa. Levantar uma objeção ao Padrão era transitar perigosamente perto da deslealdade.

Uma noite, em grande tristeza, porque houvera uma discordância entre duas pessoas, Amy escreveu uma carta de muitas folhas "Para meus filhos que são companheiros na guerra". Havia verdade em ambos os lados. Ela os lembrou da necessidade de falarem diretamente um com o outro.

> Ó meus filhos, se vocês ao menos resolvessem nunca duvidar do amor de outra irmã ou irmão em Cristo, mas *sempre* pensar o melhor e nunca admitir um pensamento indelicado em seu coração, quão feliz, quão celestial a vida seria... Se esta fosse a última vez que eu falasse com vocês, deveria dizer apenas três palavras: Amados, vamos amar, ó vamos amar. Perecemos se não amamos. Vamos amar!

48

MANTÉM UMA VITÓRIA CONSTANTE

Na batida da meia-noite de 14 de agosto de 1947, o Lorde Louis Mountbatten pegou a sua caneta e realizou a sua última ação oficial como representante do rei.

"Lá fora, quase no mesmo instante, seu símbolo pessoal como vice-rei da Índia, uma bandeira da União brasonada com a Estrela da Índia, descia do mastro da casa do vice-rei pela última vez."[1] Naquele momento, a Inglaterra renunciava ao maior império do mundo.

> Nunca antes, nem mesmo remotamente, algo semelhante havia sido tentado. Em nenhum lugar houve quaisquer diretrizes, quaisquer precedentes, quaisquer discernimentos esclarecedores, do passado, para orientar o que seria a maior e a mais complexa ação de divórcio na história, a ruptura

1 Larry Collins and Dominique Lapierre, *Freedom at midnight* (Nova York: Simon & Schuster, 1975), p. 288.

> de uma família de 400 milhões de seres humanos, com os bens e propriedades familiares que eles adquiriram por séculos vivendo juntos no mesmo pedaço de terra.[2]

Os efeitos dessa formidável parte da história, tão cataclísmica para o país, fez pouca diferença na área cercada de muros de barro vermelho do complexo Dohnavur. Godfrey Webb-Peploe escreveu:

> O grande dia se passou tranquilamente. O vilarejo teve poucos fogos e gritos em coro de "Vitória para a Índia". Tivemos uma fala simples por Thyaharaj sobre a mudança de governo e, depois, hasteamos a nova bandeira da Índia, ficamos ao redor dela e oramos em favor do país. Não houve nenhuma diferença visível em 16 de agosto.[3]

Uma das *sitties* se sentiu liberta de uma maneira pessoal. "Éramos irmãs agora", ela disse, "indianas e europeias. Foi maravilhoso. Não mais fiquei ressentida de todos saberem *tudo* a meu respeito. Antes, eu me mantinha fiel à minha cultura britânica — eu gostava de ficar só."

Amy não achou maravilhoso. Sendo uma mulher de sua geração, ela não podia pensar que a independência fosse algo bom, embora talvez não compartilhasse da opinião de Rudyard Kipling de que a Inglaterra era uma designação divina: "A responsabilidade de governar a Índia foi colocada pelo inescrutável desígnio da providência sobre os ombros da raça britânica." É improvável que Amy tenha sentido tristeza pela mesma razão que Churchill sentiu: "A perda da Índia seria final e fatal para nós. Não podia deixar de ser parte de um processo que nos reduziria à escala de um poder menor." Ela não pensava na perda para a Inglaterra, e sim na perda para a Índia. Acreditava que a Índia não estava pronta para governar a si mesma e sofreria mais do que teria benefícios. Amy era tremendamente leal ao seu próprio povo.

2 *Ibid.*, p. 198.
3 Katherine Makower, *Follow my leader*, p. 162.

Sabia o valor do controle britânico, como muitos indianos que olhavam com desconfiança para o fim do domínio britânico e tinham lutado com grande veemência para impedi-lo. Havia homens no serviço civil pelos quais ela tinha grande respeito, homens de honra que se viam não como conquistadores, mas, à semelhança de Amma, como servos do povo indiano. O preço da liberdade foi terrível — divisão, guerra, assassinato e espoliação.

Nos jardins e caminhos tranquilos, nas casas cheias de vida do complexo missionário, tudo continuava mais ou menos como de costume. Arroz, em abundância, era socado à mão, ferventado em vasilhas grandes, cozinhado diariamente e comido. Bebês eram alimentados e banhados, suas fraldas eram trocadas. Eles eram embalados, ouviam cânticos e eram levados para brincar. Mamadeiras eram preparadas; fraldas, lavadas; berçários, esfregados; caminhos, varridos; ladrilhos e vasos de latão, polidos; jardins, tratados. As crianças tomavam banho embaixo das bombas de água, comiam seus pratos feitos com curry, aprendiam suas lições. Os sinos da Torre de Oração chamavam a Família à oração e ressoavam o hino da noite.

No Quarto da Paz, estava a mãe, perto dos 80 anos agora, entrevistando pessoas cinco horas por dia, escrevendo suas cartas amorosas, trabalhando em um livro — uma biografia simplificada de Thomas Walker, *This one thing* [Esta única coisa] — escrevendo sempre à mão em seu suporte de escrita, dando as páginas, uma por uma, a Neela, sua assistente, que as datilografava e as passava para uma *sittie*, para minuta final.

Amy tinha a impressão de que a Família havia esfriado um pouco em suas orações por cura.

"Durante anos, a reunião de oração continuou pacientemente a orar por mim", ela escreveu em seu caderno de anotações particular. "Não parece estar fazendo isso agora. Eu estava sentindo muito a necessidade de oração, mas pedir isso seria egoísmo. Portanto, decidi que não pediria, quando veio esta palavra: 'Orei por você.' Meu querido, querido Senhor."

Diariamente Amma chamava uma de suas médicas, Nancy Robbins, para compartilhar seu contexto no hinduísmo, costumes, histórias de pessoas da DF. Nancy estava escrevendo um livro, *Greater is he* [Grande é o Senhor], para o qual Amma fez sugestões, e, para surpresa de Nancy, pediu humildemente sugestões para seu próprio livro. A Dra. Robbins acreditava que o elemento psicológico mais forte da enfermidade de Amma era o seu medo do domínio da dor sobre a mente e o espírito. Isso ela conseguiu ocultar de quase todos, mas foi mostrado repetidas vezes em *Rose from brier*[4] [Rosa do arbusto] e em sua poesia, como:

> Antes que cessem os ventos uivantes,
> Ensina-me a habitar em tua calma;
> Antes que a dor se transforme em paz,
> Dá-me, meu Deus, um salmo cantar.
> Não me deixes perder a chance de provar
> A plenitude do amor capacitador.
> Ó amor de Deus, faze isto por mim:
> Mantém uma vitória constante.

"Ela nunca reclamava", Nancy disse, "e relutava em discutir seus sintomas com alguém, até mesmo com sua médica."

Pelo menos uma ou duas das mulheres indianas que cuidavam de Amma viram um lado diferente. Neela disse uma vez a Amma: "Sua última palavra será dor, dor, dor". Cansada de ouvir sobre Senaqueribe, Golias e Apoliom e o resto de suas dores, Neela disse a Amma que, em vez disso, ela deveria estar agradecendo a Deus pelo fato de que a maioria das funções comuns ainda funcionavam.

Nancy se admirava do grande número de pessoas que sempre pareciam estar lá, servindo à Amy. A princípio, isso causou uma impressão estranha

4 Amy Carmichael, *Rose from brier.*

> mas compreendi que essa atenção foi imposta amplamente sobre ela por sua família ansiosa e que a maioria dessas "atendentes" eram selecionadas por Amma porque ninguém mais conseguia lidar com elas, e Amma achava que precisavam de sua ajuda. Portanto, era uma situação complexa.

A família pensou em tudo. Philip England, que construiu tudo, projetou uma plataforma de tijolos que ia da varanda de Amy até a um lugar embaixo das árvores onde ela podia sentar-se sem ter de transpor degraus. Jeevanie levava talco para refrescar e confortar, mas, ao colocá-lo no rosto de Amma, esta lhe dizia: "*Você* não deve pensar que pode colocar talco quando vai à Casa de Oração." Talco para um inválido era uma coisa; talco para vaidade era outra bem diferente.

Jeevanie ficou irritada quando Amma queria que ela abrisse a gaiola de pássaros, para que voassem pelo quarto.

> Ela queria que eu ficasse chamando-os com gestos: "Venham, venham, passarinhos!" Eu ficava em pé por trás dela, enxotando-os — "Vão, vão!" Eles pousavam nos cabelos e nos papéis dela — era uma bagunça. Eu ficava irritada com eles. Mas ela os amava.
>
> Certa vez, Amma imaginou que eu tinha esbarrado em sua cama. Ela me repreendeu. Eu fiquei irritada. Joguei a garrafa de água morna nela e saí correndo.

Bee foi e levou um frasco de colônia.

"Na noite passada, eu usei você como ajuda para dormir", Amma escreveu em sua nota de agradecimento. "Você está num frasco de tampa vermelha, bem perto de mim. Nada me ajuda mais, às vezes, do que esse meio extra que posso usar para dormir sem tomar remédios."

Então, alguém pensou no creme facial. Foi muito oportuno — uma dádiva do céu.

"Alguns dias atrás, vi no jornal o anúncio de um creme e pensei: 'Se eu apreciasse comprar essas coisas, tentaria usar isso — parece refrescante' — e aqui está ele! Será que os nossos anjos (os seus e os meus) riram?"

Além da dor, o calor e a insônia eram tormentos constantes. Antes de um ventilador elétrico ser instalado, as meninas de sete e oito anos iam de duas em duas "fazer abano", puxar a corda que balançava o abano por meia hora cada vez. "Se eu fosse devagar, Amma dizia: 'Oh! Querida criança, você está com sono?' Depois, ela me dava um doce e passava a vez para outra."

À noite, Amma pedia à sua assistente que lesse para ela. Jeevanie leu João 14, 15, 16, Apocalipse 7.9-17 e capítulos 21 e 22 tantas vezes, que ela os memorizou, bem como o hino de Samuel Rutherford "As areias do tempo estão afundando". Depois, fazia massagem nas pernas de Amma, até que ela mesma quase caísse no sono.

"Ó querida, o que eu faria sem você?", Amma dizia. "Você sempre me faz dormir."

"Ela me fazia tomar seu ditado no meio da noite e jogá-lo fora na manhã seguinte. 'Que desperdício!', eu dizia. 'Não se preocupe, querida, o Senhor me deu algo mais', ela respondia." Jeevanie era uma daquelas que, quando criança, não acreditara que Amma a amava tanto quanto às outras. Ela era muito escura, não da cor de café com leite de Tara e Leela que Amma amava.

> Contudo, quando ela ficou doente, eu cuidei dela. *Tinha* de amá-la, e aprendi. Eu lhe disse que ela havia me castigado com vara muitas vezes. "Eu fiz isso, querida?", ela perguntou. "Sim, Amma." "Oh! Querida, eu a amava muito", ela me disse. Toda a amargura se foi. Ela não era, de modo algum, uma paciente difícil. Se Amma não me tivesse resgatado, onde eu estaria? Certa vez, ela me levou a um templo, para que eu soubesse, mas eu vi as lindas moças e suas joias e pensei comigo mesma: "Eu gostaria disso." Agora, entendo. Ela me salvou.

Uma das tarefas que Amma estabelecera bem cedo em sua doença foi escrever uma carta para cada membro da Família, para ser colocada numa caixa e guardada até após a sua morte. Ela não mantinha um registro cuidadoso do que estava na caixa; por isso, alguns receberam várias cartas e, provavelmente, houve alguns que não receberam nenhuma. Para Neela, que era tanto enfermeira quanto secretária, Amma escreveu sobre a maneira como o Senhor a levara para Dohnavur, superando barreiras impossíveis.

> Foi então que nosso Pai, seu e meu, me disse: "Nenhum de meus propósitos pode ser impedido."
>
> Eu não quero que você fique tão absorvida com a obra deste quarto, a ponto de, ao ficar vazio, você sentir que sua vida está vazia. Logo, não pense em mim, nunca, de uma maneira que sua vida ficaria muito difícil se eu não estivesse aqui para ajudá-la. Pense em si mesma como quem pertence primeiramente ao seu Senhor e, depois, a todos, serva de todos. [...] Nunca, nunca permita que qualquer amor humano venha primeiro.

Para uma das *sitties,* ela escreveu:

> Margaret, por quem eu agradeço a Deus, quando você ler esta carta, eu já estarei entre a nuvem de testemunhas, olhando para você com um amor e um entendimento aprofundados, à medida que você corre a sua carreira.
>
> Quase não sei o que lhe dizer. Acho que você sabe tudo que eu gostaria de dizer, mas talvez não saiba como conto com você para o futuro — se houver um futuro — e como agradeço a Deus pela preparação dos anos. Lembro a chegada de sua primeira carta e lembro o seu telegrama... e agora você é profunda no que nos parece um serviço peculiarmente altruísta. O treinamento espiritual de crianças tem de ser isso. Você trabalha para os anos que não verá. Você trabalha para o Invisível o tempo todo, mas trabalha para o que é eterno. Portanto, tudo isso vale a pena.

Depois, seguem as palavras de encorajamento para dias desencorajadores, palavras fortes para tempos de solidão e: "Adeus, minha inabalável Margaret."

As cartas que tive permissão de ver seguem um padrão semelhante de agradecimento a Deus, reminiscência de como chegaram a Dohnavur, palavras comoventes para ajudá-las na fé, na esperança e, acima de tudo, no amor.

Esta é uma oração em favor de seus filhos:

Pai, ouve-nos, estamos orando,
Ouve as palavras que nosso coração diz,
Estamos orando em favor de nossos filhos.

Guarda-os dos poderes do mal,
Do perigo secreto e oculto,
Do remoinho que quer sugá-los,
Da areia movediça traiçoeira que quer puxá-los.

Da alegria superficial e mundana,
Do aguilhão da tristeza incrédula,
Pai santo, salva os nossos filhos.

Guia-os pelas turbulentas águas da vida,
Anima-os na batalha amarga da vida,
Pai, Pai, fica bem perto deles.
Lê a linguagem de nosso anseio,
Lê os cumulativos apelos sem palavras,
Pai santo, em favor de nossos filhos.

E, onde quer que possam estar,
Ao anoitecer, guia-os ao Lar.[5]

5 *Toward Jerusalem*, p. 106.

49

O RIO SE EXPANDE

“Pode ser que decisões que pareçam mudar o caráter da obra tenham de ser feitas agora”, Amy escreveu em 1946. “Porém, se os princípios que nos têm alicerçado desde o começo forem mantidos com firmeza, não haverá mudança real. O rio pode fluir em um novo leito, mas será o mesmo rio.”

Algo lhe dizia que as coisas não poderiam continuar para sempre exatamente como eram. E parecia que ela estava se preparando para o tempo em que outros tratariam do assunto que sabiam que ela detestava. Se a predição chegasse até ela, o dever deles não seria tão desagradável. A educação das crianças havia sido questionada frequentemente no passado, e Amy rejeitara as mudanças sugeridas como um “rio” totalmente diferente. Quando Arul Dasan, seu fiel ajudador, fez os arranjos para que seu filho David estudasse na escola intermediária de Walker, ali perto, o menino de oito anos ficou empolgado. O primeiro dia de aula chegou. Tudo estava pronto. David tinha os livros que seu pai comprara, e, quando estava prestes a deixar a casa, chegou uma mensagem. Amma queria ver Arul Dasan imediatamente.

David não foi informado do que Amma dissera a seu pai. Disseram-lhe apenas que não iria para a Escola Walker. Nos primeiros anos, as crianças de Amma tinham frequentado a pequena escola da missão. Posteriormente, ela achou que elas não aprendiam a ser fiéis lá, "mas o contrário", por isso começou a educá-las em casa.

Quando a Dra. MacDougall, da Faculdade Cristã Feminina de Madras, tentou persuadir Amy a enviar suas moças para lá, ela consentiu a princípio, mas nenhuma das moças foi. Por um lado, Amy não tinha certeza se os padrões dos professores indianos se harmonizavam com os dela. Amy ouvira uma conversa de missionários de diferentes partes da Índia, os quais lamentavam que o tipo de cristãos produzidos em suas escolas não tinha certas qualidades que formavam o caráter.

"Não pude deixar de me questionar, ao ouvir a conversa daqueles senhores, como se pode esperar que um novo tipo se desenvolva de um velho molde." Amy começara a mudar o molde e tencionava ser leal a isso.

Agnes Naish, a quem Amy delegara a responsabilidade de educação das crianças, tomou uma posição contra faculdade. Afinal de contas, se o primeiro chamado da moça era ser cuidadora de crianças, uma educação em faculdade, que levaria talvez à medicina ou a outros campos de profissão ambiciosos, não apenas era desnecessária, mas também, provavelmente, eclipsava o chamado. Ela lembrou a Amy as próprias palavras desta:

> O nosso alvo é o serviço. Não vale a pena gastar tempo, força, dinheiro e energia em nada mais do que isso. Assente isto em sua mente: a nossa maneira de educação é planejada de modo a preparar, em espírito e mente, nossos rapazes e moças para o serviço do Rei dos reis. Portanto, tem de ser, do começo ao fim, educação espiritual. [...] E o resultado? Ninguém precisa temer quanto a isso. Eu poderia apresentar muitas provas de que uma educação como a que nossas crianças têm é de fato educação verdadeira. O tipo de carta que uma pessoa escreve é um

> indicador da mente. Uma carta escrita em língua estrangeira é um teste muito perscrutador. Nossas crianças passam nesse teste.

Obtive alguma ideia da inflexibilidade de Agnes Naish ("três mil anos atrás dos tempos") quando perguntei por que Amy Carmichael havia afirmado taxativamente que nenhum americano seria aceitável na DF. A primeira resposta: ela não acreditava que os americanos estivessem preparados para o tipo de sacrifício que a DF exigia. A segunda: não havia ninguém conhecido de Amy, na América, que pudesse fazer a triagem de candidatos. A terceira:

> Sentia-se que certo padrão de língua inglesa tinha de ser ensinado, e Agnes Naish dogmatizava firmemente quanto a sintaxe e pronúncia (como o fazia quanto a tudo mais). Vocês dizem "different from" [diferente de] e não "different to" [diferente em relação a]; "kilometre" [quilômetro] deveria ser pronunciado "kilo-miter".

É de imaginar onde a esplêndida Agnes Naish aprendeu inglês "americano" — mas, na época, talvez a forma "different to" fosse usada por alguns americanos em seus dias. Também precisamos dizer que, quando as moças de Dohnavur começaram a sair para estudar fora, descobriram que não conseguiam falar nem o inglês indiano nem o tâmil indiano (elas falavam o inglês da Inglaterra). O tâmil delas era distinto por um ritmo monótono e peculiar, como o que se desenvolve usualmente em uma comunidade coesa. Possivelmente, os sotaques dos estrangeiros emprestaram suas cadências esquisitas, e assim os professores nas escolas de fora tinham mais dificuldade para entender o tâmil das moças de Dohnavur do que o dos estrangeiros da DF.

Uma das mais confiáveis e mais velhas trabalhadoras de Amy, Pappammal, que tinha vindo de uma família cristã bem conhecida e era encarregada dos meninos menores, discordava fortemente de Amma quanto à educação deles e, por fim, saiu por causa disso. Uma amizade de longa duração acabou, e Pappammal foi "apagada". Por causa do exemplo para as crianças, o nome dela não foi mais referido. Novamente, "Dohnavur é um sinal que é alvo de contradição". Por isso, Amma, apesar de extrema sensibilidade a qualquer possível apresentação enganosa de sua obra, escreveu: "À semelhança de nosso Senhor, temos de ficar em silêncio e não lhes responder nada."

A independência da Índia começou a impactar a vida do complexo missionário muito mais poderosamente do que Amy havia previsto. Novas leis foram aprovadas. Uma delas trouxe grande alegria para Amy e os demais: o sistema *devadasi* (prostitutas do templo) foi declarado ilegal. Sua ilegalidade não o erradicou de imediato. Continuou em secreto por vários anos e recentemente emergiu de novo.

Certos tipos de treinamento que Dohnavur não podia oferecer eram agora exigidos por lei para certas formações. Se quisessem ter o reconhecimento do governo para os professores em Dohnavur, precisavam ter diplomas de ensino médio. Amy foi, por fim, capaz de ver a necessidade de uma mudança mais importante na política educacional. Thyaharaj foi o primeiro a romper a fronteira quando se sentou para prestar os exames de Cambridge para certificação de educação secundária. Amy aprovou a ida dos meninos à escola intermediária em Dohnavur e a ida das moças para Tiruchchirappalli, embora chorasse quando saíam. Ela chamou os meninos "Gideões", para se referir a um homem de coragem e fé, e às meninas chamou "Timóteos", para se referir a uma pessoa que aprendera a suportar dificuldades. Uma das *sitties* e uma *accal* saíram com as moças para formarem um lar, mas a transição, não surpreendentemente, foi áspera.

A relativa liberdade, tão inebriante depois das restrições de todos os seus anos anteriores, foi demais para algumas das moças, e, como Amma temera, elas se rebelaram. Além disso, foi descoberto que o sistema de Agnes Naish não era tão superior, e algumas das moças se saíram mal na escola. Mas a liberdade para a educação no sistema público deveria levar a um novo futuro para a obra, com diplomados de faculdade e outra equipe de funcionários treinados seguindo para carreiras, com frequência, em instituições cristãs na Índia e outros países. Alguns estão agora entre os líderes da obra atual em Dohnavur.

Estudos em psicologia infantil foram apresentados a Amy, e ela se mostrou capaz de aceitar a recomendação de que crianças deviam estar em grupos de idades mistas nas cabanas. Eles sempre estiveram divididos em grupos de iguais, nas idades de dois a seis anos, de seis a oito anos, de oito a dez anos, e assim por diante. Isso significava que as crianças experimentavam várias vezes, à medida que cresciam e eram mudadas de cabana em cabana, o que equivale quase à morte de sua mãe (sua *accal*). Embora os líderes houvessem tentado fazer essas mudanças gradualmente, enviando a criança primeiro para brincar na nova casa, a transferência final partia o coração das crianças. Também partia o coração das mães. Passou-se muito tempo antes que alguém reconhecesse a razão para muitas das dificuldades que resultaram.

Margaret Wilkinson, uma mulher muito bem-educada, do norte da Irlanda, sentiu fortemente a necessidade de algum tipo de "escape" das maneiras convencionais de Dohnavur. Era um lugar remoto. Eram isolados não só pela guerra e pela enfermidade de Amma, mas também, em grau muito maior do que nos dias anteriores de Amma, das outras missões. Precisavam estabelecer laços com o exterior. Não havia muitas escolhas. A convicção de Margaret era que o caráter de um jovem é desenvolvido quando aprende a escolher. Ela via que precisavam de algo além de treinamento espiritual e propôs que as moças de Dohnavur tivessem permissão de se unirem ao movimento de escoteiras, do qual ela fora uma líder na Irlanda. Apresentou, para consideração de Amy e de outros líderes, suas razões:

> 1. Talvez não seja possível proteger as gerações futuras como protegemos as gerações passadas. Acho, portanto, que devemos tentar prepará-las para testar as coisas que fazem diferença e para avaliar outros

> pontos de vista, a fim de que, quando chegar o dia em que tiverem ideias conflitantes impostas sobre elas de fora, sejam capazes de fazer um julgamento ponderado.
>
> 2. As nossas *accals* seniores tiveram quase toda experiência de vida fora do complexo missionário, ainda que fossem apenas crianças. A geração da qual têm de vir as futuras *accals* seniores não tem essa experiência; elas não apenas podem ter de ocupar o lugar das seniores de hoje, mas também podem surgir circunstâncias em que terão de assumir e cumprir deveres que demandam um conhecimento de mundo que tem sido essencial para *sitties*.

Em seguida, havia uma explicação das maneiras específicas pelas quais as moças escoteiras poderiam proporcionar a ajuda necessária. A proposta foi rejeitada, "mas eu não senti que não fui *ouvida*", ela disse. Anos depois, ela abordou o assunto de novo. Dessa vez, o assunto recebeu a aprovação de Amma e foi formada uma companhia de moças escoteiras.

Os interesses de Amy Carmichael talvez já fossem compreensivelmente limitados nesse tempo de sua vida para a Família. As preocupações que ela tinha com eles não era um fardo muito adequado para uma idosa confinada que, além dessas preocupações, tinha um grande quinhão de dores a suportar? De fato, sua atenção e seu interesse continuavam a estender-se até fora dos muros do complexo, onde ainda havia grandes números de pessoas que não conheciam a Cristo. De todos os novos DFs exigia-se que vivessem por um tempo em um vilarejo hindu, com pessoas que não falavam inglês, a fim de aprender a língua pelo método de saturação, bem como a religião e os costumes pessoalmente. Amy queria notícias deles e de seu progresso. Quando grupos de evangelização de dois ou três retornavam das visitas aos vilarejos, Amma queria saber exatamente que perguntas lhes foram dirigidas e como haviam respondido. Quais folhetos e livretos em tâmil que haviam sido produzidos e distribuídos na sala de livros da DF estavam sendo lidos?

Às vezes, antes de ela ter ficado muito doente, Amy pedia para conhecer os pacientes que haviam chegado a crer no Senhor no hospital.

Os esforços evangelísticos em Dohnavur sofreram com o uso muito exclusivo dos homens da Família como pregadores. Anualmente, no Natal, uma convenção de quatro dias chamada de Reuniões de Visão congregava hindus, muçulmanos e outros para ouvir de novo o evangelho, que muitos tinham ouvido primeiramente por meio do testemunho dos funcionários do hospital ou de visitas às pessoas dos vilarejos perto de Dohnavur. Em 1948, ante a sugestão do Dr. Kinnear, um palestrante indiano de fora (um "de confiança") foi convidado para falar nessas reuniões. Era o pequeno começo de algo muito significativo que, no devido tempo, levou a Dohnavur muitos líderes de um novo despertamento evangélico em Tamil Nadu.

O "rio" Dohnavur estava certamente fluindo em novos "leitos". Era um testemunho em relação ao vigor da mente de Amy de que ela era capaz de aceitar tantas novas propostas quantas aceitou. Era também tremendamente encorajador para os encarregados da obra. A pergunta que ela os proibira de fazer — *Amma teria feito desta maneira?* — estava sempre presente, expressa ou implícita. Ter a bênção dela sobre os novos leitos anulava a pergunta.

50

ALGEMADO, MAS LIVRE

Três regras de oração ajudavam a Família a poupar tempo e energia nas reuniões de oração. Foi Amma, sem dúvida, quem as escreveu:

1. Não precisamos explicar a nosso Pai o que ele já sabe.
2. Não precisamos pressioná-lo, como se tivéssemos de lidar com um Deus indisposto.
3. Não precisamos sugerir-lhe o que fazer, pois ele mesmo sabe o que fazer.

Se os seus filhos guardavam essas regras quando oravam pela sua cura, não o sabemos. Certamente, eles pressionaram o Senhor com frequência, pedindo a cura de sua querida Amma. Certamente, eles fizeram muitas sugestões.

Amy Carmichael escreveu uma nota particular em 12 de junho de 1948:

> Não alívio da dor, não alívio da fadiga que a acompanha, nada disso é a minha maior necessidade. Tu, ó meu Deus, és a minha necessidade — tua coragem, tua paciência, tua fortaleza. E eu preciso muito mais de uma gratidão renovada pelas inúmeras ajudas prestadas cada dia.

Dez dias depois, ela se sentiu aflita por causa de entrevistas fatigantes que vieram "antes de eu ter 'obtido acesso'. Veja 1 Reis 8.56: 'Nem uma só palavra falhou de todas as suas boas promessas.' Se tomamos tempo para absorver isso, há descanso em meio à pressão."

O dia seguinte, 23 de junho, não foi diferente dos outros dias, a começar com: a xícara de chá de manhã bem cedo, o tempo devocional costumeiro de leitura e oração, talvez pílulas para a dor frequente e, depois, ver as pessoas habituais. Alguém lhe falou sobre outra pessoa que atravessava tempos difíceis. Ela escreveu uma mensagem e preparou um pacote para enviar-lhe. Não havia ninguém disponível para entregá-los, exceto a cuidadora. Amy a enviou e, depois, dirigiu-se para o banheiro. Escorregou e caiu. Neela estava ao lado dela quase no mesmo instante. "Não diga a ninguém", falou Amma, "estarei muito bem à noite."

Neela desobedeceu prontamente e chamou os dois médicos, Christian Rogan e Nancy Robbins, que vieram correndo. Acharam um braço direito quebrado e uma fratura no fêmur. O choque para uma estrutura de mais de 80 anos foi quase letal, e, sem uma transfusão de sangue e uma injeção, ela quase teria atravessado os Portões. Amy perambulou muito perto por quase dois dias e, depois, se recuperou. Portanto, ela anotou irônica, esses médicos haviam "fechado os Portões outra vez".

A maior parte da responsabilidade pelo lado masculino da obra foi delegada a Godfrey Webb-Peploe desde a saída de Murray. Ele tinha também o legado spiritual deixado por Walker, o trabalho no vilarejo de Dohnavur, sem mencionarmos "tudo que a obra do Pastor significa para a Família". Antes do acidente de Amma em junho, Godfrey recebera ordens médicas para descansar. Uma infecção séria se instalara depois que alguém o chutara em um dos jogos dos rapazes e a perna não havia curado. Pouco antes do Natal de 1948, Godfrey teve uma trombose.

A própria Amy, embora quase totalmente imóvel desde a queda, se recuperara o suficiente para "ser profunda em tudo, e o poder de pensar tinha retornado". Ela sentiu que era tempo de mais "'reflexões' juntos, um com o outro, desta querida família" — sobre permitirem que ela saísse completamente do lugar de liderança e implementasse o que fora decidido 17 anos antes: May e Godfrey deveriam ser os líderes. A designação deles por Amma ficara perfeitamente clara para a Família, mas haviam recusado de forma obstinada (ou seria hesitante?) reconhecer a abdicação dela. "Até agora, tudo que eu pude afirmar foi, como dizem os tâmiles, luar sobre a rocha." O que ela queria sem grande demora era validação pela eleição formal de May e Godfrey na reunião anual de "Negócio do Reino".

Uma noite, sete semanas depois, Mary Mills foi até ao Quarto da Paz. Além de ser a "Enfermeira Perfeita" que cuidava de Amy desde seu acidente, ela era uma das suas companheiras mais achegadas. Amy leu em sua face que algo acontecera.

"O que é?", ela perguntou. "Qual é o problema?"

"Não há nenhum problema", disse Mary. "Deus nos confiou uma responsabilidade muito grande. Godfrey está no céu."

Godfrey, o amado. Godfrey, seu filho. Primeiro, foi Ponnammal; depois, Arulai; depois, Murray. Um por um, eles lhe foram dados. Um por um, demonstraram o calibre espiritual que ela pedira a Deus, o caráter tão desesperadamente necessário num líder para sua Família. E, um por um, foram removidos. Agora, Godfrey, a torre de fortaleza de que ela necessitava muito mais em sua idade avançada, aquele por quem ela agradecera tão frequentemente a Deus. Godfrey. No céu. Gostaríamos de saber o que "seus pensamentos disseram", quando ela ouviu a notícia surpreendente.

Gostaríamos de saber o que "seu Pai disse". Que diálogo aconteceu entre esses dois no restante daquela noite? Não está registrado. Imaginamos que ela disse SIM. Sabemos que ela escreveu para a Família no dia seguinte:

"Nosso Deus espera que confiemos nele. [...] Não desapontemos a Deus. Levantemo-nos para esta grande responsabilidade."

Amy lembrou-lhes a grande promessa de Romanos 8.28 e o chorar de Jesus — prova de que

> lágrimas não são pecado. Mas continuar lamentando seria pecado. Seria como se duvidássemos do amor de nosso Pai compassivo. Perguntar por que isso foi permitido seria desonrá-lo. Eu me vejo fazendo isso mesmo: "Oh! Por que eu fui deixada — eu, que sou inútil para todos vocês — e ele, que poderia fazer tanto por vocês, foi levado?" De repente, me dei conta de que até cogitar esse tipo de pensamento por um momento era pecado. Agradeço a Deus pelo sangue purificador. Mas não entristeçamos o seu amor por querermos saber por quê. A fé *nunca* quer saber por quê.

Cada uma dessas mortes foi uma morte muito mais difícil para Amy suportar do que seu próprio sofrimento físico. Mas ela viu em cada uma dessas mortes uma chance de morrer, a oportunidade de reconhecer novamente o senhorio de Cristo em sua vida. Ele tinha todos os direitos. Ela os entregara a Cristo muito tempo atrás, quando resolvera segui-lo até ao extremo. As perguntas causticantes que lotavam sua mente, ela sabia que tinha de rejeitá-las. Era mais uma maneira de dizer *não* para si mesma e *sim* para Deus.

Havia uma pergunta que ela não podia rejeitar. Quem tomaria as rédeas? John Risk tinha as qualidades de liderança pelas quais ela procurava, mas era comparativamente novo e faltava-lhe a experiência de Godfrey. O Senhor estava ciente de tudo isso. John tinha de ser o homem de

Deus. Quem lhe diria isso, senão Amy? Quem mais estava numa posição de indicá-lo?

Amy escreveu para ele quase imediatamente, dizendo-lhe esperar que ele assumisse o comando. Ela ainda era, gostassem ou não, a líder, uma profetisa segundo a ordem de Judas e Silas, que "consolaram os irmãos com muitos conselhos e os fortaleceram".[1]

"Como fui com Moisés, assim serei contigo"[2] foi o versículo que ela deu para seu "Davi".

No início de 1950, foi decidido que era tempo de convidar os indianos para se unirem ao grupo de liderança que por 20 anos fora constituído apenas de May Powell e os Webb-Peploe. Havia dois indianos que receberam todo o treinamento que a DF podia dar: Rajappan, o filho mais velho de Mimosa, e Purripu, a filha de Ponnammal. Eles se tornaram associados: Rajappan trabalhava com John no lado masculino; Purripu, com May no lado feminino. Amy chegou a uma paz inabalável de que isso era, então, o Padrão mostrado.

O seu vigor fenomenal drenou rapidamente depois da queda no banheiro. Não houve mais caminhadas para debaixo das árvores, nem mesmo para o outro lado do quarto. Ela não conseguia mais sentar-se e muito menos andar, ficar de pé ou ajoelhar-se. Amy aprendeu uma nova apreciação por essas posições, que usara habitualmente como auxílios para oração. Ficou limitada à posição menos conducente à oração, aquela que ela nunca escolhera — deitada de costas. Durante toda a sua vida, Amy tinha levado ao Senhor todos os menores assuntos, agradáveis ou desagradáveis, a fim de viver toda a vida em Cristo, descobrindo em cada experiência como ele a compartilhava com ela. Era totalmente natural que Amy mencionasse para o Senhor este assunto de ficar presa e estirada na cama. Poderia haver uma lição espiritual nisso? Seria algo que ajudaria outra pessoa? Em resposta, ela "pareceu ver o Senhor como se estivesse, por alguns minutos imensuráveis, não ereto, mas deitado e estirado na cruz".

1 Atos 15.32.
2 Josué 1.5.

"Eu lhes direi isso porque alguns de vocês poderão se achar em caminhos difíceis. *O seu Senhor sempre foi antes de vocês.* Ele sempre virá com o entendimento mais celestial sobre o que o coração de vocês mais necessita."

Ou outro te cinge e te leva
Aonde não queres, e uma corda
Amarra mão e pé, pensamentos e palavras?
Um inimigo fez isso, ainda assim,
(Embora ignores que era o poder dele)
Ó cativo feliz, algemado mas livre,
Crê, crê que verás
Jesus mesmo se aproximar e contigo andar.[3]

Se era difícil orar enquanto estava supina, também era difícil escrever. Mas ela prosseguia nisso, deitada com o papel inclinado contra um mata-borrão, terminando conscientemente *This one thing* [Esta única coisa] e produzindo suas cartas e pequenas mensagens, enquanto sua mão obedecia à sua ordem.

Quando a nevralgia severa no ombro e na mão direita tornava seus dedos quase imóveis, sua cuidadora da Nova Zelândia tentava incentivá-la a fazer exercícios para impedi-los de enrijecer por completo. Um dia, Amy disse: "Alison, tenho tentado o dia inteiro juntar o polegar e o indicador, e não consigo. Você acha que serei capaz de movê-los de novo?" Alisson lhe disse que talvez não. Ela ficou em silêncio por algum tempo e, então, disse: "Eu dei aquela mão ao Senhor para ele usar" — e lembrava o ano exato — "e agora ele a tomou novamente." Mais silêncio. Depois, Amy citou as palavras de Jesus: "Não me é lícito fazer o que quero do que é meu?"[4] Ela sabia que não voltaria a escrever. Seria ditado a partir daí.

3 *Toward Jerusalem*, p. 86.
4 Mateus 20.15.

Alison ficou doente e teve de voltar para a Nova Zelândia, a fim de ter mais tratamento. Antes de ir embora, ela pôde ver Amma em seu quarto. Ambas sabiam que seria a última vez.

"Alison, não nos encontraremos de novo neste mundo. Quando você ouvir que eu parti, pule de alegria!"

51

UMA ÚNICA COISA DESEJEI

Na parede de meu escritório está pendurada uma pequena cruz de latão céltica que contém uma inscrição antiga, IHS: *In hoc signe vinces* ("Com este sinal vencerás"). Costumava ficar sobre a mesa perto da cama de Amma, onde ela podia tocá-la à noite e guardar em sua mente essas palavras corajosas. Amy continuaria, pela graça, pela cruz e pela paixão de seu Senhor, vencendo, continuaria subindo, continuaria sendo "atleta" de Deus em sua cama. Ela pediu que um dos homens cortasse uma cruz grande em papel pôster de cor preta a fim de ser pendurada onde ela pudesse ver sob a luz mais fraca, para lhe servir de lembrete "da dor muito maior do que a minha".

Outro conforto nas noites dolorosas era o texto que Nancy lhe dera para aliviar seus temores quanto a tornar-se um fardo. De Apocalipse 2.9-10, as palavras CONHEÇO e NÃO TEMAS foram inscritas em um pedaço de teca e penduradas com a luz sobre elas.

O bispo Pakenham Walsh, amigo de Amy, enviou-lhe as palavras do hino "Permanecendo no amor celestial", escrito por A. L. Waring. Ela as conservava também ao lado de sua cama, sendo confortada especialmente pela última estrofe:

Pastos verdes estão diante de mim
Que ainda não vi,
Céus brilhantes logo estarão sobre mim
Onde permaneciam as nuvens negras.
Minha esperança não posso medir,
Meu caminho para a vida é livre,
Meu Salvador tem meu tesouro,
E ele andará comigo.

Em uma de suas últimas cartas ditadas, Amy incluiu estas palavras e acrescentou: "Estou muito feliz e contente. Pastos verdes estão diante de mim, e meu Salvador tem meu tesouro — a DF."

Mary Mills relatou em dezembro de 1950: "A nossa Amma está passando por uma parte muito difícil do caminho. Está perdendo terreno definitivamente deste lado, e o anseio pelo dia do Livramento cresce cada vez mais."

Pobre Jeevanie, muitas vezes irritada com Amma nos anos decorridos, mas amando-a por meio da experiência de servir-lhe em sua incapacidade, teve uma nova preocupação nas últimas duas semanas. Amma lhe fizera prometer que cuidaria para que ninguém a pusesse num caixão. Ninguém jamais pusera outrem num caixão em Dohnavur. Era sempre o simples palete e o cobertor de flores. Mas Amma, não sem razão, temeu que pudesse acontecer de alguém fazer algo especial para ela. Amma não queria nada disso. Jeevanie assim prometeu.

"Mas choveu por duas semanas", ela me disse. "Não pude deixar de pensar. Toda aquela água — no Jardim de Deus — não deveríamos...?"

Quando o ano de 1950 deu lugar a 1951, o clima ficou asfixiantemente quente, uma provação desconfortante para Amy mesmo em tempos de boa saúde. Agora, era quase mais do que o corpo fragilizado podia suportar. Ela parou de comer. A velha cistite reapareceu. Sua circulação, nas palavras da médica, "empacotou". Ela, cujos olhos, tanto espirituais quanto físicos, tinham sido argutos, vivazes e penetrantes para ver muito mais do que a maioria das pessoas, permanecia deitada sem parecer que notava muito do que acontecia.

Durante a segunda semana de janeiro de 1951, Amy começou a dormir muito. Então, ela entrou num coma, e foi aí que alguns de seus filhos a viram pela primeira vez. Ela fora incapaz, por muito tempo, de ter grandes grupos em seu quarto, como costumava ter; por isso, havia na Família, que totalizava quase 900 membros, pessoas que nunca tinham visto sua face. Agora, podiam fazê-lo sem perturbá-la. Vinham quietos e podiam ficar ao lado da cama de Amy e olhar. Os pássaros na gaiola da varanda, é reconhecido, ficaram em silêncio.

Ela amava a história de Bunyan sobre a recepção dos dois peregrinos no portão da cidade:

> À medida que se aproximavam dos Portões, eis que uma companhia das Hostes Celestiais saiu para encontrá-los, e foram apresentados pelos outros dois seres resplandecentes: "Estes são homens que amaram nosso Senhor, quando estavam no mundo e tudo abandonaram por amor ao seu santo nome. E ele nos mandou buscá-los, e nós os trouxemos até aqui, em sua viagem desejada, para que entrem e contemplem com alegria a face de seu Redentor." Então, a hoste celestial exclamou com grande voz, dizendo: "Bem-aventurados aqueles que são chamados à ceia das bodas do Cordeiro." [...]
>
> Agora, eu vi em meu sonho que os dois peregrinos entraram pelo Portão. Eis que, ao entrarem, foram transfigurados e puseram neles vestes resplandecentes como o ouro. Houve também aqueles que lhes trouxeram harpas e coroas: as harpas, para louvarem, e as coroas, sinal de honra. Então, ouvi

em meu sonho que todos os sinos da cidade soaram novamente de alegria e lhes foi dito: ENTREM NO GOZO DO SEU SENHOR.

Os filhos e suas *accals*, os *annachies* e as *sitties*, os amigos do vilarejo que foram ao Quarto da Paz não podiam deixar de esperar por uma última palavra, alguma indicação do que os olhos aparentemente cegos poderiam estar vendo. Mas a oração de Amy fora que não houvesse nenhum adeus angustiante. Ela acreditava que o Senhor tinha prometido, em 1938, levá-la enquanto estivesse dormindo.

Amy escrevera sobre os que morriam como tendo sido "levados por anjos".[1] "É tudo que sabemos a respeito de como eles partem."

Assim ela se foi. Bem cedo, na manhã de 18 de janeiro de 1951, os designados seres resplandecentes devem ter sido enviados para levá-la em sua desejadíssima viagem. Outros, podemos crer, esperavam com as vestes, as harpas, as coroas nas mãos. Alguns estavam posicionados para começar o repicar dos sinos.

Da pequena Dohnavur, aquela que amara seu Senhor e abandonara verdadeiramente tudo por seu santo nome foi chamada, e os sinos na Casa de Oração tocaram a música que ela havia pedido, na qual foram colocadas suas próprias palavras:

Uma única coisa desejei, meu Deus, de ti
E buscarei: tua casa seja um lar para mim.

Não quero respirar um ar estranho e diferente,
Quero estar contigo, ó tu, sublimidade de beleza.

Pois quero ver a beleza de meu Senhor
E ouvi-lo falar, o Adorado de meu coração.

1 *Toward Jerusalem*, p. 39.

> Ó amor de amores, e habita essa maravilha
> Em teu grande nome dos nomes, Emanuel?
>
> Tu com teu filho, teu filho no lar contigo,
> Ó Senhor, meu Deus, eu te amo, te adoro.[2]

Ao mesmo tempo que Amy "entrou e contemplou seu Redentor face a face, com alegria", os que ela havia deixado, as pessoas que a amavam, foram durante a manhã para ver sua face mais uma vez. Cobriram sua cama de flores. À noite, ela foi levada para a igreja no vilarejo onde, por uma hora e meia, os rapazes da Família cantavam enquanto as pessoas entravam e passavam. Um dos mais velhos amigos de Amy na Índia, o bispo G. T. Selwyn, de Tinnevelly, dirigiu o culto, em que outros tiveram parte, incluindo dois indianos que falaram sobre ela e sua obra, dando glória a Deus. Entre 1.200 e 1.500 cartões foram distribuídos, compartilhando versículos sobre a vida eterna e o caminho da salvação.

Barbara Osman escreveu:

> Enquanto os repiques na torre retiniam a melodia de "Milhões de milhões", Amma foi levada para a Casa de Oração, e o nosso próprio culto foi realizado ali uma hora depois. A Casa de Oração estava cheia de nossos homens e nossas mulheres, alunos e alunas, juntos com representantes dos servos e dos trabalhadores, e amigos do vilarejo. A "Viúva das Joias" estava lá, achando difícil não soluçar alto. Neela, que estivera com Amma durante todos esses longos anos, estava de pé quando nos unimos no canto de "Aleluia! A luta acabou, a batalha foi vencida".
>
> John leu alguns versículos: Mateus 25.21, 2 Timóteo 4.6-8 e Filipenses 1.19-21. Em seguida, após ações de graça e oração, fomos lentamente

2 *Ibid.*, p. 116.

> para o Jardim de Deus, cantando o tempo todo. Era um longo fluxo de pessoas, a maioria vestida de branco, com crianças entre elas, tremulando samambaias, em vez de palmas, como um sinal de vitória.
>
> Ao lado do túmulo, Devabakti leu 1 Coríntios 15.50-58, numa voz gloriosamente firme e clara, embora seus olhos estivessem cheios de lágrimas. Quando Amma foi colocada para descansar, os rapazes lideraram a caminhada ao redor do Jardim, o qual nós circulamos, retornando ao velho e enorme tamarindeiro na entrada e parando ali para o fim do culto.
>
> Foi Tara quem conduziu o cantar desacompanhado, ajudada por uma irmã mais nova. Nem uma nem outra vacilaram. A graça de Deus foi vista em todas aquelas que são mulheres agora (algumas delas de cabelos grisalhos): Chellalu, Lola, Leela, Preena, Suseela, Rukma e muitas outras para mencionar.
>
> Às sete horas, nos reunimos outra vez na Casa de Oração para cantar sobre a Pátria Celestial, onde muitos de nossa Família estão agora, seguros no Lar, para sempre.

Nenhuma das sepulturas no Jardim de Deus está marcada com uma lápide. Somente uma o está. Debaixo do velho tamarindo, há uma mesa de pedra para o deleite de alguns dos amigos de Amma, os queridos pássaros. No pedestal, está inscrita uma única palavra: AMMAI. É a forma polida do seu nome de mãe. Embaixo, está a data em que a colocaram ali, sob o tamarindo.

Comedouro de aves formando a sepultura de Amy

EPÍLOGO

Assim ela terminou a sua carreira — Amy Carmichael, uma entre os milhares de amantes do Senhor, que arriscaram tudo em fidelidade a ele. Sua vida é outro caso que exemplifica como a graça opera no material bruto da natureza individual. Ela foi louca? Sim, pela mesma razão que o foi o apóstolo Paulo: por amor a Cristo. Todos os seus gansos eram cisnes? Ela via estrelas onde o restante de nós vê nada mais do que lama? Sim, eram, e ela via mesmo. Então, ela era iludida? Nossa resposta tem de levar em conta que alguns são capazes de ver a imagem de Cristo em pessoas simples e esplendor em coisas ordinárias, enquanto outros só conseguem ver ambos (seus filhos amados ou aquele esplendor pervasivo) como algo comum. Quais são os mais iludidos?

"Ora, o homem natural não aceita as coisas do Espírito de Deus, porque lhe são loucura; e não pode entendê-las, porque elas se discernem espiritualmente. Porém o homem espiritual julga todas as coisas, mas ele mesmo não é julgado por ninguém."[1]

O inimigo nosso e de Deus está sempre trabalhando ativamente para distorcer a nossa visão, lançando confusão em nossa mente, para que não

1 1 Coríntios 2.14-15.

vejamos a glória que Deus está esperando nos mostrar em tudo que constitui a nossa vida — as pessoas que amamos, os nossos lares, o nosso trabalho, os nossos sofrimentos. Coisas profundas em que o inimigo nos faz crer serem superficiais; as elevadas, baixas; e a nossa fome pelo que é transcendente, uma ilusão. Procure as provas, ele sussurra. Onde estão as provas? Vamos olhar as estatísticas. Funciona? Ela foi real? É verdade? As perguntas são válidas. Não podem ser ignoradas, nem podem ser respondidas de maneira final, exceto no âmbito em que a fé opera, o invisível. Podemos e devemos olhar para o visível, mas devemos lembrar que há muito mais a ser levado em conta. Não podemos insistir sempre em corroborações visíveis, porque elas não contam toda a história. O ouro, a prata e as pedras preciosas podem estar em um depósito seguro onde não podemos alcançar.

Muitas vezes, quando me sentei à mesa de escrever de Amy no Quarto da Paz, estudando os lemas entalhados nas paredes, folheando os diários de trabalho esfrangalhados e manchados, admirei-me de tudo aquilo. Ouvi os sinos da Casa de Oração, as vozes distantes das crianças, o chocalho de uma carroça de bois. À minha frente, no piso de ladrilhos, havia quatro marcas onde ficava a cama de Amy. Ela já estava na presença do Senhor por mais de 30 anos. O quarto não era um museu, o complexo missionário não se tornara um parque memorial. O lugar estava vivo. A obra estava sendo feita.

A "obra" continuará a existir? Em Dohnavur, não. Os diários se desintegrarão. A Casa de Oração não pode ser eterna. As crianças crescem e se vão. Haverá um fim. Podemos fazer uma lista de resultados conhecidos, mas nossos critérios são restritos. Quais são os efeitos de longo prazo na vida da Índia e ao redor do mundo? Alguns são visíveis. Deus conhece os demais. Ninguém, exceto ele, conhece a perseverança da obediência de Amy, a luta invisível, as ofertas ocultas, a qualidade da fé.

Se, no século XX, aparecesse alguém que fosse verdadeiramente santo, um missionário que cresse realmente na Palavra do Senhor e na importância da obra designada, um cristão que nunca servisse a Mamom; que, embora humano e falho, ainda assim mantivesse um senso da glória e da dignidade de ter sido redimido e chamado por Deus — se tal pessoa aparecesse, diríamos: "Fora! Fora! Crucifica-o"? Não em voz alta. Há outras maneiras de banir aqueles que, por vivenciarem a verdade, nos deixam desconfortáveis. Podemos negar a possibilidade de pureza. Podemos nos recusar a tolerar a superioridade. Se somos tentados a reconhecê-los como heróis verdadeiros, podemos fortalecer a nossa autoestima baixando-os ao nosso nível.

Amma era "mais humana" quando pecava (ou estava doente, ou solitária, ou vitoriana) do que quando orava, escrevia um poema ou resgatava uma criança? Todos somos humanos; Amma era mais humana talvez *essencialmente* ao resgatar uma criança, pois nisso estava cumprindo seu destino dado por Deus.

Faze-nos teus labutadores,
Não nos deixes sonhar em olhar para trás,
Não deixes os joelhos serem fracos, as mãos frouxas,
Faze-nos fortes para labutar, fortes para suportar,
Desde o romper da manhã até o aparecer das estrelas.

Faze-nos teus guerreiros
Com quem podes contar para suportar o impacto
De toda mudança perigosa em qualquer fronte,
Dá-nos habilidade para brandir a espada e a lança,
Desde o romper da manhã até o aparecer das estrelas.

Não distantes de nós, essas estrelas,
Invisíveis como anjos e, ainda assim, olhando através
Do ar quieto e do azul transparente do dia.
O que saberemos, sentiremos, veremos e ouviremos
Quando as cores do crepúsculo arderem e as estrelas aparecerem?[2]

2 *Toward Jerusalem*, p. 98.

DOHNAVUR FELLOWSHIP

Mais de 50 anos se passaram desde a morte de Amy Carmichael. Os princípios sobre os quais ela fundou a Dohnavur Fellowship continuam os mesmos, baseados no padrão estabelecido na Bíblia, mas a DF mudou com os tempos e não é mais a comunidade cristã protegida e isolada dos dias de Amy.

Há alguns anos, os rapazes, para os quais não existem outros lares cristãos na região, não têm sido admitidos. Os últimos rapazes saíram em 1984, tendo completado sua educação. Muitos dos Rapazes Velhos são ativos em dar testemunho de Cristo, mantêm contato e fazem visitas com suas famílias.

Embora a dedicação de moças aos templos seja ilegal agora, ainda há muitos casos de bebês e meninas que, sem proteção, cairiam nas mãos dos que desejam explorá-las ou abusar delas. A Dohnavur Fellowship procura essas crianças a fim de prover-lhes um lar cristão feliz e seguro. Depois de completarem sua educação e treinamento, muitas se casam ou assumem trabalhos. As filhas de Amy podem ser achadas em toda a Índia servindo ao Senhor, frequentemente em posições respeitáveis. Elas continuam a considerar Dohnavur seu lar, e algumas acabam retornando como colegas de trabalho.

A liderança da obra é agora quase totalmente indiana. Por exemplo, o superintendente médico do hospital cresceu em Dohnavur desde a infância. O hospital trata pacientes da área rural adjacente, hindus, muçulmanos e cristãos (que são a minoria), ricos e pobres, educados e iletrados; e atua em benefício tanto da cura física quanto da espiritual.

Há muitas facetas na obra e vários braços. O alvo é sempre o mesmo: "Pregamos a Cristo Jesus como Senhor e a nós mesmos como vossos servos."

Quanto ao seu sustento, a Dohnavur Fellowship depende do Senhor, que guia seus filhos a enviar o que é necessário; e ele mesmo equilibra as contas. A maior parte de tudo isso depende de oração.

The Dohnavur Fellowship	(No Reino Unido)
Dohnavur, Tirunelveli Dist.	15 Elm Drive
Tamil Nadu 627 102	North Harrow
ÍNDIA	Middlesex HA2 78S
	INGLATERRA

Esta obra foi composta em Arno Pro Regular 12,37, e impressa
na Promove Artes Gráficas sobre o papel Polen 70g/m²,
para Editora Fiel, em Setembro de 2023.